Jayanath Colombage

Guerra assimétrica no mar

Jayanath Colombage

Guerra assimétrica no mar

O caso do Sri Lanka

ScienciaScripts

Cover image: www.ingimage.com

This book is a translation from the original published under ISBN 978-3-659-86575-6.

Publisher:
Sciencia Scripts
is a trademark of
Dodo Books Indian Ocean Ltd. and OmniScriptum S.R.L publishing group

120 High Road, East Finchley, London, N2 9ED, United Kingdom
Str. Armeneasca 28/1, office 1, Chisinau MD-2012, Republic of Moldova, Europe
Printed at: see last page
ISBN: 978-620-8-30982-4

Índice:

RECONHECIMENTO

É com imensa gratidão que reconheço a valiosíssima orientação e assistência que me foi prestada pelo Vice-Chanceler, Major-General Milinda Peiris, e pelo pessoal da Faculdade de Estudos Graduados, incluindo o Brigadeiro Nishantha Wadugodapitiya e o Brigadeiro Adeepa Thilakerathne, da Universidade de Defesa General Sir John Kotelawala.

Gostaria de agradecer profusamente ao meu supervisor interno, Dr. YJSN Fernando, e ao supervisor externo, Prof. Rohan Gunaratna, pelos seus conhecimentos contínuos e extremamente valiosos e por me terem orientado na direção certa, ao longo de toda a minha investigação, para que o meu trabalho fosse realizado com êxito.

Estou em dívida para com todos os participantes na investigação, que dedicaram o seu precioso tempo a proporcionar-me longas e significativas entrevistas e discussões em grupos de discussão, que se tornaram a base da minha tese.

Expresso também a minha gratidão à Professora Doutora Nayani Melagoda, ao Professor A.S Karunananda, ao Professor T.R Weerasuriya, ao Dr. A.H. Lakmal, ao Dr. M.M Jayawardena e à Dra. Sara Dissanayake, pelos seus valiosos contributos e recomendações durante as várias fases da análise dos progressos.

Uma palavra especial de agradecimento ao Prof. Narada Warnasuriya e à Prof.ª Rohini Fernandopulle pela sua orientação nas questões éticas desta investigação.

Estou grato ao Prof. Nevil Warnakulasuriya pela sua inestimável orientação na fase de proposta de investigação e na metodologia.

Gostaria de agradecer os contributos do corpo docente da APCSS para o meu trabalho. O meu apreço vai também para o Dr. Thomas C Sass, Diretor da Plataforma HFR, pela orientação e inspiração desde a fase inicial desta investigação.

Gostaria de agradecer aos oficiais e funcionários da Marinha por me terem fornecido materiais valiosos, por me terem ajudado a reunir pormenores relevantes e por terem feito o trabalho de formatação.

Devo a minha mais profunda gratidão a todos os meus amigos, que me encorajaram a enveredar por esta investigação e me motivaram constantemente para chegar ao fim.

Uma palavra muito especial de apreço para a minha editora, a Sra. Gayathri Hewagama. Professora do Departamento de Inglês da Faculdade de Letras da Universidade de Peradeniya, pelos seus esforços incansáveis na edição da minha tese.

O meu apreço vai também para o Presidente, Major (Retd) Nissanka Senadhipathi, e para os membros da Avant Garde Maritime Services pelo seu encorajamento para que eu pudesse completar a minha investigação.

Esta tese é dedicada à minha mulher Srima, à minha mãe, à minha filha e à sua família pelos seus desejos e apoio infalível e pelo encorajamento contínuo que me deram durante o período de investigação e redação desta tese, por terem fé em mim e por me darem a força necessária para realizar a tarefa.

CAPÍTULO 1

PROLEGOMENA

1.1 O início.

A guerra assimétrica é um resultado histórico da guerra em terra, que influencia os combates no mar. Os registos históricos apontam para a utilização de tácticas assimétricas na obtenção de vitórias em batalhas terrestres, tendo as mesmas estratégias sido introduzidas no mar para contrabalançar as diferenças de forças entre os beligerantes. Esta guerra pode ser descrita como um conflito que se desvia da norma ou uma forma de compensar o contrabalanço de forças (Cordesman, 2002) e é melhor entendida como uma estratégia, uma tática ou um método de guerra e de conflito.

O Sri Lanka, enquanto nação insular que viveu uma guerra assimétrica durante o seu conflito de trinta anos, acabou por assumir o controlo do mar, o que contribuiu para o estabelecimento da paz no país. A experiência de guerra no mar contra a ameaça marítima dos Tigres de Libertação do Tamil Eelam (LTTE) é um caso raro que ajuda a obter um estudo de caso para a estratégia de guerra contra actores não estatais e o terrorismo no domínio marítimo. O terrorismo marítimo representa uma grave ameaça para as rotas marítimas do comércio mundial. Quase todos os países estão preocupados em proteger as suas linhas de comunicação marítimas (SLOC) do terrorismo marítimo que incorpora tácticas e conceitos de guerra assimétricos.

O oceano é um património comum da humanidade; é vasto, não está regulamentado e, por conseguinte, é caótico. Nas economias competitivas de hoje, as nações marítimas dependem do oceano para o seu sustento e crescimento e gostariam de usufruir de liberdade de movimento para utilizar os seus mares em prol dos seus interesses nacionais. A liberdade de navegação no oceano para qualquer tipo de embarcação é um conceito que muitas nações aceitam e utilizam. No entanto, esta liberdade pode ser explorada por um adversário para ameaçar a segurança nacional de um Estado. Assim, os conceitos e técnicas que protegem esta liberdade e permitem a utilização dos mares são aplicáveis em todo o espetro das actividades marítimas, tanto em tempo de paz como de guerra.

Uma nação torna-se uma potência marítima quando utiliza os mares para salvaguardar e defender os seus interesses nacionais. Na definição de potência marítima, o controlo do mar torna-se um instrumento de medida para decidir o grau de influência de uma nação. O termo comando do mar foi gradualmente substituído pelo termo controlo do mar após o fim da Segunda Guerra Mundial. Isto deve-se ao facto de os avanços tecnológicos nas áreas das minas, torpedos, submarinos, aeronaves e, atualmente, As aplicações de satélite tornam extremamente difícil, mesmo para a marinha mais forte do mundo, obter o comando total do mar, durante períodos prolongados, numa grande parte do teatro marítimo. Do mesmo modo, o controlo do mar descreve mais corretamente uma visão realista da situação no mar.

No entanto, não é possível a qualquer marinha manter o controlo total do mar ou negar a utilização de todo o mar ao inimigo. O que é praticamente possível é estabelecer uma situação marítima favorável em que a sua própria frota possa operar com um elevado grau de liberdade, negando o mesmo ao inimigo, durante um período de tempo limitado e numa área oceânica limitada.

O controlo do mar pode ainda ser dividido em três áreas: estratégica, operacional e tática. O controlo estratégico do mar refere-se a todo o teatro marítimo da operação pretendida. O controlo operacional do mar significa que uma parte importante da ameaça marítima está sob controlo próprio, enquanto o controlo tático do mar significa o controlo de um sector de combate marítimo. Em termos estratégicos, obter ou perder o controlo do mar em alto mar teria um efeito indireto na situação de guerra em terra (Vego, 2009). Os efeitos podem ser mais diretos em áreas marítimas fechadas ou marginais, uma vez que a perda do controlo do mar pode levar ao colapso das defesas terrestres e, assim, afetar o resultado da guerra. Também se pode argumentar que a obtenção ou perda do controlo do mar é consideravelmente influenciada pelos rumos da guerra em terra. Manter o controlo do mar nas proximidades de terra é muito mais complicado do que manter o controlo do mar em oceano aberto, uma vez que muitos outros factores terrestres influenciam a ameaça ao oceano.

Os mares integram milhões de pessoas em todo o mundo através do comércio, das viagens e até das ligações culturais e religiosas, tendo-se tornado uma importante fonte de recursos renováveis e de recursos não renováveis, dos quais os seres humanos dependem fortemente. As preocupações com a segurança das vias marítimas são questões que qualquer nação marítima não pode ignorar nos dias de hoje, porque não se pode negar a importância da interdependência entre as nações para o bom funcionamento do comércio marítimo global. Por esta razão, é da maior importância que a comunidade marítima esteja preparada para fazer face a qualquer contingência que possa surgir devido ao facto de estas rotas marítimas, pontos de estrangulamento e mares estreitos estarem sob ameaça ou cerco.

"No mundo globalizado de hoje, quase nenhuma nação pode depender apenas do que produz internamente. A maioria dos países está envolvida no comércio internacional em algum nível" (UK Essay, 2013, 1). Assim, o mundo depende intensamente do comércio marítimo para a sua sobrevivência e o comércio global não poderá existir se o comércio marítimo for interrompido. Este comércio pode ser vítima do terrorismo, uma vez que é a linha de vida da economia internacional.

Num cenário globalizado de manutenção da segurança marítima, as competições comerciais entre nações desempenham um papel fundamental. O mundo tornou-se mais ligado do que nunca através do comércio marítimo. Por conseguinte, a principal diferença atualmente é a vasta gama de ameaças marítimas, como a pirataria internacional, o contrabando de pessoas e de armas de destruição maciça (ADM), a possibilidade de terrorismo ambiental e o volume significativo de comércio que depende exclusivamente da segurança dos oceanos do mundo.

O atual ambiente de segurança global exige uma reavaliação dos papéis e da missão das forças armadas nacionais. No mundo de hoje, as funções tradicionais das forças armadas convencionais podem já não ser suficientes para cumprir os seus deveres e enfrentar novos desafios. De facto, o novo ambiente estratégico pode exigir uma mudança na forma e no foco das nossas forças marítimas, bem como uma expansão da responsabilidade para incluir organizações normalmente não associadas ao domínio marítimo. Esta mudança necessária gerará um novo equilíbrio entre as capacidades de combate tradicionais e a necessidade de desempenhar outras tarefas no mar para evitar as novas ameaças emergentes ao domínio marítimo. No entanto, a ameaça do terrorismo marítimo não é um fenómeno novo. É plausível supor que tanto o terrorismo como a violência em grande escala têm um impacto negativo no comércio internacional e que pode haver um declínio do comércio global devido a riscos mais elevados, medidas de segurança adicionais e destruições diretas. Os terroristas visam o comércio de um país porque os países se tornam vulneráveis devido à perturbação da cadeia de abastecimento industrial ou à destruição de determinados meios de transporte.

O terrorismo marítimo não é apenas uma possibilidade, mas uma realidade. A história recente indica que a vulnerabilidade geral do meio marinho se tornou mais evidente. Para analisar as ameaças terroristas marítimas, não basta estudar apenas as capacidades e as motivações dos grupos terroristas, é preciso também observar o sector marítimo, as práticas de navegação, a vulnerabilidade do comércio marítimo, bem como as medidas de combate adoptadas pelas autoridades e outras instituições encarregadas da segurança das rotas marítimas.

"Os operacionais da Al-Qaeda organizaram vários ataques terroristas marítimos importantes. Entre eles, o espetacular atentado suicida no mar contra o USS Cole, em outubro de 2001, no porto iemenita de Aden, que matou dezassete marinheiros americanos, e o atentado suicida, em outubro de 2002, contra o superpetroleiro francês Limburg, ao largo da costa iemenita, num pequeno barco" (Joshua, 2004, 58). Estas são técnicas pioneiras e dominadas pelos Tigres do Mar LTTE. Apesar das numerosas diretivas e medidas para aumentar a segurança de um país, não existe maior vulnerabilidade do que a imensidão, complexidade e ambiguidade do domínio marítimo. Embora ainda existam outras vulnerabilidades, o domínio marítimo, em particular, apresenta não só um meio através do qual as organizações terroristas internacionais se podem deslocar, abastecer e gerar apoio financeiro, mas também oferece um vasto leque de alvos potenciais que se enquadram nos seus objectivos operacionais de atingir baixas em massa e infligir danos económicos catastróficos.

Como mencionado anteriormente, a segurança marítima assume um significado considerável na atual era da globalização e da competição comercial entre as nações. No caso do Sri Lanka, a segurança marítima terá definitivamente um impacto direto na utilização dos recursos marítimos, uma vez que o futuro desta nação insular dependerá provavelmente do oceano e dos seus recursos. A proteção marítima é uma área de interesse ampla e algo amorfa, pelo que é difícil encontrar uma definição coerente, mas para efeitos da presente investigação, a proteção marítima será considerada como a prevenção de actividades ilícitas, incluindo o terrorismo, no domínio marítimo. Poderá estar diretamente ligada aos esforços de segurança nacional de um país específico ou abranger os esforços regionais e internacionais de reforço da segurança marítima.

Para além do terrorismo, o conhecimento do domínio marítimo (MDA) é um aspeto importante do espaço marítimo, que diz respeito ao reforço da segurança marítima a nível interno e internacional (Klein, 2011). Ao mesmo tempo, a boa ordem no mar garante a segurança e a proteção da navegação e permite que os países prossigam os seus interesses marítimos e desenvolvam os seus recursos marinhos em conformidade com os princípios acordados do direito internacional (Till, 2009). As ameaças à boa ordem no mar incluem a pirataria e os assaltos à mão armada contra navios, o terrorismo marítimo, o tráfico ilícito de drogas e de armas, o contrabando de pessoas, os passageiros clandestinos, a poluição, os riscos naturais marinhos e a pesca ilegal, não declarada e não regulamentada (INN). Para elaborar, a promoção da boa ordem no mar encontra-se no "quadro" fornecido pela Convenção das Nações Unidas sobre o Direito do Mar (UNCLOS) de 1982, que é apoiada por numerosas outras convenções internacionais que fornecem comandos ou regimes subsidiários para a proteção marítima, a segurança e a proteção do ambiente marinho (Hong, 2012).

No contexto das actuais ameaças à proteção do transporte marítimo, é necessário dispor de equipamento tecnologicamente avançado para fazer cumprir a lei e manter-se à frente dos criminosos, que geralmente dispõem de recursos financeiros para atualizar e melhorar continuamente os seus métodos de evasão. Do mesmo modo, é necessário aumentar os recursos humanos, tanto em quantidade como em qualidade. Os sistemas e as questões que requerem controlo são abundantes, sobrepostos e complexos, bem como altamente sensíveis. Por conseguinte, é necessário pessoal instruído, qualificado e íntegro para operar um comando de segurança eficaz a nível nacional.

No entanto, o requisito mais fundamental, subjacente a todos os outros, é o recurso financeiro. Os países ou nações precisam, portanto, de ter acesso a um financiamento adequado para cumprir as suas obrigações de implementação no âmbito da utilização dos recursos marítimos internacionais. Isto porque, como resultado de diferenças e limitações na base de recursos financeiros, a implementação efectiva da proteção marítima será afetada negativamente.

1.2 A estratégia da guerra assimétrica

A assimetria pode ser utilizada para descrever vários tipos de conflitos e não se limita a um oponente irregular que empreende uma campanha contra uma força militar totalmente estruturada de orientação convencional sob o controlo de um Estado. A assimetria significa a ausência de uma base comum de comparação no que respeita a uma qualidade ou, em termos operacionais, a uma capacidade. De acordo com Breen e Geltzer, "a estratégia assimétrica procura transformar a vantagem em termos de massa e poder de fogo em desvantagens, esgotando o inimigo numa campanha prolongada e, ao mesmo tempo, induzindo-o a desviar as suas forças contra a população civil" (Breen, Geltzer, 2001,45). No caso do Sri Lanka, os LTTE ou os Sea Tigers eram muito mais pequenos e fracos em termos de forças, números e plataformas. Os LTTE utilizaram a estratégia da assimetria com grande vantagem e, especialmente durante o período inicial do conflito, a maior parte das acções empreendidas pelos militares teve como resultado empurrar a população tamil para eles. A estratégia assimétrica transforma as desvantagens e vulnerabilidades de uma força mais fraca numa vantagem. Como salientam Breen e Geltzer, "competências suficientes e astúcia são os únicos atributos que a estratégia assimétrica exige" (Breen, Geltzer, 2011, 43). O LTTE, enquanto organização, estava empenhado no objetivo de alcançar o seu estado final; ou seja, o estado separado chamado "*Eelam*". Estavam determinados a atingir este objetivo durante um longo período de tempo com uma estratégia clara. McKenzie fornece uma definição avançada para a guerra assimétrica: "Aproveitamento de forças tácticas ou operacionais inferiores contra as vulnerabilidades de um adversário superior para obter um efeito desproporcionado com o objetivo de minar a vontade do adversário a fim de alcançar os objectivos estratégicos dos actores assimétricos" (Mckenzie, 2001, 76).

Ao analisar o conflito no Sri Lanka, pode ver-se claramente que os LTTE conseguiram tirar partido de muitas das vulnerabilidades de que dispunham utilizando uma estratégia assimétrica. A guerra assimétrica deve, portanto, ser entendida como uma estratégia, uma tática ou um método em que o ator inferior explora a estratégia assimétrica para ganhar superioridade. Grange descreve este conceito como "um conflito que se desvia da norma, ou uma abordagem indireta para afetar um contra-equilíbrio de forças" (Grange, 2000, 1). O choque e o impacto das estratégias e tácticas assimétricas utilizadas pelos Tigres do Mar LTTE no mar fizeram com que a zona marítima em redor do Sri Lanka se tornasse insegura mesmo para uma passagem normal. Como salienta François Very, "de facto, os insurgentes do LTTE desafiaram com sucesso a jurisdição marítima das autoridades do Sri Lanka sobre as suas próprias águas territoriais durante bastante tempo e ameaçaram seriamente a boa ordem local no mar no seu contexto mais amplo" (Vrey, 2013, 9-10). A forma como os LTTE se aventuram no oceano não é uma prática normal de uma força insurreta. A vantagem da surpresa, que é a marca do sucesso de uma organização de guerrilha, não pode ser mantida no mar durante muito tempo. A liderança dos LTTE compreendeu corretamente a necessidade de dominar o espaço oceânico para poderem manter a guerra e, finalmente, atingir o seu objetivo final.

1.3 Ideologia extremista e guerra assimétrica

A insurreição e a criminalidade são meras expressões de uma guerra política de ideias levada a cabo por grupos insurrectos ou terroristas para desmoralizar e finalmente derrotar as forças governamentais. O terrorismo mais ativo é normalmente um produto final de um movimento ideológico maior que o impulsiona para a linha da frente num conflito. "A ideologia é o que reúne recursos e recruta novos combatentes para substituir os que foram eliminados" (Sookhdeo, 2011, p. 228). O LTTE conseguiu motivar um grande número de jovens tamil a pegar em armas contra as forças governamentais. Utilizaram a ideologia separatista e extremista para levar por diante a sua organização. Muni afirma que "o terrorismo é a filosofia e o pensamento subjacentes à utilização do terror como um instrumento, um meio, na prossecução de objectivos políticos geralmente expressos através do conflito e da violência" (Muni, 2006, 453). O LTTE estava convencido de que a única forma de conquistar o direito à autodeterminação do povo tamil era através do recurso ao terror e à violência. Desde o início do conflito, havia uma enorme diferença de níveis de força entre as forças governamentais e os LTTE. Os LTTE utilizaram tácticas de guerrilha e tácticas assimétricas para ultrapassar esta diferença. Pretendiam motivar a juventude tâmil a aderir à organização, a população tâmil a apoiar o seu conceito e os seus quadros a atuar com vigor e determinação na luta contra as forças governamentais.

A ideologia é definida como "um conjunto de ideias, doutrinas e crenças que caracterizam o pensamento de um indivíduo ou grupo e que se podem transformar em planos, acções ou sistemas políticos e sociais" (Stepanova, 2008. 28). Os LTTE utilizaram a perceção da injustiça cometida contra os Tamil pela maioria cingalesa e pelos sucessivos governos liderados por líderes cingaleses como uma ideologia motivadora para atrair os jovens Tamil a juntarem-se a eles e pegarem em armas. A ideologia dos LTTE era simples: a maioria cingalesa era má e prejudicava sempre a minoria tamil, pelo que devia ser considerada inimiga e o recurso à violência era a única forma de satisfazer as exigências e aspirações da minoria tamil. Hettiarachchi, escrevendo para o Prism Journal sobre o programa de reabilitação do Sri Lanka, afirma que "se a mentalidade está presa a uma ideologia de intolerância e violência e violência contra outra comunidade étnica ou religiosa, as estratégias devem concentrar-se em mudar os seus padrões de pensamento" (Hettiarachchi, 2013, 106). A liderança do LTTE conseguiu fixar a ideologia da população tâmil, especialmente dos jovens, de que a maioria cingalesa é sempre intolerante e usa a violência contra os tâmeis, sempre que as suas queixas genuínas são divulgadas. Os LTTE transformaram isto numa "ideologia do ódio" e motivaram os seus quadros a recorrer à violência extrema para atingir os seus objectivos. Niza Yunay, numa entrevista à Aljazeera, afirma que "as pessoas reagem com ódio contra aqueles que as humilham, controlam os seus movimentos ou negam os seus direitos. É o ódio como resposta ao poder" (Yunay, 2002). Yunay prossegue dizendo que "a intensa ideologia do ódio significa o retorno do reprimido, o retorno daquilo que é negado" (Yunay, 2002). Os LTTE convenceram o povo tamil de que a maioria cingalesa os humilhava e tentava impor o seu controlo e negar os seus direitos. Os LTTE utilizaram o ódio como um instrumento eficaz para reunir o povo Tamil à sua volta. Com base no "conceito de ódio", muitos dos militantes tamil estavam dispostos a sacrificar a sua vida para promover a sua causa. Foi por essa razão que houve muitos quadros suicidas no LTTE. Estavam dispostos a ser utilizados como arma para a sua causa. Os quadros dos LTTE usavam também uma cápsula de cianeto à volta do pescoço para se suicidarem se alguma vez fossem apanhados pelas autoridades policiais. Os LTTE tinham um ódio nacionalista e não apenas um ódio pessoal. Bartoli e Coleman argumentam que "o extremismo é um escape emocional para sentimentos graves. Experiências persistentes de opressão, insegurança, humilhação, ressentimento, perda e raiva levam indivíduos e grupos a adotar estratégias violentas e perturbadoras" (Bartoli, Coleman, 2003, 2).

Os jovens tâmeis que aderiram aos LTTE foram levados a acreditar que tinham de ser vingativos e violentos e que isso era moralmente sancionado. Sentiam que, recorrendo à violência extrema, como os atentados suicidas indiscriminados, estavam a dar força à causa tâmil.

1.4 Jihadismo islâmico e ideologia extremista

Há séculos que a religião tem sido utilizada para motivar as pessoas a pegar em armas contra os Estados estabelecidos. Atualmente, porém, o fundamentalismo islâmico é explorado por vários grupos para recrutar, justificar e travar uma guerra contra as autoridades. Pratt afirma:

> Os terroristas com motivações religiosas apresentam uma diferença fundamental em relação aos seus primos políticos e, normalmente, procuram pouco ou nenhum diálogo com a sociedade contemporânea, desejando apenas eliminar a sua influência modernizadora. Na sua maioria, os terroristas religiosos são hierárquicos e autoritários. Um ser divino parece estar diretamente envolvido na determinação dos fins e dos meios ou na estratégia de um terrorista (Pratt, 2011, 12).

Quando comparados com os LTTE, verifica-se que estes utilizavam uma ideologia extremista baseada no ódio, mas o seu líder era como um poder divino. No caso dos LTTE, era muito semelhante a um estímulo religioso, mas era uma liderança individual inspiradora que mantinha a população tâmil a unir-se em torno dela.

Pratt afirma que; "atualmente, o Islão não é a única fonte de terror religioso; no entanto, a grande maioria dos terroristas religiosos são muçulmanos. [th]O islamismo é um conjunto de ideologias que defendem que o Islão não é apenas uma religião, mas também um sistema político que surgiu como um ramo da reforma islâmica no século XIX" (Pratt, 2011, 13). Os fundamentos islâmicos consideram que o Islão deve presidir a todo o mundo muçulmano e utilizam os ensinamentos religiosos para reunir as pessoas em torno dele. Sookhdeo afirma que: "Os islamistas, como a Al Qaeda, são radicais na sua aplicação contemporânea das escrituras de origem islâmica, extremistas nos seus métodos e exclusivistas na sua visão das ideologias concorrentes" (Sookhdeo, 2011, 232). De forma semelhante, os LTTE utilizaram uma ideologia extremista e incutiram uma visão exclusiva que durou desde o início até ao seu desaparecimento.

Sookhdeo continua a descrever: "A Jihad é um estado de guerra permanente e contínuo entre o Estado islâmico e o mundo não muçulmano, travado em todas as frentes e em todas as esferas. Esta dupla divisão do mundo é definida no Islão clássico como a casa do Islão (Dar al- Islam), onde o Islão detém o poder, e - significativamente - a casa da guerra (dar al- Harb), onde os não muçulmanos detêm o poder" (Sookhdeo, 2011, 232). Os movimentos extremistas exploram estas diferenças para inspirar a população-alvo a adotar alternativas violentas para impor a sua vontade. Isto é comum à maioria das organizações revolucionárias, embora utilizem ideologias diferentes para cumprir a sua missão. De acordo com um oficial superior do exército paquistanês, "a Jihad é uma luta contínua e interminável travada em todas as frentes, incluindo política, económica, social, psicológica, doméstica, moral e espiritual, para atingir os objectivos da política"

(Sookhdeo, 2011, 232). Pode ver-se que os LTTE também travaram uma guerra em todas as frentes contra o Governo do Sri Lanka (GOSL), mesmo com dimensões internacionais, embora sem qualquer toque espiritual. O seu espírito provinha da sua liderança forte e dedicada.

1.5 O caso do Sri Lanka

O Sri Lanka é uma nação insular, pelo que o controlo do mar é de grande importância para o país e acabou por ter impacto no resultado da guerra e na segurança nacional da nação. Os LTTE utilizaram o mar de forma muito eficaz para desenvolver as suas capacidades de combate e tornaram-se uma ameaça para a integridade territorial do país. A dinâmica do controlo do mar foi explorada por ambos os lados com um grau variável de sucesso e, por vezes, até de fracasso, tendo sido travadas muitas batalhas para recuperar ou manter o controlo do mar. Ao contrário do que acontece em terra, o controlo do mar não pode ser obtido através da ocupação de uma determinada área marítima. No mar não existem linhas da frente nem fronteiras visíveis. Os LTTE tinham uma estratégia clara para obter o controlo do mar, uma vez que se aperceberam do valor do mar para o seu sustento e crescimento. O GOSL tinha de manter as vias marítimas de comunicação abertas e os portos comerciais seguros para manter a liberdade de operar em todos os mares e vias navegáveis ligadas.

Foi o ato ignorante de não proteger uns meros 1340 km da linha costeira do Sri Lanka que ajudou a fazer florescer a organização LTTE com uma capacidade marítima. As atitudes mornas em relação ao espaço oceânico em torno da nação insular não conseguiram envolver-se em conceitos como o controlo do mar, a segurança marítima e a consciência do domínio marítimo (MDA). Enquanto a Marinha do Sri Lanka (doravante SLN) se esforçava por manter o controlo marítimo das costas norte e leste do país, os LTTE tentavam negar esse controlo à Marinha. A relação entre integridade territorial e segurança marítima foi compreendida muito mais tarde, o que fez com que o país perdesse muitas oportunidades de controlar a florescente organização terrorista. Devido à falta de conhecimento do domínio marítimo, as linhas de abastecimento dos terroristas só foram postas em causa nos últimos anos do conflito

Há muitos exemplos das tentativas feitas por ambas as partes para ganhar e negar o controlo do mar, juntamente com muitos aspectos da guerra convencional, da guerra assimétrica e das improvisações. O controlo do mar e a negação do mar foram experimentados pela Marinha do Sri Lanka e pelos LTTE para ganhar vantagem no mar, tendo ambas as partes tentado explorar o controlo da superfície, da superfície submarina e do ar acima, a fim de obter o controlo do mar.

Os Tigres do Mar, ou o braço marítimo dos LTTE, dispunham de uma organização de comando bem estruturada e dos seus próprios esquadrões de ataque, de logística e de embarcações suicidas, capazes de efetuar operações mesmo em alto mar. Os Tigres do Mar dispunham também de uma frota mercante, que se dedicava a diversas actividades legais e ilegais através de várias empresas de fachada sediadas em muitas capitais do mundo. Os Tigres do Mar também levaram a cabo uma série de ataques terroristas contra alvos navais e civis, sequestraram e piratearam navios, atacaram navios em portos e envolveram-se em actividades de tráfico de armas em grande escala e em muitos outros crimes no mar.

Os LTTE controlavam certas zonas costeiras, rios e lagoas nas regiões norte e leste do Sri Lanka, onde as forças governamentais retomaram o controlo depois de os terem derrotado na fase final do conflito. Em muitos aspectos, os LTTE foram considerados líderes ou criadores de tendências no domínio do terrorismo marítimo e existia a possibilidade de transferência de tecnologia e de tácticas entre vários grupos terroristas, embora estes últimos não tivessem a mesma ideologia ou os mesmos motivos e apenas aspirassem a adquirir capacidades marítimas.

A teoria da arte operacional prevê que os LTTE teriam continuado a utilizar tácticas assimétricas para derrotar o SLN. No entanto, o SLN tornou-se uma marinha operacional e totalmente funcional e, utilizando um projeto de campanha de arte operacional, executando conceitos tradicionais e não tradicionais de controlo do mar, foi capaz de contrariar os pontos fracos explorados pelos LTTE e, finalmente, derrotá-los no mar. Por conseguinte, um estudo pormenorizado da evolução, dos pontos fortes e das fraquezas dos Tigres do Mar e da multiplicidade de contra-acções levadas a cabo pelo Governo do Sri Lanka (doravante GOSL) e pelo SLN para proteger as fronteiras marítimas é essencial para qualquer pessoa interessada em adquirir conhecimentos sobre as tendências e os perigos colocados pelo terrorismo marítimo para manter a boa ordem no mar. Poucas marinhas estiveram envolvidas em condições reais de batalha no mar na história recente por períodos prolongados.

A resposta da marinha não conseguiu, por vezes, conter os Tigres do Mar e resultou no desenvolvimento das suas capacidades militares convencionais. A marinha não conseguiu impedir que o material de guerra fosse transportado por mar e desembarcasse nas zonas controladas pelos LTTE. Houve uma altura em que a marinha não dispunha de uma contra-ação eficaz contra as tácticas suicidas e de enxame dos Tigres do Mar. No entanto, o SLN evoluiu durante o conflito e conseguiu superar os Tigres do Mar e manter o controlo do mar, o que fez com que os LTTE perdessem o tão necessário reabastecimento de material militar. Esta situação afectou diretamente a capacidade dos LTTE de sustentar uma contraofensiva contra os militares e levou ao desaparecimento da sua capacidade de combate.

1.6 Declaração do problema

O conflito no Sri Lanka envolvendo o SLN e os Tigres do Mar pode ser considerado um caso único de importância de um ator não estatal no mar e expõe o espetro de actividades que podem constituir uma ameaça considerável para qualquer marinha. O paradigma de segurança tradicional, em que o Estado luta com os Estados no mar, já não é muito provável. No entanto, os actores não estatais ameaçam utilizar o oceano para atingir os seus objectivos. Esta investigação intitula-se "Guerra assimétrica no mar: O caso do

Sri Lanka", a fim de examinar a utilização de tácticas assimétricas pelos Tigres do Mar para obter uma vantagem substancial sobre o SLN no mar. Trata-se de um caso único em que um ator não estatal desafiou com êxito uma marinha estabelecida no mar. Por conseguinte, merece ser analisado e estudado mais aprofundadamente.

As potenciais ameaças à segurança do comércio marítimo podem ter origem em actores estatais ou não estatais. A pirataria e os assaltos à mão armada no mar, que são as ameaças mais comuns à segurança, são tão antigos como o comércio marítimo. Embora existam convenções e tratados internacionalmente aceites que regem as actividades no mar, o mecanismo de regulamentação e aplicação é específico da soberania, no sentido em que a nação marítima pode seguir ou ignorar essas convenções e tratados em função da relevância da ameaça para o Estado.

No atual ambiente marítimo, uma nação pode tratar esta abordagem assimétrica ou irregular de forma imprudente e pode não se aperceber de quão ameaçadora esta guerra assimétrica no mar pode vir a ser, se negligenciada.

O significado estratégico da ameaça assimétrica é explicado por McKenzie como: "aproveitar forças tácticas ou operacionais inferiores contra as vulnerabilidades de um oponente superior para obter um efeito desproporcionado com o objetivo de minar a vontade do oponente a fim de alcançar os objectivos estratégicos do ator assimétrico" (McKenzie, 2001, 76). O caso do Sri Lanka mostra claramente estes objectivos estratégicos dos LTTE e o sucesso que tiveram em alcançar os estados finais desejados. No início, o LTTE era claramente inferior em termos de força e capacidades. O SLN, por outro lado, era bastante poderoso e superior. No entanto, a adaptação de tácticas assimétricas alterou a natureza do jogo a favor dos LTTE Sea Tigers. Esta situação obrigou o SLN a alterar as suas doutrinas organizacionais e operacionais. O SLN teve de criar unidades especiais, reestruturar algumas unidades existentes e adaptar tácticas diferentes para lutar contra os Tigres do Mar. Enquanto o SLN não procedeu a estas alterações e não adoptou tácticas assimétricas para combater os Tigres do Mar, o SLN não estava a ganhar a guerra no mar. Pelo contrário, estava a perder o controlo do mar e os Tigres do Mar estavam a ganhar gradualmente um controlo limitado do mar e representavam uma ameaça considerável para a marinha muito superior.

A evolução do SLN através de uma experiência rigorosa dos efeitos da guerra assimétrica no domínio marítimo prova que não deve ser dada qualquer margem de manobra na eliminação dos crimes marítimos para melhorar a segurança no mar.

O LTTE foi um dos principais actores não estatais que explorou o oceano e os elementos do terrorismo marítimo em seu proveito. Os LTTE dispunham de uma marinha de facto, com uma rede internacional de transportes marítimos, que funcionava através de vários escritórios de fachada em todo o mundo. Conseguiram adquirir grandes quantidades de armas, munições e explosivos e transportaram-nos através de portos internacionais e vias marítimas para locais costeiros sob o seu controlo. Isto ajudou a desenvolver e a manter as suas capacidades de combate e o GOSL foi incapaz de os contrariar eficazmente até à introdução de mudanças na política e nas estratégias em 2005. De facto, os Tigres do Mar foram os pioneiros do terrorismo marítimo, tendo sido pioneiros das embarcações suicidas, dos sabotadores suicidas submarinos, dos engenhos explosivos improvisados submarinos, como as minas de lapas, as minas e os colares de minas, dos ataques e do reconhecimento por navios submersíveis.

O SLN enfrentou esta ameaça para vencer os formidáveis Tigres do Mar e foram necessárias mudanças radicais em muitos aspectos da forma como conduziam o treino e as operações. Assim, o SLN, que amadureceu ao longo de quase três décadas de guerra, conseguiu finalmente ultrapassar o poder dos Tigres do Mar. Durante a fase final da batalha, o SLN conseguiu criar um sistema de defesa em camadas no mar, que impediu os dirigentes dos LTTE de tentarem escapar aos avanços militares em terra, pelo que foram sujeitos a uma aniquilação total. Assim, o SLN, que amadureceu durante a guerra prolongada, conseguiu finalmente vencer o poder dos Tigres do Mar.

Nestes esforços, o SLN teve de sofrer pesadas perdas em termos de recursos humanos, navios e embarcações no mar e nos portos. A sua vitória contra os tigres do mar - a organização terrorista mais implacável do mundo, com capacidade marítima internacional avançada - pode ser considerada uma mina de ouro para a investigação académica e operacional, embora não exista uma investigação exaustiva sobre o aspeto marítimo do conflito. Uma investigação exaustiva sobre a estratégia vencedora, as decisões políticas e estratégicas, o desenvolvimento de novas doutrinas, o aspeto da liderança, a motivação e a dedicação do pessoal naval, as experiências e a investigação e desenvolvimento, a aplicação de componentes da arte operacional podem produzir lições valiosas para combater as ameaças assimétricas colocadas por adversários não estatais ou estatais para qualquer país ou organização interessada em combater as futuras ameaças do terrorismo marítimo.

A motivação principal por detrás deste estudo é analisar o problema acima referido e encontrar uma solução; produzir lições aprendidas, derivar as melhores práticas e tornar o ambiente marítimo seguro para o comércio mundial, as viagens e a continuação dos intercâmbios culturais, manter a liberdade no mar e, finalmente, impedir que este meio mais importante do mundo seja explorado por elementos sem escrúpulos. Este estudo pretende centrar-se na ameaça à segurança marítima que pode ter origem nos litorais; especialmente a ameaça potencial de actores não estatais numa abordagem assimétrica e esta investigação abordará o acima exposto de uma perspetiva do Sri Lanka, com base na experiência do SLN nos últimos trinta anos de combate irregular no mar.

O SLN, tendo sido treinado e alinhado por uma mentalidade naval convencional, mostrou-se reativo face ao desenvolvimento das actividades dos Tigres do Mar dos LTTE utilizando conceitos assimétricos. Os LTTE e os Sea Tigers utilizaram uma estratégia de guerra assimétrica e os êxitos iniciais contra o SLN convenceram-nos de que era o caminho a seguir. Devido à incapacidade de contra-atacar de forma decisiva a ameaça assimétrica representada pelos Tigres do Mar, o SLN teve muita dificuldade em manter o controlo do mar. No entanto, os anos de evolução ajudaram o SLN a aprender com o passado, a adaptar-se e a enfrentar o inimigo de forma pró-ativa com uma mentalidade configurada para a guerra assimétrica, o que resultou na conquista do controlo do mar. Vrey descreve esta situação como: "A adaptação tornou-se um imperativo crucial de sobrevivência para o SLN contra a assimetria dos Tigres do Mar" (Vrey, 2013, 10). O SLN foi capaz de reduzir o fosso criado pelos Tigres do Mar em seu benefício, utilizando estratégias e tácticas assimétricas, e foi capaz de exercer pressão sobre os Tigres do Mar nas águas costeiras do norte, e gradualmente os Tigres do Mar começaram a perder a liberdade de que gozavam no mar. É digno de crédito que as mudanças na aplicação de factores críticos para a guerra tenham tornado o SLN vitorioso contra um ator não estatal com uma rede internacional de navegação. Por conseguinte, esta investigação tem como objetivo realizar um estudo filosófico sobre a evolução dos factores contributivos e formular um modelo exploratório para aplicações futuras.

1.7 O significado do problema de investigação

O Sri Lanka saiu vitorioso em 2009 ao derrotar os LTTE, tornando-se o mais provável e o único país capaz de derrotar militarmente o terrorismo, após um conflito prolongado de quase três décadas. Embora a ameaça do terrorismo tenha sido combatida no Sri Lanka, continua a ser uma ameaça mundial, possivelmente nos próximos anos. Na perspetiva do SLN, a principal conquista foi a deteção e o desmantelamento da linha logística marítima que apoiava os LTTE. A principal tarefa do SLN era conseguir o "controlo do mar" e impor a "negação do mar" para garantir a segurança das linhas de comunicação marítimas para a navegação legítima e impedir que os LTTE recebessem abastecimentos.

A destruição das linhas de abastecimento de armas dos LTTE foi um rude golpe para os LTTE. No entanto, a derrota da ala marítima dos LTTE às mãos do SLN e as batalhas navais pela supremacia no mar não foram objeto de estudo académico, apesar de a guerra em terra ter sido estudada e de existirem muitos livros sobre este tema. Esta seria uma investigação ideal, um estudo de caso sobre a guerra assimétrica no mar na história contemporânea, uma vez que a preservação da liberdade dos mares e do direito dos navios de circularem livremente nas águas marítimas e também de terem acesso aos portos são elementos essenciais da segurança nacional e, por conseguinte, tornam-se uma prioridade máxima, dadas as razões e situações incertas acima referidas, é vital estudar a dinâmica de mudança das abordagens assimétricas e, no caso do Sri Lanka, o conflito de trinta anos alterou rapidamente a mentalidade convencional das forças armadas na tomada de decisões a nível estratégico e ajudou-as a apresentar um pensamento novo e "fora da caixa"; criatividade e engenho para enfrentar e compreender as novas ameaças assimétricas e os desafios colocados pelo terrorismo marítimo.

1.8 Questões de investigação

As questões de investigação que se seguem foram formuladas para desvendar o problema de investigação;

a. Quais são as desvantagens organizacionais do SLN num ambiente convencional contra a ascensão dos Tigres do Mar dos LTTE utilizando conceitos não convencionais (assimétricos)?

b. Como é que os LTTE exploraram o oceano para se transformarem numa força militar quase "convencional" e continuarem a lutar contra o Governo do Sri Lanka durante quase três décadas?

c. Quais são os factores que influenciaram o SLN a passar de uma abordagem convencional para uma abordagem assimétrica que minimizou os fracassos e assegurou os sucessos da fórmula de vitória na guerra?

d. Como é que os conceitos e teorias como o "Controlo do Mar", a "Guerra Assimétrica" e a "Arte Operacional" contribuíram para a transformação da estratégia convencional do

SLN e para o desaparecimento final dos Tigres do Mar?

1.9 Objectivos da investigação

O principal objetivo da investigação é estudar as lições aprendidas para combater a guerra assimétrica no mar, tirando as principais lições do SLN. Para atingir este objetivo, são também focados os seguintes objectivos secundários

a. Examinar os inconvenientes organizacionais da aplicação da SL Navy no âmbito de uma mentalidade de guerra naval convencional.
b. Investigar e avaliar a forma como os Tigres do Mar LTTE exploraram os oceanos em seu proveito.
c. Identificar os factores determinantes do sucesso na conquista do controlo do mar.
d. Investigar os conceitos e teorias da guerra naval em relação ao contexto do Sri Lanka.

1.10 A investigação

O conflito étnico-político no Sri Lanka durou quase três décadas e resultou na perda de um grande número de vidas humanas. Não existe um número exato de mortos. O relatório do painel de peritos do Secretário-Geral das Nações Unidas indica que, só durante a fase final da batalha, ocorreram mais de 40 000 mortes devido ao conflito (UN secretary generals panel of experts on accountability in Sri Lanka, 2011, 40). Beehner, escrevendo para a revista Small Wars, indica: estima-se que 80 000 pessoas tenham perecido durante o conflito de um quarto de século, incluindo um primeiro-ministro indiano e inúmeros políticos do Sri Lanka (Beehner, 2010, 2). O LTTE e a diáspora tamil apresentam um número muito mais elevado e o governo do Sri Lanka indica um número mais baixo, pelo que é difícil chegar a um número exato de vítimas de ambos os lados do conflito e de muitos civis mortos durante o conflito. O LTTE tornou-se o grupo militante tamil mais dominante na década de 1990 e desenvolveu capacidades militares para combater as forças armadas do Sri Lanka. Está proibido como organização terrorista em 31 países, incluindo os EUA, o Reino Unido, a UE, a Índia e o Canadá. Era a única força insurreta do mundo que possuía um braço naval e a capacidade de efetuar alguns ataques contra alvos económicos e militares utilizando aviões ligeiros. Por conseguinte, pode concluir-se que o LTTE é a única organização terrorista do mundo que dispunha de um exército quase convencional, de uma marinha de facto e de uma força aérea.

O âmbito da literatura disponível sobre o tema dos LTTE e da guerra assimétrica foi objeto de uma revisão temática. A revisão da literatura foi efectuada através da análise de literatura global, local, teórica, empírica e não publicada. As principais áreas temáticas abrangidas pela revisão da literatura incluem "Guerra Naval Convencional", "Segurança Marítima", "Desvantagens Organizacionais do SLN, "Exploração dos Oceanos pelos LTTE", "Determinantes do Sucesso na Obtenção do Controlo do Mar" e "Conceitos e Teorias da Guerra Naval".

A literatura nacional e as publicações estrangeiras fornecem descrições vívidas de ambos os lados da história. Além disso, a revisão da literatura será alargada de modo a abranger o material de investigação relevante para o assunto, uma vez que existe um número significativo de estudos efectuados relevantes para o desenvolvimento da guerra assimétrica no mar. Estas literaturas serão estudadas e revistas em apoio das questões e factores de investigação descritos na concetualização do problema de investigação.

A guerra assimétrica abrange um vasto leque de teorias, experiências, conjecturas e definições (Barnett, 2003). "A premissa implícita é que a guerra assimétrica lida com incógnitas, com surpresa em termos e fins, formas e meios. Quanto mais diferente for o adversário, mais difícil é antecipar as suas acções. Se soubermos antecipadamente como um adversário planeia explorar as nossas dissemelhanças, poderemos desenvolver uma doutrina específica para contrariar as suas acções" (Ancker, Burke, 2003, 18). Infelizmente, a incerteza é inseparável da natureza da guerra. Se e quando o inimigo nos surpreende com uma capacidade, a nossa resposta é necessariamente ad hoc e menos eficaz. Por conseguinte, a doutrina deve preparar a força militar com uma mentalidade capaz de lidar com a incerteza de forma rápida e eficaz.

As tácticas de guerra assimétrica permitem geralmente que uma força mais pequena e mais fraca desafie um adversário mais poderoso com uma perspetiva real de atingir os seus objectivos no mar. É também designada por guerra de guerrilha no mar. Os LTTE foram pioneiros da guerra assimétrica no mar de forma significativa e constituíram uma ameaça considerável para o SLN, bem como para as outras forças militares, tendo contribuído eficazmente para a continuação do conflito durante quase três décadas, combatendo por vezes como forças militares convencionais.

Na guerra naval moderna, teoricamente, é possível alcançar o sucesso através do emprego de forças maiores e da utilização de tecnologia moderna. No entanto, esses casos são raros, pois nenhum país gosta de se envolver em longas batalhas no mar e prefere concentrar-se no progresso económico. Para obter qualquer resultado significativo, as forças navais aplicam estratégias e acções tácticas no mar para atingir os objectivos. "No entanto, o quadro estratégico é demasiado vasto para orquestrar adequadamente as acções tácticas no mar para atingir os objectivos da política e da estratégia. Ao mesmo tempo, o quadro tático é demasiado estreito para colmatar o fosso que o separa da estratégia" (Vego, 2009b, 1). Por conseguinte, deve existir outro campo de estudo e prática para sincronizar ou orquestrar adequadamente todas as fontes disponíveis de poder militar e não militar, a fim de alcançar os objectivos estratégicos finais através de uma série de objectivos intermédios. Esta terceira componente é a "Arte Operacional" militar (Vego, 2009a). A arte operacional ocupa uma posição intermédia entre a política e a estratégia, por um lado, e a tática, por outro.

Estas componentes teóricas estão bem ligadas ao emprego prático, uma vez que estão inter-relacionadas. A segurança nacional de uma nação é composta por muitos factores que são cruciais para a sobrevivência do Estado. A segurança marítima é um fator crucial tanto para os Estados costeiros como para os Estados sem litoral, cuja economia depende diretamente do comércio marítimo. O comércio marítimo pode ir da importação e exportação de produtos de base em geral à energia; a linha de vida de qualquer Estado. Por conseguinte, quando se trata de questões de segurança marítima, os meios navais tornam-se o principal instrumento do Estado. Independentemente da capacidade dos meios navais para impor o controlo ou a negação do mar, a guerra assimétrica continua a ser uma solução de baixo custo para perturbar e destruir os elementos hostis. Mesmo em tempos de paz, a segurança marítima é uma questão de importância crucial, uma vez que as economias nacionais estão inter-relacionadas na economia global. A pirataria na Somália é um exemplo clássico de como uma questão localizada se transformou numa preocupação global, sendo necessárias muitas coligações multinacionais para manter o comércio marítimo entre as nações comerciais.

1.11 Proposta

Quando o confronto de três décadas terminou em 19th de maio de 2009, muitas razões foram consideradas como os principais factores para vencer a guerra. No entanto, a perspetiva comum foi afirmada como um esforço combinado de todas as forças armadas e uma abordagem de todo o governo. Mas é um facto conhecido que os LTTE desenvolveram as suas capacidades de combate utilizando o mar de forma muito eficaz e tornaram-se uma ameaça para a integridade territorial do país. Como o Sri Lanka é uma nação insular, a importância do controlo do mar foi de grande relevância para decidir o resultado da guerra. Os combates no mar são dinâmicos, perigosos e imprevisíveis, especialmente quando são travados sob a sombra de uma guerra assimétrica. Mas o SLN, sendo uma força endurecida, envolveu-se em imensas operações de combate activas que se tornaram a principal fonte de deteção e perturbação da linha logística ou da linha de vida marítima que apoiava os LTTE. A devastação da sua linha de abastecimento de armas constituiu um rude golpe para a capacidade de guerra dos LTTE.

Do mesmo modo, o SLN desempenhou um papel imperativo na erradicação do terrorismo e adoptou uma abordagem multifacetada em matéria de segurança marítima que integrou as actividades de vários intervenientes com objectivos complementares a três níveis de responsabilidades que se sobrepõem, tais como a segurança portuária, a segurança da navegação e a defesa marítima. Simultaneamente, ao conceber uma estratégia de intensificação adequada para destruir os LTTE, o SLN prestou grande atenção às mudanças de política, aos aspectos de liderança, à disponibilidade de recursos e à tecnologia contemporânea, até chegar ao destino final de uma vitória completa.

Tendo em conta os factores significativos acima referidos, o investigador prova que o êxito dependeu em grande medida dos esforços do SLN para derrotar os LTTE no mar, utilizando as suas capacidades marítimas e também determinando os planos e estratégias do inimigo e concebendo contra-medidas eficazes que o apanharam de surpresa, o que levou à diminuição das suas capacidades de poder marítimo.

Para testar a hipótese de investigação, são utilizadas as teorias da guerra assimétrica, do controlo do mar e da arte operacional. As acções e contra-acções do SLN são analisadas à luz dos elementos fundamentais destas teorias para identificar as principais lições e desenvolver um modelo para futuros estudos académicos e operacionais. As três proposições seguintes foram identificadas como hipóteses de trabalho;

a. O estudo parte do princípio de que, no período inicial da guerra, as forças navais não foram capazes de dissuadir os LTTE no mar e não conseguiram estabelecer o controlo dos mares devido a uma falta de compreensão dos atributos da guerra marítima

b. A determinação, a liderança e a motivação levaram a organização LTTE a transformar-se de uma força de combate rudimentar numa força de combate com capacidades quase convencionais

c. A liderança, a determinação e a transformação das estratégias foram os factores que influenciaram o SLN a passar de uma abordagem convencional para uma abordagem assimétrica que minimizou os fracassos e assegurou os êxitos da fórmula de vitória na guerra

1.12 Organização do Capítulo

O primeiro capítulo inclui a introdução, uma elaboração do conceito de poder marítimo, guerra assimétrica e a sua aplicação nos dias de hoje. O capítulo dois define a revisão da literatura, o trabalho realizado por outros académicos a este respeito ou situações semelhantes noutros locais. O capítulo três explica a conceção da investigação e a metodologia utilizada no estudo. O enquadramento teórico é discutido no capítulo quatro e a análise dos dados é efectuada nos capítulos cinco e seis. O capítulo sete compara os resultados da investigação resultantes da análise dos dados com as perspectivas teóricas. O oitavo capítulo é a conclusão da tese e apresenta um resultado exploratório com recomendações e sugestões para investigação futura neste estudo de caso.

CAPÍTULO 2

DISCURSO SOBRE O TERRORISMO MARÍTIMO E A ASCENSÃO E QUEDA DE OS TIGRES DO MAR

2.1 A Génese

Para compreender como os Tigres do Mar utilizaram eficazmente os mares em redor do Sri Lanka para manter um conflito militar durante quase três décadas, é necessário rever uma literatura mais vasta. Uma vez que a maior parte da literatura disponível tem um âmbito limitado e se centra nos LTTE, a presente revisão foi efectuada através da análise de literatura global, local, teórica, empírica e mesmo inédita, a fim de compreender os aspectos mais vastos que englobam este estudo. A revisão da literatura está organizada em diferentes componentes que abrangem os aspectos acima referidos do estudo. A discussão centrar-se-á nas componentes "guerra naval convencional", "segurança marítima", "desvantagens organizacionais do SLN", "exploração dos oceanos pelos Tigres do Mar LTTE" e "factores determinantes do sucesso na conquista do controlo do mar".

A revisão da literatura começa por se centrar no conceito de "guerra naval convencional", estudando questões como o "conceito de equilíbrio de poder", a "teoria da transição de poder" e a "teoria da paz democrática". No tópico da "segurança marítima", a literatura é revista em áreas como "terrorismo marítimo internacional", "grupos terroristas marítimos internacionais" e "mecanismos existentes para proteger o ambiente marítimo". Os trabalhos relativos às "desvantagens organizacionais do SLN" são analisados tendo em conta as desvantagens políticas, estratégicas e tácticas através da revisão dos contextos australiano e indiano.

Em seguida, passa-se para a área da "exploração dos oceanos pelos Tigres do Mar LTTE", em que se dá ênfase aos "primeiros desenvolvimentos dos LTTE", à "resposta reactiva do SLN", à "formação dos elementos de combate dos Tigres do Mar", às "tácticas marítimas dos Tigres do Mar", à "rede internacional de transportes marítimos dos LTTE" e à "resposta naval". Ao estudo dos "factores determinantes do êxito na conquista do controlo do mar" segue-se o segmento final da análise da literatura, em que é citada a literatura global disponível sobre "conceitos e teorias da guerra naval". Esta secção inclui conceitos e teorias fundamentais, como a guerra assimétrica, o controlo do mar, a arte operacional e os modelos exploratórios.

2.1.1 Guerra Naval Convencional

A definição geral de "guerra convencional" é a utilização de uma forma específica de guerra conduzida com armas militares convencionais e tácticas de campo de batalha entre dois ou mais Estados num confronto aberto. A Doutrina para as Forças Armadas dos Estados Unidos, Publicação Conjunta 1-02, define o termo forças convencionais como "as forças capazes de conduzir operações utilizando armas não nucleares e as forças que não sejam forças de operações especiais designadas" (Departamento de Defesa dos EUA, 2008). A Publicação Conjunta dos EUA define a guerra convencional como "Conflito armado entre estados e/ou nações em que os combatentes aparecem em unidades militares organizadas que são frequentemente equipadas com uniformes, armas e equipamento padrão. Envolve normalmente grandes operações de combate que assumem abertamente o controlo do território, dos habitantes e dos recursos" (Piddock, 2009. 2). A estrutura de forças de cada lado é bem definida e tem como alvo principal as composições inimigas opostas. O uso de armas é convencional e não utiliza componentes de armas químicas, biológicas ou nucleares. Enfraquecer ou destruir as capacidades do inimigo ou destruir a força militar do inimigo continua a ser o objetivo geral da guerra convencional.

thCom as mudanças ocorridas por volta do século XVII nos ambientes de guerra, tanto em terra como no mar, as capacidades dos países do mundo ocidental evoluíram juntamente com a revolução industrial. Este facto teve um grande impacto no reforço das suas forças armadas. A capacidade de utilizar frotas navais para transportar tropas para distâncias maiores permitiu a concorrência entre vários continentes. A colonização em África, nas Américas e na Ásia foi vista como um resultado direto deste desenvolvimento; utilizando tropas e armamento convencionais que as forças de ocupação detinham. Este método de guerra contra o inimigo atraiu rapidamente o termo "guerra convencional", uma vez que estas forças estavam equipadas com armas convencionais. As componentes da marinha e do exército progrediram no sentido de se tornarem entidades militares mais profissionais, organizadas de acordo com as normas convencionais.

A formação da frota naval convencional britânica não foi um milagre da noite para o dia, mas o resultado de muitos séculos de trabalho. Nenhum dos outros países durante essa época identificou a importância de ter uma força naval convencional. Assim, uma breve perspetiva sobre o emprego da guerra convencional no passado fornece uma visão geral da aplicação do conceito que ajuda a compreender a evolução da guerra naval.

Após a guerra de Trafalgar, que é considerada um exemplo significativo de guerra naval convencional, a era da guerra naval convencional chegou ao fim com a Guerra das Malvinas, que começou em 2nd de abril de 1982 com um desembarque anfíbio de uma brigada da Marinha argentina que capturou Port Stanley, a capital das Malvinas [vulgarmente conhecidas como Islas Malvinas]. Os britânicos responderam então a esta invasão utilizando componentes diplomáticas e navais com uma Task Force que incluía quase toda a frota de superfície britânica e submarinos de ataque. Como Evans salienta, "na perspetiva britânica, o conflito das Malvinas foi predominantemente uma campanha naval, envolvendo uma força-tarefa que, em última análise, ascendeu a 127 navios, constituídos por 43 navios da Marinha Real, 22 da frota real auxiliar e 62 navios mercantes" (Evans, 2012, 1).

Para além da discussão de Trafalgar, das Falkland e das Guerras Frias, o conceito não evoluiu no sentido de desencadear confrontos navais convencionais, uma vez que muitos países tendem a estabelecer um equilíbrio de poder. No entanto, as tentativas de desenvolver exércitos, marinhas e elementos aéreos convencionais por parte da maioria das nações avançadas não pararam. Apesar do desenvolvimento de meios não convencionais de combate a ameaças não tradicionais, que emergem principalmente sob a forma de guerra assimétrica, a formação de frotas navais convencionais com elementos de superfície, aéreos e de subsuperfície normais continuou a crescer. A evolução das capacidades de ataque estratégico da China pode ser citada aqui como o melhor exemplo para realçar a importância dada ao reforço do poder naval convencional.

Os escritos oficiais chineses indicam a investigação e o desenvolvimento de sistemas de ataque estratégicos convencionais cada vez mais precisos e de longo alcance, que poderiam ser lançados a partir do território chinês contra alvos terrestres e marítimos em toda a região da Ásia-Pacífico numa situação de crise (Stokes, 2009). A utilização de mísseis balísticos convencionais de médio e longo alcance, que podem atingir formações navais convencionais, como grupos de batalha de porta-aviões, pode ser vista como uma opção viável para a marinha chinesa visar principalmente a região do Pacífico Ocidental. Estes desenvolvimentos entre os países líderes mostram o interesse que os países têm em adquirir estruturas de forças convencionais, apesar das ameaças não tradicionais emergentes.

Os conceitos de guerra convencional englobam outras subteorias importantes, como a teoria do equilíbrio de poder, da transição de poder e da paz democrática, que também precisam de ser analisadas, uma vez que constituem segmentos integrantes do conceito de guerra convencional. É necessário estudar também estes aspectos, a fim de compreender a natureza da guerra.

2.1.1.1 Equilíbrio de poder

O conceito de "equilíbrio de poder" é considerado um dos conceitos mais antigos e fundamentais no domínio das relações internacionais (Paul, 2004). Glenn Snyder destaca o equilíbrio de poder como um conceito teórico central nas relações internacionais. Hans Morgenthau chama ao equilíbrio de poder a "lei de ferro da política" e Henry Kissinger considera-o mais uma arte do que uma ciência (Amin, Naseer, 2011). Quando se olha para a guerra convencional, a importância do equilíbrio de poder não pode, de forma alguma, ser subestimada. Uma vez que a guerra convencional se baseia principalmente no número e na força das forças [seja o exército ou a marinha], o equilíbrio de poder será um elemento crucial para estabelecer um equilíbrio entre dois Estados com igual poder. Os Estados mais fracos têm uma tendência natural para formar alianças com Estados mais fortes para equilibrar o vazio de poder. As grandes potências utilizam a estratégia de equilíbrio como prioridade máxima no domínio da segurança porque uma estratégia de equilíbrio bem sucedida garante a paz e é uma condição prévia para a preservação do sistema estatal (Odgaard, 2007).

2.1.1.2 Transição de poder

A importância desta teoria em combinação com a guerra convencional deve-se principalmente à sua aplicação em tempo de guerra, numa região específica ou num domínio internacional. A teoria em geral afirma que a guerra é mais provável quando o poder de um Estado em ascensão se aproxima do poder do Estado dominante (Morrisey, 2010). Embora esta teoria prove o papel desempenhado pelo poder em várias magnitudes e a vários níveis na arena das relações internacionais, a compreensão da definição de poder também significa o seu valor quando aplicado a cenários no mundo real.

Os principais arquitectos da teoria definem o poder como a capacidade de um Estado impor ou persuadir outro Estado a cumprir a sua vontade (Organski, Kugler, 1981). O poder é alcançado através da combinação da população de um Estado, da produtividade económica da população e da capacidade do seu governo para mobilizar os dois primeiros de forma eficaz e eficiente (Tammen, 2000). Como o poder é aqui definido como a capacidade de impor uma vontade a outro Estado, a componente militar desempenha um papel significativo entre as muitas abordagens disponíveis para atingir esse objetivo.

2.1.1.3 Paz democrática

Segundo Jack Levy, a tese da paz democrática é "a coisa mais próxima de uma lei empírica disponível no estudo das relações internacionais" (Levy, 1989, 88). Esta teoria refere-se à ideia de que as democracias, por natureza, não entram em guerra umas com as outras, um facto que historicamente tem garantido a paz entre Estados democráticos, indiscutivelmente sem exceção (Pugh, 2005). A ideia de que as democracias não lutam entre si remonta aos escritos de Immanuel Kant, há mais de duzentos anos, em "A Paz Perpétua". No entanto, foi apenas no início dos anos 80, com os escritos de Doyle, que a ideia recebeu a sua primeira articulação contemporânea (Doyle, 1996). Segundo Doyle, os Estados identificados como democráticos liberais têm mantido relações saudáveis entre si, mas podem inclinar-se para a guerra contra Estados democráticos.

[th]As conclusões a que se chegou são mais bem representadas no trabalho de Russett, que argumentou que as alegadas guerras entre democracias [a maioria das quais teve lugar no século XIX] não cumprem critérios "rigorosos" para uma democracia e/ou para uma guerra (Russett, 1996). Estes critérios são, obviamente, os subjetivamente escolhidos por Russett. Ele define uma democracia como "um sistema de governo com direito de voto para uma fração substancial de cidadãos" (1996, 58-81). Russett define "guerra como uma atividade interestatal com mil mortes em combate" (1996, 6972). Além disso, os seus dados afirmam que, desde o fim da Segunda Guerra Mundial, as díades democráticas não só têm conseguido evitar a guerra, como também têm menos probabilidades de ameaçar recorrer à força para resolver os seus diferendos (Shapio, 1996).

2.1.2 Proteção Marítima

Quer se trate de um país sem litoral ou costeiro, as actuais tendências da globalização têm um enorme impacto no acesso aos recursos e aos mercados. O sistema comercial baseado no mar é considerado uma força gigantesca no sistema comercial moderno. "Com mais de 80% do comércio a ser efectuado por via marítima" (Caron, Oral, 2014, 270), os próprios Estados investiram fortemente na rede de abastecimento marítimo. Como o comércio marítimo continua a crescer a um ritmo acelerado, os desafios que surgem sob a forma de actores não estatais tornaram-se elevados. Isto, por sua vez, tornou todo o sector marítimo um fator muito mais difícil e sensível. Como os desafios continuam a aumentar, a responsabilidade dos Estados tornou-se um fator crucial e uma obrigação internacional. Os Estados investiram recursos políticos, diplomáticos e militares significativos para garantir o bom fluxo do comércio e escolheram estratégias e sistemas de segurança sofisticados para não abrandar o comércio internacional e impedir o crescimento económico; na sua essência, as estratégias operacionais são preparadas para garantir que o comércio flua sem obstáculos e que as linhas marítimas de comunicação sejam protegidas (Sakhuja, 2010). Da mesma forma, dada a importância global do comércio marítimo, os países prestam grande atenção tanto à compreensão da proteção marítima como à resposta aos seus desafios e ameaças emergentes.

Uma vez que o estudo se baseia nos LTTE - uma organização terrorista que se tornou um fator decisivo no domínio da segurança marítima do Sri Lanka e do Oceano Índico -, é essencial uma breve análise da forma como o conceito de "segurança marítima" se desenvolveu na literatura global para compreender o contexto. O mundo concentrou-se muito no tema da segurança marítima, pagando um preço elevado e dedicando um tempo considerável à procura de soluções.

Os termos "proteção marítima" e "segurança marítima" têm sido utilizados em conetividade na maioria das ocasiões, mas, quando definidos, têm dois significados diferentes no contexto marítimo. O termo "segurança marítima" é definido no relatório das Nações Unidas de 2008 sobre os oceanos e o direito do mar como "garantir a segurança da vida humana no mar, a segurança da navegação e a proteção e preservação do ambiente marinho". O sector do transporte marítimo tem um papel preponderante a este respeito; os navios devem ser construídos de forma segura, inspeccionados regularmente, devidamente equipados e

A tripulação deve ser bem treinada, a carga deve ser devidamente acondicionada e deve existir um sistema de comunicação eficiente a bordo.

As diferenças entre "Segurança Marítima" e "Proteção Marítima" são definidas da seguinte forma pela Pozo:

a. Segurança marítima; a combinação de medidas preventivas destinadas a proteger o domínio marítimo contra perigos, danos, danos ambientais, riscos ou perdas acidentais ou naturais e a limitar os seus efeitos
b. Segurança marítima: a combinação de medidas preventivas e de reação para proteger o domínio marítimo contra ameaças e actos ilícitos intencionais (Pozo et al, 2010, 45-46).

Feldt sublinha o significado acima referido:

> A "proteção marítima" deve ser distinguida da "segurança marítima".
> A "proteção marítima" é "a combinação de medidas preventivas e de reação para proteger o domínio marítimo contra ameaças e actos ilícitos intencionais". As palavras-chave são: medidas preventivas e de reação, visando tanto a aplicação da lei enquanto requisito civil e militar como as operações de defesa enquanto requisito militar, neste caso naval. "Segurança marítima" é "a combinação de medidas preventivas e reactivas destinadas a proteger o domínio marítimo contra, e limitar o efeito de, perigo acidental ou natural, danos e prejuízos para o ambiente, riscos ou perdas (Feldt et al, 2013, 2).

Além disso, a definição de "proteção do transporte marítimo" tem assumido diferentes formas e pontos de vista, consoante o contexto em que é aplicada. O relatório das Nações Unidas de

2008 sobre os oceanos e o direito do mar indica como principais componentes da ameaça "a pirataria e os assaltos à mão armada no mar, os actos terroristas que envolvem a navegação, as instalações offshore e outros interesses marítimos, o tráfico ilícito de armas e de armas de destruição maciça, o tráfico ilícito de estupefacientes e de substâncias psicotrópicas, o contrabando e o tráfico de pessoas por mar, a pesca ilegal, não declarada e não regulamentada e os danos intencionais e ilícitos ao ambiente marinho". Do mesmo modo, a dificuldade em definir a proteção do transporte marítimo é atribuída, em primeiro lugar, a diferentes contextos políticos e exigências organizacionais, que projectam uma visão geral de que o termo tem sido utilizado de forma vaga. Estes desenvolvimentos em matéria de definição do termo evoluíram para um debate concetual mais vasto sobre a segurança. Assim, pode ser visto simplesmente como outra dimensão da segurança, embora a literatura relativa aos estudos de segurança não reflicta isso. Rahman explica esta complexidade da seguinte forma:

> Por outro lado, cada uma das dimensões de segurança já discutidas pode também ser aplicada ao ambiente marítimo, sendo que cada uma delas possui indiscutivelmente elementos marítimos. Do mesmo modo, cada um dos "conceitos" alternativos de sistema de segurança propostos pode também ser aplicado à esfera marítima. Assim, é possível falar, por exemplo, de "segurança ambiental marinha", "segurança marítima abrangente" ou "segurança marítima cooperativa", etc. (Rahman, 2009, 29).

A literatura existente sobre a proteção do transporte marítimo tende a centrar-se nas caraterísticas do mar e dos seus diversos utilizadores, bem como nas ameaças que lhes são colocadas (Cozens & Mossop, 2005). A visão não tradicional da proteção marítima difere do seu enfoque no ponto de vista estratégico. Neste contexto, Till (2004) centra-se no conceito organizador de "boa ordem no mar", segundo o qual o mar, como recurso, como meio de comércio e troca de informações e como ambiente, enfrenta riscos e ameaças à boa ordem da qual depende a sua contribuição contínua para o desenvolvimento humano. Esta é uma indicação clara da complexidade da proteção do transporte marítimo. A complexidade é ainda maior pelo facto de diferentes utilizadores considerarem diferentes riscos e vulnerabilidades nas suas áreas de responsabilidade e, por conseguinte, ser ainda mais difícil encontrar definições comuns dos conceitos.

É importante ver mais algumas definições de proteção marítima para compreender profundamente a natureza do problema. Rahman destaca as principais definições de proteção marítima, tendo em conta alguns estudos significativos realizados pela Universidade de Dalhousie, que definem a proteção marítima como

> Um processo de manutenção da estabilidade no sistema internacional no, sobre, sob e a partir do mar". Esta definição pode não ser despropositada, uma vez que engloba os três domínios da proteção do transporte marítimo, mas continua a ser demasiado vaga para ser de grande utilidade. Um estudo canadiano também identificou quatro "princípios básicos que regem a utilização dos oceanos", semelhantes em substância à conceção de till: o reconhecimento dos oceanos como uma "fonte de riqueza", como um "sistema de suporte de vida" e um "meio de comércio e comunicações", e uma "tradição ... de que aqueles que utilizam os

oceanos devem fazê-lo em paz e segurança (Rahman 2009, 29).

A *Estratégia Nacional de Segurança Marítima* dos EUA (2005) considera a segurança marítima, num sentido muito mais lato e prático, como

> A criação e manutenção da segurança no mar é essencial para atenuar as ameaças que não são de guerra, incluindo a pirataria, o terrorismo, a proliferação de armas, o tráfico de droga e outras actividades ilícitas. O combate a estas ameaças irregulares e transnacionais protege a nossa pátria, reforça a estabilidade global e assegura a liberdade de navegação em benefício de todas as nações.

A natureza complexa da proteção e segurança marítimas criou uma série de dificuldades ao sector marítimo, uma vez que foram levantadas questões sobre a categoria de violência em que se enquadram certos actos como o terrorismo, o assalto à mão armada e a pirataria. A violência marítima é outro termo com que nos deparamos frequentemente.

2.1.2.1 Estratégia marítima

Os vários períodos de tempo, perspectivas, capacidades, padrões de pensamento e vários problemas com que nos deparámos na história mostram que a estratégia marítima foi moldada em grande medida pela história. Ao analisar estes desenvolvimentos históricos, é fácil delinear um conceito mais alargado de estratégia marítima.

Analisando os desenvolvimentos registados no último século, é bastante claro que foram desenvolvidas várias estratégias. Mais recentemente, nas guerras que envolveram o Iraque, o Afeganistão e o Kuwait no Golfo Arábico, nas crises regionais no Adriático e no bloqueio do Haiti e nas guerras da Coreia e do Vietname, as nações marítimas concentram-se na utilização do mar para os seus próprios fins. Embora as nações tenham praticado o conceito durante muitos séculos, os políticos e os historiadores só o examinaram durante um período relativamente mais curto. Foi apenas há 125 anos que Alfred Thayer Mahan referiu o papel do poder marítimo na política nacional em tempo de guerra; passou um século desde que Sir Julian Corbett apresentou pela primeira vez uma declaração teórica mais completa dos princípios para estabelecer o controlo do mar em tempo de guerra (Hattendorf, 1991).

Enquanto muitos apontam para os líderes que não pensaram estrategicamente, outros contra-argumentam que eles agiram estrategicamente. No final do período das guerras navais à vela, apenas algumas pessoas, como Carl von Clausewitz e Antonie-Henri Jomini, começavam a pensar de forma mais abstrata sobre a estratégia militar, mas não sobre a estratégia marítima (Gat, 1989). Apesar destes desenvolvimentos históricos, a história recente evidencia a construção de um entendimento muito mais alargado das teorias relacionadas com a estratégia marítima. A necessidade de trabalhar em estreita coordenação foi amplamente destacada durante a Segunda Guerra Mundial. O Contra-Almirante Wylie da Marinha dos EUA foi um dos primeiros a tentar integrar as principais teorias orientadas para o serviço numa teoria geral de controlo do poder (Wylie, 1989).

Analisando vários acontecimentos que se desenrolaram no passado recente, parece que muitas marinhas tendem a exagerar o esforço para alcançar o controlo, prestando atenção às batalhas. Uhlig salienta que, uma vez obtido um certo grau de controlo, as funções mais importantes das forças navais em tempo de guerra passam a ser:

a. Proteger e facilitar a navegação mercante e os abastecimentos militares próprios e dos aliados no mar,

b. Manter a passagem segura para a navegação através de águas restritas e o acesso a portos e portos,

c. Negar a navegação comercial a um inimigo,

d. Proteção da costa e dos recursos offshore,

e. Deslocação e apoio de tropas e bases avançadas e;

f. Obter e manter o controlo local do ar e do mar em apoio às operações aéreas e terrestres (Uhlig, 1994, 24).

2.1.2.2 Terrorismo marítimo internacional

No contexto das actividades terroristas marítimas dos LTTE Sea Tiger, o conhecimento do alcance global e da expansão das actividades relacionadas com o terrorismo marítimo vem aprofundar o estudo dos Sea Tigers. Uma vez que muitos peritos em terrorismo marítimo encontraram ligações entre as actividades dos Tigres do Mar e as actividades de outros grupos terroristas, a referência a algumas das semelhanças e à influência dos Tigres do Mar no contexto global permite uma melhor compreensão da posição dos LTTE.

Richardson (2008), investigador sénior convidado do Instituto de Estudos do Sudeste Asiático - Singapura, efectuou um estudo exaustivo sobre o tema do terrorismo marítimo. Cita mais de 15 casos em que o terrorismo marítimo internacional foi bem sucedido ou tentou levar a cabo ataques por via marítima no passado recente. Alguns casos importantes são destacados a seguir:

a. África Oriental - Um navio de carga controlado pela Al Qaeda entregou os explosivos que os seus operacionais utilizaram para bombardear duas embaixadas dos EUA na África Oriental em agosto de 1998, matando 224 pessoas.

b. Iémen - A Al-Qaeda atacou e destruiu o USS Cole no ano 2000 utilizando um barco suicida. Outra tentativa semelhante falhou quando o barco suicida se afundou por estar demasiado carregado. As notícias que se seguiram ao incidente falavam da ligação da Al Qaeda com os LTTE. As marcas registadas das tácticas suicidas dos LTTE ficaram bem patentes neste ataque. O outro incidente, que teve lugar no Iémen em 2002, danificou e incendiou o petroleiro de registo francês Limburg na sequência de um ataque de um barco suicida da Al Qaeda.

c. **Iraque-Em** abril de 2004, terroristas suicidas em vários pequenos barcos carregados de explosivos tentaram atacar navios-tanque e instalações de armazenamento no sul do Iraque. A tentativa falhou e descobriu-se que tinha sido ordenada pela Al Qaeda.

d. **Jordânia** - Um grupo terrorista liderado por Zarqawi reivindicou a responsabilidade pelo ataque com mísseis Katyusha em agosto de 2005, que por pouco não atingiu dois navios de guerra dos EUA no porto jordano de Aqaba, no Mar Vermelho.

e. Turquia - Loai Sakka, um dos principais operacionais da Al Qaeda na Turquia, foi detido quando tentava fabricar uma bomba de uma tonelada na sequência de uma explosão prematura. Tencionava colocá-la no seu iate e realizar um atentado suicida contra um dos navios de cruzeiro que transportam israelitas ou navios da Organização do Tratado do Atlântico Norte (NATO).

f. Golfo Pérsico - Os responsáveis norte-americanos referiram que, em finais de 2002 e 2003, os EUA e uma nação parceira interromperam um plano dos operacionais da Al Qaeda para atacar navios norte-americanos no Golfo Pérsico.

g. Filipinas- As autoridades filipinas declararam que um membro do Grupo Abu Sayyaf (ASG) colocou uma bomba que afundou um ferry de passageiros, o MV Super ferry 14, matando 116 passageiros.

h. Singapura - Em dezembro de 2001, as autoridades de Singapura desmantelaram um plano dos membros da Jemaah Islamiyah (JI) para lançar ataques suicidas contra navios de guerra americanos que entrassem em portos de Singapura.

Os incidentes acima referidos constituem uma prova cabal da extensão das actividades de terrorismo marítimo a nível mundial. Se considerarmos estas actividades em conjunto, verificamos que a natureza, a motivação e os objectivos finais são muito semelhantes ao modus operandi dos LTTE.

2.1.2.3 Grupos terroristas marítimos internacionais

Entre as muitas facetas que compõem a proteção do transporte marítimo, o terrorismo marítimo tornou-se o principal desafio no contexto atual. Variando da pirataria ao assalto à mão armada e a muitos outros ataques de natureza assimétrica, a dinâmica do terrorismo marítimo continua a representar desafios não só para os países em desenvolvimento, mas também para os países desenvolvidos. Quando comparados com os ataques terroristas em terra, os incidentes terroristas marítimos têm registado uma percentagem muito baixa. De acordo com Nincic,

> Em 2003, a Aegis Research and Intelligence Database estimou que, entre 1999 e 2003, os alvos marítimos representavam menos de um por cento de todos os ataques terroristas e uma análise semelhante da base de dados sobre terrorismo da RAND corrobora estes números; dos 40 126 incidentes terroristas registados entre 1968 e

2007, apenas 136 (0,34%) foram contra o domínio marítimo (Nincic, 2012,1).

Os atentados à bomba nas proximidades dos portos e os ataques às instalações portuárias são algumas das formas mais comuns de actividades de terrorismo marítimo que têm ocorrido. No entanto, os ataques que tiveram como alvo os navios são poucos e sempre conseguiram atrair a maior atenção dos meios de comunicação social. O baixo número de incidentes no domínio marítimo é notável, apesar da existência de vários grupos terroristas que possuem capacidades de terrorismo marítimo. Esta ameaça fez com que as nações gastassem milhares de milhões de dólares na proteção das suas redes de navegação, instalações e navios vitais. De facto, há mesmo quem discuta se estas ameaças são reais ou não.

Embora sejam citadas as ligações entre pirataria e terrorismo de uma forma mais geral, estes dois termos têm sido utilizados lado a lado para explicar a violência no mar. Sugestões recentes de que pode estar a formar-se um nexo entre piratas e terroristas tornam ainda mais obscura a compreensão das diferenças entre eles (Nelson, 2012). A falta de acordo sobre a definição de pirataria e terrorismo marítimo criou uma série de implicações que dificultam o desenvolvimento de políticas. Embora o terrorismo marítimo e a pirataria sejam dois fenómenos distintos que existem por razões diferentes, muitas das suas caraterísticas tendem a sobrepor-se.

Muitos argumentaram sobre as definições fornecidas pelas Nações Unidas sobre pirataria e terrorismo. O artigo 101° da Convenção das Nações Unidas sobre o Direito do Mar define a pirataria como um ato de violência ou roubo praticado para fins privados contra outro navio ou pessoa no alto mar (UNCLOS 1982). A incapacidade de se chegar a uma definição universal de terrorismo tem dificultado muitas questões políticas quando se trata de tomar medidas contra uma série de actividades ilegais importantes que ocorrem no mar. O International Maritime Bureau (IMB) define a pirataria como "um ato de abordagem ou tentativa de abordagem de qualquer navio com a intenção aparente de cometer roubo ou qualquer outro crime e com a intenção aparente ou capacidade de usar a força para promover esse ato". O Conselho de Cooperação para a Segurança na Ásia-Pacífico (CSCAP) define o terrorismo marítimo como a prática de actos e actividades terroristas no ambiente marítimo, utilizando ou contra navios ou plataformas fixas no mar ou no porto, ou contra qualquer um dos seus passageiros ou pessoal, contra instalações ou povoações costeiras, incluindo estâncias turísticas, zonas portuárias e vilas ou cidades portuárias (Chalk, 2008).

A Convenção Árabe para a Supressão do Terrorismo, assinada numa reunião realizada no Secretariado-Geral da Liga dos Estados Árabes, no Cairo, em 22 de abril de 1998, define o terrorismo como

Qualquer ato ou ameaça de violência, quaisquer que sejam os seus motivos ou propósitos, que ocorra para promover uma agenda criminosa individual ou colectiva e que procure semear o pânico entre as pessoas, causando medo ao feri-las, ou colocando em perigo a sua vida, liberdade ou segurança, ou que procure causar danos ao ambiente ou a instalações ou bens públicos ou privados ou ocupá-los ou apoderar-se deles, ou que procure pôr em perigo um recurso nacional (Mejia, 2003, 170).

A este respeito, a motivação pode ser citada como um domínio em que se pode estabelecer uma distinção entre os terroristas marítimos e os piratas. De acordo com Murphy (2008), a pirataria envolve um grupo de criminosos que procuram obter ganhos financeiros roubando qualquer coisa de valor de um navio, incluindo dinheiro, objectos pessoais, carga, o navio e a sua tripulação. No entanto, os terroristas podem efetuar ataques marítimos para financiar as suas operações em terra, o que leva alguns a inferir que a pirataria e o terrorismo marítimo são a mesma coisa (Mitchell, 2007).

A ameaça, a vulnerabilidade, as consequências e a responsabilidade são alguns dos factores-chave que devem ser considerados na análise do terrorismo marítimo. A componente "ameaça" constitui a pedra basilar para a realização de uma análise pormenorizada do terrorismo marítimo. Ao examinar a forma como estas possíveis contingências se podem manifestar, avaliar as suas implicações operacionais e explorar a sua relação com ataques históricos e as caraterísticas de grupos terroristas conhecidos, podemos gerar uma base empírica para caraterizar os riscos enfrentados pelos Estados soberanos em todo o mundo. O fator de vulnerabilidade tem sido largamente atribuído à ideia geral da falta de governação e policiamento marítimos. Isto é verdade até certo ponto, uma vez que muitas nações não se dão ao luxo de proteger e policiar as suas instalações marítimas e o seu domínio marítimo. A comunidade internacional parece ter-se tornado progressivamente mais consciente da vulnerabilidade geral do transporte marítimo global em resultado da natureza em grande parte não policiada do alto mar, do facto de muitos governos litorais não disporem dos recursos e, em certos casos, da vontade de adotar programas sérios de vigilância costeira, e do carácter esotérico que caracteriza grande parte do ambiente oceânico.

As capacidades dos grupos terroristas são outra caraterística saliente. A abertura e a opacidade inerentes ao ambiente marítimo têm sido consideradas particularmente preocupantes numa altura em que as capacidades terroristas para atuar numa base não territorial podem estar a aumentar. Uma observação significativa foi citada por Jenkins et al (1986, 65): "vários comentadores argumentaram que o crescimento das indústrias offshore, combinado com a popularidade geral dos desportos marítimos, está a servir para expandir grandemente a facilidade potencial com que os grupos podem adquirir competências básicas e equipamento para ataques marítimos".

Muitos tendem a pensar que o mero objetivo dos ataques terroristas é causar violência física, mas os analistas têm provado que não é essa a realidade, uma vez que, na maioria dos casos, o resultado tem sido uma perda económica significativa para uma nação, para além de mortes e ferimentos em civis. O ataque ao MV Limburg pela Al Qaeda pode ser citado como um exemplo proeminente neste cenário. Embora 90.000 barris de petróleo bruto tenham sido danificados e derramados no Golfo de Aden, apenas um número limitado de feridos foi causado, juntamente com três mortes, duas das quais foram os atacantes suicidas que transportavam os explosivos na sua pequena embarcação (Whitaker 2002). No entanto, a intenção do ataque, que consistia em induzir perturbações económicas, foi claramente bem sucedida, com os preços do petróleo a subirem 0,48 dólares por barril e o aumento dos prémios de seguro a provocar uma perda de receitas portuárias de 3,8 milhões de dólares por mês (Lorenz, 2007).

A vastidão do oceano continua a ser um fator crítico para o surgimento do terrorismo marítimo. Há duas formas principais pelas quais os grupos terroristas beneficiam da vastidão e da ausência de lei do mar: efectuando ataques contra alvos baseados no mar e utilizando o mar para transportar armas, militantes e outros meios de apoio de um local para outro (Voort, O'Brien, 2003). Uma vez que muitos grupos terroristas estão bastante familiarizados com as operações em terra, o ambiente marítimo tem apresentado obstáculos à realização de ataques contra alvos no mar. Este facto levou a que se visassem instalações críticas que são essenciais para o comércio marítimo. Um ataque bem sucedido contra este tipo de instalações provocaria a suspensão do tráfego, graves perdas económicas e um aumento do preço do petróleo e de outros produtos de base. A necessidade de combater a ameaça do terrorismo marítimo conduziu a mudanças fundamentais no ambiente de segurança marítima internacional e nas estratégias marítimas da maioria dos países, especialmente das principais nações de comércio marítimo (Bateman, 2006).

Mais de 15 milhões de contentores estão atualmente em circulação, fazendo mais de 200 milhões de visitas portuárias por ano e os dez principais portos de contentores do mundo movimentaram 178 milhões de TEU (unidades equivalentes a vinte pés) em 2010, quase tanto como os 40 portos seguintes juntos (179 070 mil TEU), (Nincic, 2012). Dado que são muito poucos os portos importantes que emergem como grandes plataformas comerciais, um ataque a qualquer um desses portos importantes pode ter um impacto significativo no comércio marítimo mundial. Neste contexto, o perigo que os terroristas podem representar para o domínio marítimo é vasto.

Neste contexto, Gunarathna identifica a importância de compreender a natureza das intenções marítimas e das capacidades marítimas para poder emergir como um grupo terrorista marítimo proeminente:

> As capacidades marítimas da guerrilha e do terrorismo são extensões das suas capacidades terrestres. No entanto, as intenções marítimas são diferentes das capacidades marítimas. Traduzir as intenções em capacidades requer conhecimentos humanos [experiência e formação] e recursos significativos. Se um grupo de guerrilha e de terrorismo conseguir desenvolver a sua compreensão e conhecimento do ambiente marítimo, começará a explorar esse domínio. Nas fases iniciais, a maioria dos grupos utiliza o ambiente marítimo para apoiar operações terrestres e, em segundo lugar, para montar ataques (Gunarathna, 2008, 76).

Visar um navio no mar não é uma tarefa fácil, requer informações atempadas e uma embarcação adequada ou uma frota com pessoas que saibam navegar e que parte do navio deve ser atacada, a fim de afundar um navio ou causar o máximo de danos. A maioria dos grandes navios mercantes modernos viaja a velocidades superiores a catorze nós e é difícil e perigoso para uma pequena embarcação tentar aproximar-se deles a esta velocidade (Bateman 2006). Os navios ficaram em desvantagem devido ao terrorismo marítimo, principalmente quando se encontram dentro dos portos. Esta situação levou a Marinha dos Estados Unidos (USN) e outras marinhas ocidentais a dar grande ênfase à proteção das forças dos seus navios durante as escalas nos portos (Mullen & Bartee, 2002).

Com um grande número de portos envolvidos no transporte marítimo internacional, a segurança dos portos e das instalações conexas é fundamental para manter o comércio global de uma nação. O desafio de proteger um porto de um ataque terrorista não é tão fácil como se poderia pensar. A experiência do Sri Lanka pode ser vista como um exemplo. A quantidade de esforço que a marinha e outras entidades diretamente envolvidas na proteção dos portos contribuíram na altura do conflito é imensa. O mais pequeno erro poderia ter causado danos colossais à economia nacional e ao comércio marítimo internacional. O porto oferece uma série de dimensões que devem ser protegidas para se conseguir uma segurança total. Os portos do Sri Lanka têm sido alvo de ameaças provenientes de terra, mar, ar e mesmo da subsuperfície, o que torna a defesa um desafio gigantesco. Cada porto é diferente em virtude da sua geografia, topografia, ambiente e população (Mayer, 2005).

A vontade de explorar a aquisição de capacidades marítimas tem sido notória nas últimas décadas, apesar de o ambiente marítimo ser, na maioria dos casos, um ambiente complexo e hostil para operar. As capacidades destes grupos terroristas estão espalhadas por todos os domínios, da superfície à subsuperfície. Cerca de duas dúzias de grupos terroristas foram identificados como tendo praticado actos de terrorismo no mar e atacado na América Latina, na Europa, no Médio Oriente, no Sul da Ásia e no Sudeste Asiático (Gunarathna, 2001).

A quantidade de avanços tecnológicos que vários grupos terroristas adquiriram no domínio dos avanços tecnológicos, das capacidades de navegação e dos armamentos letais é surpreendente. Estes avanços técnicos aumentaram o potencial destes grupos terroristas para atacar vários alvos marítimos, desde os mais fracamente defendidos até aos mais bem protegidos. Para além do armamento letal, alguns grupos terroristas realizaram ataques utilizando equipamento marítimo de lazer [equipamento e aparelhos de mergulho, scooters marítimas, lanchas rápidas e submarinos turísticos] e dispositivos e explosivos de uso comercial (Sakhuja, 2010).

Dos 44 grupos terroristas descritos nos Relatórios sobre Terrorismo por País de 2009 do Departamento de Estado dos EUA, dez são identificados como tendo capacidades marítimas ou, pelo menos, como tendo demonstrado capacidades marítimas no passado

(Nincic, 2012);

a. Al-Qaeda
b. Organização Abu Nidal
c. Grupo Abu Sayyaf
d. Pátria Basca e Liberdade
e. Hamas
f. Hezbollah
g. Jemaah Islamiya
h. Lashkar e-Tayyiba
i. Tigres de Libertação do Eelam Tamil (atualmente extintos)
j. Frente de Libertação da Palestina - Abu Abbas F ação

De acordo com Nincic (2012), com exceção da Al-Qaeda, da Jemaah Islamiyah na Indonésia e do Grupo Abu Sayyaf (ASG) nas Filipinas, muitos grupos terroristas e/ou de insurreição que mais preocupam o comércio de segurança marítima não constam desta lista porque não foram designados como Organizações Terroristas Estrangeiras pelos Estados Unidos ou porque ainda não demonstraram capacidades marítimas. O Al-Shabaab, a Al-Qaeda na Península Arábica (AQAP) e as Brigadas Abdallah Azzam foram acrescentados na sequência de vários relatórios de informações sobre possíveis aquisições de capacidades marítimas.

De entre os muitos grupos terroristas que dispunham ou dispõem atualmente de capacidades marítimas, a Al Qaeda pode ser considerada o mais proeminente devido a uma série de factos. Uma vez que o LTTE está extinto, a Al Qaeda é vista como uma componente terrorista muito mais global que tem a capacidade de lançar grandes ataques marítimos contra alguns dos principais países do mundo. Os ataques da Al Qaeda a alvos marítimos ocuparam um lugar significativo nos incidentes mundiais de terrorismo marítimo quando vistos através do espetro de ataques marítimos que vão desde o Achille Lauro em 1985, o MV Limburg em 2002 e o MV Star no Estreito de Ormuz em 2010. A importância de dispor de uma estratégia marítima profunda foi bem identificada pela Al Qaeda numa fase inicial.

Inicialmente desenvolvida por Abd al Rahman al-Nashiri, esta estratégia em quatro partes consistia em:

a. Ataques suicidas a navios
b. Sequestro de navios e sua utilização como "armas" contra infra-estruturas portuárias ou de transporte
c. Atacar grandes navios, como os superpetroleiros, a partir do ar, utilizando pequenas aeronaves carregadas de explosivos, e
d. Atacar navios com equipas de demolição submarina ou com bombistas suicidas (Nincic 2012).

Os ataques ao USS Cole, em 2000, e ao petroleiro Limburg, em 2002, demonstram a natureza do terrorismo marítimo, principalmente na Península Arábica. A capacidade de explorar embarcações suicidas carregadas de explosivos para danificar ou destruir o casco dos navios é vista como um ponto importante das capacidades de terror marítimo da Al Qaeda. Os receios suscitados por estas operações levaram à formulação de cenários catastróficos com ataques marítimos em larga escala, incluindo a utilização de engenhos explosivos improvisados transportados pela água (WBIEDs) contra navios flutuantes que transportam cargas perigosas, do tipo do gás natural liquefeito (GNL), com o objetivo de prejudicar bases navais de populações costeiras, instalações offshore de petróleo e gás, outras infra-estruturas críticas ou o próprio comércio marítimo (Farrel, 2007). É nesta perspetiva que a Al-Qaeda representa uma séria ameaça para o comércio marítimo (Gurpreet, 2007).

Os progressos realizados pela Al-Qaeda no domínio do terrorismo marítimo têm sido graduais, à semelhança da maioria dos outros grupos terroristas. Têm estado envolvidos no transporte de armas e de outro material de guerra para as zonas vizinhas com a ajuda de pequenas embarcações. A este respeito, Gunarathna fornece informações exaustivas sobre a formação da Al-Qaeda e os seus principais ataques por via marítima:

> A Al Qaeda também transportou explosivos para o Quénia para o ataque na África Oriental em agosto de 1998. Uma célula da Al Qaeda no Iémen começou a planear o ataque ao USS The Sullivans na primavera de 1999 e fez os preparativos no verão de 1999. ... Em 3 de janeiro de 2000, quando o USS The Sullivans chegou ao porto, o barco suicida carregado de explosivos foi lançado de uma praia próxima. Devido ao seu peso, o barco afundou-se quase imediatamente. .
>
> Em comparação com o ataque ao USS The Sullivans, o investimento que a Al Qaeda fez para garantir o êxito do ataque ao USS Cole foi significativo. O USS Cole, um destroyer de mísseis guiados (DDG), tinha uma tripulação de 346 pessoas. O navio de 154 metros de comprimento e 21 metros de largura tinha um deslocamento de 8.422 toneladas. O navio tinha uma velocidade máxima de 33 nós. O seu armamento incluía mísseis antiaéreos, mísseis anti-navio, torpedos, um canhão de cinco polegadas e o sistema de armas de proximidade Phalanx (Gunarathna 2008, 79).

As tácticas terroristas desenvolvidas e testadas numa parte do mundo tornam-se uma arma comprovada para os outros utilizarem nos seus respectivos domínios, seja em terra, no mar ou no ar. A tendência para aprender estas valiosas tácticas comprovadas em combate com outros grupos é bastante comum entre os terroristas. Gunarathna descreve esta ligação entre os LTTE e a Al Qaeda da seguinte forma

> Por exemplo, o ataque da Al Qaeda ao USS Cole foi uma imitação do ataque dos LTTE ao Abheetha, um navio de abastecimento da marinha do Sri Lanka. Em 4th de maio de 1991, o Abheetha estava ancorado seis milhas a norte de Point Pedro, no norte do Sri Lanka, quando um barco suicida carregado de explosivos o abalroou. O ataque causou grandes danos no navio, matou seis pessoas e feriu 18 membros da marinha. . Após o alarme e a publicidade gerados pelo ataque da Al Qaeda ao USS

Cole, em 12 de outubro de 2000, muitos grupos terroristas e de guerrilha interessaram-se em organizar ataques no domínio marítimo. Um mês depois do atentado suicida contra o USS Cole, em 12th de outubro, o "efeito de imitação" terrorista ficou demonstrado. Barcos suicidas furtivos do LTTE romperam as defesas de Trincomalee, o porto naval mais protegido do Sri Lanka, e destruíram um veículo rápido de transporte de pessoal em 23rd de outubro; e um barco suicida do Hamas palestiniano atacou uma embarcação naval israelita em 7th de novembro de 2000 (Gunarathna, 2008, 82).

O interesse da Al-Qaida pelas capacidades submarinas é revelado nos interrogatórios de Abd al-Rahim al-Nashiri, apelidado de "Príncipe do Mar", um alegado cérebro da Al-Qaida (Acharaya, 2008). Em 2003, as autoridades de Singapura detiveram 15 presumíveis militantes islâmicos ligados à Al-Qaida: tinham sido elaborados planos para atacar navios da marinha americana na base naval de Changi (Singapore Ministry of Home Affairs White Paper, 2003).

O outro grupo terrorista importante que possui capacidades marítimas é o Grupo Abu Sayyaf, conhecido como ASG, que surgiu como uma alternativa islamista mais violenta à Frente Moro de Libertação Nacional (MNLF). O Grupo Abu Sayyaf perpetrou uma série de atentados de grande envergadura, incluindo assassínios, atentados à bomba, execuções em massa, decapitações e raptos. O primeiro ataque pelo qual o ASG recebeu e/ou reivindicou a autoria foi o bombardeamento, em 1991, do M/V Doulos, um navio missionário cristão ancorado em Zamboanga, que terá sido perpetrado como retaliação por declarações anti-islâmicas proferidas pelos missionários (Atkinson 2012). O ASG lançou um ataque mortal contra um ferry em fevereiro de 2004. Redento Cain Dellosa, treinado pela Jemmaah Islamia (JI), colocou um televisor carregado de explosivos no compartimento turístico do Super Ferry 14, que fazia a ligação entre Manila e o sul das Filipinas, onde a explosão e o subsequente incêndio mataram 118 passageiros; foi o pior ataque terrorista marítimo da história (Gunarathna, 2008). Paralelamente ao seu desenvolvimento como organização terrorista, empenhada em fomentar conflitos sectários, os ASG aprofundaram as suas relações com organizações terroristas transnacionais (Abuza 2005). Desde cedo, o Abu Sayyaf foi financiado através de uma rede financeira criada por Mohamm Jamal Khalifa, cunhado de Osama bin Laden, que foi enviado para as Filipinas em 1991 e estabeleceu uma rede de instituições de caridade islâmicas (Abuza, 2003).

Devido à grande dificuldade de efetuar um ataque marítimo, muitos consideram improvável a ocorrência imediata de um grande ataque terrorista por via aquática nos próximos anos. Dependendo da localização do alvo e do método de ataque, há potencial para causar vítimas em massa, danos estruturais generalizados e um impacto económico estimado em até 1,3 triliões de dólares em perdas comerciais (Buky, 2007). Os peritos na matéria afirmam que o crescimento das indústrias offshore, combinado com a popularidade geral dos desportos marítimos, contribui para aumentar consideravelmente a facilidade com que os grupos podem adquirir competências e equipamentos básicos para ataques marítimos (Jenkins, 1986).

A gravidade deste tipo de guerra assimétrica marítima não tradicional representa um desafio significativo para os aspectos de segurança marítima. Dado que as pequenas embarcações rápidas são difíceis de detetar e de contrariar, a menos que sejam detectadas a uma distância decisiva, um navio com os sistemas de armas e de sensores mais avançados pode ficar em desvantagem perante a ameaça potencial representada por um barco suicida carregado de explosivos suficientes para danificar ou afundar o navio. O desenvolvimento de sistemas de armas navais conhecidos como Close-in Weapons System (CIWS), embora tenha tido lugar no início dos anos 70, tornou-se muito mais importante com a introdução de tácticas suicidas de terrorismo marítimo nos últimos anos. Muitos consideraram o CIWS como a última linha de defesa de armas automatizadas, principalmente contra mísseis anti-navio. O ataque ao USS Cole pela Al-Qaeda chegou mesmo a desafiar o CIWS conhecido como Phalanx que estava instalado a bordo. Este facto demonstra a gravidade da ameaça marítima e das capacidades terroristas.

2.1.2.4 Mecanismos em vigor para proteger o ambiente de proteção marítima

O ataque ao Achille Lauro, em outubro de 1985, atraiu uma atenção considerável de todo o mundo para a segurança dos navios e dos seus passageiros e carga face à emergência do terrorismo marítimo. Desde então, vários organismos internacionais introduziram ao longo dos anos medidas destinadas a proteger o sector dos transportes marítimos e o pessoal contra o terrorismo marítimo. A evolução destas medidas teve origem no incidente do Achille Lauro e foi ainda mais revolucionada pelo ataque terrorista de 11 de setembro. Com a intenção de estabelecer a boa ordem no mar, foram introduzidas várias convenções, actos e medidas. A Convenção Internacional

A Organização Marítima Internacional (OMI), enquanto organismo regulador das Nações Unidas responsável pela segurança da vida no mar e pela proteção do ambiente, adoptou um grande número de convenções e regulamentos desde a sua criação em 1959.

A promoção da boa ordem no mar inscreve-se no "quadro" fornecido pela Convenção das Nações Unidas sobre o Direito do Mar (CNUDM) de 1982, que é apoiada por numerosas outras convenções internacionais que prevêem regimes subsidiários para a proteção do transporte marítimo, a segurança e a proteção do ambiente marinho (Bateman 2006). A título de exemplo, refira-se a Convenção para a Salvaguarda da Vida Humana no Mar (SOLAS) de 1974, à qual foi acrescentado um novo capítulo em 2002 relativo à adoção do Código Internacional de Segurança dos Navios e das Instalações Portuárias (ISPS); a Convenção Internacional sobre Busca e Salvamento Marítimo de 1979; e a Convenção para a Supressão de Actos Ilícitos contra a Segurança da Navegação Marítima (SUA) de 1985 (Rolls, 2011). Entre as muitas disposições já em vigor, o incidente de 11 de setembro teve um grande impacto na segurança dos modos de transporte existentes. Por razões óbvias, o transporte marítimo foi objeto de uma grande concentração. Este facto teve um grande impacto na adição de uma componente vital à Convenção SOLAS, a fim de reforçar a segurança marítima através do Código Internacional de Segurança dos Navios e das Instalações Portuárias (ISPS).

O quadro ISPS ajuda os governos, fornecendo métodos coerentes e sólidos para identificar vários níveis de ameaça e, assim, avaliar a vulnerabilidade dos navios e das instalações portuárias.

O Código ISPS foi elaborado de modo a garantir a adoção de medidas de segurança funcionais mínimas, tanto para os navios como para os portos. Estas medidas incluem;

a. Planos de proteção dos navios
b. Agentes de proteção de navios
c. Agentes de segurança da empresa
d. Equipamento de bordo
e. Planos de segurança das instalações portuárias
f. Agentes de segurança de instalações portuárias
g. Monitorização e controlo do acesso
h. Controlo de pessoas e cargas
i. Disponibilidade de comunicação (Código ISPS, 2003)

Estas medidas devem ser cumpridas pelos navios, pelos portos e por ambos os elementos para garantir que as instalações e os navios estão adequadamente protegidos contra actividades terroristas. O próprio Código ISPS atribui uma enorme responsabilidade ao governo, tanto no que respeita à aplicação destas medidas como à garantia de que as normas previstas são mantidas e passam nas auditorias de segurança efectuadas pela OMI. Neste contexto, o Sri Lanca é um dos principais países que contribuíram significativamente para o êxito do Código ISPS num curto espaço de tempo. O código identifica três níveis de segurança importantes para utilização internacional: o nível de segurança 1, normal; o nível de segurança 2, que dura o período de tempo em que existe um risco acrescido de incidente de segurança; e o nível de segurança 3, que dura o período de tempo em que existe o risco provável ou iminente de incidente de segurança (Código ISPS, 2003, 5-6).

As companhias de navegação têm uma responsabilidade específica no que respeita ao êxito do Código ISPS. A companhia é obrigada a nomear um oficial de proteção da companhia (CSO) e um oficial de proteção do navio (SSO) adequados para cada navio. O ASC tem um papel importante a desempenhar na garantia de que a avaliação da proteção do navio (SSA) é efectuada e de que o navio dispõe de um plano de proteção sólido, elaborado em conformidade com o Código ISPS (Código ISPS, 2003, 14).

Para além de cumprir os requisitos do ponto de vista do navio, os governos também precisam de analisar seriamente os aspectos das instalações de segurança no porto, o que é conhecido como Avaliações da Segurança das Instalações Portuárias (PFSA). Estas avaliações devem ser efectuadas pelo Governo Contratante, por uma Autoridade Designada ou pela Organização de Segurança Reconhecida e as Avaliações da Segurança das Instalações Portuárias terão de ser revistas periodicamente e os resultados da Avaliação da Segurança das Instalações Portuárias têm de ser aprovados pelo Governo ou pela Autoridade Designada e devem ser utilizados para ajudar a determinar quais as Instalações Portuárias que devem nomear um Funcionário de Segurança das Instalações Portuárias (PFSO) (Código ISPS, 2003, 17).

De acordo com o relatório da Administração Nacional de Segurança Nuclear do Departamento de Energia dos EUA (DOE/NNSA) (2010), a Iniciativa Mega Portos (MPI) é mais uma componente fundamental da rede defensiva multiagências e multicamadas que reforça a capacidade global dos países parceiros para dissuadir, detetar e interditar o tráfico ilícito de materiais nucleares especiais e outros materiais radioactivos nos principais portos marítimos internacionais. Esta iniciativa é também mais uma medida em vigor para evitar que os terroristas explorem os portos marítimos. Desde o início do conceito em 2003, um total de 27 portos foram equipados com MPI, incluindo o Sri Lanka.

O principal objetivo da MPI é examinar o máximo possível de contentores envolvidos em importações, exportações e contentores transbordados. A iniciativa é aplicada com um impacto mínimo nas operações portuárias e prevê-se que, até 2016, 100 portos marítimos sejam equipados com sistemas de deteção de radiações, digitalizando aproximadamente 50% da carga marítima global em contentores, de acordo com a NNSA. De acordo com o relatório de 2010 da NNSA, a MPI trabalha com as alfândegas estrangeiras e outras agências de aplicação da lei, autoridades portuárias, operadores de terminais e/ou outras entidades relevantes em países parceiros para melhorar sistematicamente as capacidades de deteção de materiais nucleares especiais e outros materiais radioactivos em carga contentorizada que transita na rede global de transporte marítimo.

Para que este esforço seja bem sucedido, a iniciativa presta assistência aos países que concordaram em implementar a MPI, instalando vários equipamentos e meios de comunicação, incluindo a formação de pessoal, o que é um fator valioso. O relatório da NNSA de 2010 salienta que a MPI será capaz de analisar mais de 80 por cento da carga marítima em contentores com destino aos Estados Unidos. O mesmo relatório destaca as expectativas futuras para tornar a MPI uma ferramenta muito mais eficaz através do início de novas parcerias e do estabelecimento de acordos formais para a cooperação entre os mega portos; fornecer sistemas de deteção móveis a portos de transbordo selecionados, desenvolver protocolos de resposta com nações selecionadas para fazer face a ameaças nucleares e radiológicas, fornecer formação aos funcionários das nações parceiras, ajudar a garantir a utilização adequada e a sustentabilidade a longo prazo dos sistemas, fornecer equipamento especializado e/ou formação a portos selecionados para melhorar a capacidade de deteção, resposta e esforços de recuperação das nações parceiras e fazer a transição dos mega portos operacionais para os funcionários das nações parceiras após o período de transição da sustentabilidade.

Outra medida que teve origem nos EUA após o incidente de 11 de setembro foi a introdução da Iniciativa para a Segurança dos Contentores (CSI). De acordo com o portal oficial do Departamento de Segurança Interna dos Estados Unidos, a CSI aborda a ameaça à segurança das fronteiras e ao comércio global colocada pela potencial utilização terrorista de um contentor marítimo para transportar uma arma. A CSI propõe um regime de segurança para garantir que todos os contentores que representem um risco potencial de terrorismo sejam identificados e inspeccionados em portos estrangeiros antes de serem colocados em navios com destino aos Estados Unidos. O Serviço de Alfândegas e Proteção das Fronteiras (CBP) destacou equipas multidisciplinares de funcionários americanos do CBP e do Serviço de Imigração e Alfândegas (ICE) para trabalharem em conjunto com os nossos homólogos dos governos estrangeiros anfitriões. Os seguintes elementos centrais foram identificados como os pilares fundamentais da CSI;

a. Identificar contentores de alto risco. O CBP utiliza ferramentas de seleção automatizadas para identificar contentores que representam um risco potencial de terrorismo, com base em informações antecipadas e inteligência estratégica.

b. Pré-selecionar e avaliar os contentores antes de serem expedidos. Os contentores são rastreados o mais cedo possível na cadeia de abastecimento, geralmente no porto de partida.

c. Utilizar a tecnologia para o rastreio prévio dos contentores de alto risco, a fim de assegurar que o rastreio possa ser efectuado rapidamente sem atrasar o movimento do comércio. Esta tecnologia inclui máquinas de raios X e de raios gama em grande escala e dispositivos de deteção de radiações.

De acordo com o Resumo da Iniciativa de Segurança de Contentores (2011), publicado pelas Alfândegas e Proteção das Fronteiras dos EUA, a CSI opera em 58 portos em todo o mundo: América do Norte, Central e do Sul, Caraíbas, Europa, África, Médio Oriente e em toda a Ásia. Atualmente, mais de 80 por cento de toda a carga marítima importada para os Estados Unidos está sujeita a rastreio prévio, a Organização Mundial das Alfândegas (OMA), a União Europeia (UE) e o G8 apoiam a expansão da CSI e adoptaram resoluções que implementam as medidas de segurança da CSI introduzidas nos portos de todo o mundo. A partir destas iniciativas práticas que já estão em vigor, é também necessário um olhar mais atento sobre o quadro jurídico e de combate ao terrorismo.

Uma vez que o terrorismo colocou uma série de desafios à governação eficaz e à paz mundial, sentiu-se a necessidade de criar um conjunto de instrumentos distintos para lidar com os vários elementos do terrorismo, tendo a introdução de 13 convenções sectoriais sido considerada um instrumento muito eficaz. Estas 13 convenções sectoriais abrangem um leque mais vasto de possíveis actividades terroristas, tais como a Convenção sobre infracções cometidas a bordo de aeronaves, a captura ilícita de aeronaves, a tomada de reféns, a proteção de material nuclear, etc. Para além destas convenções, existem outros acordos regionais que foram iniciados. Entre estas, destacam-se a Convenção para a Supressão de Actos Ilícitos contra a Segurança da Navegação Marítima, de 1988, e o seu Protocolo relativo às Plataformas Fixas Localizadas na Plataforma Continental, de 1988, adoptados em 14 de outubro de 2005 (Trelawny nd, 2007).

A convenção proporcionou às autoridades uma base jurídica para tomarem medidas contra a violência exercida contra pessoas a bordo de navios, a apreensão de navios e a colocação de dispositivos a bordo de um navio susceptíveis de o destruir ou danificar. O Protocolo de 2005 à Convenção SUA exige que os Estados criminalizem o transporte ilegal e intencional de outra pessoa a bordo de um navio, com conhecimento de que essa pessoa cometeu uma infração tal como definida na Convenção relevante ou em qualquer outra Convenção para a Supressão do Terrorismo (TSC) já em vigor no momento da adoção da Convenção (Trapp, 2011).

O aditamento de dois novos protocolos contribuiu para alargar o âmbito de aplicação da convenção inicial, ampliando o leque de infracções e incluindo os aspectos relativos à abordagem de navios suspeitos, que constitui um requisito prévio para que as marinhas e as guardas costeiras possam efetuar eficazmente buscas a bordo dos navios, especialmente no mar. As resoluções pertinentes do Conselho de Segurança das Nações Unidas e outros instrumentos, incluindo a Convenção Internacional para a Repressão dos Atentados Terroristas à Bomba (1997) e a Convenção Internacional para a Repressão do Financiamento do Terrorismo (1999), estão diretamente ligados ao novo protocolo SUA (Trelawny, 2007).

2.1.3 Os inconvenientes organizacionais da SLN

No que respeita à área de estudo específica dos "inconvenientes organizacionais do SLN", a literatura disponível é muito limitada em termos de âmbito e profundidade. Não foi efectuado nenhum estudo importante sobre os inconvenientes da Marinha nas suas principais componentes. Este facto constitui um vazio neste estudo específico, uma vez que não foi realizada qualquer investigação séria para avaliar as desvantagens estratégicas e tácticas da Marinha na batalha contra os Tigres do Mar LTTE durante a guerra. Como o investigador é um oficial superior da Marinha que teve a oportunidade de observar todo o espetro do conflito, as observações feitas durante a sua carreira serão consideradas como a literatura disponível sobre a área de estudo específica.

É um facto bem estabelecido que os Tigres do Mar dos LTTE utilizaram eficazmente o oceano para levar a cabo as suas actividades logísticas, de treino e outras para apoiar a batalha contra as forças armadas governamentais. Foi o que fizeram durante quase três décadas, passando de uma componente muito pequena de pescadores que se tornaram insurrectos, operando barcos de fibra de vidro, para uma marinha de facto muito mais sofisticada, que podia mesmo ameaçar o domínio da marinha do Sri Lanka. Por conseguinte, é necessária uma análise mais profunda dos factores que levaram ao crescimento dos Tigres do Mar em relação ao SLN para compreender esta situação complexa. O investigador tenciona analisar estes aspectos em termos de desvantagens a nível político, estratégico e tático.

2.1.3.1 Desvantagens da política

Ter uma defesa marítima forte numa nação insular é crucial na formulação da sua estratégia de defesa global, alinhada com a Grande Estratégia Nacional. Na mesma nota, a importância do Sri Lanka como nação insular no Oceano Índico também foi amplamente debatida em vários fóruns. Sendo um comércio marítimo em constante crescimento e estando localizado no caminho de uma das mais densas linhas de navegação internacional do mundo, a segurança marítima continua a ser um pilar vital na defesa do Sri Lanca.

Especialmente após a independência em 1948, a tónica foi colocada no desenvolvimento do exército em particular. Foi identificada a importância de dispor de uma frota naval considerável, mas, nessa altura, a marinha era considerada sobretudo um braço cerimonial e não um instrumento eficaz de proteção da segurança marítima. Esta incapacidade de projetar corretamente a importância de desenvolver uma marinha considerável desde a independência teve um impacto negativo no país com a formulação da ala Sea Tiger dos LTTE e a sua rede de transportes marítimos internacionais

2.1.3.2 Desvantagens estratégicas

De acordo com o Dicionário de termos militares e associados do Departamento de Defesa, a estratégia foi definida como "uma ideia prudente ou um conjunto de ideias para empregar os instrumentos do poder nacional de forma sincronizada e integrada para alcançar objectivos de teatro, nacionais e/ou multinacionais" (documento alterado da Publicação Conjunta 1-02, 2013).

Se olharmos para os erros tácticos que o SLN cometeu no conflito com os Tigres do Mar, o facto de não ter chamado a atenção para as informações sensíveis recebidas como inputs tácticos pode ser visto como um dos seus principais erros estratégicos. Ao formular a grande estratégia, as componentes tácticas são necessárias para encontrar a conetividade entre a estratégia e a tática, uma vez que nunca se pode formar uma estratégia sem ter em devida consideração a evolução tática. Identificar os movimentos tácticos do inimigo pode ser visto como uma das primeiras pistas mais importantes para avaliar a grande estratégia do inimigo. Ao não conseguir identificar esta ligação crucial, o SLN sofreu perdas e continuou a lutar contra um inimigo que muitos consideravam invencível.

O facto de a SLN não ter conseguido identificar a estratégia dos Tigres do Mar, que estava na base da criação de uma frota mortífera de Tigres do Mar e de uma rede internacional de transportes marítimos, pode ser considerado um dos principais fracassos estratégicos. Durante um período de tempo considerável, a estratégia do SLN foi uma estratégia reactiva para enfrentar a ameaça dos Tigres do Mar. O impacto da inexistência de uma grande estratégia para combater as actividades dos Tigres do Mar teve repercussões no efeito global das operações militares travadas em terra. Como os LTTE continuaram a manter os seus canais de abastecimento sem grandes obstáculos por não terem desafiado as actividades marítimas em maior escala, o SLN assistiu à presença contínua de embarcações de ataque dos Tigres do Mar, apesar de muitas terem sido destruídas em confrontos.

2.1.3.3 Desvantagens tácticas

O dicionário Macmillan online define tática como "um método ou plano particular para alcançar algo e define tática como a capacidade de organizar e utilizar eficazmente soldados, armas e equipamento em batalhas". De acordo com o Dicionário do Departamento de Defesa de termos militares e associados, o termo tática é definido como "o emprego e a disposição ordenada das forças umas em relação às outras" (Publicação Conjunta 1-02 documento alterado, 2013).

Os inconvenientes tácticos do SLN remontam ao início dos Sea Tigers, em 1984. Quando os LTTE começaram a atravessar o estreito de Palk utilizando pequenos botes de fibra de vidro para transportar quadros e líderes entre Tamil Nadu e o Sri Lanka e também para efetuar tráfico ilegal de armas e contrabando disfarçados de pescadores, as unidades da frota do SLN tinham poucas ou nenhumas pistas até ao momento em que foram efectuadas algumas apreensões destes barcos dos Tigres do Mar. Estas apreensões são designadas por incidentes de surpresa ou de oportunidade que não foram apoiados por informações navais precisas ou outras informações. Estas apreensões são designadas por incidentes de surpresa ou de oportunidade, que não foram apoiados por fontes exactas de informação naval ou outras. Na altura em que o SLN começou a alertar sobretudo as unidades da frota do norte, os Sea Tigers já tinham percorrido uma longa distância nas suas actividades ilegais. Estavam mais bem equipados com embarcações que podiam ultrapassar as unidades da frota do SLN. Este facto pode ser visto como um grande revés na consideração tática, uma vez que muitos incidentes deste tipo foram tratados como incidentes separados, sem os relacionar com o quadro muito mais vasto, com uma colaboração atempada de uma estratégia naval muito necessária.

Os desenvolvimentos subsequentes nas actividades dos Tigres do Mar também foram vistos como meros incidentes individuais e o pensamento mais vasto dos Tigres do Mar não foi visualizado. Quando os Tigres do Mar formaram uma rede internacional de transportes marítimos utilizando vários navios mercantes, que se tornou um dos factores mais decisivos para manter a força militar dos LTTE, esta é outra área em que a atenção tática não foi corretamente orientada para a estratégia global.

Inovações tácticas como barcos suicidas, armas inovadoras, mergulhadores submarinos, engenhos explosivos improvisados, utilização de comunicações, sensores electrónicos (RADAR, GPS), desenhos inovadores de cascos de barcos, disfarce da identidade dos navios mercantes dos LTTE, etc., são algumas das principais caraterísticas que levaram os Tigres do Mar a um nível que surpreendeu a frota do SLN em quase todos os encontros no mar. Seria correto dizer aqui que as tácticas do SLN evoluíram principalmente através de um mecanismo de reação, em vez de serem proactivas em relação às tácticas dos Tigres do Mar. O atraso na resposta, bem como a criação de contra-tácticas reactivas, retiraram tempo e espaço ao SLN, que deveriam ter sido dedicados à consecução dos principais objectivos e metas do SLN.

A tática de utilizar até mesmo os grandes barcos de pesca, sobretudo para fazer o transporte de armas dos navios mercantes que estavam estacionados em alto mar para as zonas costeiras sob o domínio dos LTTE, foi um grande sucesso para eles. Esta tática funcionou de forma bastante eficaz até à fase final do conflito. As grandes inovações introduzidas para disfarçar totalmente os carregamentos destes navios de pesca dificultaram a sua deteção pelo SLN através dos sensores navais disponíveis.

A Marinha tinha sido tradicionalmente uma força cerimonial e não estava habituada a travar uma guerra assimétrica em mar aberto. Consequentemente, mesmo com os "Fast Attack Craft" (FAC) de alta tecnologia provenientes de Israel, a Marinha do Sri Lanka não conseguia contrariar as tácticas de enxameação utilizadas pelos Tigres do Mar (Fish, 2009). Estas desvantagens verificaram-se até aos últimos anos do conflito, em que, especialmente na última parte do ano de 2005, se verificaram mudanças dramáticas no pensamento tático dos líderes do SLN, que tiveram um impacto direto no pensamento estratégico global do SLN.

2.1.3.3.1 O contexto australiano

A literatura sobre os inconvenientes organizacionais para responder a ameaças semelhantes pode ser vista na Austrália. As ameaças de pequenas embarcações contra alvos comerciais, como portos e navios, podem ter um enorme impacto na economia como um todo se forem lançadas por terroristas. Embora seja necessário um esforço concentrado para proteger os bens de um ataque marítimo, os desafios que se colocam são também imensos. A abordagem do Governo australiano para combater o terrorismo marítimo tem sido incremental e lenta a evoluir, mas os terroristas demonstraram a capacidade de se adaptarem rapidamente e ultrapassarem a política governamental (Buky, 2008). Isto dá uma ideia dos desafios que os países enfrentam na resposta ao terrorismo marítimo; principalmente estes inconvenientes organizacionais de um país podem ser ultrapassados a um nível estratégico mais amplo. Os desafios da Marinha australiana neste contexto não teriam sido menores do que os enfrentados pelo próprio governo.

Buky explica a vulnerabilidade do governo australiano:

> . ... ao avistarem o incidente *do HMAS* Sydney à saída de Garden Island, no porto de Sydney, deram um exemplo claro da incapacidade das autoridades australianas para protegerem um navio de grande porte no principal porto do país, situado numa zona urbana densamente povoada. Se as autoridades e a tripulação do *Sydney* não são capazes de proteger um navio deste tipo em águas confinadas, é duvidoso que sejam capazes de proteger os numerosos navios de carga que têm uma vulnerabilidade substancialmente maior quando transitam pelo mar territorial e para além dele (Buky, 2008, 10).

O relatório da Comissão Australiana dos Serviços Públicos (2007) identificou a necessidade de os governos reconsiderarem a sua abordagem aos problemas complexos, admitindo que tais problemas exigem um pensamento holístico e inovador ao qual os serviços públicos não estão habituados. Como existem várias organizações envolvidas na proteção marítima na Austrália, a importância de funcionar através de um único departamento foi identificada como um fator essencial. Este facto realça as desvantagens do sistema existente. Este facto foi apoiado por Bateman (2006), ao sugerir que deve ser atribuída a um ministro a responsabilidade pela política global e pelo desenvolvimento legislativo em matéria de aplicação e cumprimento da legislação marítima, embora seja muito improvável que tal aconteça.

A vulnerabilidade da Austrália às ameaças marítimas aumenta ainda mais devido aos 36 000 quilómetros de costa ímpares e às extensas actividades marítimas que põem em perigo as linhas marítimas de comunicação que transportam uma quantidade importante de comércio marítimo. A logística de monitorização, patrulhamento e segurança de vastas áreas marítimas atravessadas por grandes navios comerciais de movimento lento, muitos dos quais transportam cargas de alto risco, representa um desafio substancial (Buky, 2008).

2.1.3.3.2 Atentados de Mumbai de 2008

thMuitos citam o ataque de 26 de novembro de 2008 em Bombaim como o 11 de setembro da Índia. A literatura disponível sobre este incidente dá-nos uma ideia de alguns dos graves erros cometidos ao abrir caminho para que um grupo de dez terroristas do Paquistão criasse o caos em Mumbai, o coração da Índia. Os múltiplos ataques, de natureza anfíbia, resultaram na morte de mais de 180 pessoas num confronto moderno que durou mais de 60 horas.

Em resumo, membros do grupo terrorista Lakshar- e-Taiba (LeT), sediado no Paquistão, executaram um ataque complexo contra cinco alvos em Bombaim, na sequência de um desembarque marítimo bem executado em Bombaim. Os alvos eram a estação ferroviária de CST, o Café e Bar Leopold, o Hotel Taj Mahal, o Hotel Oberoi Trident e a Nariman House. A escolha de Bombaim e dos alvos acima referidos é um testemunho do objetivo dos terroristas do LeT. A moderna rede de meios de comunicação social fez com que todo o evento fosse transmitido em direto, à semelhança do ataque da Al Qaeda às Torres Gémeas dos EUA. A complexidade do planeamento do ataque chamou a atenção de muitos especialistas internacionais em terrorismo.

A componente marítima deste ataque é a prova do nível extremo de exploração do domínio marítimo pelos terroristas. Os terroristas utilizaram um cargueiro paquistanês que partiu de Carachi e sequestraram uma traineira de pesca indiana em 22nd ou 23rd de novembro; decapitaram a tripulação, exceto o capitão, e mataram-no mais tarde, quando se aproximaram do destino. Os terroristas conseguiram, assim, contornar os numerosos níveis de segurança existentes para detetar os intrusos que entravam no território indiano. Mas os terroristas utilizaram eficazmente o domínio marítimo para evitar os pontos de segurança indianos em terra, bem como para minimizar as suspeitas da marinha indiana ou da guarda costeira, uma vez que estavam a utilizar uma traineira indiana. O desembarque em dois pontos da cidade foi efectuado utilizando dois botes insufláveis de borracha (Rabasa et al, 2009).

Este incidente é uma marca significativa de uma nação que se esforça por ter uma das marinhas de águas azuis mais desenvolvidas da região. Com sistemas de vigilância avançados, capacidades submarinas, uma frota naval moderna e, sobretudo, com uma das redes de informações mais avançadas da região. Este ataque em solo indiano teve, em primeiro lugar, um grande impacto na componente militar indiana e, posteriormente, pôs em causa a eficácia das capacidades indianas de conhecimento do domínio marítimo (MDA). Esta "invasão terrorista" do país minou seriamente, se não mesmo paralisou, os múltiplos níveis de segurança e as estruturas de gestão de crises criadas com um investimento considerável para a proteção do país (John et al, 2009).

O êxito do ataque de Bombaim ou de qualquer outro ataque terrorista que ocorra em terra, no ar ou no mar põe em evidência dois aspectos importantes. São elas: ou os terroristas são capazes de manobrar melhor do que os sistemas de defesa existentes, ou os sistemas de proteção existentes não estão adaptados à dinâmica evolutiva do terrorismo marítimo. O inquérito sobre os atentados terroristas de Bombaim significa alguns pontos de aprendizagem importantes para realçar as desvantagens institucionais de uma nação poderosa na região.

A falha dos serviços de informação pode ser vista como um dos factores mais significativos em todo este cenário. Embora a Índia tenha recebido avisos precoces de fontes locais e norte-americanas de um ataque de grandes dimensões, a falta de pormenores específicos e a incerteza parecem ser as razões mais prováveis para a ausência de uma resposta específica. Ganguly resume esta situação da seguinte forma:

> A falta de coordenação entre os principais serviços de informações, como o Research and Analysis Wing (RAW) e o Intelligence Bureau (IB), é outro fator importante. Esta questão realça o problema universal da rápida disseminação de informações secretas para fins acionáveis (Ganguly, 2008, 13).

Este pode ser visto como o fator crucial que teve a capacidade de alterar o objetivo dos terroristas. No entanto, se os sistemas de vigilância marítima tivessem sido capazes de detetar o arrastão de pesca antes de este se aproximar, o destino de Bombaim teria mudado drasticamente. A Índia, que é a principal potência naval da região, com uma marinha considerável e uma guarda costeira que acrescenta profundidade à defesa marítima, não foi capaz de impedir um ataque deste tipo, o que é uma indicação clara dos possíveis cenários de ameaça colocados por actores não estatais. Esta incapacidade de monitorizar eficazmente a orla marítima foi um ponto que chamou a atenção para as capacidades da marinha e da guarda costeira na resposta a desafios assimétricos. Este fracasso parece refletir a escassez de equipamento da guarda costeira para a vigilância costeira: menos de 100 barcos para mais de 5.000 milhas de costa e meios aéreos mínimos (Rabasa et al, 2009). Embora o governo central tenha reservado fundos para a compra de 26 embarcações adicionais para patrulhar os Estados costeiros do país, o Estado de Maharashtra [de que Mumbai é a capital] recusou-as com o argumento de que não tinha os fundos necessários para a manutenção (Parikh, 2008).

Verificou-se que as armas e os dispositivos de sensorização utilizados pelos guardas ferroviários estavam desactualizados e eram em número limitado e que as forças da guarda ferroviária também não eram suficientemente competentes para reagir a cenários desta natureza, o que pôs em evidência o mecanismo estatal de ter estabelecido exercícios de combate ao terrorismo com a estreita coordenação das autoridades locais. Embora a força tenha a capacidade de se defender de criminosos comuns, carece completamente de formação para lidar com um ataque terrorista bem orquestrado (McElroy, 2008). Embora os contingentes da polícia local [incluindo a Brigada Antiterrorista (Anti-Terrorism Squad-ATS)] tenham reagido com relativa rapidez, faltou-lhes a formação necessária para criar postos de comando adequados e redes de arrastamento para isolar os locais dos ataques (Rabassa et al, 2009).

O facto de as autoridades responsáveis pela aplicação da lei não terem conseguido isolar o local foi outro fator que impediu a utilização eficaz do pessoal de defesa indiano, incluindo a polícia. Isto foi em grande parte atribuído à estratégia terrorista de selecionar alvos em vários locais, o que impediu um esforço coordenado dos militares indianos para neutralizar os ataques, o que teria sido possível se tivessem ocorrido num único local. Este facto pode ser visto como outro importante ponto de aprendizagem.

Outra área crítica a que é preciso estar atento é o fator tempo de resposta reactiva das forças de defesa e do pessoal da polícia indianos. Os contingentes locais do exército chegaram ao local dos ataques às 02:50 horas, cinco horas depois de terem sido disparados os primeiros tiros (Rabassa et al, 2009). Foram registados atrasos graves na resposta de diferentes segmentos das forças especiais do exército indiano. Estas unidades de elite, profissionalmente treinadas e equipadas, são as unidades mais críticas que um país pode destacar durante incidentes desta natureza. As primeiras operações de busca e salvamento foram efectuadas cerca de 30 minutos mais tarde, e só nessa altura é que se pôde considerar seriamente que os terroristas estavam envolvidos (Ajai, 2009). De acordo com vários especialistas em contraterrorismo, qualquer força de reação rápida deve chegar ao local de um incidente terrorista o mais tardar 30 a 60 minutos após o seu início. Em Mumbai, passaram-se quase 10 horas (Rao 2008).

As principais observações sobre os pontos acima referidos podem ser reduzidas à falta de formação para responder a situações semelhantes. Mumbai teve de pagar um pesado tributo neste incidente, segundo muitos analistas que salientam o fracasso dos primeiros elementos a reagir, ou seja, o fracasso dos agentes da polícia de Maharastra em lidar com um incidente desta natureza. A qualidade inferior das armas e do equipamento de proteção foi também considerada um fator crucial. Os capacetes eram da Segunda Guerra Mundial e não foram concebidos para o combate moderno, e a maioria dos destacamentos envolvidos nos incidentes transportava espingardas de ferrolho .303 do tipo utilizado pelo exército britânico na década de 1950 (Rao 2008).

O valor estratégico da comunicação foi outra área significativa que falhou redondamente em todo o cenário, significando outra desvantagem crucial do mecanismo militar e governamental. Durante toda a crise, o governo central e as forças de segurança não conseguiram projetar uma imagem de controlo, tendo as palavras "caos" e "paralisia" sido utilizadas repetidamente para descrever os acontecimentos à medida que se desenrolavam (Ajai, 2009). Os funcionários lidaram tão mal com as comunicações que foi instaurada uma ação judicial de interesse público sem precedentes contra o governo, acusando-o de não ter cumprido o seu dever constitucional de proteger os cidadãos do país e de defender o seu direito à vida (Sengupta, 2009). A transmissão de informações cruciais sobre as acções de segurança foi feita através do domínio público. Isto não só alertou os terroristas para o momento em que poderia ocorrer uma missão de resgate de reféns, como também confirmou efetivamente que ainda não tinham sido mobilizadas quaisquer unidades operacionais avançadas (McElroy, 2008).

Estes pontos de aprendizagem fornecem amplas provas de que o fator-chave para evitar os ataques de Bombaim teria sido a deteção no mar. Embora os pontos discutidos acima sejam vistos como grandes desvantagens das instituições que responderam ao 11 de setembro da Índia, as lições são igualmente valiosas para o caso do Sri Lanka.

2.1.4 A exploração dos oceanos pelos LTTE Sea Tigers; da origem ao fim

Como refere Bandarage:

> Ao longo do conflito no Sri Lanka, os LTTE, proibidos nos EUA, Canadá, União Europeia, Índia e Malásia como organização terrorista, emergiram como "o grupo terrorista mais letal e bem organizado do mundo" e um protótipo do terrorismo global (Bandarage, 2009, 1).

Os LTTE, que começaram por ser um pequeno grupo insurreto, tornaram-se o grupo mais mortífero e organizado e um dos pioneiros do terrorismo marítimo. O caso do Sri Lanka foi uma luta feroz pelo território, que os Tamil consideravam ser a sua pátria tradicional. Os LTTE pretendiam criar um Estado separado para os Tamil e queriam ser aceites como o único representante das pessoas de língua Tamil no Sri Lanka. A demarcação de um Estado separado (Eeelam), tal como exigido pelos LTTE, consta do Anexo A. A ilha do Sri Lanka esteve mergulhada no terrorismo durante trinta anos e foi objeto de ataques terroristas suicidas em grande escala, mesmo no sul, onde se travavam combates. Como refere Bandarage: "Os LTTE aperfeiçoaram a utilização de bombistas suicidas;

inventaram o cinto suicida; foram pioneiros na utilização de mulheres em ataques suicidas e foram a única organização terrorista a adquirir poder aéreo" (Bandarage, 2009, 1). O LTTE foi também responsável pelo recrutamento de crianças-soldado em grande número. É muito difícil medir a extensão do sofrimento sofrido por pessoas de todas as comunidades do Sri Lanka devido a este conflito. Dado que este conflito se arrastava há muito tempo, foi considerado um conflito intratável. Bandarage prossegue indicando a carnificina criada pelos LTTE da seguinte forma

> Desde a sua criação, no início da década de 1970, o LTTE levou a cabo extensos ataques contra instalações estratégicas em todo o Sri Lanka, incluindo o centro de comércio mundial, o aeroporto nacional e o seu transportador, o edifício central de telecomunicações, o quartel-general do exército, locais sagrados do património e inúmeras casas, aldeias, autocarros, comboios e aviões que transportavam civis. Eliminou sistematicamente os líderes políticos, os jornalistas e a maioria dos dissidentes tamil. Adquiriu uma enorme capacidade militar, financeira e mediática com o apoio da diáspora tamil do Sri Lanka, o movimento mundial tamil, com alegadas ligações ao comércio mundial de estupefacientes, ao contrabando de seres humanos e a outras actividades ilegais (Bandarage, 2009, 14).

Como se pode ver, os LTTE não eram uma organização terrorista qualquer, mas sim um grupo bem estruturado, com uma estrutura clara de comando e controlo, e estava determinado a nunca desistir da luta até conseguir o Estado separado a que aspirava. Os LTTE utilizaram todas as armas e tácticas possíveis para forçar o governo do Sri Lanka a render-se às suas exigências. Embora não conseguissem derrotar as forças armadas, podiam infligir pesadas baixas e danos às unidades e instalações das forças armadas.

A maior parte das organizações terroristas concentra-se mais em batalhas terrestres do que em batalhas marítimas, uma vez que acreditam na surpresa e na retirada após um ataque. No entanto, os LTTE foram uma exceção, pois concentraram-se no desenvolvimento das suas capacidades de combate no mar desde o início da guerra. Os LTTE aperceberam-se da importância do mar para o seu crescimento e sustento e desenvolveram as suas estratégias e tácticas para alcançar e manter a capacidade de ir para o mar. A estreita ligação que os Tigres de Libertação do Tamil Eelam mantinham com os mares ao largo das zonas setentrionais do Sri Lanka não se formou de um dia para o outro. O mar sempre foi um forte elemento de ligação dos LTTE, uma vez que muitos dos seus quadros eram principalmente pescadores ou estavam ligados a actividades piscatórias. O conhecimento dos mares que os rodeavam, os conhecimentos de marinharia, os conhecimentos dos vários acessos às zonas de desembarque e os conhecimentos sobre as rotas marítimas proporcionaram aos quadros dos LTTE o valioso

O vínculo muito estreito entre o Tamil Nadu e os LTTE, na fase inicial, baseava-se na importância da rota marítima curta que os dois países partilhavam na península do norte. A relação muito estreita entre Tamil Nadu e os LTTE na fase inicial baseava-se na importância da curta rota marítima que os dois países partilhavam no norte da península.

Os laços que os LTTE desenvolveram com Tamil Nadu através da sua frota de poucos barcos de pesca prolongaram-se até à fase final do conflito. Nos anos oitenta, especialmente após os motins anti-tamil em 1983, Tamil Nadu serviu de campo de treino e santuário para os LTTE (Prashar, 2007). A formação bem sucedida de uma forte ligação com os pescadores locais pelos LTTE abriu caminho para o estabelecimento dos pilares cruciais necessários para formar uma frota mais forte. Com os poucos botes de fibra de vidro de que dispunham na fase inicial, os LTTE estabeleceram fortes ligações com o sul de Tamil Nadu.

As ligações destinavam-se principalmente à obtenção de material médico, formação e outros bens essenciais. A rota marítima revelou-se muito eficaz para atingir os objectivos dos LTTE na fase inicial, em grande parte devido às rotas marítimas curtas e à capacidade de se misturar com os núcleos de pescadores para estabelecer a tão desejada ligação marítima com o sul de Tamil Nadu. Em 1983, a Research and Analysis Wing (RAW) da agência de informação indiana criou numerosos campos de treino no estado indiano de Tamil Nadu para treinar e equipar os insurrectos tamil para operações contra o governo do Sri Lanka (Povlock, 2011). Este treino militar só foi possível graças ao transporte bem sucedido dos quadros para a Índia através da fronteira marítima, utilizando pequenos barcos de pesca. Com o treino, chegaram às mãos dos LTTE as tão necessárias armas ligeiras e munições, que foram contrabandeadas para vários esconderijos e lagoas no Norte.

2.1.4.1 Primeiros desenvolvimentos

O livre fluxo de armas ligeiras, juntamente com muitos outros artigos de contrafação, floresceu principalmente devido à falta de controlo e vigilância eficazes de ambos os lados da Linha Internacional de Fronteira Marítima (IMBL). A cidade de Jaffna era também de fácil acesso como centro logístico para os LTTE, uma vez que o governo do Sri Lanka tinha um controlo marginal das instalações portuárias e ainda menos do comércio marítimo local (Povlock, 2011). Com a formação oficial da ala dos tigres do mar dos LTTE em 1984, esta concentrou-se principalmente no estabelecimento de uma rota de abastecimento marítimo entre os bastiões do norte dos LTTE e o sul da Índia [Tamil Nadu] para facilitar a evacuação de vítimas para a Índia, estabelecer uma rota de fuga para criminosos procurados e transportar líderes de e para a Índia. Embora a ala dos tigres do mar tenha sido criada em 1984 (Fish 2006), os primeiros registos conhecidos de aquisição de armas e munições em Tamil Nadu datam de 1983.

As ligações dos LTTE com a comunidade piscatória local e entre Tamil Nadu revelaram-se um fator crucial para abrir caminho ao alargamento das actividades marítimas dos LTTE a um âmbito mais vasto. Os pescadores locais eram livres de ajudar os LTTE nas suas operações no Estreito de Palk e gozavam de total imunidade. [rd]O Governo do Sri Lanka identificou os primeiros desenvolvimentos e, em 3 de outubro de 1985, o falecido Presidente JR Jayawardene escreveu ao então Primeiro-Ministro indiano Rajiv Gandhi:

> Temos recebido informações de fontes fidedignas de que há um movimento regular de armas, explosivos e mão de obra de Tamil Nadu para o Sri Lanka, em especial depois de o cessar-fogo ter entrado em vigor. Foi entre Rameshwaram e Point

> Calimere e também nos pontos a norte de Point Calimere, incluindo Vedaraniyam e Nagapattinam, que se registou grande parte deste movimento. Se for possível aumentar as patrulhas da vossa guarda costeira nas águas indianas para impedir estes movimentos, isso ser-nos-ia de grande ajuda; também ajudaria em muito a resolver o grande problema do terrorismo com que nos confrontamos (Dissanayaka, 2004, 98).

Esta nota diplomática sublinha a importância de uma vigilância e de um controlo eficazes das actividades no estreito de Palk, uma vez que os pescadores de Velvettithurayi (VVT) dominavam as técnicas de navegação para se deslocarem entre Tamil Nadu e VVT sem cartas náuticas ou quaisquer outros auxiliares de navegação. Velupillai Prabhakaran e os outros líderes fundadores do LTTE, como Kittu, são conhecidos pela sua familiaridade com os mares, uma vez que eram originários da cidade costeira de VVT (Sridhar, 2004).

A importância do VVT para o desenvolvimento das actividades dos LTTE no domínio dos tigres marinhos é considerada crucial e muitos consideram o VVT como a pedra angular dos LTTE, como se descreve a seguir:

> Entre os seus atractivos especiais contava-se a sua comunidade coesa, unida por laços de parentesco e de casta. Havia laços entre os seus contrabandistas, pescadores e comerciantes comuns. Diz-se que, normalmente, existia um espírito de tolerância mútua entre os seus agentes da autoridade e os seus criminosos" (Peiris, 2002, 85).

Uma vez que o VVT é um pilar importante na luta de quase três décadas dos LTTE, o ambiente social e económico foi bem retratado por Hellmann Rajanayagam:

> Velvattithurai tem sido, desde tempos imemoriais, um centro piscatório... um porto famoso pelo contrabando e pela audácia da casta piscatória Karaiyar; uma área onde os Karaiyars eram particularmente capazes de se defender contra os Vellalas de casta elevada. Isto dá-nos algumas pistas sobre a base de castas dos grupos militantes, e pode dizer-se que os LTTE não são apenas um dos poucos grupos militantes com uma base de base de castas mistas dominada pelos Karaiyar, mas também o único em que os Karaiyars são os líderes do movimento. ... É evidente que, nesta fase, se verificou uma confluência entre o poder de fogo e a capacidade de persuasão dos contrabandistas do VVT e a crueldade e o empenhamento fanático dos militantes. Também é fácil compreender, em retrospetiva, o desafio altivo demonstrado mais tarde pelos líderes dos Tigres a outros militantes tamil proeminentes e, de facto, a toda a elite velala (Peiris, 2002, 89).

Este impulso de força na região foi bem compreendido por Prabakaran no início e ele concentrou-se na necessidade de dispor de capacidades marítimas. As primeiras embarcações dos Tigres do Mar eram pequenas embarcações de pesca equipadas com armas de médio alcance sem motor de bordo (OBM), que podiam ser facilmente utilizadas para atravessar o Estreito de Palk em menos de 30 minutos. Na sequência da escalada dos motins comunais em 1983, os LTTE intensificaram as suas actividades contra as forças de segurança. A ala dos LTTE Sea Tiger foi criada em 1984 e era popularmente conhecida por "Kadal Pura" (pombo do mar). Os LTTE desenvolveram muitas actividades de contrabando na fase inicial, utilizando botes de fibra de vidro ligeiramente modificados e equipados com OBM. Muitas vezes, estes barcos misturavam-se com grupos de pescadores para evitar serem detectados. O SLN não dispunha de barcos de patrulha suficientemente capazes para fazer face a este tipo de cenário (Jalaldeen, 2009). As plataformas de que o SLN dispunha na altura eram lentas, não tinham capacidade de manobra e não estavam suficientemente armadas para enfrentar os desafios emergentes.

O primeiro encontro naval registado com os LTTE foi relatado já em outubro de 1981 na praia de Manalkadu, onde uma patrulha naval conseguiu deter três conhecidos contrabandistas Jagan, Kuttimani e Thangadurai; toda a liderança do TELO (Dissanayaka, 2004). A detenção resultou posteriormente na prisão de outros 24 membros do TELO com formação adequada.

2.1.4.2 Resposta reactiva da SLN

Durante a maior parte do conflito, os Tigres do Mar exerceram a iniciativa melhor do que o SLN. A maior parte do tempo, o SLN reagia às tácticas utilizadas pelos Tigres do Mar. O SLN demorou bastante tempo a perceber que estava apenas a reagir e que as suas tácticas defensivas davam aos Tigres do Mar a vantagem no mar. Quando as manobras da marinha se desenrolaram no mar, a marinha evoluiu de forma mais reactiva do que proactiva e começou a atacar o inimigo.

Esta situação levou o SLN a comprar as primeiras seis embarcações de ataque rápido (FAC) construídas em Israel em 1985 [duas inicialmente compradas e outras quatro mais tarde], vulgarmente conhecidas por Dvoras. (grupo de reflexão NMA) Isto teve um impacto considerável nas actividades marítimas dos LTTE, uma vez que o SLN passou a perseguir e a apreender ou a destruir com êxito a maior parte das embarcações dos LTTE. Esta situação revelou-se muito desvantajosa para as ligações marítimas dos LTTE com Tamil Nadu e como resultado direto dos sucessos navais no mar. Os Tigres do Mar transferiram a maior parte das suas operações para o período noturno, aproveitando a incapacidade das embarcações navais para detetar e classificar as embarcações dos Tigres do Mar durante a noite, devido às limitações dos sensores instalados a bordo das embarcações do SLN.

A evolução do "conceito de navio-mãe" no SLN durante este período pode ser vista como mais uma estratégia reactiva que se centrava na formação de uma zona de vigilância nas águas setentrionais. Este conceito alargou o raio de ação da FAC através do apoio logístico alargado dado pelas plataformas maiores conhecidas como Navios de Comando de Vigilância (SCS). As FAC, formadas em esquadrões organizados, começaram a operar sob o comando operacional e tático dos SCS e obtiveram vários êxitos em termos de apreensão das actividades ilegais dos LTTE no Estreito de Palk (Focus Group NMA). Os LTTE não demoraram a aperceber-se dos danos causados por estes navios e começaram a atacar as SCS com embarcações suicidas. Os SCS eram vulneráveis principalmente devido ao seu tamanho, falta de manobrabilidade, velocidade e poder de fogo. As FAC tiveram, então, de abandonar imediatamente a sua anterior tarefa de proteção das SCS e de escolta destes navios. Com o início da Segunda Guerra do Eelam, em 1990, os LTTE começaram a confrontar e a atacar unidades navais sempre que surgia uma oportunidade. Com a pressão crescente das unidades do SLN, os LTTE recorreram a uma tática muito eficaz contra o SLN: "a bomba suicida". Os Tigres do Mar utilizaram embarcações especialmente concebidas com explosivos capazes de causar um impacto letal durante os confrontos, sem recorrer a uma frota de ataque de grandes dimensões.

Em meados da década de 1990, os LTTE alteraram bastante as suas tácticas, introduzindo embarcações de alta velocidade e um armamento capaz de exercer um poder de fogo pesado sobre a frota do SLN. Esta tática revelou-se mais letal com a introdução do método de ataque "wolf-pack", muito utilizado para isolar e ultrapassar em número as unidades do SLN antes de conseguir a destruição total. Com as ameaças suicidas, as novas tácticas e o elemento surpresa introduzidos pelos Tigres do Mar, as tarefas de escolta, bem como outras patrulhas de vigilância da Marinha, tornaram-se mais difíceis. A utilização efectiva da "Estratégia de Ataque Suicida" prejudicou as capacidades de vigilância e patrulhamento da Marinha. Os pormenores dos ataques a alvos da SLN, tal como indicados pelo grupo de reflexão ENC, são os seguintes O primeiro ataque suicida contra o SLN foi registado em 10th de julho de 1990, ao largo de VVT, contra o navio da Marinha do Sri Lanka (SLNS) Edithara, um SCS, e outro ataque contra o SLNS Abeetha, mais um SCS, em 04th de maio de 1991, ao largo de Point Pedro. As coisas começaram a piorar com o ataque das embarcações suicidas Tigre do Mar Negro ao braço de combate de vanguarda do SLN, as FAC. A primeira FAC (P464) destruída por um ataque suicida dos LTTE, levado a cabo por quadros disfarçados de pescadores, teve lugar em 29th de agosto de 1993 ao largo de Point Pedro e, na altura do ataque, a FAC estava a operar isoladamente. Desde então, as FAC foram alvo frequente de ataques que causaram grandes danos ao espírito de luta do SLN (Focus Group Northern Naval Command).

Com o objetivo de criar uma fortaleza na costa oriental, os LTTE lançaram uma grande operação sob o nome de código "Operação Ondas Incessantes" na madrugada de 18th de julho de 1996 para capturar a base do Exército do Sri Lanka (SLA) em Mullaithivu. Este ataque permitiu aos LTTE controlar a costa de Kokkuthoduwai a Vettilaikerni, pondo em perigo a linha marítima de comunicação (SLOC) que ligava a península de Jaffna a Trincomalee. Esta vitória permitiu aos LTTE estabelecer um bastião dos Tigres do Mar, capaz de controlar eficazmente as actividades marítimas dos LTTE, tanto junto à costa como ao largo.

A tentativa do SLN de reforçar a base com tropas foi desencantada pelos tigres marinhos e o pessoal das forças especiais e o assalto de helicóptero conduzido pela Força Aérea do Sri Lanka (SLAF) tiveram o mesmo destino. Embora ambos os lados tenham sofrido graves prejuízos em termos de perda de vidas valiosas, os LTTE conseguiram apoderar-se de algumas munições e armas de artilharia valiosas que custaram um pesado prémio aos militares na última parte do conflito. A vitória demonstrou a capacidade dos insurrectos para coordenarem cuidadosamente as forças navais e terrestres e alcançarem uma vitória difícil sobre as forças mal coordenadas do Sri Lanka (Vijayasiri, 1999).

Reagindo às tácticas das operações nocturnas dos Tigres do Mar, a frota naval ficou mais uma vez perplexa com as contra-medidas tomadas para apanhar as operações dos Tigres do Mar de contrabando de quadros, armas e munições através do estreito de Palk. Como salientou um comandante reformado da marinha, foi nesta altura que o SLN introduziu a poderosa luz de busca para detetar e classificar os barcos dos tigres do mar. Esta medida deu resultados no seu início, mas também abriu caminho à fuga de muitas embarcações dos tigres-do-mar.

2.1.4.3 Formação dos elementos de combate do Sea Tiger

Com o assassinato de Rajiv Ghandi em 1991, os LTTE começaram a perder a simpatia da Índia pela sua causa. Esta situação afectou gravemente os LTTE, que se viram confrontados com dificuldades em manter a sua linha de vida essencial com Tamil Nadu em termos de fornecimento de bens essenciais à sua sobrevivência. Este facto levou a liderança dos LTTE a encontrar formas e meios de obter os tão necessários abastecimentos através de uma via alternativa. A hierarquia dos LTTE sentiu a necessidade de ir além do estreito de Palk e a pressão naval obrigou os LTTE a navegarem de águas pardas para águas azuis, a fim de alcançarem o Eelam. Prabakaran começou a concentrar-se mais na necessidade de uma força marítima com capacidade para adquirir armas e munições num mercado de armas distante e também com capacidade para infligir danos graves ao SLN (Sridhar, 2007).

Um dos pontos de viragem significativos na formação de uma frota avançada pelos LTTE foi atribuído ao cerco da base do Exército do Sri Lanka em Elephant Pass pelos LTTE em 1991. O SLA conseguiu romper o cerco desembarcando vários milhares de tropas na costa perto da base, utilizando navios da Marinha. Foi esta derrota e a incapacidade de impedir o SLN de transportar reforços que levaram Prabhakaran a concluir que as capacidades dos tigres do mar deviam ser drasticamente alargadas para enfrentar o SLN.

Para se aventurarem na aquisição de capacidades limitadas em águas azuis, os dirigentes dos LTTE concentraram-se na criação de uma frota específica com capacidades de navegação oceânica, juntamente com plataformas adequadas para atacar a frota naval, para o transporte logístico e para efetuar ataques suicidas. Os Tigres do Mar formaram duas secções principais; uma para se ocupar das operações mais próximas da costa e a outra para se concentrar principalmente na rede internacional de frotas logísticas, que era crucial para a sobrevivência dos LTTE e para a sua luta pelo Eelam Tamil. A ala dos Tigres do Mar dispunha de quase todas as componentes principais de uma marinha moderna; entre as doze secções que constituíam a ala dos Tigres do Mar figuram unidades dedicadas aos serviços de informações, radares/comunicações, equipas de demolição submarina (UDT), estaleiros de construção naval, etc. As doze secções incluem as seguintes (Sridhar, 2007)

a. Regimentos de batalha marítima
b. UDTs
c. Secção de engenharia naval e construção de barcos
d. Unidade de Radar e Telecomunicações
e. Arsenal de armas da Marinha e grupo de despejo
f. Escola e academia marítima
g. Secção de recrutamento
h. Secção de política, finanças e propaganda
i. Zona Económica Exclusiva - Equipa de Apoio Logístico Marítimo (ZEE- MLST)
j. Equipa de salvamento e secção de informações
k. Secção de bem-estar
l. Registo

No entanto, os LTTE sentiram a necessidade de começar do zero se quisessem obter resultados significativos na luta por uma pátria separada. Foi dada muita atenção ao desenvolvimento da ala Sea Tiger dos LTTE, uma vez que a liderança dos LTTE compreendeu muito corretamente a importância de dispor de uma força naval mais forte para mudar o centro de gravidade do destino dos LTTE. Sem estaleiros navais de grande escala, os insurrectos tiveram de construir uma marinha de raiz, muitas vezes em oficinas na selva, utilizando componentes prontos a usar (Povlock, 2011). Isto foi visto como um grande feito por muitos analistas, uma vez que esta construção de barcos autóctones pelos LTTE alterou significativamente o ritmo de batalha a que a Marinha assistiu durante todo o conflito. Utilizando principalmente material de fibra de vidro, os LTTE Sea Tigers conseguiram milagres que surpreenderam as unidades da frota naval em muitos encontros de batalha. Reunindo uma força marítima de fibra de vidro concebida por licenciados em engenharia tâmiles desempregados, a frota dos Tigres do Mar era composta principalmente pelos seguintes tipos de navios de construção nacional (Povlock, 2011, 19):

a. A classe *Thrikka*, com quatro homens, armada com uma única metralhadora e utilizada para destacar mergulhadores de combate. Esta embarcação podia atingir velocidades de cerca de 45 nós.

b. A classe *Suddai*, com seis homens, armada com uma única metralhadora e utilizada para atacar navios de guerra. Esta embarcação tinha uma velocidade máxima de cerca de 10 nós.

c. A classe *Muraj*, normalmente armada com três metralhadoras, era utilizada para ataques a navios de guerra, trajectos logísticos e assaltos anfíbios. Esta embarcação tinha uma tripulação de dez a catorze marinheiros e uma velocidade máxima de cerca de 45 nós.

d. A classe *Idayan*, com dois homens, está armada com explosivos e é utilizada para ataques suicidas contra alvos marítimos.

1.1.1.4 As tácticas marítimas do Sea Tiger

A frota do SLN continuou a responder com as plataformas, a tecnologia e as tácticas disponíveis às crescentes actividades dos Tigres do Mar, com a mentalidade de uma marinha convencional. No entanto, os LTTE estavam totalmente concentrados no desenvolvimento das suas capacidades marítimas e continuaram a progredir lenta mas seguramente. O SLN começou a aperceber-se de que a maré não ia mudar a seu favor, tendo sofrido muitas perdas e baixas às mãos dos Tigres do Mar no mar e no porto. Quando uma tática dos Tigres do Mar era analisada e respondida, o SLN assistia ao aparecimento de uma série de novas tácticas dos Tigres do Mar.

Com a criação da ala da frota suicida conhecida como Tigres do Mar Negro em 1990, a natureza assimétrica de todo o cenário do conflito marítimo alterou-se em grande medida. Mesmo com velocidades inferiores nas fases iniciais, os barcos suicidas podiam causar mais danos do que qualquer uma das suas unidades de combate. A liderança dos LTTE compreendeu corretamente o impacto dos barcos suicidas contra as FACs do SLN. Os ataques suicidas dos Tigres do Mar Negro depressa se tornaram um fator crítico para contrariar a ameaça dos Tigres do Mar. Com tarefas essenciais e vitais a serem atribuídas ao SLN, como o abastecimento logístico do norte da península e o transporte de tropas, o fator da ameaça suicida representou um grande obstáculo para os planeadores estratégicos navais. Mesmo com o mais recente equipamento de deteção a bordo das plataformas do SLN, a ameaça suicida dos Tigres do Mar não podia ser contrariada de forma a permitir a livre utilização da Linha de Comunicação Marítima (SLOC) pelo SLN, sempre que necessário. Os Tigres do Mar, sentindo a vantagem da sua arma mais comprovada, ou seja, o barco suicida, continuaram a manter os comandantes da frota do SLN em alerta em todas as ocasiões em que escoltaram um comboio naval ou foram destacados para patrulhas de rotina.

Acrescentando uma outra dimensão à guerra, os LTTE introduziram uma ameaça submarina ao utilizarem mergulhadores com explosivos para levar a cabo uma tarefa semelhante à dos Tigres do Mar Negro com embarcações suicidas. Estes mergulhadores utilizavam engenhos explosivos improvisados (IED) para colocar engenhos explosivos submarinos em locais de importância tática e utilizavam embarcações semi-submersíveis ou de baixo perfil para transportar o mergulhador suicida. Estes ataques tiveram um impacto negativo nas embarcações da Marinha, nos portos e até nas instalações costeiras.

O primeiro ato de sabotagem submarina dos Sea Tigers foi registado em 1986, com uma tentativa falhada de um mergulhador suicida de fazer explodir a base de Karainagar. O primeiro ataque subaquático bem sucedido foi lançado em 19th de setembro de 1994 contra um navio auxiliar: A 516, ancorado no porto de Kankasanthurai. (Grupo de discussão NWNC) Desde então, os LTTE utilizaram ao máximo a componente dos mergulhadores suicidas para infligir danos aos bens do SLN, o que obrigou os planeadores estratégicos do SLN a repensar muitos aspectos relacionados com a guerra submarina. Com amplas opções para os mergulhadores suicidas seleccionarem o alvo pretendido, a hora e o local, muitas instalações vitais, tanto de valor naval como de valor nacional, tornaram-se alvos de alta prioridade que exigiam proteção imediata.

Os Sea Tigers melhoraram as suas capacidades de aquisição, passando do mero equipamento de mergulho para aparelhos de respiração em circuito fechado (CCBA) muito mais sofisticados. Na altura da operação humanitária, os Sea Tigers tinham adquirido IDA 71 e IDA 55 russos, CCBAs, veículos de propulsão para mergulhadores, equipamento de comunicação subaquática, etc. Nos anos 90, os membros receberam formação em sabotagem submarina, alegadamente por instrutores navais noruegueses (Murphy 2009). Foi adquirido equipamento de reinalação para ataques clandestinos de mergulhadores para permitir abordagens furtivas. Foram construídos torpedos humanos semi-submersíveis e foram comprados jet skis que podiam ser carregados com explosivos para serem utilizados pelos Tigres do Mar Negro, a componente marítima do departamento de suicidas do LTTE (Murphy, 2009).

Verificou-se que as actividades dos Tigres do Mar abaixo do nível da superfície do mar também tinham ligações extensas com outros países. As ligações interessantes que os LTTE tinham com a Tailândia são enumeradas a seguir:

> Há relatos de actividades de tigres na Tailândia desde meados da década de 1990. ... O conflito começou a 9 de abril, quando a polícia marítima do cais de Rassada, em Phuket, mandou parar um camião. Suspeitavam que o seu condutor estivesse envolvido no contrabando de petróleo ligado a um petroleiro ancorado ao largo da estância. ... Quando a polícia o acompanhou ao escritório da Seacraft Co. Ltd., de que era coproprietário com um sócio tailandês, encontraram muito mais motivos de interesse do que o petróleo. Ali, num barco de 17 metros de grande potência, descobriram um sonar sofisticado e um sistema de posicionamento global, telefones por satélite, vídeos de treino de combate em Tamil, calendários e uniformes dos LTTE. Preocupados com as implicações do sonar subaquático, os oficiais da marinha tailandesa fizeram buscas nos estaleiros de Phuket e encontraram um minissubmarino semi-construído em Koh Si-rae. As autoridades rapidamente se calaram, alegando preocupações com a "segurança nacional" (Davis, 2000, 1).

1.1.1.5 A rede de transporte marítimo internacional dos LTTE

Como os LTTE se concentraram principalmente no desenvolvimento da sua força marítima centrada em pequenas embarcações rápidas na fase inicial, a procura de embarcações maiores também surgiu na estratégia marítima dos LTTE. Segundo consta, o primeiro navio de grandes dimensões adquirido pelos LTTE em 1984 chamava-se MV Cholan. Com a compra deste navio a um agente marítimo sediado em Bombaim, começou a formar-se gradualmente a tão necessária rede logística internacional de transportes marítimos dos LTTE. Os LTTE asseguraram-se de que este navio e muitos outros que se juntariam à frota não fossem detectados. Como medida básica para evitar que esses navios fossem detidos, eles foram utilizados para fins de transporte de carga legítima. Os LTTE também obtiveram autorização do governo de Myanmar para estabelecer uma modesta base naval na ilha de Twante, situada ao largo do delta do Irrawady (Sakhuja, 2006).

Sabendo da importância de capitalizar a construção deste pilar vital para a sustentabilidade da organização, os LTTE chegaram ao ponto de encomendar a construção de navios a um estaleiro naval na costa de Kerala, onde o navio foi mais tarde identificado como Kadalpura (Bhardwaj 2002). Os LTTE sentiram a necessidade de aumentar as actividades da frota mercante, em parte porque esta era uma fonte de rendimento para os LTTE e, por outro lado, desempenhava um papel vital na introdução das tão desejadas armas e munições. A frota aumentou assim para cinco ou seis pequenos cargueiros, registados sob a propriedade de várias empresas fictícias com escritórios no Bangladesh, Tailândia, Malásia, Singapura e Hong Kong (Peiris, 2002). Estes navios eram utilizados para transportar principalmente mercadorias como madeira, cereais, fertilizantes e cimento. Como é muito difícil esconder um navio mercante num porto e, aliás, esconder navios envolvidos em actividades ilegais, os LTTE dominaram a técnica de contornar muitos funcionários e procedimentos legítimos para encontrar refúgios seguros para as suas operações marítimas longe das costas do Sri Lanka. No início da década de 1990, Phuket, no sul da Tailândia, também surgiu como um porto para a atividade marítima comercial dos LTTE (Sakhuja, 2006). As "rotas marítimas internacionais dos LTTE" estão localizadas no anexo "B

Enquanto o SLN apreendia poucos barcos de pesca no Estreito de Palk no final dos anos 80, o LTTE estava a organizar-se rapidamente para se tornar um grupo terrorista marítimo profissionalmente competente. Esta organização tendeu gradualmente a alterar as suas actividades no final da década de 1990 e no início de 2000 para evitar que os navios fossem apreendidos ou detectados pela comunidade de informações. Embora os responsáveis pelas aquisições dos LTTE tivessem estado activos em África e na América do Sul e Central, havia muito poucas informações sobre as actividades de aquisição e transporte marítimo dos LTTE nessas regiões. Com o transporte de armas a atravessar o globo, os navios dos LTTE atravessavam tanto o Atlântico como o Pacífico (Sakhuja 2006).

Se analisarmos a evolução histórica dos Tigres do Mar, podemos ver claramente a ênfase que a direção dos LTTE colocou na transformação da unidade num elemento mais abrangente e de liderança na sobrevivência dos LTTE. O próprio conceito inicial de estabelecer uma rede marítima com ligações internacionais prova que os LTTE estão à altura de qualquer outra organização terrorista do mundo. Neste cenário, Peter Chalk, um profundo académico internacional sobre o assunto, descreve os Tigres do Mar, especialmente a sua frota marítima internacional, da seguinte forma

> Exceptuando o Exército Republicano Irlandês Provisório e a Organização de Libertação da Palestina, os LTTE são a única organização insurreta que se sabe ter à sua disposição uma frota de navios de alto mar. Os LTTE começaram a construir a sua rede marítima com a ajuda de um magnata da navegação de Bombaim em meados da década de 1980. Atualmente, a frota conta com pelo menos onze cargueiros, todos eles equipados com radares sofisticados e tecnologia de comunicação Inmarsat. Os navios viajam, na sua maioria, sob bandeiras panamianas, hondurenhas ou liberianas, e são tipicamente propriedade de várias empresas de fachada localizadas na Ásia... noventa e cinco por cento das vezes os navios transportam mercadorias comerciais legítimas... nos restantes cinco por cento desempenham um papel vital no fornecimento de explosivos, armas, munições e outro material relacionado com a guerra para o teatro de guerra dos LTTE (Chalk, 1999).

A declaração supra mostra, por si só, as ligações internacionais que os LTTE tinham para gerir a tão desejada rede de logística marítima. Isto para além do trabalho paralelo que estava a ser realizado nas costas do Sri Lanka na construção da ala dos Tigres do Mar para desafiar o SLN. O comando operacional da frota mercante dos Tigres do Mar foi mantido separado do comando dos Tigres do Mar e das suas actividades. Além de solicitarem a ajuda dos Tigres do Mar para transferir a carga dos navios mercantes para pequenas embarcações, os Tigres do Mar forneceram a tão desejada proteção até a remessa chegar às costas de Mullaitivu. Em certas ocasiões, os quadros dos Tigres do Mar tiveram a oportunidade de servir a bordo da sua frota comercial. Ao mesmo tempo, é importante não esquecer que foram detidos em todo o mundo correios de droga com ligações aos LTTE, mas não foram interceptados nem revistados navios dos LTTE que transportassem narcóticos. Este facto pode ser atribuído à falta de informações intrusivas sobre as linhas de navegação dos LTTE. Este facto demonstra ainda a capacidade dos LTTE para conduzir operações discretas sem serem detectados pelos serviços de informações internacionais.

Este desenvolvimento progressivo da rede de transportes marítimos dos LTTE foi acompanhado de reveses para o SLN em certas ocasiões e também devido a várias outras rondas dos serviços secretos no domínio marítimo. Este facto não perturbou de modo algum a liderança dos LTTE, mas a frota continuou a ser apoiada, tendo em conta o valor e a importância que a unidade tinha para a sobrevivência dos LTTE. De acordo com uma estimativa da Lloyds, a frota dos LTTE tinha 11 navios em março de 2000, "a maior parte dos quais estava bem equipada e era capaz de navegar em longas distâncias transoceânicas" (Peiris, 2002).

Quando a frota de navios mercantes dos LTTE se tornou um alvo do SLN e dos nossos países vizinhos, foram introduzidas várias improvisações para anular a identidade dos navios. Apesar de a ocultação de um navio não ser uma tarefa fácil devido à sua dimensão, os LTTE foram, em muitas ocasiões, mais espertos do que o SLN e várias outras autoridades, alterando simplesmente o nome e certas caraterísticas físicas vitais do navio. De acordo com Gunaratna:

> Algumas agências de informação do Sudeste Asiático acreditam que os LTTE desviaram navios estrangeiros, mas os governos afectados não conseguiram apresentar provas conclusivas que implicassem os LTTE. Uma vez que os LTTE têm demonstrado com bastante regularidade o seu domínio da navegação fantasma - mudando o nome e a aparência do navio - é provável que também estejam envolvidos em crimes marítimos mesmo fora das águas do Sri Lanka (Gunaratna, 2001, 3).

Há uma série de incidentes que comprovam este facto. De entre muitos desses incidentes, o seguinte é um exemplo que demonstra as capacidades dos LTTE para conseguirem ultrapassar o Estado e a rede internacional de informações:

> Num outro caso, um navio com uma carga de 32.000 cartuchos de morteiros da Zimbabwe Defence Industries (ZDI) deixou o porto moçambicano de Beira em 23 de maio de 1997, supostamente a caminho de Colombo, no Sri Lanka. A remessa pertencia ao governo do Sri Lanka. O navio não chegou ao seu destino. A ZDI assumiu que o governo do Sri Lanka tinha enviado um navio para recolher as munições, mas a empresa alegou que a remessa foi carregada num navio chamado Limassol, que era um dos cargueiros dos LTTE e a carga transferida para os LTTE (Chalk 1999).

Além disso, os LTTE conseguiram armazenar as suas armas e munições nos estaleiros de Wanni, devido a incidentes desta natureza. Uma vez que o tráfico de armas e de droga mantinha o fluxo de armas dos LTTE forte e contínuo, o descarregamento desta carga vital destes navios mercantes para embarcações mais pequenas era uma operação completamente nova, que teve encontros com o SLN em várias ocasiões. Quando estes navios mercantes se aproximavam da costa, esperavam pelos navios mais pequenos. A descarga rápida era efectuada com a escolta das embarcações dos Sea Tiger e, em seguida, dirigiam-se para a costa. Encontrando frequentemente o SLN, os Tigres do Mar asseguraram-se de que a embarcação que transportava carga vital chegava ao seu destino, enquanto as interferências do SLN eram tratadas pelas unidades de combate dos Tigres do Mar.

O facto de o governo não ter implementado uma estratégia adequada e decisiva para combater os LTTE foi apenas uma das razões para a longevidade da organização, enquanto a incapacidade de Colombo para desmantelar a rede de apoio global dos Tigres desempenhou também um papel importante. O Instituto Internacional de Luta contra o Terrorismo sublinha que esta "rede global se estendia por 50 nações, incluindo países como a África, a Ásia Central, a Europa e o Médio Oriente. Este enorme aparelho financeiro gerava mais de 80 milhões de dólares por ano" (Fair, 2005, 125-156).

Com apenas 8 milhões de dólares de custos de funcionamento para o seu governo paralelo no Sri Lanka, os Tigres puderam gastar muito bem em equipamento militar e propaganda (Solomon, 2007). As receitas mensais da Suíça, do Canadá e do Reino Unido ascendiam a (US) $650.000, (C) $1.000.000 e (US) $385.000, respetivamente (Fair, 2005). Estes fundos foram considerados como os principais factores que contribuíram para manter a rede internacional de transportes marítimos dos LTTE oleada e lubrificada para sustentar a máquina militar.

Os LTTE utilizaram efetivamente vários arrastões de pesca para transferir armas e munições disfarçados de pescadores desde as primeiras fases do conflito até à fase final. As transferências, tanto através do Estreito de Palk como em águas azuis profundas, foram fortemente apoiadas pelo envolvimento de arrastões. Com a presença de milhares de embarcações de pesca indianas no estreito de Palk, o SLN teve extrema dificuldade em isolar a embarcação dos LTTE de um navio de pesca normal. Tirando partido deste fator, os LTTE aproveitaram a fraqueza do SLN para alargar as operações de arrasto e descarregar a carga dos navios dos LTTE estacionados em alto mar.

1.1.1.6 Resposta Naval

O SLN começou gradualmente a aperceber-se de que estava a enfrentar um inimigo capaz de manobrar tácticas superiores e de se adaptar rapidamente à natureza mutável do domínio marítimo. Os Tigres do Mar estavam a evoluir muito rapidamente e, gradualmente, estavam a tornar-se uma séria ameaça para o SLN. Quando o SLN encontrou pela primeira vez um grupo de pescadores envolvidos em actividades de contrabando através do estreito de Palk, nunca teria imaginado que os tigres do mar atingiriam um nível capaz de desafiar o domínio do SLN sobre as suas águas territoriais. Tendo evoluído em grande medida em torno dos tigres do mar, o SLN começou a responder através de uma estratégia reactiva, até que a liderança naval compreendeu corretamente a importância de manobrar os tigres do mar dos LTTE, tanto em termos estratégicos como tácticos. As unidades navais tinham de assegurar a escolta segura dos abastecimentos vitais e das tropas para a península setentrional, efetuar patrulhas de vigilância, proteger os portos e as instalações costeiras e desempenhar o papel de terra, a fim de garantir que a marinha tivesse o controlo total do mar e a negação total do mar aos Tigres do Mar.

Desde a sua criação, o SLN esteve num modo reativo em vez de proactivo. Isto custou ao SLN em momentos cruciais do conflito, principalmente devido à perda da vantagem tática e operacional sobre o inimigo. A evolução dos Sea Tigers não só transformou a marinha numa unidade de combate formidável para os LTTE, como também mudou a forma como o SLN reagiu em meados da década de 1980, dando um golpe letal nos LTTE através de uma natureza muito mais proactiva. Esta evolução, que se deu através de uma rápida mudança de conceitos operacionais do SLN, ao assumir o tão merecido controlo do mar, a Marinha estava a perder rapidamente e era frequentemente desafiada pelos LTTE. Neste contexto, a resposta do SLN aos Tigres do Mar pode ser classificada principalmente em três domínios: combate à frota de ataque dos Tigres do Mar e à ameaça suicida, resposta à ameaça submarina e destruição da rede logística marítima internacional. Outro fator vital na resposta do SLN à ameaça dos Tigres do Mar no domínio marítimo foi a necessidade de manter intactos os SLOCs vitais, especialmente durante o período crucial do conflito até ao seu final em 2009. As tentativas feitas pelo SLN para proteger a linha de abastecimento vital que liga o Norte e o Leste também evoluíram com a pressão exercida pelos Tigres do Mar. O impacto no SLN fez-se sentir inicialmente quando os Tigres do Mar começaram a atacar as SCS, o que fez com que o papel das FAC passasse da vigilância para a escolta de navios maiores. Este facto teve um impacto maior na mobilidade operacional do SLN, uma vez que muito tempo e esforço foram dedicados a garantir a segurança dos comboios que transportavam artigos essenciais e tropas para o Norte. Estes comboios eram frequentemente visados pelos Tigres do Mar, o que, por sua vez, fazia com que os comboios do SLN se afastassem da costa. Os comboios navais exigem um maior destacamento de FACs para a escolta de comboios e apenas um número limitado de unidades para operações marítimas ofensivas. Esta responsabilidade fez com que os meios do SLN se reduzissem em grande medida. A importância de garantir a segurança destes navios que transportam carga e passageiros tornou-se crucial com a destruição do MV Ocean Trader ao largo de Vettilaikerni em 9th de outubro de 1994 e do ferry de passageiros Irish Mona ao largo de Mullaithivu em 29th de agosto de 1995. (grupo de discussão SNC)

Como os Tigres do Mar continuaram a explorar a vulnerabilidade do SLN no que respeita à lentidão dos comboios, foram lançados vários ataques pelos Tigres do Mar contra os comboios do SLN, o que aumentou a pressão sobre a frota naval para garantir a manutenção da ligação vital. O principal impacto fez-se sentir nas tão necessárias transferências de tropas para a península de Jaffna, a fim de manter o ritmo de batalha. A transferência de um número reduzido de tropas em navios de baixa velocidade tornou toda a operação mais arriscada. A aquisição de um navio muito mais rápido e de maior capacidade, o "Jet Liner", em 2006, alterou consideravelmente o aspeto da transferência de tropas. O navio tinha capacidade para transportar 3000 efectivos a uma velocidade de 23 nós. (grupo de discussão SNC) Com uma capacidade de 3.000 militares a bordo do Jet Liner, os Tigres do Mar consideraram-no um dos alvos mais atractivos, onde, se fossem bem sucedidos, poderiam facilmente matar 3.000 pessoas, causando um impacto considerável em toda a operação humanitária. Identificando o valor nacional da proteção deste comboio, o SLN destacou cerca de 20 FACs de cada vez que o Jet Liner foi destacado.

O outro fator mais importante para mudar a maré a favor do SLN foi a decisão tomada de ir à caça da rede internacional de transportes marítimos, que fornecia as armas e munições necessárias aos quadros terrestres. Transformar as capacidades de "água castanha" em capacidades de "água azul" com as plataformas limitadas disponíveis pode ser visto como uma das decisões mais arriscadas que o comando do SLN tomou num momento crítico do conflito. O mais pequeno erro de cálculo teria facilmente deslocado o centro de gravidade a favor dos LTTE.

Devido à urgência e à grande procura de armas e munições por parte dos chefes terrestres dos LTTE, estes tiveram de fazer zarpar alguns navios num curto espaço de tempo. Graças a informações precisas, o SLN conseguiu destruir esses navios dos LTTE, embora as plataformas navais tivessem algumas limitações críticas. Os últimos sete navios dos LTTE foram destruídos num período de 16 meses, o que constituiu um rude golpe para a ofensiva terrestre dos LTTE. Durante a fase final, o SLN estabeleceu um bloqueio naval que consistia em três camadas, incluindo diferentes classes de navios/embarcações para tarefas e funções específicas. A principal preocupação era impedir qualquer tentativa da direção dos LTTE ou dos seus quadros de fugirem por via marítima. Estes bloqueios foram mantidos ininterruptamente até à conclusão bem sucedida da operação humanitária em 19th de maio de 2009.

2.1.5 A vitória do SLN

Tal como referido em "*Gota's war; The Crushing of Tamil Tiger Terrorism in Sri Lanka*", de Chandraprema:

> Para que os LTTE fossem completamente destruídos, todo o país tinha de estar em pé de guerra. O povo tinha de apoiar a guerra, as forças armadas tinham de estar devidamente equipadas e lideradas e, mais importante ainda, a vontade política do governo de acabar com a guerra tinha de ser mantida, acontecesse o que acontecesse (Chandraprema, 2012, p.402).

A declaração acima referida mostra claramente o nível a que os LTTE tinham chegado no final do conflito. Tornaram-se uma força a ter em conta. Não se podia lidar com eles como com qualquer outra organização. Através das suas campanhas na diáspora, os LTTE conseguiram exercer uma enorme pressão para travar a ofensiva militar do Governo. Em muitas ocasiões, o governo teve de ceder a essas pressões e os LTTE continuaram a desenvolver as suas capacidades e a infligir pesadas perdas às forças armadas. Como refere Chandraprema, "os LTTE tentaram funcionar como o governo e um poder estatal com esquadras de polícia, tribunais, prisões, um sistema de tributação e regulamentos de emigração e imigração" (Chandraprema, 2012, 331). Os Tigres do Mar tornaram-se um instrumento indispensável para os LTTE sustentarem o seu poder de combate. Os Tigres do Mar representavam uma ameaça considerável para o SLN. Como salienta Chandraprema, "durante as três décadas de guerra, 28 navios de guerra foram destruídos pelos Tigres do Mar, quase todos em confrontos diretos" (Chandraprema, 2012, 372). Nenhuma outra marinha do mundo contemporâneo sofreu tanto devido às acções de um ator não estatal como os LTTE. Os Tigres do Mar, tendo compreendido a importância do oceano para o seu sustento, procuraram sempre alcançar um certo grau de controlo do mar para as suas tarefas no mar. Utilizavam as suas embarcações de ataque, embarcações suicidas e outras armas improvisadas para manter o SLN afastado da zona do seu interesse, o que conseguiram em grande medida.

A teoria do controlo do mar é discutida numa secção posterior através da análise da literatura disponível. De uma forma muito genérica, quando se perde o controlo de uma Marinha no mar, os desafios que um país enfrenta são inimagináveis. A situação aplica-se igualmente às nações com acesso ao mar e às que não têm acesso. Com a Marinha a perder o livre acesso aos seus litorais, a probabilidade de enfrentar ataques a grande distância no mar será elevada. Uma vez que a melhor proteção para uma força naval é não estar localizada no vasto oceano, a força deve não só desenvolver medidas para alcançar esta condição em tempo de guerra, mas também preparar as coisas com antecedência, em tempo de paz (Rubel, 2010).

Uma componente fundamental para o sucesso no controlo do mar não se limita apenas a ter o melhor armamento, outros meios e tácticas, mas é necessário colocar um peso importante na componente de comando e controlo e noutros aspectos doutrinários. A Marinha dos EUA permitiu que esta disciplina se esvaísse na era do Vietname, quando concentrou todas as suas energias na projeção de poder. Consequentemente, quando surgiu um verdadeiro desafio de controlo do mar, sob a forma do Quinto Eskadra soviético durante a Guerra do Yom Kippur em 1973, a Marinha dos EUA não tinha nem as armas nem as tácticas para lidar com a situação (Goldstein & Zhukov, 2004).

Há uma série de vitórias de grandes frotas navais marcadas no alto mar e, pelo contrário, essas mesmas frotas sofreram nas águas costeiras ou literais dos adversários. Embora uma marinha costeira não seja bem sucedida no ambiente de guerra de águas azuis na maioria das ocasiões, a natureza deficiente das marinhas de águas azuis nos litorais passa muitas vezes despercebida. Por exemplo, "Em 1178 A.E.C., os egípcios derrotaram uma grande frota de invasores marítimos que tinha dominado o Mediterrâneo durante mais de 100 anos, emboscando-os a partir da costa com flechas flamejantes, e em 480 A.E.C. os gregos conquistaram uma frota persa muito maior, atraindo-a para as águas restritas do Estreito de Salamina, onde foram ultrapassados e não puderam fazer valer a sua superioridade numérica e poder de fogo" (Addison & Dominy, 2010, 7).

O Contra-Almirante Alfred Thayer Mahan e Sir Julian Stafford Corbett são considerados os pais do conceito moderno de controlo do mar. Mahan tinha o seu conceito centralizado em elementos-chave como as batalhas decisivas, a concentração de forças e a superioridade naval. O pensamento de Corbett era muito mais abrangente e centrava-se na consecução de objectivos nacionais. Segundo Mahan, em águas azuis, os desafios ao controlo do mar provêm provavelmente de frotas inimigas com objectivos centrados em batalhas decisivas e, nos litorais, os desafios ao controlo do mar são frequentemente de natureza assimétrica, com objectivos militares, como o estabelecimento de uma base marítima ou a realização de um desembarque anfíbio, ligados ao contexto mais vasto de influenciar acontecimentos em terra (Goldstein & Zhukov, 2004).

2.1.6 . Encerramento

Os Tigres do Mar utilizaram efetivamente o oceano em redor do país e operaram os seus navios mesmo em águas internacionais. É necessária uma análise mais alargada da literatura para compreender como os Tigres do Mar se tornaram uma força a ter em conta e desafiaram a supremacia do SLN. O investigador observou que não foi realizada muita investigação académica sobre a ascensão e queda dos Tigres do Mar e, por isso, foi difícil encontrar materiais suficientes para estudar.

O SLN, tal como a maioria das outras marinhas do mundo, foi criado num quadro convencional, ou seja, para lutar contra outra marinha, mas não para lutar contra um ator não estatal que utilizasse tácticas assimétricas. Embora os Tigres do Mar fossem um ator não estatal, estavam organizados de forma semelhante à de uma marinha. Os Tigres do Mar tinham uma estrutura de comando e várias secções criadas para desempenhar tarefas específicas. A reação inicial do SLN à ameaça dos Tigres do Mar foi bastante reactiva. O SLN estava a tentar manter o controlo de toda a área marítima em redor da ilha, recorrendo a várias plataformas e tácticas convencionais. Os Tigres do Mar, pelo contrário, sendo a força muito mais pequena e fraca, experimentaram plataformas e tácticas assimétricas com maior sucesso do que o SLN.

A proteção marítima é considerada uma tarefa prioritária por muitas marinhas em todo o mundo. O mundo depende fortemente do sistema de transporte marítimo para o seu sustento e prosperidade. Por conseguinte, a manutenção da liberdade do oceano é da maior importância. A estratégia marítima é um requisito comum para manter a santidade dos bens comuns marítimos globais. A estratégia marítima do Sri Lanka teve de ser reformulada, centrando-se principalmente na segurança marítima, uma vez que os Tigres do Mar se tornaram uma ameaça considerável no mar.

O LTTE foi considerado a "organização terrorista mais implacável do mundo" durante os seus tempos áureos. Os Tigres do Mar foram os pioneiros do barco suicida, dos sabotadores suicidas submarinos, das tácticas de enxameação e das minas marítimas improvisadas na história marítima recente. Os Tigres do Mar foram considerados como os criadores de tendências no domínio do terrorismo marítimo. As suas actividades não se limitavam aos litorais e à ZEE do país. Operavam uma frota de navios mercantes oceânicos que navegavam entre portos estrangeiros e rotas marítimas internacionais. Os Tigres do Mar utilizavam estes navios para levar a cabo as suas actividades ilegais, como o tráfico de armas e o contrabando de seres humanos e de estupefacientes. Estes navios eram utilizados para transportar grandes quantidades de material de guerra adquirido pela rede internacional dos LTTE, desde a fonte de origem até às costas do Sri Lanka. O crescimento e a manutenção dos LTTE como força de combate quase convencional são principalmente atribuídos aos fornecimentos que recebiam do estrangeiro. Os LTTE conseguiam operar a partir de muitos escritórios de fachada em muitas capitais do mundo e exploravam os sistemas e regulamentos desses países para levar a cabo as suas actividades ilegais. O facto de os LTTE terem sido proibidos em 32 países, incluindo os EUA, é testemunho desta capacidade. Os LTTE beneficiaram imenso dos fundos angariados junto da diáspora tamil para comprar armas e munições e outros artigos necessários para a guerra. Os LTTE foram considerados responsáveis pela realização de várias actividades terroristas e criminosas no mar, tais como ataques de barcos suicidas, ataques de sabotagem submarina, desvio de navios mercantes, ataque a navios com minas marítimas, ataque a portos com armas de assalto, tráfico de armas, tráfico de estupefacientes e de seres humanos.

O Governo do Sri Lanka viu-se obrigado a adotar medidas de segurança marítima reforçadas para proteger a liberdade dos SLOC e dos portos, a fim de manter a economia do país em funcionamento. O crescimento dos Tigres do Mar pode ser atribuído principalmente aos inconvenientes organizacionais do SLN, bem como às tácticas assimétricas inovadoras e ousadas dos Tigres do Mar. Os inconvenientes organizacionais do SLN podem ser considerados estratégicos, políticos e tácticos.

Os Tigres do Mar beneficiaram da sua afinidade com o oceano. Normalmente, os grupos terroristas não se aventuram muito no mar alto, pois assim tornam-se vulneráveis. Os Tigres do Mar foram uma exceção. A direção dos LTTE compreendeu a importância do oceano para o seu crescimento e utilizou-o eficazmente, desafiando com êxito a supremacia do SLN no mar. Os Tigres do Mar passaram de uma pequena equipa de operação de barcos de fibra de vidro para uma força marítima com capacidades substanciais.

A situação só se alterou em benefício do SLN depois de este ter mudado a sua abordagem, passando de uma mentalidade convencional tradicional para uma abordagem assimétrica. A SLN evoluiu durante o conflito, tendo sofrido baixas em termos de efectivos e de recursos humanos. Com a estratégia correta, o profissionalismo, o equipamento e a inovação, o SLN conseguiu derrotar os Tigres do Mar no mar de forma abrangente. O SLN conseguiu destruir toda a rede logística internacional dos LTTE e os LTTE deixaram de poder sustentar os seus esforços de guerra contra as forças governamentais que avançavam.

O controlo do mar desempenhou um papel significativo na ascensão e no desaparecimento dos Tigres do Mar. O controlo do mar depende não só do armamento e das tácticas, mas também de aspectos doutrinários e de comando e controlo. Entre finais da década de 1980 e 2005, o SLN perdeu o controlo do mar para os Tigres do Mar. Só depois de 2006 é que a tendência se inverteu e o SLN conseguiu recuperar o controlo do mar, impedindo os Tigres do Mar de o dominarem. Esta conquista do controlo do mar pelo SLN resultou num ataque ao centro de gravidade da organização LTTE, que nunca mais conseguiu recuperar o seu equilíbrio.

CAPÍTULO 3

METODOLOGIA DE INVESTIGAÇÃO

3.1 Preâmbulo

Este capítulo centra-se nos pressupostos filosóficos que sustentam a investigação, definindo o que é a investigação; a relação entre a investigação e a teoria, os métodos e a metodologia de investigação, a abordagem epistemológica e ontológica, a estratégia de investigação adoptada e a elaboração das principais etapas envolvidas na investigação qualitativa.

Há uma série de definições que descrevem os elementos-chave que compõem o termo "investigação". De acordo com a Universidade de Nova Gales do Sul, o Governo da Commonwealth define a investigação como a "criação de novos conhecimentos e/ou a utilização de conhecimentos existentes de uma forma nova e criativa para gerar novos conceitos, metodologias e entendimentos". Emory e Cooper (1991) definem a investigação como um "inquérito organizado para fornecer informações para a solução de um problema".

3.2 A relação entre investigação e teoria

Uma vez que o termo teoria é utilizado de várias formas, um entendimento comum a que se pode chegar é a "explicação de regularidades observadas" (Bryman, 2008, 6). Neste contexto, é importante distinguir entre a noção comum de teoria e uma definição formal de teoria (Wacker, 1998). Os académicos destacam quatro partes integrantes na definição de teoria; definições de termos ou variáveis, um domínio onde a teoria se aplica, um conjunto de relações de variáveis e previsões específicas (Hunt, 1991; Bunge, 1967; Reynolds, 1971). As teorias fornecem uma definição precisa e específica e ajudam a compreender as relações numa sequência lógica e a fornecer previsões específicas.

Este estudo analisou a relação entre a teoria e a investigação no domínio da guerra assimétrica no domínio marítimo. As teorias existentes relativas ao controlo do mar e à arte operacional foram analisadas a fim de formular uma investigação exploratória única. Este modelo específico centra-se nos Tigres do Mar dos LTTE através das teorias existentes e também da observação atenta das actividades dos Tigres do Mar durante um período de quase três décadas.

3.2.1 Abordagens dedutiva e indutiva

A teoria dedutiva representa o ponto de vista mais comum sobre a natureza da relação entre a teoria e a investigação social (Bryman, 2008, 9). O raciocínio dedutivo funciona do mais geral para o específico e é geralmente referido como a abordagem descendente. As conclusões decorrem logicamente das premissas. Por outro lado, as abordagens de raciocínio indutivo partem de observações mais específicas para generalizações e teorias mais amplas; esta abordagem é informalmente conhecida como abordagem ascendente e a conclusão baseia-se provavelmente em premissas.

Bryman explica a relação entre a consideração teórica e o domínio da seguinte forma: "O investigador, com base no que se sabe sobre um determinado domínio e nas considerações teóricas relativas a esse domínio, deduz uma hipótese que deve então ser submetida a um exame empírico" (Bryman, 2008, 9). A hipótese é então transformada em entidades que podem ser objeto de investigação. A operacionalização dos termos de acordo com a hipótese deve ser possível através da recolha de dados. Bryman (2008), na figura 1, descreve o fluxo do trabalho de investigação que se insere na categoria de investigação empírica que consiste no processo de dedução.

Figura 1: As abordagens dedutiva e indutiva da relação entre teoria e investigação

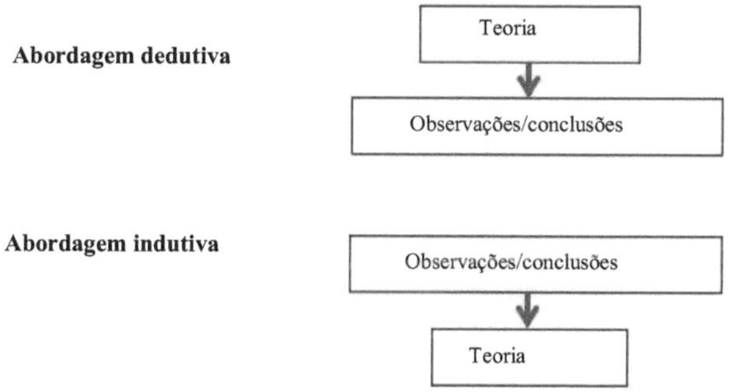

Fonte: (Bryman, 2008, 11)

A abordagem dedutiva está geralmente associada à investigação quantitativa e, frequentemente, não segue o fluxo acima descrito (Bryman, 2008). Na maioria das vezes, o processo segue as etapas numa ordem lógica e sistemática. É vulgarmente conhecida como investigação guiada pela teoria quando a abordagem acima referida é seguida em grande medida no domínio da investigação qualitativa.

A abordagem indutiva é, em grande medida, o oposto da abordagem dedutiva, em que, através de observações e descobertas, se formam teorias. Na posição indutiva de uma investigação, a teoria é o resultado final. Marshall (1997) ilustra a utilização teórica de ambos os termos (indutivo e dedutivo) da seguinte forma:

> Quando os investigadores começam a abrir uma nova linha de investigação, não existem teorias úteis a partir das quais se possam deduzir proposições a testar. O conhecimento tem de começar com a recolha de factos e depois tentar encontrar alguma ordem neles. É o que se designa por indução. A dedução é a técnica através da qual o conhecimento se desenvolve em domínios de investigação mais maduros. Implica uma espécie de salto lógico. Avançando um pouco mais do que a teoria, são recolhidos dados para a testar (Marshall, 1997, 17).

Easterby-Smith et al. (2002) e Gray (2004) indicam que a investigação qualitativa está frequentemente associada a concepções de investigação indutivas, em que é utilizada uma série de métodos para recolher os dados e explorar o problema a partir de diferentes perspectivas. Saunders et al (2003) observa que a abordagem indutiva abre espaço para mais explicações sobre o que está a acontecer.

Esta investigação foi concebida com base num modelo de investigação indutivo. Algumas teorias-chave mencionadas no estudo foram utilizadas para melhor compreender os factores-chave do modelo exploratório no combate à guerra assimétrica no domínio marítimo.

3.3 Métodos e Metodologia

Henning (2004) descreve a metodologia como um grupo coerente de métodos que se complementam entre si e que têm a capacidade de fornecer dados e resultados que reflectem a questão de investigação e se adequam ao objetivo dos investigadores. É igualmente importante notar a distinção entre 'método' e 'metodologia', uma vez que estes dois constituem a maior parte da discussão metodológica efectuada neste capítulo. A distinção entre as duas componentes é explicada por Barnett da seguinte forma:

> O método refere-se ao leque de técnicas que temos à nossa disposição para recolher informação sobre o mundo social. A metodologia, no entanto, diz respeito à estratégia de investigação como um todo, incluindo, como observa Seale, as implicações políticas, teóricas e filosóficas que fazem escolhas de método ao fazer investigação' (Barnett, 2003, 3, 10).

Existem diferentes estilos de investigação [que estão ligados a diferentes visões filosóficas ou do mundo que defendemos], bem como diferentes métodos e técnicas de recolha de informação (ou dados). Para alguns de nós, os métodos e técnicas que escolhemos serão em grande parte determinados pela nossa compreensão do que é aceitável ou do que se designa por posição epistemológica (Barnett, 2006).

Bryman descreve o estudo da sociedade da seguinte forma:

> Uma investigação apresenta paradigmas contrastantes sobre a natureza da realidade social e sobre o que é conhecimento aceitável relativamente a essa realidade. Desta forma, a distinção entre investigação quantitativa e qualitativa não é simplesmente uma questão de diferentes abordagens ao processo de investigação, cada uma com o seu próprio conjunto de métodos de investigação... mas diz respeito a pontos de vista antagónicos sobre questões mais fundamentais relacionadas com a natureza do objeto de estudo (Bryman, 1989, 248).

3.4 A abordagem epistemológica

Se a investigação é essencialmente um exercício de produção de conhecimento, a seleção de um método é uma decisão que pode ser explicada ou justificada em termos da teoria do conhecimento, ou seja, em termos epistemológicos (Uyangoda, 2010). A missão da epistemologia, a teoria do conhecimento, é esclarecer o que envolve a conceção do conhecimento, como é aplicado e explicar porque tem as caraterísticas que tem (Rescher, 2003). A epistemologia centra-se, portanto, em questionar qual é o conhecimento aceitável numa determinada disciplina. Uma questão particularmente central neste contexto é a questão de saber se o mundo social pode e deve ser estudado de acordo com os mesmos princípios, procedimentos e ethos que as ciências naturais (Bryman, 2008). Barnett (2006), define epistemologia como:

> um conceito filosófico crucial para os cientistas sociais, que considera questões relacionadas com a teoria do conhecimento. Essencialmente, as duas posições do positivismo e do interpretativismo têm epistemologias contrastantes. Diferem em termos dos seus pontos de vista sobre o estatuto das diferentes reivindicações de conhecimento e sobre a forma de julgar as reivindicações de conhecimento" (Barnett, 2006, 12).

Uma vez que o significado da palavra epistemologia está diretamente ligado à teoria do conhecimento, a abordagem epistemológica utilizada nesta investigação procura encontrar respostas para algumas das questões-chave, tais como: quais são as formas disponíveis para obter conhecimentos sobre a área de investigação? Quais são as formas e os meios através dos quais se pode garantir a validade do conhecimento produzido? Quais são os critérios disponíveis para validar o conhecimento? O conhecimento obtido através da investigação abrange objetividade ou certeza?

Existem essencialmente dois pontos de vista opostos sobre a natureza do conhecimento ou paradigmas concorrentes. Bryman define paradigma como:

> um conjunto de crenças e ditames que, para os cientistas de uma determinada disciplina, influenciam o que deve ser estudado, como deve ser feita a investigação, como devem ser interpretados os resultados, etc. Essencialmente, portanto, um paradigma é um conjunto de pressupostos sobre a forma como a questão que preocupa o investigador deve ser estudada (Bryman, 1988, 4).

O positivismo e o interpretativismo permanecem como uma das duas epistemologias contrastantes no estudo do conhecimento. Estes dois paradigmas contêm dois pontos de vista diferentes relativamente às estratégias de investigação. Em termos gerais, o paradigma positivista está mais frequentemente associado a estratégias de investigação quantitativa e o paradigma interpretativo está normalmente associado a estratégias de investigação qualitativa. Bryman define ainda este carácter contrastante dos dois paradigmas da seguinte forma

> Apresenta paradigmas contrastantes sobre a natureza da realidade social e sobre o que é conhecimento aceitável relativamente a essa realidade. Desta forma, a distinção entre investigação quantitativa e qualitativa não é simplesmente uma questão de diferentes abordagens ao processo de investigação, cada uma com o seu próprio conjunto de métodos de investigação, mas diz respeito a pontos de vista antagónicos sobre questões mais fundamentais relacionadas com a natureza do objeto de estudo (Bryman, 1989, 248).

3.4.1 Positivismo

De entre os muitos pontos de vista que se centram na realização de investigação, um ponto de vista particular salienta que a investigação nas ciências sociais deve ser semelhante aos métodos adoptados nas ciências naturais, o que é vulgarmente conhecido como a abordagem positivista ou científica. Com a mudança da ideia relativa entre o mundo natural e os seres humanos, que teve lugar como resultado da industrialização, foram desafiadas as crenças anteriormente estabelecidas que viam o mundo através do conceito divino, substituindo-o pela ciência. Assim, a compreensão do mundo natural baseou-se em factos que podiam ser observados.

A ideia, tal como aplicada ao mundo social, pode ser rastreada até ao trabalho do filósofo do século XIX August Comte (1798-1857), na sua obra *The Positive Philosophy* (Barnett, 2006). Como a aplicação do positivismo não é uma tarefa fácil que permita concentrar-se num esquema específico devido às várias formas e meios que muitos académicos utilizaram o termo, verifica-se frequentemente que, para alguns autores, é uma categoria descritiva e, para outros, é um termo pejorativo (Bryman, 2008).

Na fase inicial do século XX, a ciência substituiu as explicações divinas ou abstractas. Comte foi um dos principais filósofos que dedicou grande atenção à descoberta da "verdade" sobre o mundo social. Estas ideias foram desenvolvidas por um grupo de filósofos popularmente conhecido como o Círculo de Viena, onde teve lugar o nascimento do positivismo lógico. Esta abordagem foi criticada por Karl Popper:

> a abordagem indutiva, de lista de verificação, do positivismo lógico era fundamentalmente incorrecta, uma vez que, ao continuar a verificar continuamente as teorias estabelecidas, considerava que o conhecimento não iria progredir. Também viu a possibilidade de haver sempre outra situação, ainda por testemunhar, que não funciona de acordo com a lei correspondente, pelo que as leis baseadas na indução assentam em pressupostos (Barnett, 2006, 13).

Os positivistas acreditam que a realidade é estável e pode ser observada e descrita de um ponto de vista objetivo (Levin 1988). A capacidade de isolar o fenómeno e de repetir as observações é frequentemente defendida pelos positivistas. O positivismo está tão enraizado na nossa sociedade que as afirmações de conhecimento que não se baseiam no pensamento positivista são simplesmente descartadas como científicas e, portanto, inválidas" (Hirschheim, 1985). Bryman (2008) define o positivismo como uma posição epistemológica que defende a aplicação dos métodos das ciências naturais ao estudo da realidade social e não só. O autor destaca os seguintes princípios fundamentais que estão associados ao positivismo:

a. Só os fenómenos e, por conseguinte, os conhecimentos confirmados pelos sentidos podem ser verdadeiramente justificados como conhecimentos (princípio do fenomenalismo).

b. O objetivo da teoria é gerar hipóteses que possam ser testadas e que permitam avaliar as explicações das leis (princípio do didatismo).

c. O conhecimento é obtido através da recolha de factos que servem de base às leis (princípio do intuitivismo).

d. A ciência deve (e presumivelmente pode) ser conduzida de uma forma que seja livre de valores (ou seja, objetiva).

f. Existe uma distinção clara entre as afirmações científicas e as afirmações normativas e uma ideia de que as primeiras são o verdadeiro domínio do cientista (Bryman, 2008, 14).

Uma das caraterísticas importantes do positivismo é a ideia de que um fenómeno social pode ser explicado através de causa e efeito. A abordagem baseia-se na "teoria" para a "investigação", o que significa que componentes como a questão e a estratégia de investigação são principalmente orientadas por *uma* proposta teórica *a priori*. Esta abordagem centra-se na recolha de dados que ajudam a testar a teoria inicial. Esta abordagem presta atenção e centra-se nos principais instrumentos de medição quantitativa, como as experiências, os inquéritos por questionário, a análise de conteúdo e a estatística. Barnett (2006) indica os seguintes componentes como a lógica baseada na conceção de investigação positivista:

a. Identificar processos de causa e efeito para explicar fenómenos e testar teorias.
b. O conhecimento baseia-se naquilo que pode ser testado através da observação de provas tangíveis.
c. As investigações devem utilizar o método científico.

3.4.2 Interpretativismo

Bryman define o interpretativismo como:

> um termo que geralmente denota uma alternativa à ortodoxia positivista que se manteve durante décadas. Baseia-se na ideia de que é necessária uma estratégia que respeite as diferenças entre as pessoas e os objectos das ciências naturais e, por conseguinte, exige que o cientista social compreenda o significado subjetivo da ação social (Bryman, 2008, 16).

Uma vez que o positivismo ofereceu a muitos uma abordagem útil para a busca do conhecimento, para que este se torne científico, o rigor, a precisão e a fiabilidade são vistos como caraterísticas importantes. Enquanto outros no domínio da investigação social tendem a utilizar uma abordagem diferente com certas qualidades que não são normais à consciência humana, Jones (1993) destaca esta diferença como: "porque os sociólogos também são humanos, podemos colocar-nos no lugar dos outros, apreciar as circunstâncias estruturais em que se encontram, ter em conta os seus objectivos e, assim, compreender as suas acções. É isto que distingue uma ciência social de uma ciência natural" (Bryman, 2008, 67-68).

O termo "*Verstehen*" é conhecido como compreensão. Max Weber (1864-1930), que foi fundamental para a criação desta noção de significado através dos seus escritos, é citado por Barnett como "Max Weber que argumentou que, para aumentar o nosso conhecimento do mundo social, devemos procurar compreendê-lo a partir dos pontos de vista das pessoas que estamos a estudar, em vez de explicar as acções humanas através de causa e efeito" (Barnett, 2006, 15).

Neste contexto, a investigação interpretativista procura identificar as principais diferenças entre as ciências naturais e as ciências sociais. Em vez de reagir a uma série de acções, o ser humano tem a capacidade de as avaliar analiticamente através de várias vias. Neste contexto, as acções humanas podem ser compreendidas através da ligação a aspectos como as intenções conscientes, os motivos e propósitos e, em última análise, os valores do agente que as executa (Barnett, 2006).

Os métodos qualitativos não estruturados, como a observação participante e as entrevistas aprofundadas, são considerados componentes-chave da abordagem interpretativa. A compreensão do mundo por parte dos seres humanos é vista como uma componente importante desta abordagem, uma vez que o comportamento humano não é moldado por factores externos. Esta abordagem centra-se na exploração e na construção de uma compreensão sobre um determinado assunto sobre o qual temos menos ou nenhum conhecimento, em contraste com a explicação do porquê de uma determinada coisa ter acontecido (Barnett, 2006).

De acordo com os objectivos alinhados da investigação, o paradigma filosófico para a presente investigação baseia-se no interpretativismo no campo epistemológico. Isto exige que a investigação compreenda a natureza da realidade e do comportamento social. No que se refere a este estudo e à análise relacionada com as caraterísticas do Positivismo acima mencionadas, a investigação atual também se debruçou sobre as "causas e efeitos" na explicação das principais teorias discutidas, juntamente com uma análise cuidadosa das provas tangíveis relativas às actividades dos LTTE Sea Tigers. Como o estudo também se concentra em gerar uma hipótese de trabalho, uma proposição que pode ser testada, o conhecimento é obtido principalmente através da recolha de factos relativos aos Tigres do Mar e à sua utilização de tácticas de guerra assimétricas. Isto combina necessariamente elementos de "didatismo" e de "intuitivismo", o que faz com que o estudo se enquadre nas caraterísticas do Positivismo.

Ao analisar a evolução do tigre-marinho, que é mais um conjunto de acções realizadas pelos seres humanos, as suas acções são analisadas e relacionadas tendo em consideração aspectos como as intenções, os motivos e os objectivos do tigre-marinho. Foram utilizadas entrevistas qualitativas aprofundadas não estruturadas como fator-chave da investigação. Uma vez que o estudo se centrou numa área em que muitos não tinham efectuado uma análise aprofundada, foi feita uma tentativa de compreender e explicar por que razão as coisas aconteceram. Estes factores são componentes essenciais do interpritivismo.

3.5 Estratégia de investigação

As estratégias de investigação quantitativa, qualitativa e mista são as estratégias básicas disponíveis para a realização de investigação. A atenção centra-se nas duas primeiras estratégias; as suas caraterísticas e a aplicação da estratégia na investigação atual são discutidas na secção seguinte.

3.5.1 Investigação qualitativa e quantitativa

Muitos académicos tentam distinguir entre investigação quantitativa e qualitativa. O estatuto da distinção é ambíguo, porque é quase simultaneamente considerado por alguns autores como um contraste fundamental e por outros como já não sendo útil ou mesmo simplesmente como falso (Layder, 1993). Layder define a distinção entre os dois como: "parece haver pouco para a distinção quantitativa/qualitativa

distinção para além do facto de os investigadores quantitativos recorrerem à medição e os investigadores qualitativos não" (Layder, 1993, 21).

Os métodos de investigação qualitativa centram-se na descoberta e compreensão das experiências, perspectivas e pensamentos dos participantes - ou seja, a investigação qualitativa explora o significado, o objetivo ou a realidade (Hiatt, 1986). Denzin e Lincoln explicam a investigação qualitativa como:

> uma atividade situada que localiza o observador no mundo. Consiste num conjunto de práticas interpretativas e materiais que tornam o mundo visível. Estas práticas transformam o mundo. Transformam o mundo numa série de representações, incluindo notas de campo, entrevistas, conversas, fotografias, gravações e memorandos para o eu. A este nível, a investigação qualitativa envolve uma abordagem interpretativa e naturalista do mundo. Isto significa que os investigadores qualitativos estudam as coisas nos seus contextos naturais, tentando dar sentido ou interpretar os fenómenos em termos dos significados que as pessoas lhes atribuem (Denzin e Lincoln, 2005, 3).

A investigação qualitativa é geralmente descrita como a realização de uma exploração detalhada de uma área temática em que a informação é recolhida através de estudos de caso, entrevistas, trabalho etnográfico, etc. Utilizando os métodos qualitativos, o investigador poderá deduzir teorias, hipóteses ou mesmo explicações.

Algumas das principais caraterísticas da abordagem quantitativa são a utilização de ferramentas como inquéritos e testes para recolher dados e, em seguida, analisar a relação com as hipóteses, respondendo através das questões de investigação formuladas. Frequentemente, a abordagem quantitativa é descrita como sendo de natureza dedutiva. Os métodos quantitativos são também frequentemente caracterizados por pressuporem que existe uma única "verdade", independente da perceção humana (Lincoln & Guba, 1985). A investigação atual é enriquecida pela utilização da abordagem qualitativa. A atenção principal centrou-se numa série de entrevistas aprofundadas e discussões em grupos de discussão.

3.5.2 Entrevistas qualitativas

Passaram quase cinco anos após a derrota do terrorismo dos LTTE no território do Sri Lanka e não é possível recordar todos os factos, acontecimentos e conceitos da amostra da população. O investigador fez todas as entrevistas pessoalmente e conseguiu falar com alguns elementos-chave que comandaram as forças armadas durante o conflito, que estiveram envolvidos na recolha de informações, peritos em direito internacional, que dirigiram a campanha dos meios de comunicação social e a mente mestra das operações dos LTTE no estrangeiro, ex-combatentes dos Tigres do Mar e oficiais superiores da Marinha que desempenharam papéis importantes e cruciais durante a guerra. Inicialmente, foi enviada uma carta de pedido de consentimento para a entrevista, juntamente com um modelo de questionário, de modo a permitir-lhes refrescar a memória, recolher dados relevantes e preparar-se para a entrevista. Foi fornecido a todos os entrevistados um resumo sobre a importância e a intenção da discussão e foi obtido o seu consentimento para registar e citar as discussões, exclusivamente para efeitos desta investigação. O anexo "C" contém um modelo de carta e de questionário para as entrevistas.

3.5.3 Discussões em grupo

Os grupos de discussão podem revelar uma grande quantidade de informações pormenorizadas e conhecimentos profundos. Quando bem executado, um grupo de discussão cria um ambiente de aceitação que coloca os participantes à vontade, permitindo-lhes responder às perguntas com as suas próprias palavras e acrescentar significado às suas respostas. Um grupo de discussão pode ser definido como "um grupo de indivíduos em interação com alguns interesses ou caraterísticas comuns, reunidos por um moderador, que utiliza o grupo e a sua interação como forma de obter informações sobre um assunto específico ou específico" (Masadeh, 2012, 63).

As diretrizes para a realização de um grupo de discussão fornecidas pela Eliot & Associates indicam que

a. Um grupo de discussão é um pequeno grupo de seis a dez pessoas, conduzido por um moderador experiente através de uma discussão aberta. O grupo deve ser suficientemente grande para gerar uma discussão rica, mas não tão grande que alguns participantes sejam deixados de fora. b. O moderador do grupo de discussão promove a divulgação num formato aberto e espontâneo. O objetivo do moderador é gerar um número máximo de ideias e opiniões diferentes do maior número possível de pessoas no tempo atribuído

c. O tempo ideal a reservar para um grupo de discussão é de 45 a 90 minutos. Para além disso, a maioria dos grupos não é produtiva e torna-se uma imposição ao tempo dos participantes

d. Os grupos de discussão são estruturados em torno de um conjunto de perguntas cuidadosamente pré-determinadas, normalmente não mais de 10, mas a discussão é livre. O ideal é que os comentários dos participantes estimulem e influenciem o pensamento e a partilha dos outros. Algumas pessoas chegam mesmo a mudar os seus pensamentos e opiniões durante o grupo (Eliot & Associates, 2005, 1-2).

Foram criados oito grupos de discussão em seis áreas navais, a Academia Naval e Marítima em Trincomalee e a Escola de Comando e Estado-Maior dos Serviços de Defesa em Batalanda, a fim de obter percepções, crenças de segmentos de oficiais da Marinha com base nas seguintes propostas;

a. O exercício gradual do controlo do mar pelos LTTE nas "fases iniciais da guerra" para o transporte de armas e munições ilegais, de quadros para treino e de operações de combate através do Estreito de Palk e no mar ajudou a organização a transformar-se num nível militar convencional substancial que ameaçou a integridade territorial e a soberania do Sri Lanka durante quase três décadas.
b. A perda gradual do controlo do mar pelos LTTE em resultado das operações navais do Sri Lanca, especialmente depois de 2006, na fase final da guerra, enfraqueceu a capacidade dos

LTTE de continuarem a fazer a guerra e resultou na sua morte, às mãos das forças governamentais.

Foram selecionados oficiais da Marinha de diferentes origens, ramos, antiguidade e experiência diversa das respectivas áreas e instituições, que foram informados e dispuseram de tempo suficiente para fazer investigação sobre o subtema atribuído. Posteriormente, as discussões dos grupos de reflexão foram conduzidas sob a supervisão e moderação dos oficiais superiores e os procedimentos foram registados e obtidos pelo investigador. O anexo "D" contém um modelo de carta para a discussão em grupo de reflexão.

3.5.4 Análise de dados qualitativos

Esta investigação foi efectuada como uma investigação qualitativa. As entrevistas realizadas pelo investigador aos participantes na investigação e os grupos de discussão geraram uma grande base de dados. Como as entrevistas foram efectuadas com perguntas abertas e não estruturadas, e algumas das respostas foram muito longas e elaborativas, a extensão das transcrições das entrevistas é muito longa. Miles (1979) descreve os dados qualitativos como um "incómodo atraente". Embora a riqueza das transcrições das entrevistas e das actas dos grupos de discussão seja muito elevada, foi difícil encontrar caminhos analíticos através desta massa de dados. Por outras palavras, "é fundamental evitar que se deixe de efetuar uma verdadeira análise" (Bryman, 2008. 538). O método utilizado nesta investigação para analisar "estes dados ricos" foi efectuado através de um paradigma interpretativo. Isto foi feito de forma a obter uma compreensão subjectiva e profunda do estudo de caso: 'Guerra assimétrica no mar: O caso do Sri Lanka". O investigador queria compreender o interior, a visão mais profunda da experiência e dos conhecimentos dos participantes na investigação e dos grupos de discussão. O investigador pretendia explorar uma vasta área de investigação. Não foi deliberadamente utilizada uma ferramenta analítica estabelecida, uma vez que não teria permitido uma compreensão mais profunda do caso e porque o investigador não queria ficar limitado e confinado aos parâmetros de uma ferramenta de investigação.

A Grounded Theory foi definida como "teoria derivada de dados, sistematicamente recolhidos e analisados através do processo de investigação. Neste método, os dados, a recolha, a análise e a eventual teoria estão em estreita relação uns com os outros" (Strauss e Corbin, 1998.12). Bryman afirma que "a teoria fundamentada não é uma teoria - é uma abordagem para a geração de teoria a partir de dados" (Bryman, 2008. 541). Nesta investigação, o investigador não estudou primeiro as teorias da guerra naval. A recolha e a análise dos dados foram efectuadas ao mesmo tempo, progressivamente. Uma vez concluída a análise dos dados recolhidos, procurou-se estabelecer as relações entre os aspectos teóricos e a aplicação da teoria ao resultado da análise dos dados.

A codificação é considerada como "um dos processos mais centrais da teoria fundamentada" (Bryman, 2008. 541). A codificação foi efectuada em todas as transcrições das entrevistas e dos grupos de discussão, tendo sido atribuídos rótulos às partes componentes que parecem ter algum valor significativo para as teorias da guerra naval e para as possíveis lições a retirar da investigação. Estas etiquetas de dados codificados foram utilizadas na compilação das respostas às perguntas de investigação.

Strauss e Corbin descrevem a codificação selectiva como um procedimento que consiste em selecionar a categoria central, relacioná-la sistematicamente com outras categorias, validar essas relações e preencher as categorias que necessitam de ser aperfeiçoadas e desenvolvidas (Strauss e Corbin, 1988. 116). Nesta análise de dados, a guerra assimétrica foi selecionada como a categoria central e os rótulos foram atribuídos principalmente para identificar conceitos de guerra assimétrica. Com base nisto, outras etiquetas foram sistematicamente relacionadas com o controlo do mar e a arte da operação. Para validar estas relações, foram considerados o desenvolvimento dos Tigres do Mar e os factores determinantes do sucesso do SLN na conquista do controlo do mar, tendo a codificação sido feita em conformidade. As etiquetas assim codificadas foram depois refinadas e desenvolvidas para determinar as lições aprendidas com este estudo de caso.

3.6 Utilização da investigação exploratória

O *dicionário comercial* em linha define a investigação exploratória como "Investigação de um problema ou de uma situação que fornece informações ao investigador. A investigação destina-se a fornecer pormenores quando existe uma pequena quantidade de informação. Pode utilizar uma variedade de métodos, tais como estudos experimentais, entrevistas, discussões de grupo, experiências ou outras tácticas com o objetivo de obter informações". Observou-se que, no início desta investigação, apenas existia uma pequena quantidade de informação disponível na literatura académica, uma vez que nenhum outro investigador tinha realizado um estudo exaustivo sobre os aspectos navais da vitória na guerra no Sri Lanka. O investigador recorreu a entrevistas qualitativas aprofundadas, abertas e semi-estruturadas de amostras selecionadas de pessoal-chave que esteve envolvido na guerra em fases cruciais e a debates em grupos de reflexão, a fim de obter informações esclarecedoras sobre as razões da vitória do SLN contra os Tigres do Mar no mar.

O investigador tinha uma ideia da forma como a guerra contra os Tigres do Mar foi ganha. Também observou muitos aspectos da vitória. No entanto, esforçou-se por compreender as várias razões da vitória e explorá-las com as teorias existentes sobre guerra assimétrica, controlo do mar e arte operacional. Estas teorias existem há muito tempo e vários comandantes navais e académicos examinaram-nas em diferentes cenários. O objetivo desta investigação é determinar a aplicabilidade de vários conceitos destas teorias à guerra do SLN contra os Tigres do Mar. É um facto estabelecido que os Tigres do Mar se tornaram uma força a ter em conta, com várias tácticas assimétricas inovadoras, e desafiaram o papel tradicional do SLN: o controlo do mar. No entanto, o SLN conseguiu finalmente recuperar a iniciativa e desferiu um rude golpe nas operações dos Tigres do Mar, o que contribuiu efetivamente para a derrota dos LTTE.

3.7 Principais etapas da investigação qualitativa adoptadas

O presente estudo utiliza as seis etapas principais introduzidas por Bryman (2008, 370) na realização de uma investigação qualitativa. Esta sequência de etapas utilizadas no processo permite uma melhor visualização do processo. Neste estudo, são adoptadas as seguintes etapas:

a. **Etapa 1. Questão (ões) geral (is) de investigação**

As questões de investigação formuladas no presente estudo tentam resolver um problema de investigação importante que evoluiu com os LTTE Sea Tigers durante quase três décadas. A dinâmica em mudança do ambiente marítimo e a utilização autóctone de tácticas e contra-tácticas no ambiente de guerra assimétrica são únicas em vários aspectos. Uma vez que a investigação se centra na análise dos factores navais críticos que contribuíram para a grande vitória, esta investigação analisou essencialmente de forma crítica quatro questões temáticas de investigação. Estas quatro questões de investigação são: como é que os Tigres do Mar dos LTTE evoluíram para capitalizar as desvantagens do SLN? Como é que os Sea Tigers sustentaram uma batalha tão longa? Quais são os factores que contribuíram para que o SLN passasse de uma mentalidade convencional para uma força de combate assimétrica? E como é que alguns conceitos teóricos fundamentais contribuíram para que o SLN saísse vitorioso?

b. **Etapa 2. Seleção do(s) assunto(s) relevante(s)**

O presente estudo centra-se no conflito do Sri Lanka, no qual foram analisadas as actividades dos LTTE Sea Tiger, bem como as reacções e respostas do SLN. Os Tigres do Mar LTTE foram considerados o principal objeto de investigação. Foram consideradas as suas actividades tanto a nível local como internacional.

c. **Etapa 3. Recolha de dados relevantes e da amostra da população**

O investigador teve a oportunidade única de observar todo o espetro do conflito no Sri Lanka enquanto oficial da marinha. A ascensão e queda dos LTTE Sea Tigers é uma área que o investigador teve grande oportunidade de observar e analisar. Com mais de 30 anos de experiência no SLN e o longo período de tempo que o investigador dedicou ao estudo desta cultura única dos LTTE Sea Tiger, a investigação pode ser facilmente classificada como "etnográfica". As entrevistas qualitativas foram usadas extensivamente para recolher dados relativos a vários aspectos dos Tigres do Mar LTTE. Foram entrevistados dezoito profissionais que têm um conhecimento profundo das actividades dos LTTE, incluindo os que estiveram diretamente envolvidos na fase final do conflito. Estes profissionais incluem académicos, militares, peritos na matéria e funcionários governamentais que ocuparam cargos importantes. Também foram selecionados para as entrevistas antigos membros dos LTTE. Além disso, realizaram-se sete debates em grupos de reflexão com a participação de oficiais superiores da marinha nos respectivos comandos da área naval.

d. **Etapa 4. Interpretação dos dados**

A interpretação dos dados revela um aspeto importante (entre muitos outros) relacionado com o aparecimento dos Tigres do Mar dos LTTE. O principal fator que contribuiu para o aparecimento dos Tigres do Mar pode ser considerado como a falta de aplicação das capacidades navais.

e. **Etapa 5. Trabalho concetual e teórico**

Embora não se tenha desenvolvido uma nova teoria como resultado deste estudo, foi introduzido um novo modelo exploratório que pode ser efetivamente utilizado pelas forças navais na guerra assimétrica marítima. Este modelo centra-se principalmente na obtenção de poder e controlo do mar por uma Marinha convencional que enfrentou uma ala terrorista marítima que utilizou tácticas não convencionais. O modelo exploratório introduzido pode ser efetivamente utilizado por outras marinhas para combater ameaças marítimas não convencionais semelhantes.

f. **Etapa 6. Resultados/Conclusões**

A análise dos dados obtidos nas entrevistas qualitativas e nas discussões dos grupos de discussão será efectuada na parte final da tese. A análise dos dados será efectuada com base nas questões de investigação e nos objectivos da investigação. As principais áreas de enfoque serão as seguintes:

I. Desvantagens organizacionais da SLN

II. Desenvolvimento dos Tigres do Mar LTTE

III. Determinantes do êxito da conquista do controlo do mar pelo SLN Os resultados relativos às três áreas acima referidas serão depois analisados à luz das teorias da guerra naval, a fim de determinar a aplicabilidade e a relevância desses conceitos para os resultados obtidos. A conclusão será feita com base nas implicações teóricas e nos resultados da investigação. O objetivo é apresentar um "modelo exploratório" para combater o terrorismo marítimo no futuro e indicar perspectivas de investigação futura sobre este assunto, tomando o Sri Lanka como um estudo de caso. Em seguida, a atenção centrar-se-á na formulação de recomendações decorrentes dos resultados da investigação.

3.8 Preocupações éticas da investigação

Uma vez que a investigação era de natureza exploratória, a recolha de dados baseou-se principalmente numa abordagem de investigação qualitativa. O investigador baseou-se fortemente em entrevistas não estruturadas, abertas e aprofundadas e em debates de grupos de discussão para recolher os dados necessários. O grupo de amostragem das pessoas entrevistadas era constituído, na sua maioria, por oficiais superiores reformados e por civis, na sua maioria superiores ao investigador em termos de posto e posição. O grupo de amostragem foi selecionado com base no papel que desempenharam durante a guerra em vários cargos e em especialistas civis na matéria. A fim de obter uma visão equilibrada e uma perspetiva dos Sea Tigers, foram também entrevistados três antigos membros dos LTTE. Todos os participantes na investigação foram informados com bastante antecedência por carta, indicando a finalidade, os objectivos, as propostas e o âmbito da investigação, tendo sido solicitada uma data, uma hora e um local convenientes para a realização da entrevista. Juntamente com a carta de pedido, foi também fornecido um modelo de questionário, indicando as áreas gerais para as quais o investigador estava interessado em obter respostas. Uma vez obtido o consentimento para a entrevista, na maioria das vezes o investigador deslocava-se ao local indicado pelo participante para realizar a entrevista. Mais uma vez, foi explicado o objetivo da entrevista e foi pedida autorização para gravar a entrevista e utilizá-la para este fim de investigação, tendo sido obtido o consentimento informado. Os participantes na investigação tiveram sempre a oportunidade de fazer ouvir as suas observações e de as registar pelo investigador. No final de cada entrevista, os participantes tiveram a oportunidade de indicar qualquer outra questão que desejassem colocar. Uma vez terminada a entrevista, as transcrições da gravação foram enviadas ao participante e foi-lhe dada novamente a oportunidade de fornecer novas informações ou de retirar qualquer comentário já efectuado.

No caso dos antigos membros do LTTE, eram pessoas livres que viviam como civis comuns na sociedade. Não foram coagidos a dar as entrevistas e não estavam sob custódia nem a frequentar um programa de reabilitação. O consentimento informado também foi obtido antes da gravação da entrevista e foi adotado um procedimento semelhante para manter a neutralidade do participante e também para proteger a sua identidade. Foram também informados e assegurados de que a entrevista se destinava exclusivamente aos fins académicos mencionados

No que se refere às discussões dos grupos de discussão conduzidas para esta investigação, foi solicitado aos comandantes e aos comandantes das áreas navais que conduzissem uma discussão de grupo de discussão sobre as propostas utilizadas para esta investigação. Os oficiais superiores selecionaram os membros do grupo numa base voluntária, tendo-lhes sido dado tempo suficiente e atribuída uma área temática para se concentrarem. Os membros foram autorizados a exprimir livremente as suas opiniões sobre os vários aspectos das propostas, sob a direção de um moderador também designado da mesma área. As deliberações foram resumidas e registadas e transmitidas ao investigador. O investigador não desempenhou qualquer papel direto neste processo. Não houve civis ou antigos membros dos LTTE nestes grupos de discussão e apenas foram selecionados oficiais da Marinha de vários níveis de antiguidade e experiência profissional.

Nenhum participante na investigação, quer nas entrevistas quer nos grupos de discussão, pertence a uma comunidade vulnerável. Todos eles eram pessoas experientes no domínio em questão. Não houve qualquer obrigação de dar uma entrevista ou de se juntar a um grupo de discussão, mas todos foram voluntários. Não foi dado qualquer incentivo a nenhum dos participantes. As entrevistas gravadas e as deliberações dos grupos de discussão foram guardadas em segurança com o investigador e não foram facultadas a mais ninguém. Os nomes dos participantes não foram divulgados na tese, a fim de proteger a sua identidade. Embora a maioria dos grupos de amostragem estivesse reformada na altura das entrevistas, encontrava-se em boas condições físicas e mentais.

A maioria dos participantes na investigação manifestou a sua satisfação por fazer parte desta investigação e considerou que era uma boa ideia registar e analisar os procedimentos do conflito e retirar ensinamentos, de modo a ser muito útil, caso surja outro conflito semelhante. Também manifestaram a sua satisfação por poderem exprimir os seus pensamentos, pontos de vista e opiniões e contribuir para o conhecimento.

CAPÍTULO 4

CONCEITOS E TEORIAS DA GUERRA NAVAL

"Quando as tácticas convencionais são alteradas inesperadamente em função da situação, adquirem o elemento surpresa e aumentam o seu valor estratégico."

-Sun Bin, A Arte Perdida da Guerra-

"Maiores poderes e recursos não garantem superioridade tática".

-Sun Bin, A Arte Perdida da Guerra-

4.1 Teorias da Guerra Naval

As teorias da guerra naval evoluíram principalmente devido à experiência passada em batalhas no mar. As lições aprendidas e a experiência adquirida com estas batalhas são documentadas, avaliadas e analisadas por oficiais da Marinha, historiadores e académicos. Algumas teorias, como a da guerra assimétrica, derivam principalmente das batalhas em terra. Embora algumas destas teorias sejam muito antigas, a sua relevância pode ser vista ainda hoje. Atualmente, a guerra mudou muito. A tecnologia moderna está a ser aplicada à guerra atual. No entanto, os fundamentos do combate não mudaram muito e, por conseguinte, a relevância mesmo das teorias antigas. Vários académicos acrescentaram valor às teorias existentes, tentando interpretá-las em termos de guerra moderna e de estudos de casos. Um dos principais objectivos desta investigação é estudar três teorias da guerra naval, nomeadamente, a teoria da guerra assimétrica, o controlo do mar e a arte operacional, e explorar a sua relevância para o conflito que durou muito tempo e foi finalmente ganho pelo SLN. Uma vez que a tese se centra principalmente na "Guerra Assimétrica no Mar", no âmbito da fundamentação teórica, são discutidas outras teorias e conceitos fundamentais, como o "Controlo do Mar" e a "Arte Operacional", juntamente com a teoria da "Guerra Assimétrica". Os três principais conceitos teóricos aqui considerados são cruciais para identificar a forma como os Tigres do Mar evoluíram de uma mera atividade piscatória para um dos grupos terroristas mais avançados do mundo, com uma ala marítima letal à sua disposição para lançar ataques à vontade contra o SLN. Durante as quase três décadas de confronto com o SLN, os Sea Tigers conseguiram perturbar e interromper a utilização efectiva do mar pelo SLN. Dado que este facto teve um impacto significativo no conflito, desde o seu início até ao seu termo, é importante dar ênfase e considerar as teorias acima referidas, a fim de compreender o caso do Sri Lanka através de uma base teórica bem estabelecida.

4.2 A teoria da guerra assimétrica

A teoria da guerra assimétrica (AW) existe desde o início dos tempos. Através de muitos escritos de vários académicos e estrategas militares, o conceito evoluiu ao longo dos anos, tornando-se uma das teorias mais discutidas na história recente. A teoria e os conceitos de AW têm de ser analisados tendo em conta os desenvolvimentos teóricos históricos e recentes que tiveram lugar. Isto ajudou a ter uma visão mais ampla da teoria, a fim de a aplicar ao contexto do Sri Lanka e identificar o significado desta teoria para o estudo atual. Os estrategas definem a AW como:

> Conflitos que se desviam da norma, ou uma abordagem indireta para afetar um contrapeso de força. Este tipo de guerra não é novo. Ao longo dos tempos, os combatentes têm procurado continuamente negar ou evitar a força do outro, enquanto aplicam a sua própria força contra a fraqueza do outro. A guerra assimétrica é melhor entendida como uma estratégia, uma tática ou um método de guerra e de conflito (Grange, 2000, 1).

De acordo com Manwaring (2011), escrevendo para o *Kandratieft waves, warfare and world security, a* assimetria na guerra é descrita como "agir, organizar e pensar de forma diferente dos adversários, a fim de maximizar as próprias vantagens, explorar as fraquezas do adversário, obter a iniciativa ou ganhar maior liberdade de ação" (Manwaring, 2006, 237).

O dicionário online.com Unabridged descreve a guerra não convencional como "Guerra conduzida dentro das linhas inimigas através de tácticas de guerrilha ou subversão, geralmente apoiada, pelo menos em parte, por forças externas". O mesmo dicionário descreve AW como "guerra em que grupos ou nações opostas têm recursos militares desiguais e o adversário mais fraco utiliza armas e tácticas não convencionais, como o terrorismo, para explorar as vulnerabilidades do inimigo". Outra definição do Dictionary of Military and Associated Terms do Departamento de Defesa dos Estados Unidos explica a AW como "guerra entre uma força militar poderosa e uma força de guerrilha fraca". Estes dois termos são frequentemente utilizados para descrever o conflito no Sri Lanka. Para efeitos da presente investigação, o termo guerra assimétrica será utilizado para descrever a guerra no Sri Lanka, uma vez que envolveu recursos militares desiguais e a utilização de tácticas de guerrilha pelos LTTE.

Carl von Clausewitz, no seu famoso livro *On War,* descreve a própria noção da teoria como "Cada época tem o seu próprio tipo de guerra, as suas próprias condições limitadoras e os seus preconceitos peculiares" (Howard e Paret, 1976, 346). Para além de Clausewitz, *A Arte da Guerra*, escrita por Sun Tzu há mais de 1500 anos, descreve o mesmo aspeto: "Toda a guerra se baseia no engano. Quando confrontados com um inimigo, devemos oferecer-lhe um isco para o atrair; fingir desordem e atacá-lo. Quando ele se concentrar, prepararmo-nos contra ele. Quando ele se concentra, prepara-se contra ele; onde ele é forte, evita-o" (Griffith, 1971, 66-77).

Quando esta afirmação é analisada, sugere que os estrategas militares exigem que esta teoria seja aplicada em todas as formas de guerra, sem se concentrarem apenas nas formas de guerra tradicionais ou convencionais. Sun Tzu afirma ainda que "o que é de suprema importância na guerra é atacar a estratégia do inimigo" (Griffith, 1971, 77). O pensamento de Sun Tzu define que a sua principal intenção não é derrotar um exército, mas concentrar-se em atacar a estratégia do inimigo. "Ter a certeza de tomar o que se ataca num lugar que o inimigo não protege. Ter a certeza de manter o que se defende é defender um lugar que o inimigo não ataca" (Griffith, 1963, 96). Isto explica os pensamentos de Sun Tzu sobre ter uma melhor compreensão do inimigo numa escala mais alargada. Sun Tzu afirma, "quando o lado mais fraco é forçado a lutar contra as probabilidades, a sua falta de números deve ser compensada pela tensão interior e pelo vigor que são inspirados pelo perigo... Se um aumento de vigor for combinado com limitações sábias nos objectivos, o resultado é aquela combinação de golpes brilhantes e contenção cautelosa que admiramos." (Howard e Paret, 1976, 346). Estes pensamentos, quando aplicados ao conflito no Sri Lanka, proporcionam uma comparação direta com a sua aplicação pelos LTTE e também com o facto de as forças governamentais estarem a negligenciar estas possibilidades. Esta é a razão pela qual o conflito se arrastou durante muito tempo e os LTTE ganharam capacidades substanciais.

As explicações de Carl von Clausewitz sublinham que a guerra não está simplesmente entrelaçada com as aspirações políticas, mas que deve ser subserviente à política. Em termos muito mais simples, "o objeto político é o objetivo, a guerra é o meio de o alcançar e os meios nunca podem ser considerados isoladamente do seu objetivo" (Howard e Paret, 1976, 346). Embora todos os conceitos destes três académicos possam ser igualmente aplicados a todas as formas de guerra, o significado deste facto reside na compreensão de que a guerra é uma extensão da política e não um confronto bruto de poder de fogo (Buffaloe, 2006).

thOtto Von Bismarck dá uma ideia da AW no final do século XIX como forma de equilibrar as fraquezas militares convencionais, dizendo: "Vivemos numa época maravilhosa em que o forte é fraco devido aos seus escrúpulos morais e o fraco torna-se forte devido à sua audácia" (Applegate, 2001,6). O que Bismarck tenta inferir através da afirmação acima é a capacidade de um elemento mais fraco conseguir um equilíbrio contra uma força muito mais forte, renunciando à aceitabilidade moral e cultural. Os LTTE utilizaram tácticas assimétricas de forma eficaz para compensar a superioridade dos níveis de força do GOSL.

Um contributo significativo para a AW foi dado por David Galula no seu livro *Counterinsurgency Warfare*, onde explica as observações feitas na sequência do seu estudo sobre insurrectos e contra-insurrectos da seguinte forma

> Existe uma assimetria entre os campos opostos de uma guerra revolucionária. Este fenómeno resulta da própria natureza da guerra, da desproporção de forças entre os adversários à partida e da diferença de essência entre os seus activos e os seus passivos. ... O insurreto tem um ativo formidável, o poder ideológico de uma causa em que baseia a sua ação. O contra-insurreto tem um pesado passivo: é responsável pela manutenção da ordem em todo o país. A estratégia do insurreto visará naturalmente converter os seus activos intangíveis em activos concretos, a estratégia do contra-insurreto visará impedir que o seu passivo intangível dissipe os seus activos concretos.
> como tão diferente do convencional derivam desta assimetria inicial (Galula, 1964, 15).

Este argumento pode ser considerado muito válido no conflito do Sri Lanka. Os LTTE estavam fortemente motivados por uma causa: criar um Estado separado para os Tamil. Concentravam-se em ganhos militares principalmente nas zonas que reivindicavam como a sua pátria tradicional, mas aterrorizavam o resto do país para obrigar o Governo a ceder às suas exigências. As forças governamentais tinham de defender todo o país. Ao mesmo tempo que as forças governamentais tinham de proteger todo o país, eram obrigadas a lutar arduamente também nas zonas exigidas como Estado separado pelos LTTE. Vrey descreve a situação que prevalecia no país como

> Os Tigres do Mar do movimento LTTE no Sri Lanka também retratam a utilização da assimetria no mar, mas por um adversário irregular contra uma marinha regular. Enquanto os piratas ao largo da

Somália não empregam deliberadamente a assimetria, mas talvez explorem as vantagens, o Irão tomou uma decisão consciente de planear e equipar a assimetria, investindo numa força naval que opera em paralelo com a sua marinha regular. Em contrapartida, os Tigres do Mar, sendo uma força irregular, utilizaram a assimetria no mar através de tácticas e equipamento para travar o seu conflito de baixa intensidade contra a Marinha do Sri Lanka (Vrey. 2013, 3).

A declaração acima é uma indicação clara de que não só os actores não estatais utilizam tácticas assimétricas no mar, como também podem ser a arma de um Estado mais fraco e constituir uma verdadeira ameaça para qualquer marinha convencional regular.

O livro intitulado *Unrestricted Warfare (Guerra sem restrições)*, dos coronéis Liang e Xiangsui do Exército de Libertação Popular (ELP) da China, destaca algumas das preocupações relacionadas com a AW. Explicam que a redução da violência militar e o aumento da violência política, económica e de outras formas de violência se explica pela necessidade de fazer a guerra contra um país que é imensamente superior em termos de poder militar:

> Se, por um lado, assistimos a uma redução relativa da violência militar, por outro, assistimos definitivamente a um aumento da violência política, económica e tecnológica. No entanto, independentemente da forma que a violência assume, guerra é guerra, e uma mudança na aparência externa não impede que qualquer guerra obedeça aos princípios da guerra (Liang e Xiangsui, 1999, 10).

Embora muitos tenham tentado definir o termo AW ao longo dos últimos anos, este acabou por se tornar um termo que significa muitos pontos de vista para muitos académicos. Isto resultou na confusão do seu verdadeiro significado. A seguinte afirmação de Blank (2003) resume este desenvolvimento:

> Nos últimos anos, a comunidade estratégica dos EUA tem utilizado os termos "assimétrico" e "assimetria" para caraterizar tudo, desde as ameaças que enfrentamos até às guerras que travamos. Ao fazê-lo, distorcemos estes conceitos para além da sua utilidade, especialmente no que se refere às ameaças que enfrentamos. Como observou um escritor aqui citado, chegámos a um ponto em que as ofensivas alemãs de 1918 são consideradas ataques assimétricos. É evidente que esta utilização do termo assimétrico ou do conceito de assimetria não nos ajuda a avaliar corretamente as ameaças que enfrentamos. De facto, "o Secretário da Defesa Donald Rumsfeld expressou o seu desconforto com o termo assimetria, indicando o seu desconforto com a sua utilização (Blank, 2003, 14).

O termo guerra assimétrica apareceu em grande parte nos documentos públicos e noutros escritos dos EUA no final da década de 1990, mas começou a desaparecer mais tarde. No entanto, o incidente de 11 de setembro teve um impacto significativo no termo e muitos tendem a incluir quase todas as formas de ameaças na guerra assimétrica. Compreender o conceito de guerra assimétrica sempre foi um desafio (Buffaloe, 2006). A natureza simétrica que existia durante a era da Guerra Fria garantiu que a paz fosse assegurada através da Destruição Mútua Assegurada (MAD). Mesmo que não fosse possível alcançar uma simetria perfeita de forças, o equilíbrio entre as vantagens qualitativas do Ocidente e o número quantitativo de forças no Leste conduziu a uma simetria discutível (Metz e Johnson, 2001).

Com a primeira menção oficial do conceito de assimetria no ano de 1995, na *Publicação Conjunta 1, Guerra Conjunta dos Estados Unidos da América,* muitos tendem a falar longamente do conceito, da sua aplicação e implicação nos cenários de guerra que estavam presentes durante esse período específico. Esta doutrina tentou definir como guerra assimétrica os meros compromissos militares que tiveram lugar entre ar vs. mar, ar vs. terra, etc. Este conceito muito restrito de assimetria tinha uma utilidade limitada (Metz e Johnson, 2001).

Como o termo ganhou força principalmente nos EUA, houve tentativas de definir o termo de uma forma mais aceitável em 1996. A tentativa de definir a assimetria foi visível nos EUA com a *Joint Strategic Review* publicada no mesmo ano, que explica as abordagens assimétricas como:

> As abordagens assimétricas são tentativas de contornar ou minar os pontos fortes dos EUA, explorando simultaneamente os pontos fracos dos EUA, utilizando métodos que diferem significativamente do método de operações previsto pelos Estados Unidos. [As abordagens assimétricas] procuram geralmente um impacto psicológico importante, como o choque ou a confusão, que afecta a iniciativa, a liberdade de ação ou a vontade do adversário. Os métodos assimétricos requerem uma apreciação das vulnerabilidades do adversário. As abordagens assimétricas empregam frequentemente tácticas, armas ou tecnologias inovadoras e não tradicionais, e podem ser aplicadas a todos os níveis de guerra - estratégico, operacional e tático - e em todo o espetro das operações militares (Shelton, 1999, 14).

Não se pode argumentar sobre os preconceitos norte-americanos em relação a estas definições, uma vez que tiveram origem principalmente nos EUA. Isto é visto como um resultado relacionado com a reação dos EUA aos acontecimentos que se desenrolaram durante o período de tempo em discussão. Quando se tenta definir AW com a preocupação de incorporar todas as possibilidades numa única definição, pensando que esta pode cobrir todas as respostas necessárias, não é de admirar que as definições se tornem mais complexas. A definição tornou-se ainda mais complicada pelo facto de identificar níveis de assimetria e pelo menos seis formas diferentes de assimetria (Metz & Johnson, 2001). Depois de considerar a evolução histórica e muitas outras tentativas de vários académicos para definir a AW, David L. Buffaloe propõe a seguinte definição de guerra assimétrica:

> A guerra assimétrica é uma guerra não tradicional centrada na população, travada entre uma potência militarmente superior e uma ou mais potências inferiores, que engloba todos os seguintes aspectos: avaliar e derrotar a ameaça assimétrica, conduzir operações assimétricas, compreender a assimetria cultural e avaliar o custo assimétrico (Buffaloe, 2006, 13).

A definição acima apresentada acumula os principais ingredientes do que a AW representa no contexto atual. O principal ingrediente representado na definição define claramente a verdadeira natureza da AW, que precisa essencialmente de ser aplicada à grande estratégia. Neste contexto, a teoria da PA pode ser vista como "uma ferramenta que pode ser utilizada eficazmente para alavancar a força tática/operacional inferior contra as vulnerabilidades de um oponente superior para obter um efeito desproporcionado com o objetivo de minar a vontade do oponente a fim de alcançar os objectivos estratégicos do ator assimétrico" (McKenzie, 2001, 76).

O Coronel Clinton J. Ancker III e o Tenente-Coronel Michael D. Burke do Exército dos EUA explicam a complexidade da AW e o valor da doutrina:

> Embora a guerra assimétrica abranja um vasto leque de teorias, experiências, conjecturas e definições, a premissa implícita é que a guerra assimétrica lida com incógnitas, com a surpresa em termos de fins, formas e meios. Quanto mais diferente for o adversário, mais difícil é antecipar as suas acções. Se soubéssemos antecipadamente como um adversário planeia explorar as nossas diferenças, poderíamos desenvolver uma doutrina específica para contrariar as suas acções. Contra adversários assimétricos, a doutrina deve fornecer uma forma de pensar sobre a assimetria e uma filosofia operacional que tenha plenamente em conta a assimetria (Ancker & Burke, 2003, 12).

O estudo da teoria da AW nas batalhas contra Estados é mais um aspeto do qual se podem retirar componentes vitais da AW. É importante compreender como um Estado relativamente mais fraco, através da utilização correta da estratégia, pode desafiar um ator forte e fazer com que o seu poder pareça menos eficaz. Se o poder e a força implicam a vitória na guerra, então o ator mais fraco quase nunca deveria ganhar contra adversários mais fortes. No entanto, a história sugere o contrário: Por vezes, os actores fracos vencem (Paul, 1994). Assim, a procura de uma resposta para o facto de um Estado fraco vencer o forte permitirá compreender melhor o conceito de AW. Uma explicação geral forte apresentada por Andrew Mack salienta que "a determinação ou o interesse relativo de um ator explica o sucesso ou o fracasso em conflitos assimétricos" (Mack, 1975, 94). A explicação de Mack fornece uma intuição para a fórmula vencedora dos Estados mais fracos que vencem o Estado muito poderoso e mais forte. Uma das principais ferramentas de comparação a este respeito é a base de poder relativo entre os Estados. Quando a diferença de poder relativo aumenta, o ator forte torna-se vulnerável e menos determinado. Por outro lado, o ator fraco, que é mais determinado, é politicamente menos vulnerável. Andrew Mack simplifica a solução para a resposta anterior, explicando como os Estados fracos ganham guerras/conflitos assimétricos através de três elementos-chave: "o poder relativo explica os interesses relativos, os interesses relativos explicam a vulnerabilidade política relativa e a vulnerabilidade relativa explica porque é que os Estados fortes perdem" (Mack, 1975, 175). Este argumento explica ainda que os actores fortes tendem geralmente a ter um menor interesse em ganhar, principalmente devido à confiança que têm na sua sobrevivência, mas, por outro lado, os actores/estados fracos têm um grande interesse em ganhar, uma vez que não têm outra forma de garantir a sua sobrevivência. Esta explicação simplifica a estratégia de ganhar e perder, indicando que os actores fortes tendem a perder conflitos assimétricos principalmente devido à adaptação de uma estratégia errada face aos seus adversários mais fracos (Toft, 2001).

Kaplan, na edição de outubro de 2008 da revista "The Atlantic", compara a situação da guerra assimétrica, combinando o passado e o presente:

> O Irão está a levar a guerra do século XXI para os mares, planeando ataques suicidas em pequenos barcos que se assemelhariam, em alguns aspectos, às missões suicidas aéreas e navais lançadas pelo

Japão Imperial durante os seus últimos dias desesperados na Segunda Guerra Mundial. Na Batalha de Okinawa, em 1945, os japoneses misturaram tácticas não convencionais e convencionais para matar 12.000 americanos e ferir mais de 33.000. O Irão, pelo contrário, ameaça com uma guerra naval puramente não convencional, incluindo ataques a alvos militares dos EUA e ao tráfego marítimo internacional. Os preços do petróleo subiriam em flecha e o Irão beneficiaria de um lucro a longo prazo, mesmo que temporariamente não pudesse exportar o seu próprio petróleo (Kaplan, 2008).

Isto prova que a tática assimétrica não é apenas utilizada por actores não estatais, mas também por Estados. O Irão é um exemplo da utilização de ameaças assimétricas para manter afastadas forças muito poderosas e tecnologicamente avançadas. Anthony H Cordesman, escrevendo sobre a ameaça assimétrica representada pelo Irão para o Centro de Estudos Estratégicos e Internacionais em 2014, cita algumas figuras militares e políticas de topo no Irão e explica como o Irão utiliza o conceito AW para manter afastadas forças militares muito mais poderosas. As citações são indicadas a seguir:

> "A guerra assimétrica... é a [nossa] estratégia para lidar com as capacidades consideráveis do inimigo. Um exemplo proeminente deste tipo de guerra foi [a tática utilizada pelo Hezbollah durante] a guerra do Líbano em 2006... Uma vez que o inimigo tem capacidades tecnológicas consideráveis, e uma vez que ainda estamos em desvantagem em comparação, apesar dos progressos que fizemos na área do equipamento, [a nossa] única forma de enfrentar [o inimigo] com sucesso é adotar a estratégia [de guerra assimétrica] e empregar vários métodos deste tipo". - General Mohammad Ali Jafari, Comandante do IRGC

> "Atualmente, os EUA sentem-se inseguros devido às lanchas rápidas do IRGC. Os nossos inimigos acreditam que o nosso país e o Irão islâmico adquiriram poder de dissuasão e é devido a esta capacidade que não foi feito qualquer movimento contra o nosso país desde o fim da guerra imposta pelo Iraque (contra o Irão 1980-88)". - Contra-almirante Ali Fadavi, Comandante da Marinha do IRGC, 24 de setembro de 2013

> "... compensa a sua inferioridade tecnológica em relação aos Estados Unidos com uma estratégia de guerra assimétrica, incluindo ataques suicidas e a utilização de lanchas rápidas e a sua capacidade de mísseis. Estas armas [as armas americanas] são ineficazes contra uma nova estratégia [iraniana] que se baseia na fé, no desejo de martírio e nas lanchas rápidas únicas [do Irão]." - Contra-almirante Ali Fadavi, comandante da Marinha do IRGC, 16 de maio de 2014

> "Podemos utilizar todo o equipamento e ferramentas militares disponíveis em qualquer (possível) guerra assimétrica através da criatividade, da iniciativa e do emprego de novos métodos. Devemos redefinir os métodos de utilização das armas de acordo com o tipo de combate." -

> Brigadeiro-General Mohammad Pakpour, Comandante da Força Terrestre do IRGC, 16 de julho de

2009 (Cordesman, 2014, 72, 74).

Muitas lições podem ser tiradas das declarações acima atribuídas a altos funcionários militares iranianos sobre as tácticas assimétricas iranianas, que estão prontas a ser utilizadas contra forças muito formidáveis dos EUA e de outros países, que poderiam constituir uma ameaça aos interesses iranianos na região do Golfo. O Irão parece ser bastante aberto quanto ao emprego de tácticas assimétricas contra forças muito maiores e superiores. O Irão declarou que está pronto a utilizar lanchas rápidas, ataques suicidas e embarcações submarinas com uma estratégia de assimetria contra quem quer que seja que venha a constituir uma ameaça contra ele. Há muitos paralelos entre estas tácticas iranianas e as dos LTTE. A liderança dos LTTE conseguiu motivar os seus quadros, sublinhando o zelo comunal e o seu ódio às forças armadas do Sri Lanka, a empenharem-se com determinação e vigor, estando mesmo dispostos a sacrificar a vida pela causa. Os LTTE, tal como o Irão, tinham compreendido que a fé e a motivação podiam resistir ao inimigo. Os LTTE utilizavam eficazmente pequenas lanchas rápidas e barcos suicidas e estavam a fazer experiências com submersíveis e submarinos. Os LTTE estavam a evoluir para uma força quase convencional, utilizando tácticas assimétricas como doutrina. Os seus êxitos podem ser atribuídos em grande medida a esta doutrina assimétrica. Os LTTE utilizaram forças assimétricas para compensar as fraquezas convencionais e tornaram-se uma ameaça considerável para as forças armadas. Embora os meios assimétricos dos Tigres do Mar não tivessem a capacidade de derrotar e destruir o SLN, causaram danos consideráveis aos meios do SLN e afectaram o moral do pessoal. As tácticas assimétricas dos Tigres do Mar conseguiram fazer com que o SLN se sentisse inseguro e vulnerável no mar e no porto. O barco suicida dos Tigres do Mar pode ser considerado o meio assimétrico mais potente desenvolvido e utilizado com bons resultados pelos Tigres do Mar Negro. Com o barco suicida, os Tigres do Mar conseguiram manter o SLN à distância na maior parte das ocasiões e puderam exercer um certo grau de negação do mar ao SLN, quando quiseram utilizar essa zona marítima para uma missão especial, como o descarregamento de armas que lhes eram trazidas pela sua rede internacional de transportes marítimos. Os barcos suicidas Sea Tiger também obrigaram os planeadores do SLN a considerar grandes níveis de forças para proteger os seus bens no mar e no porto, o que resultou em custos enormes e na utilização excessiva de unidades do SLN, que por sua vez incorreram em custos adicionais de manutenção. A utilização do ambiente submarino e as tentativas feitas pelos LTTE para experimentar submersíveis e pequenos submarinos indicam o pensamento assimétrico da liderança dos LTTE. Como referiu um antigo comandante da Flotilha de Ataque Rápido (FAF), se os LTTE tivessem mais seis meses, teriam causado danos consideráveis à frota do SLN utilizando estas embarcações submarinas. Os LTTE iriam utilizar cada vez mais tácticas assimétricas subaquáticas contra o SLN, que não dispunha de uma capacidade adequada de deteção e combate subaquático para uma guerra assimétrica no mar. Os LTTE lutaram com as forças governamentais do Sri Lanka durante quase três décadas. . Os LTTE afastaram-se do conceito tradicional de permanecerem dentro das fronteiras terrestres e alargaram a sua resistência até ao domínio marítimo. Como refere Vrey:

> A decisão dos LTTE de alargar a sua insurreição ao mar, criando os Tigres do Mar, foi significativa por duas razões. A primeira foi o sucesso que obtiveram contra a Marinha do Sri Lanka (SLN), uma vez que esta não estava preparada para a mudança de operações off-shore efectuada pelos Tigres do

Mar do movimento LTTE. O segundo desenvolvimento interessante foi a forma como o SLN se ajustou para se opor com sucesso à ameaça assimétrica deliberadamente empregue pela ala marítima do movimento insurgente (Vrey, 2013, 8).

Tardi e Knoll, escrevendo para *The National Interest* em maio de 2014, explicam uma possível ameaça assimétrica a navios de guerra no porto, citando um acontecimento na Ucrânia:

> Um acontecimento em particular deveria servir de alerta para os estrategas navais dos EUA. Em março, forças pró-russas afundaram dois navios no estreito canal que liga a Base Naval do Sul da Ucrânia ao Mar Negro. Com a entrada bloqueada, vários navios ucranianos ficaram presos na Baía de Donuzlav. Os navios americanos não estão devidamente preparados para esta tática e teriam tido dificuldade em sair da baía. Em mar aberto, os navios da US Navy são actores poderosos, protegendo as vias marítimas e projectando o poder americano no estrangeiro. Perto da costa, porém, a sua vantagem perde-se e são vulneráveis a ataques assimétricos (Tardi, Knoll, 2014, 1).

Este é um exemplo de como uma força mais fraca estava a explorar tácticas assimétricas para impedir uma força muito maior de sair do porto. Os LTTE fizeram-no com sucesso quando atacaram e afundaram alguns grandes navios no porto de Kankesanthirai, na costa norte do Sri Lanka, restringindo assim o espaço de manobra dentro do pequeno porto.

Empregar uma força armada bem organizada, criada para lutar com uma organização semelhante contra os insurrectos, não parece lógico. No entanto, quando uma insurreição rebenta, os governos podem ser obrigados a utilizar forças armadas para a combater numa determinada fase. Por conseguinte, são necessárias doutrinas e organizações especiais para combater essas ameaças assimétricas. Em outubro de 2003, parecia que os Estados Unidos estavam a criar a sua própria organização especial para combater os insurrectos iraquianos: A Task Force 121, uma nova unidade de ataque conjunto, alegadamente composta por unidades das Forças Especiais Americanas e por Rangers do Exército (Robert, 2004). A derrota dos Tigres do Mar só aconteceu depois de o SLN ter mudado a sua mentalidade para combater o inimigo, utilizando os meios do SLN de uma forma assimétrica e até desenvolvendo embarcações especiais adequadas à guerra assimétrica no mar. É evidente que o SLN estava mal equipado para enfrentar a ameaça que os Tigres do Mar representavam no mar. Os Tigres do Mar conseguiram desafiar a autoridade do SLN no mar, mesmo nas águas territoriais do Sri Lanka, utilizando tácticas assimétricas eficazes no mar. Os Tigres do Mar conseguiram exercer um controlo marítimo insurreto sobre certas zonas do mar que lhes interessavam. Grande parte do êxito dos Tigres do Mar resultou da falta de preparação do SLN em termos de equipamento, formação, doutrina e de um desfasamento geral entre uma marinha convencional normal e uma marinha que tem de combater uma perigosa ameaça assimétrica no mar. "Um ator não estatal fraco pode ter um maior incentivo para adotar tais estratégias de modo a ultrapassar a falta de opções, mas não há razão para que um ator estatal forte não possa fazer o mesmo" (Breen & Geltzen, 2011, 44).

Como disse Sun Tzu, "lutar e conquistar em todas as batalhas não é a excelência suprema; a excelência suprema consiste em quebrar a resistência do inimigo sem lutar. O tema básico desta estratégia é que um inimigo deve ser atacado no seu ponto de vulnerabilidade e não onde é mais forte" (Sakhuja, 2006, 4). O SLN estava sempre a tentar atacar os Sea Tigers sempre que estes saíam para enfrentar as embarcações navais. A embarcação de ataque dos Tigres do Mar, combinada com barcos suicidas, era o trunfo mais forte dos Tigres do Mar. A rede logística e de transporte marítimo internacional dos LTTE não era tão forte do ponto de vista militar como deveria ser no sistema marítimo internacional. Não podiam comportar-se como um navio de guerra, pois isso teria chamado a atenção das autoridades policiais desses países. Quando o SLN decidiu atacar os navios-armazém dos LTTE, tratava-se de um alvo relativamente fácil e vulnerável.

Richard Scott, num artigo publicado na edição de junho de 2015 da Jane's International Defence Review, resume o efeito da guerra assimétrica no mar da seguinte forma:

> A assimetria que as marinhas devem enfrentar resulta da coordenação efectiva de múltiplos meios. Através da sinergia de caraterísticas de velocidade, massa ou manobra coordenada. Baixa assinatura e ocultação, os comandantes operacionais procuram explorar o seu "espaço marítimo" local para alcançar a surpresa tática e saturar as defesas de um navio (Scott, 2015, 40).

A ameaça assimétrica representada pelos pequenos barcos ou "enxames" utilizados pelos Sea Tigers englobava estas caraterísticas descritas por Scott, na medida em que utilizavam a velocidade, as manobras coordenadas e a baixa assinatura e ocultação dos barcos Sea Tiger para tirar partido das FAC. Os Sea Tigers eram considerados como uma grande ameaça à segurança do domínio marítimo, especialmente em litorais confinados. Mas também se aventuraram no mar alto.

4.3 Teoria do controlo marítimo

Sakhuja descreve as preocupações de segurança no mar como "a guerra no mar está tradicionalmente relacionada com a salvaguarda dos SLOC, a interdição marítima, a negação do mar, o controlo do mar e a defesa das infra-estruturas marítimas" (Sakhuja, 2006, 6). A teoria do Controlo do Mar (CS) é geralmente reconhecida como a capacidade da marinha de utilizar uma área de mar para as suas próprias determinações enquanto for essencial para a realização desses propósitos e para negar essa capacidade a outros. Na sua essência, o CS continua a ser a condição prévia para todas as outras actividades principais e secundárias no mar. Quem tiver um maior grau de controlo sobre o mar terá maior liberdade na sua utilização. Esta é a razão pela qual quase todas as marinhas têm tendência a dar maior prioridade à obtenção do CS e a explorá-lo ao máximo. A abordagem tradicional da obtenção do CS tem-se centrado nas capacidades de uma marinha em detrimento das capacidades de outra. Este facto, por sua vez, criou competitividade na estratégia marítima das marinhas. Olhando para as marinhas mais poderosas do mundo atual, verifica-se que todas elas estão a desenvolver formas e meios de exercer as funções de controlo do mar, embora não o discutam abertamente.

Uma vez alcançado, o CS permite que uma força utilize a zona marítima para liberdade de ação para os seus próprios fins durante um período de tempo. Isto também dá liberdade para negar o uso do mar aos adversários se e quando necessário. A Doutrina Marítima Australiana (2010) define o CS da seguinte forma:

> O controlo do mar deve necessariamente incluir o espaço aéreo acima da superfície do mar, juntamente com a massa de água e o fundo do mar abaixo e o espetro eletromagnético. Cada vez mais, este conceito também inclui a consideração do conhecimento, dos recursos espaciais e de

outros recursos externos que fornecem informações combinadas ao comandante no mar (Australian Maritime Doctrine, 2010, 72).

Os estrategas marítimos observaram em várias ocasiões que as batalhas navais são travadas apenas pelo efeito que as marinhas podem obter em terra. Certas actividades que se desenrolam no mar podem ter a possibilidade de estar indiretamente ligadas a actividades em terra. O controlo do mar, quando realizado, tem um maior impacto nas estratégias terrestres para avançar, de modo a que as forças marítimas possam mais tarde moldar, influenciar e controlar os acontecimentos, conforme necessário.

Os académicos que se interessavam pelos assuntos marítimos e pela guerra marítima conheciam as vantagens que um país tem com a utilização bem sucedida do mar para aumentar ainda mais o seu domínio e proeminência no mapa mundial. [th]Os exemplos, a partir do século XV, dos espanhóis, juntamente com os portugueses e, mais tarde, os holandeses e os ingleses, ilustram as vantagens de uma nação apoiar a expansão marítima com a guerra marítima. Os primeiros expoentes da teoria estratégica da guerra marítima que se desenvolveu no século XIX estavam preocupados com a utilização desta guerra para promover o "domínio" de um Estado. Estes desenvolvimentos levaram à construção do conceito de "comando do mar", que muitos consideravam a pedra angular de qualquer força naval que operasse no domínio marítimo.

Além disso, o conceito de "comando do mar" pode ser descrito simplesmente como a capacidade de uma nação para conduzir as suas próprias operações sem qualquer impedimento de quaisquer outros elementos no mar e, na mesma linha, para impedir que um adversário faça o mesmo para os seus objectivos. Com estes desenvolvimentos que estavam a ocorrer no ambiente marítimo, muitos tendem a ver o conceito de "comando do mar" como algo que pode ser alcançado simplesmente pela destruição ou neutralização do adversário. Embora isto parecesse exequível no passado, os rápidos desenvolvimentos que ocorreram no ambiente da guerra marítima fizeram com que não fosse tão fácil ganhar toda a estatura do conceito.

O conceito de "comando do mar" limita-se ainda mais para identificar o valor de ter controlo sobre o movimento no mar. Em comparação com a terra, o mar não permanece estático, mas evolui de uma forma muito dinâmica. As tentativas feitas para manter áreas marítimas sem aplicação estratégica imediata foram consideradas um mero desperdício de activos navais, principalmente em termos de navios. O capítulo três dos Conceitos Estratégicos Marítimos Gerais compilados pela Marinha da África do Sul define o CS da seguinte forma

> O controlo do mar pode ser limitado no local e no tempo e a extensão necessária é determinada pela tarefa a realizar. O controlo do mar é definido como a condição que existe quando alguém tem liberdade de ação para utilizar uma área do mar para os seus próprios fins durante um período de tempo e, se necessário, negar a sua utilização a um adversário. O conceito inclui o espaço aéreo acima, a própria água, o fundo do mar e o espetro eletromagnético. Pode também incluir o controlo de meios no espaço, tais como satélites de navegação ou dispositivos de reconhecimento (South African Navy General Strategic Maritime Concepts, 2006. 29).

Conforme relatado no "Proceedings" de abril de 2012, um artigo escrito por Yoshihara e Holmes explica o controlo marítimo como:

De acordo com o Contra-Almirante J. C. Wylie, há duas formas gerais de pensar sobre estratégia: "sequencial" e "cumulativa". A abordagem sequencial, ou linear, é natural para os estrategas. As operações desenrolam-se de forma faseada. Uma ação segue logicamente a anterior. As operações sequenciais podem frequentemente ser traçadas num mapa ou numa carta náutica, o que as torna fáceis de seguir. Wylie observou que "a estratégia marítima consiste normalmente em duas fases principais. A primeira, e deve ser a primeira, é o estabelecimento do controlo do mar. Depois de se obter um controlo adequado do mar, vem a segunda fase, a exploração desse controlo através da projeção de poder numa ou mais áreas críticas de decisão selecionadas em terra (Yoshihara, Holmes, 2012).

Outro termo que merece atenção é a negação do mar (SD), que está relacionada com o SC. Este termo é definido da seguinte forma:

> A condição que existe quando é negada a um adversário a capacidade de utilizar uma área de mar para os seus próprios fins durante um período de tempo. Uma nação pode estar envolvida simultaneamente no *controlo do mar* numa área e na *negação do mar* noutra área. *A negação do mar* pode assumir muitas formas, desde a manutenção de um bloqueio às forças inimigas, passando pela operação de zonas de exclusão, até campanhas contra o comércio ou a logística de um adversário (South African Navy General Strategic Maritime Concepts, 2006. 29).

Algumas potências marítimas concentram-se em impedir a utilização do mar em vez de o controlarem. A negação do mar também pode ser limitada a um local e a um tempo, à semelhança do controlo do mar.

As forças marítimas têm a capacidade de conduzir operações de controlo do mar em determinados espaços marítimos, enquanto conduzem a negação do mar noutra área. Considerada uma ferramenta bastante eficaz, a negação do mar assume geralmente muitas formas, como a manutenção de bloqueios marítimos, o estabelecimento de zonas de exclusão marítima e a realização de campanhas específicas contra a rede comercial ou logística.

A frota em formação é outro conceito de controlo do mar. Estas são as tácticas que uma unidade marítima mais fraca pode utilizar contra uma potência superior para evitar um confronto direto com forças marítimas maiores. Isto ajudará a preservar a força da unidade mais fraca e obrigará a força mais poderosa a desviar meios navais para fornecer proteção adicional a áreas vulneráveis chave para conseguir a contenção. Os Tigres do Mar nem sempre combatiam no mar. Escolhiam quando combater e quando não combater, ao passo que o SLN tinha de estar posicionado em plena prontidão de combate no mar. Os Tigres do Mar davam ampla publicidade às actividades que desenvolviam no mar, incluindo ataques contra as unidades do SLN. Também utilizavam vídeos de propaganda sobre as suas capacidades e queriam que o SLN acreditasse que dispunham de um grande número de diferentes tipos de embarcações capazes de combater no mar. Este facto levou o SLN a sobrestimar os Tigres do Mar e a concentrar-se nas suas capacidades de defesa de grandes áreas marítimas, portos e acessos a portos. Ao apresentarem um nível de forças superior ao real, os Tigres do

Mar obrigaram o SLN a afetar muitos recursos à defesa das zonas marítimas, o que faz parte da tática da frota em ação.

Com esta compreensão do conceito de CS, é importante analisar outros desenvolvimentos teóricos que tiveram lugar no domínio da guerra marítima, para melhor compreender os conceitos que têm uma ligação direta com a investigação. Olhando para a forma como o Almirante Mahan desenvolveu as suas teorias sobre o poder marítimo, são significativas as suas observações sobre a contribuição da Marinha Real da Grã-Bretanha para assegurar o sucesso da Grã-Bretanha no estabelecimento das suas indústrias, redes comerciais marítimas e, sobretudo, a sua expansão imperial. Mahan conclui que;

> O poder marítimo é a chave do poder mundial e requer a capacidade de salvaguardar o próprio acesso marítimo (controlo do mar) e de impedir esse acesso por parte dos inimigos (negação do mar). As ideias de Mahan moldaram as rivalidades entre as grandes potências marítimas do final do século XIX e início do século XX e foram estudadas e aplicadas por oficiais alemães e japoneses, bem como por defensores do imperialismo americano, incluindo Theodore Roosevelt (Gompert, 2013, 22).

Assumindo um ponto de vista diferente sobre o tema do poder marítimo [que inclui o debate sobre o controlo do mar], uma personalidade de renome nos assuntos marítimos, Sir Julian Corbett, encarou o conceito de poder marítimo através de uma abordagem mais ampla da guerra marítima, centrando-se no aspeto do confronto, bem como nas relações internacionais e nas magnitudes político-económicas da guerra. O objetivo da guerra naval, na perspetiva de Corbett, é estabelecer o controlo das comunicações marítimas, tanto para fins militares como comerciais, e coloca igual, se não maior, ênfase na natureza enganadora da guerra. (Fitzsimmons, 2007). A grande ênfase que a maioria dos proeminentes académicos marítimos tem colocado na área do Comando Marítimo é importante para o Sri Lanka compreender o impacto do conflito de quase três décadas e as suas relações com a natureza assimétrica de um dos mais notáveis conflitos de guerra marítima jamais testemunhados na história recente, ou seja, entre o SLN e os Tigres do Mar. Neste contexto, o valor das comunicações marítimas tem sido amplamente discutido. Estas SLOC têm um impacto único na manutenção da vida nacional em terra. Por conseguinte, estas vias de comunicação marítimas têm um impacto significativo num país e são bastante diferentes das linhas de comunicação terrestres utilizadas principalmente pelo exército em tempos de conflito. O principal objetivo de obter o controlo das suas comunicações marítimas é utilizar o seu próprio comércio sem qualquer obstáculo e impedir o inimigo de utilizar o mar para atingir os seus objectivos.

"Mahan é da opinião que a vitória só pode ser alcançada através da concentração da frota e acredita que este é um dos princípios mais importantes da guerra marítima. Mahan insiste que uma frota nunca deve ser dividida e que a vitória no mar só é possível através da concentração da frota" (Gough, 1988.56). Na sua opinião, se o fogo concentrado da frota de batalha é o principal meio pelo qual o poder naval deve ser afirmado, o alvo preferido desse fogo é a frota inimiga (Crowl, 1986). O foco na comunicação marítima foi outra área importante a que Mahan prestou atenção na sua discussão sobre o poder marítimo e as teorias relacionadas. O seu pensamento sobre o caminho do desenvolvimento de linhas marítimas estratégicas e a sua ligação a pontos estratégicos foi visto como uma importante conetividade que prevaleceu no ambiente da guerra marítima.

Como historiador naval, Mahan prevê duas formas de alcançar e manter o comando do mar através de batalhas decisivas e bloqueios bem sucedidos:

> Afirmou que a principal missão de uma frota de batalha é atacar a frota do inimigo. ... o controlo do mar através da redução da marinha inimiga é a consideração determinante numa guerra naval. Mahan acreditava firmemente que a aquisição e o controlo das comunicações marítimas só poderiam ser obtidos numa vitória decisiva e clara, que veio a ser conhecida como a batalha decisiva. Ele escreveu que o sucesso é alcançado menos pela ocupação de uma posição do que pela derrota da força organizada do inimigo; a sua frota de batalha. O mesmo resultado será alcançado, embora de forma menos conclusiva e menos permanente, se a frota inimiga for reduzida à inatividade pela presença imediata de uma força superior, mas a derrota decisiva, devidamente acompanhada, é a única que assegura uma situação. A ênfase de Mahan na luta em batalhas decisivas levou muitas marinhas, antes de 1914 e também depois, a enfatizar demasiado a importância da tática e da tecnologia, enquanto a guerra operacional era negligenciada ou mesmo ignorada (Vego, 2009, 11).

A elaboração acima referida indica claramente os factores-chave para alcançar o poder marítimo, no qual o CS é uma componente limitada mas importante. A sua avaliação exacta da confiança excessiva das marinhas nas tácticas e na tecnologia e do seu impacto no resultado global devido ao facto de negligenciarem a guerra operacional é observada em muitos conflitos semelhantes ao estudo de caso do Sri Lanka.

Ao comparar os escritos de Mahan e Corbett, este último parece ter um conhecimento muito mais desenvolvido sobre o comando do mar. Corbett tenta distinguir as várias fases do comando do mar aquando da elaboração de planos para grandes batalhas ou campanhas. Vego salienta que:

> Para efeitos de elaboração de um plano de guerra ou de uma campanha, deve partir-se do princípio de que o comando do mar pode existir em vários estados e graus. Um comando geral pode ser permanente ou temporário. Na sua opinião, o mero comando local, exceto em condições geográficas muito favoráveis, dificilmente deve ser considerado mais do que temporário, uma vez que, normalmente, é sempre passível de interrupção a partir de outros teatros, enquanto o inimigo possuir uma força naval eficaz. Mesmo o comando geral permanente do mar pode, na prática, ser absoluto. Na sua opinião, nenhum grau de superioridade naval pode garantir as comunicações contra ataques esporádicos de cruzadores destacados ou mesmo de esquadras de assalto, se forem liderados com coragem e estiverem preparados para arriscar a destruição (Vego, 2009, 13).

Corbett salienta ainda que ter o controlo permanente do mar não é uma garantia de que o inimigo não pode fazer nada, mas explica que o inimigo tem a capacidade de impedir os assuntos marítimos de um país em maior grau. Quando o comando é disputado, as condições gerais podem gerar um equilíbrio estável ou instável; o poder de nenhuma das partes é preponderante de forma apreciável. Pode também acontecer que o comando esteja nas mãos do inimigo (Vego, 2009). "Essa preponderância não dependerá inteiramente da força relativa real, física ou moral, mas será influenciada pela inter-relação das posições navais e pela conveniência comparativa da sua situação em relação ao objeto da guerra ou da campanha" (Corbet, 1918.91).

Corbett e Mahan têm dois pontos de vista diferentes sobre a garantia do controlo do mar. Enquanto

Mahan salienta que nem sempre é necessária uma batalha decisiva para obter o comando do mar, Corbett acredita que a imposição de bloqueios navais é a principal forma de garantir o controlo do mar. Mahan afirma:

> Em certas condições, portanto, pode não ser a função primária da frota procurar a frota inimiga e destruí-la, porque o comando geral pode estar em disputa, enquanto o comando local pode estar connosco, e considerações políticas ou militares podem exigir-nos uma operação para a qual esse comando local é suficiente, e que não pode ser adiada até termos obtido uma decisão completa (Gough, 1988, 14).

thPotter e Chester, os dois principais estudiosos do século XX, definiram o controlo do mar como a "capacidade de utilizar o mar desafiando os rivais". Numa vasta região de Estados-nação capazes e de vitalidade económica, em que o comércio marítimo é crucial, uma política de controlo do mar pode suscitar desafios: Afinal, o controlo do mar por um Estado pode ser visto por outros como uma ameaça ao seu próprio acesso, ou seja, a negação do mar (Gompert, 2013). Os factores económicos, políticos, tecnológicos e geográficos são vistos como componentes vitais na formação do elemento de poder marítimo. Estes factores interligados levam as nações a competir umas com as outras. A necessidade de ter poder naval é mais significativa neste contexto.

O controlo do mar é um termo utilizado para descrever a capacidade de uma marinha utilizar uma área do mar para os seus próprios fins. A capacidade de exercer um controlo efetivo do mar pode, portanto, ser vista como uma condição prévia para que uma marinha possa operar na área marítima de interesse. Uma vez alcançado o controlo do mar, permite à marinha exercer a liberdade de o utilizar e, ao mesmo tempo, negar a sua utilização pelo inimigo. O controlo do mar deve incluir a superfície do mar, o espaço aéreo acima dela e a massa de água abaixo, até ao fundo do mar. Para qualquer marinha, é necessário estudar e compreender as várias funções do controlo do mar. Ao analisar o longo conflito de quase trinta anos em

No Sri Lanka, o exercício do controlo do mar não foi feito entre duas marinhas, mas entre uma marinha estabelecida e uma pequena mas temível unidade marítima de uma força insurreta. Os Tigres do Mar, de uma pequena unidade que operava com barcos de fibra de vidro, transformaram-se numa força assustadora: pequenas embarcações concebidas para o efeito, submersíveis, sabotadores submarinos e até adquiriram uma frota de navios mercantes capazes de operar mesmo em águas e portos internacionais. Os Tigres do Mar foram capazes de desafiar o controlo do mar de que gozava o SLN, empregando tácticas assimétricas, a fim de contrabalançar o SLN. Através de tácticas assimétricas no mar, os Tigres do Mar conseguiram reduzir a capacidade do SLN de manter um controlo efetivo do mar e utilizaram a zona marítima do seu interesse para levar os LTTE a uma situação militar quase convencional. O SLN ficou chocado e confuso com as tácticas dos Tigres do Mar e agiu, na maior parte do tempo, de forma reactiva. Os Tigres do Mar exploraram o oceano em seu proveito, utilizando várias tácticas assimétricas no mar, sendo mesmo pioneiros em algumas delas. Embora os Tigres do Mar não tivessem a capacidade de destruir o SLN, causaram danos consideráveis às unidades do SLN e afectaram o moral do seu pessoal. Os Tigres do Mar desafiaram eficazmente o conceito de controlo do mar de que gozava o SLN e conseguiram atingir os seus objectivos limitados.

4.4 Arte Operacional (OA)

Ao analisar a evolução do AO, é importante ver as várias teorias apresentadas por académicos proeminentes. Naveh, que também é considerado um dos autores mais aprofundados sobre o AO, salienta que todas as forças armadas são um sistema aberto que interage constantemente com o seu ambiente. "As forças armadas, enquanto sistema, são complexas, actuam como um todo, e o todo é maior do que a soma das suas partes" (Naveh, 1998, 1-23). O sistema tem duas caraterísticas principais: a primeira é a interação não linear das partes que o compõem. A segunda é o domínio absoluto do objetivo do sistema (Naveh, 1998, 5-6). Naveh destacou e ofereceu algumas ideias importantes sobre a melhor forma de aplicar o AO. Os elementos-chave derivados da sua teoria são:

a. O objetivo é o domínio e não a destruição da força
b. Estrutura profunda e lógica hierárquica de ação
c. Dividir e fragmentar a estrutura de um sistema
d. Ataques simultâneos ao longo da estrutura
e. Centro de gravidade

(Naveh, 1998, 16-23).

Epstein é mais um académico que contribuiu para apresentar um olhar diferente sobre a teoria da OA. Epstein descreve a OA "observando as caraterísticas das campanhas operacionais e explica que a vitória é alcançada pelos efeitos cumulativos dos compromissos tácticos e das campanhas operacionais" (Epstein, 1992, 11). Este pensamento de Epstein ainda é observado na definição doutrinária de arte operacional hoje em dia (Piatt 1999, 7) e ele define OA como "o processo de ação e pensamento realizado ao nível operacional da guerra" (Epstein, 1992, 8).

Outra teoria interessante sobre o tema das OA foi apresentada por James J. Schneider através de dois artigos teóricos (Schneider, et al. 1988: Schneider, et al. 1991). Schneider cita a revolução industrial como uma das principais causas que originaram as OA e define-as como "o emprego de forças militares para atingir objectivos estratégicos através da conceção, organização e execução de campanhas e grandes operações" (Schneider, 1988, 2). De acordo com Schneider, a OA é um estilo único de arte militar. A OA, afirma Schneider, "tornou-se o planeamento, a execução e a sustentação de manobras e batalhas distribuídas temporal e espacialmente, sendo todas vistas como um todo orgânico" (Schneider, 1991, 30). De acordo com Schneider, os elementos essenciais do OA são: fricção, logística, terreno, centro de gravidade, pontos decisivos e objectivos, posição central e linha de operações e teatros de interesse (Schneider, 1991, 17-33).

Schneider no seu artigo intitulado The Loss Marble- and the Origins of the Operational Art, publicado nos Parameters em março de 1989, fala de duas caraterísticas principais da OA; Estas duas caraterísticas particulares - operações simultâneas e sucessivas - estão de facto no coração da OA. O carácter simultâneo exigiria a distribuição de forças de forma lateral mas sincronizada e o carácter sucessivo exigiria o aprofundamento do teatro de operações.

O Comandante Jeff Huber, da Marinha dos EUA, escrevendo para a revista Proceedings em agosto de 2002, argumenta que o centro de gravidade existe em todo o lado - e que está sempre a mudar. Sugere uma abordagem mais prática para ultrapassar o nevoeiro do planeamento. Três princípios desta abordagem aos centros de gravidade são;

a. Os centros de gravidade são objectivos selecionados
b. Os centros de gravidade podem mudar em todos os níveis da guerra
c. Os centros de gravidade podem mudar ao longo das fases de funcionamento (Huber, 2000, 38-39).

Na guerra, o mais importante é compreender o centro de gravidade do inimigo, que se interpõe entre nós e o nosso objetivo. Se conseguirmos avaliar corretamente estes centros de gravidade e se conseguirmos concentrar suficientemente a nossa atenção neles, devemos ser capazes de encontrar uma forma de os atacar com vista a derrotar a capacidade do inimigo para fazer a guerra. Os nossos recursos por si só não são suficientes para derrotar o inimigo, mas a forma como concentramos os nossos recursos com um objetivo claro ajudará a derrotar o inimigo. Por conseguinte, é de importância crucial identificar a forma mais eficaz de ultrapassar os obstáculos para atacar os centros de gravidade do adversário. Podem existir alguns factores críticos, como os pontos fortes, os pontos fracos e as vulnerabilidades, que podem impedir-nos de atingir o nosso objetivo. Por conseguinte, é necessário compreender a diferença entre estes factores críticos e os centros de gravidade. "Os centros de gravidade devem ser determinados pelos objectivos, e as estratégias devem ser construídas em torno dos centros de gravidade", afirma Huber. Huber sugere também quatro perguntas que devemos fazer a nós próprios antes de determinar os objectivos;

a. Que mudança estratégica pretendemos no comportamento do líder beligerante?
b. Que objectivos operacionais podem as nossas forças armadas atingir que produzam este comportamento estratégico (adequação)?
c. Que acções tácticas podem as nossas forças armadas levar a cabo para atingir os nossos objectivos operacionais (viabilidade)?
d. Será que a realização dos nossos objectivos estratégicos vale o tamanho da fatura que lhe está associada (aceitabilidade)? (Huber, 2002, 41).

Os OA ocupam uma posição imediata e indispensável entre a política, por um lado, e a tática, por outro. Serve simultaneamente de ponte e de interface entre estas duas áreas de estudo e de prática (Vego, 2000). Normalmente, os objectivos estratégicos são amplos e as acções tácticas são estreitas. Por conseguinte, é essencial um outro aspeto que ligue os dois. A arte operacional consiste em sincronizar e ligar os dois: estratégia e tática. A estratégia pode ser definida e as tácticas podem resultar da experiência e da formação. A OA não é fácil de escrever ou transmitir como uma ordem. Depende de cada Comandante e o sucesso dos objectivos operacionais terá certamente influência no OA. Embora a estratégia possa não estar diretamente envolvida no campo de batalha, o OA e as tácticas estão sempre presentes. A superioridade numérica, o bom armamento e os avanços tecnológicos, por si só, não podem ganhar uma guerra e alcançar a vitória final. Os líderes militares precisam de desenvolver uma grande compreensão do OA e isso pode ser a chave para ganhar uma guerra. A tendência normal dos comandantes militares é utilizar a estratégia e a tática para derrotar o inimigo. Mas se o OA não for tido em conta, a vitória pode não chegar de uma forma económica. Especialmente quando o inimigo utiliza tácticas assimétricas, é muito difícil desenvolver as nossas próprias estratégias com uma mentalidade convencional para derrotar o inimigo, uma vez que não é fácil compreender os objectivos e as tácticas deste último. No contexto do Sri Lanka, o SLN não estava a ganhar nem a perder completamente. No entanto, os Tigres do Mar puderam utilizar o mar quando quiseram e desenvolver a sua organização. Durante o prolongado conflito, o SLN experimentou muitas estratégias e tácticas diferentes, mas a estratégia vencedora nunca existiu, até cerca de 2005. Num conflito prolongado, pode não ser possível alcançar a vitória sobre o inimigo vencendo uma batalha, mas é necessário um fluxo contínuo de vitórias para o derrotar de forma abrangente. A aplicação do OA é a ferramenta secreta para a transformação por que passou o SLN. Compreender o inimigo e os seus pontos fortes e identificar os centros de gravidade do inimigo é crucial para o sucesso da guerra. Como sublinhou Frederico, o Grande, "a guerra não é uma questão de acaso, é necessário muito conhecimento, estudo e meditação para a conduzir bem" (Vego, 2000, 1). Infelizmente, pode dizer-se que o estudo, a análise e a compreensão da guerra não existiam no contexto do Sri Lanka e que a maior parte das acções eram reaccionárias. No entanto, os anos de luta contra os LTTE deram às forças armadas experiência suficiente para compreenderem a natureza do conflito e as capacidades dos LTTE. Alguns oficiais tinham passado toda a sua carreira militar a lutar contra o mesmo inimigo. Esta experiência revelou-se muito útil durante a fase final da guerra, que assistiu ao desaparecimento dos Tigres do Mar às mãos do SLN.

Vego fornece uma definição de OA no livro do Naval War College USA sobre Guerra Operacional: "Como componente da arte militar relacionada com a teoria e a prática do planeamento, preparação, condução e manutenção de grandes operações e campanhas destinadas a atingir objectivos operacionais ou estratégicos num determinado teatro" (2000, 2.). Por conseguinte, é necessário estudar a guerra e compreender os seus vários aspectos e prever as implicações práticas da sua própria ação e inação. Também se pode observar que os líderes militares precisam de ser criativos e inovadores para aplicar o OA com bons resultados. O comandante precisa de compreender o potencial do AO e de ordenar os seus pensamentos quando concebe conceitos para operações importantes. Precisa de desenvolver uma visão alargada e melhorar a capacidade de prever possibilidades e uma implementação eficaz.

Vego afirma que:

> A arte da guerra, a todos os níveis, consiste em obter e manter a liberdade de ação - a capacidade de tomar decisões de importância crítica, múltiplas e diversas para realizar objectivos militares atribuídos. Isto é conseguido limitando ou, se possível, negando completamente a capacidade de ação do inimigo, mantendo as opções em aberto para atingir os objectivos militares atribuídos. O termo factores operacionais refere-se a factores de espaço, tempo e força num determinado teatro de operações (Vego, 2000, 29).

Qualquer comandante militar bem sucedido tem de compreender estes factores e o que eles implicam para as suas próprias forças, bem como para as forças inimigas. Deve também compreender perfeitamente quais são os pontos fortes e fracos das suas forças e a velocidade a que deve mover-se contra o inimigo. Estes factores operacionais podem não atuar em harmonia em todos os momentos, mas o comandante tem de os avaliar e organizá-los de uma forma mutuamente gratificante. Pode observar-se que os LTTE gozavam de liberdade de ação devido à falta de eficácia do SLN e uma das principais razões para isso é a falta de compreensão da força dos LTTE. Os LTTE também gozavam de espaço, especialmente no mar, para levar a cabo as suas actividades na ausência de um controlo marítimo eficaz por parte do SLN nas zonas do seu interesse. Beneficiaram também da vantagem do tempo, uma vez que o SLN esteve a maior parte do tempo na defensiva e, por conseguinte, os LTTE tiveram a iniciativa. Com a perda de bases militares ao longo das zonas costeiras na maior parte das províncias do Norte e em algumas províncias do Leste, o espaço para colocar os meios do SLN foi negado e, por conseguinte, os LTTE gozaram de liberdade de movimentos nas zonas costeiras e oceânicas. Sem espaço, os comandantes não puderam utilizar os meios navais para combater a ameaça dos LTTE. "As campanhas marítimas abrangem normalmente vastas áreas do oceano e do mar adjacente" (Vego, 2000, 35). Quando isto é aplicado ao conflito no Sri Lanka, pode dizer-se que o SLN não foi capaz de manter o domínio efetivo de toda a área marítima em redor do país e os LTTE exploraram esta situação em seu proveito. Durante a última parte da guerra, os LTTE puderam utilizar zonas oceânicas situadas a milhares de milhas náuticas do Sri Lanca para posicionar os seus navios de depósito flutuantes, até estarem prontos a organizar transferências a meio do mar para se deslocarem para as zonas costeiras do seu interesse.

"Quanto mais o atacante avança no território controlado pelo defensor, mais ele priva o defensor dos meios de conduzir a guerra, que ele pode então usar em seu próprio benefício" (Vego, 2000, 36). Durante a maior parte da guerra, os LTTE tentaram, por vezes com sucesso, entrar e levar a cabo actividades de sabotagem em áreas que nem sequer estavam sob o seu controlo. Houve um período em que as unidades do SLN não estavam seguras em lado nenhum, no mar ou no porto, e os LTTE conseguiam infiltrar-se mesmo em zonas mais afastadas das suas áreas dominadas. Esta situação obrigou o SLN a defender grandes áreas terrestres e também portos.

Qualquer ação militar, em guerra ou em paz, requer a mais séria consideração do fator tempo. "O tempo é um dos bens mais preciosos na condução da guerra e está intimamente relacionado com o fator espaço" (Vego, 2000, 47). As decisões relativas às guerras são normalmente tomadas pelas autoridades políticas e, por conseguinte, os comandantes podem não ter muita escolha quanto ao tempo. Como salienta Vego, "o fator tempo, que trata das decisões operacionais, do planeamento, da preparação e da condução de uma campanha ou de uma operação importante, é diretamente influenciado pelas acções do estado-maior do comandante operacional e pelas acções, ou falta de acções, dos comandantes subordinados" (Vego, 2000, 48). Isto pode ser conseguido através de uma boa liderança e de um bom estado-maior. É necessário manter o ciclo de decisão tão curto quanto possível, de modo a implementar as decisões estratégicas tomadas. O comandante necessita de toda a informação para tomar decisões e para as transmitir aos comandantes subordinados. Também é importante obter o feedback da ação que está a ser tomada. A comunicação fiável, a inteligência eficaz e os traços de carácter dos comandantes são factores importantes e desempenham um papel crucial na obtenção do sucesso.

O fator da força é outro fator importante na guerra. Como refere Vego:

> O fator força desempenha um papel fundamental na consecução dos objectivos militares em qualquer nível de guerra. É avaliado aos níveis estratégico, operacional e tático. O fator força engloba uma série de elementos de carácter físico, como o número de efectivos e de armas e equipamento, a mobilidade física, o poder de fogo, a organização do comando, a logística

e a qualidade das armas e do equipamento. Estes elementos são, na sua maioria, facilmente mensuráveis. Alguns elementos do fator força, especialmente a formação e a prontidão de combate, podem ser quantificados de alguma forma, mas não tão facilmente como os elementos puramente físicos. Os elementos humanos de uma força, especificamente a liderança, o moral, a disciplina, a coesão das pequenas unidades, a motivação para o combate e a doutrina são, em contrapartida, extremamente difíceis de quantificar com qualquer grau de confiança (Vego, 2000, 59).

Esta afirmação mostra claramente que, ao estudar o seu próprio nível de forças ou o do inimigo, é necessário estudar múltiplos factores e não apenas simples números de forças, armas e equipamento. Durante a maior parte da guerra, apenas foram estudados os níveis de força e outros elementos claramente conhecidos, mas não outros factores não quantificáveis mas importantes. Em qualquer altura, não foi feito um estudo adequado sobre o potencial de combate do inimigo. Muitas vezes, o potencial do inimigo era sobrestimado e o potencial do próprio inimigo era subestimado. Como afirma Vego, "o elemento humano e as manifestações que lhe estão associadas são os mais importantes na avaliação do fator força, uma vez que têm uma relação direta com o potencial de combate e o poder de combate. O elemento psicológico do poder é talvez o mais importante no combate. Qualquer combate é essencialmente uma prova de resistência física e psicológica" (Vego, 2000, 68). É uma tendência normal que o elemento humano não seja tido em devida conta na avaliação da força do inimigo. Os LTTE eram uma unidade de combate bem motivada e os seus quadros estavam dispostos a morrer pela sua causa e também no caso de serem apanhados, a fim de evitar que as forças armadas extraíssem informações. Para motivar as forças armadas a lutar contra um inimigo tão motivado, são necessárias qualidades de liderança excepcionais e um acompanhamento contínuo do elemento humano: o seu bem-estar, a sua saúde e as suas necessidades. Muitas vezes, estes aspectos não foram devidamente tidos em conta e, por isso, a guerra arrastou-se durante décadas.

Vego diz que "para as forças armadas como um todo, e para os serviços individuais, a motivação para o combate é significativamente afetada por vários outros factores, nomeadamente, o carácter da guerra, a justiça da causa, a legitimidade da guerra, a ideologia, o patriotismo e um sentido de honra nacional" (Vego, 2000, 70). Os LTTE, sendo um ator não estatal, utilizaram estes critérios eficazmente para manter os seus quadros motivados para o combate, sendo muito difícil aplicar o mesmo às forças armadas.

Pode concluir-se que os factores Espaço, Tempo e Força estão inter-relacionados e constituem um aspeto muito importante do OA. O Comandante deve ser capaz de compreender cada componente de si próprio e do seu inimigo e tentar equilibrar os três de modo a obter uma vantagem estratégica e tática.

Os enormes avanços na tecnologia da informação nos últimos anos elevaram a informação como um elo comum entre os factores Espaço, Tempo e Força. "Alguns teóricos e profissionais militares vão ainda mais longe e afirmam que a informação emergiu como o quarto fator para além dos três factores operacionais tradicionais" (Vego, 2000, 95). No contexto atual da guerra, não é possível depender apenas dos factores operacionais tradicionais, em que o comandante tem de prestar atenção a uma série de outras condições que afectam o processo de tomada de decisão. A informação influencia o processo de tomada de decisão e, sem informação adequada e tangível, a vantagem estará sempre com o adversário. No conflito do Sri Lanka, os serviços secretos militares, especialmente os da marinha, não tinham capacidade para descobrir o que o inimigo estava a fazer. Vego explica a informação como "dados recolhidos do ambiente, processados e colocados num contexto" (Vego, 2000, 95). No entanto, a informação básica proveniente do ambiente pode não ser muito útil na guerra militar. As fontes de informação têm de ser cultivadas e as informações assim obtidas têm de ser exactas, relevantes, oportunas e utilizáveis. Também deve ser completa e precisa.

Um bom Comando e Controlo deve assegurar a unidade de esforços, proporcionar uma direção centralizada e uma execução descentralizada, proporcionar um ambiente para a aplicação de uma doutrina comum e assegurar a interoperabilidade. A unidade de esforço é um dos principais pré-requisitos para o desempenho bem sucedido do comando (Vego, 2000, 187).

A guerra de Comando e Controlo Operacional é entendida como a utilização integrada da segurança das operações, do engano militar, das operações psicológicas, da guerra eletrónica e da destruição física, todas mutuamente apoiadas pelas informações, para influenciar, degradar, negar informações ou destruir as capacidades de comando e controlo do adversário, protegendo simultaneamente as suas próprias capacidades de comando e controlo contra tais acções.

Como o OA explica a melhor forma de aplicar os recursos militares para atingir os objectivos estratégicos, a componente humana tem um valor significativo, juntamente com o instinto dos comandantes. Embora o termo OA inclua a palavra "Arte", é necessária uma combinação de arte e ciência para alcançar os estados finais desejados. "A metodologia recomendada para atingir o estado final compreende três partes: Análise Operacional (OA), Conceção Operacional (OD) e Planeamento Operacional (OP)" (Piatt, 1999, 34). No processo de obtenção de um quadro analítico do que é a OA, muitos tendem a ver a teoria como uma forma fácil de ganhar uma guerra. Curtis afirma sobre o quadro analítico da OA:

> O quadro analítico da arte operacional é diferente do quadro analítico clássico tática-estratégia-centro de gravidade do século XIX. O quadro operacional é mais aplicável quando não se espera que ocorra uma prova de força decisiva entre as forças principais no decurso da campanha, e a vitória, em qualquer dos seus sentidos, pode ser alcançada apesar disso... A tática e a estratégia estavam logicamente ligadas, na medida em que a tática era temporalmente anterior, mas concetualmente posterior à estratégia, e ambas visavam, em conjunto, derrubar o centro de gravidade do inimigo (Curtis, 2012, 41).

As publicações do exército britânico intituladas "Operations", publicadas pelo Ministério da Defesa do Reino Unido, definem OA como

> A Arte Operacional traduz a direção estratégica em execução tática. É a orquestração de uma campanha, em concertação com outras agências, para converter (a nível operacional) objectivos estratégicos em atividade tática e emprego de forças, a fim de alcançar o resultado desejado. A Arte Operacional traduz a missão em sucesso, através de uma combinação de julgamento e trabalho, arte e ciência, análise e intuição. O termo OA realça a importância de um alinhamento mais intuitivo de fins, formas e meios do que o proporcionado apenas pela ciência. Realiza-se através de uma combinação das capacidades do comandante e do processo de conceção e gestão de campanhas assistido pelo pessoal, traduzindo em conjunto o pensamento criativo e inovador em acções práticas.

Olhando para trás, para muitas batalhas marítimas passadas, a aplicação da OA naval contribuiu para o sucesso de muitas delas, uma vez que a OA tem um impacto significativo nas actividades de combate num contexto muito mais vasto. Zielinski destaca os seguintes componentes como as principais tarefas da OA naval (Zielinski, 2000, 77).

a. análise das operações marítimas recentes, bem como a determinação das condições prévias para o seu êxito;
b. de forma eficaz para a utilização das forças durante as operações marítimas e as actividades de combate sistemáticas;
c. cooperação efectiva com os diferentes ramos das forças navais e cooperação com outros serviços durante actividades comuns;
d. Elaboração de um método eficaz de comando de forças com recurso a meios modernos; e. Elaboração de princípios para uma assistência versátil durante as operações navais;
f. elaboração de possibilidades operacionais, bem como de normas de utilização de forças navais versáteis durante operações navais e actividades de combate sistemáticas;
g. elaboração de justificações operacionais para as direcções de desenvolvimento, bem como de requisitos para as futuras forças e meios navais;
h. aperfeiçoamento de métodos de planeamento de operações navais utilizando métodos de investigação e técnicas informáticas.

Os conceitos e componentes acima enumerados podem ser utilizados por uma marinha para compreender eficazmente a situação no mar e tomar as medidas corretivas necessárias para combater as ameaças. Quando comparadas com as acções dos SLNs contra os Sea Tigers, pode observar-se que não houve uma aplicação adequada destes componentes e conceitos durante muito tempo, o que fez com que os Sea Tigers se tornassem uma força considerável no mar.

Com a ênfase que tem sido colocada no desenvolvimento de doutrinas navais por várias marinhas, muitos começaram a questionar o papel de tal doutrina nas operações navais. "Como a OA está diretamente ligada à conceção de planos operacionais a todos os níveis, é imperativo que a OA seja seriamente considerada quando considerada em conjunto com a definição alargada de OA; o emprego da força militar para atingir objectivos estratégicos num teatro de guerra ou teatro de operações" (Durham, 1998, 1).

Uma vez que muitas definições de AO são largamente orientadas para os EUA, vale a pena analisar alguns dos desenvolvimentos que também tiveram lugar noutros países. Embora o trabalho académico dos EUA tenha assumido o papel principal nos trabalhos de AO, "os peritos militares soviéticos aperceberam-se, já na década de 1920, do impacto da introdução de complexidades adicionais na arte da luta de guerra" (Durham, 1998, 3). Embora mantendo o foco em operações de grande escala, os soviéticos perceberam "que a estratégia de uma nação em guerra forjava ligações inevitáveis entre grandes frentes de combate avançadas e a infraestrutura de apoio na retaguarda" (Menning, 1997, 7). Reconheceram que a estratégia militar devia alargar o seu âmbito de modo a abranger um vasto conjunto de actividades que incluíam o desenvolvimento de uma estratégia nacional alargada, a gestão de diversos recursos e a identificação precisa de objectivos militares específicos, para que as acções militares correspondessem aos objectivos do Estado (Menning 1997, 8).

Os pensadores militares soviéticos reconheceram que "as realidades da guerra moderna tinham tornado obsoletos os pressupostos iniciais em que se baseava a guerra napoleónica e que era necessária uma nova abordagem da guerra" (Schneider, 1988, 12). Em operações de grande escala, "as acções tácticas (batalhas) forneceriam os blocos de construção a partir dos quais os avanços operacionais seriam construídos, movendo-se sempre na direção ditada pela estratégia nacional global" (Menning, 1997, 9). Svechin, na sua obra de 1927, *Strategy,* propôs pela primeira vez o conceito de arte operacional como "uma categoria distintamente separada de arte militar, colmatando a lacuna entre a estratégia nacional e as acções tácticas" (Durham, 1998, 4). Os soviéticos têm como objetivo alcançar os resultados finais desejados através da coordenação eficaz das diferentes componentes do poder de combate. "O objetivo dos soviéticos era atacar um inimigo quase simultaneamente em toda a sua profundidade, de modo a provocar a desintegração completa da sua capacidade e vontade de lutar" (Menning, 1997, 11).

Zielinski resume a importância do AO e a forma como combina a política, a estratégia e a tática:

> A arte operacional ocupa uma posição intermédia e indispensável entre a política e a estratégia, por um lado, e a tática, por outro. Serve simultaneamente de ponte e de interface entre estes domínios de estudo e de prática. Os objectivos estratégicos e operacionais não podem ser alcançados apenas pela tática. A perspetiva tática é demasiado estreita e a perspetiva estratégica demasiado ampla, para garantir a utilização mais eficaz das fontes militares e não militares do poder do Estado na realização dos objectivos estratégicos. O principal papel da arte operacional é sequenciar e sincronizar ou, simplesmente, "orquestrar" o emprego das forças militares e das fontes não militares de poder para atingir os objectivos estratégicos e operacionais num determinado teatro de ação. A estratégia não diz respeito à luta propriamente dita, mas a arte operacional e a tática sim (Zielinski, 2009, 88).

As acções tácticas só se tornam úteis e vencedoras da guerra quando combinadas com uma conceção e uma estratégia e quando são conduzidas pela arte operacional. Níveis de forças superiores, equipamento moderno e tácticas brilhantes podem não garantir a vitória na guerra. Uma estratégia sólida e abrangente, combinada com a arte operacional, será a chave para ganhar as guerras, tanto no futuro como no passado.

A arte operacional, como o termo implica, é uma forma de arte que deve ser compreendida pelos comandantes militares. A OA traduz a estratégia de um comandante em conceção operacional e, finalmente, em ação tática, integrando todas as actividades-chave relevantes a todos os níveis do conflito. Os comandantes militares precisam de compreender os conceitos de OA e os anos de formação e experiência podem tornar-se muito úteis para desenvolver uma apreciação do OA. Uma marinha é uma organização complexa. Tem muitos aspectos e componentes de sistema. O SLN evoluiu ao longo de longos anos de conflito, lutando contra os Tigres do Mar. O SLN sofreu pesadas baixas, perdeu plataformas no mar e no porto e perdeu a moral para lutar no mar. Até 2006, o SLN esteve envolvido numa batalha marítima de sobrevivência. A estratégia do SLN centrava-se principalmente em sobreviver no mar e em negar a utilização do mar aos Tigres do Mar dos LTTE. As tácticas do SLN também foram desenvolvidas principalmente para esta estratégia. No entanto, a liderança do SLN alterou esta mentalidade defensiva e transformou-se numa organização vencedora. Um dos elementos-chave da OA é atacar o centro de gravidade do inimigo. O SLN concentrou-se e concebeu estratégias e desenvolveu tácticas para atacar o centro de gravidade dos LTTE, que era a sua rede logística. Os LTTE dependiam totalmente da rota de abastecimento oceânico para manter as suas capacidades militares e lutar contra as forças governamentais. Ao compreender e utilizar os conceitos de OA, o SLN conseguiu quebrar a eficiência operacional e de combate dos Tigres do Mar e dos LTTE e, finalmente, o SLN saiu vitorioso.

4.5 Conclusão

A guerra assimétrica é considerada como um conflito que se desvia da norma. É também uma abordagem indireta para afetar um contra-equilíbrio de forças. No caso do conflito do Sri Lanka, existia uma enorme assimetria entre o SLN e os Sea Tigers. Desde as primeiras fases do conflito, os LTTE compreenderam o potencial do oceano para o seu crescimento e sobrevivência e, finalmente, para atingir os seus objectivos. A formação dos Tigres do Mar como unidade especializada em operações marítimas foi um passo importante nessa direção. Os Tigres do Mar exploraram as fraquezas do SLN através de estratégias e tácticas assimétricas e foi preciso muito tempo para que o SLN compreendesse o que estava a acontecer. Os Tigres do Mar eram consideravelmente pequenos, mesmo na fase final. Mas eram suficientemente inteligentes para atuar, organizar e pensar de forma diferente do SLN e conseguiram maximizar a sua própria vantagem, constituindo uma grave ameaça ao domínio do mar de que o SLN gozava até então. Os Tigres do Mar, recorrendo a tácticas assimétricas, foram capazes de utilizar o oceano de forma eficaz para os seus objectivos. [th] O que Otto Von Bismarck disse no final do século XIX: "vivemos numa época maravilhosa em que o forte é fraco devido ao seu escrúpulo moral e o fraco é forte devido à sua audácia" (Applegate, 2006, 6), tornou-se verdade no caso dos Tigres do Mar. Os Tigres do Mar não só utilizaram tácticas assimétricas inovadoras contra os SLN, como também usaram uma bravura inabalável nas batalhas contra as unidades dos SLN no mar. Utilizaram os Sea Tigers com tácticas assimétricas no mar para manter o SLN totalmente ocupado e afastado das suas operações logísticas e foram bem sucedidos em grande medida.

O controlo do mar é considerado como o principal papel de uma marinha e, no caso do SLN, não foi exceção. O controlo do mar implica a capacidade de uma marinha utilizar a área marítima para as suas próprias determinações e, ao mesmo tempo, negar a utilização do mar aos adversários. No caso do SLN, este foi construído com base num quadro convencional e esperava-se que mantivesse um controlo efetivo do mar utilizando métodos navais convencionais. Os LTTE, por outro lado, começaram por ser uma força insurreta no mar, mas conseguiram desafiar o controlo do mar exercido pelo SLN. Os Tigres do Mar não estavam interessados em manter o controlo do mar por períodos prolongados na vasta extensão do oceano. Estavam interessados em atingir os seus objectivos de receber fornecimentos logísticos sem interrupções. Os Tigres do Mar constituíam um desafio considerável aos esforços do SLN para manter o controlo do mar. Uma vez que o controlo do mar inclui necessariamente o espaço aéreo acima e a massa de água abaixo da superfície do mar, os Tigres do Mar tentaram, com elevado grau de sucesso, atingir os meios do SLN a partir de debaixo de água. Estavam a fazer experiências com diferentes tipos de submersíveis e, se fossem bem sucedidos, teriam constituído uma séria ameaça para a SLN. A SLN não só não foi capaz de manter eficazmente o controlo do mar, como também não foi capaz de negar a utilização do mar aos Tigres do Mar.

Muitos estudiosos têm sublinhado a necessidade de manter um controlo efetivo do mar, a fim de alcançar a vitória em terra. Ao contrário da terra, o mar não permanece estático, mas evolui de uma forma muito dinâmica. O SLN tentou manter o controlo do mar e a negação do mar com diferentes graus de sucesso. No conflito no Sri Lanka, o controlo do mar e as tácticas de guerra assimétrica dos Tigres do Mar tiveram um impacto direto na guerra. Em vez de utilizar o SLN como um instrumento eficaz, no contexto do Sri Lanka, na maior parte das vezes o SLN teve de desempenhar um papel defensivo e reagir aos Tigres do Mar.

A arte operacional é o emprego de forças militares para atingir objectivos estratégicos e/ou operacionais através da conceção, organização, integração e condução de campanhas, grandes operações e batalhas. É um facto comprovado que os recursos, por si só, não são suficientes para ganhar uma guerra. Isto pode ser transposto para o mar, referindo-se aos recursos navais que, por si só, não são suficientes para ganhar uma guerra. Mas a forma como utilizamos estas plataformas e outros recursos para derrotar o inimigo determinará o resultado final da guerra.

A arte operacional combina a estratégia e a tática para determinar o resultado da guerra. A batalha pelo controlo do mar com recurso a tácticas assimétricas por parte dos Tigres do Mar obrigou o SLN a destacar uma grande força para o mar. No entanto, mesmo esta força de grandes dimensões não conseguiu obter um controlo efetivo do mar, uma vez que os Tigres do Mar conseguiram operar no mar e transferiram para o outro lado do mar o equipamento de guerra de que os LTTE tanto necessitavam. O SLN tornou-se eficaz na fase final da guerra e conseguiu arrancar o controlo do mar aos Tigres do Mar. Anos de compreensão do conflito e das capacidades e tácticas dos Tigres do Mar ajudaram o SLN a paralisar as actividades dos Tigres do Mar no mar.

A utilização da arte operacional pelo comandante e por outros comandantes tácticos do SLN, a compreensão do centro de gravidade dos LTTE e o seu ataque, podem ser considerados pontos de viragem na guerra contra os Tigres do Mar. A aplicação da arte operacional pode ser considerada como o instrumento secreto do SLN, que fez pender a balança a seu favor. Os factores tempo, espaço e força foram determinantes para vencer a guerra no mar. O SLN, com anos de experiência de combate com os Tigres do Mar no mar, utilizou eficazmente a arte operacional para ganhar a guerra. Os Tigres do Mar eram considerados como a unidade marítima da organização terrorista mais implacável do mundo.

Pretende-se avaliar o conceito de guerra assimétrica, o controlo do mar e a arte operacional com o resultado das "análises de dados" nos capítulos cinco e seis desta tese em pormenores mais elaborados, retirando lições fundamentais para a vitória no mar pelo SLN.

CAPÍTULO 5

OS INCONVENIENTES ORGANIZACIONAIS DA MARINHA DO SRI LANKA E O DESENVOLVIMENTO DA LTTE SEA TIGERS

5.1 Análises de investigação

Os dois capítulos seguintes analisarão os dados recolhidos pelo investigador, principalmente sob a forma de entrevistas qualitativas e de feedback obtido nas discussões dos grupos de discussão. Estes são considerados os capítulos mais importantes da tese, uma vez que os dados recolhidos através de um processo longo e pormenorizado têm agora de ser analisados para encontrar respostas às questões de investigação. A análise destas entrevistas qualitativas e dos resultados das discussões dos grupos de discussão foi efectuada tendo em conta as questões de investigação definidas no Capítulo I.

5.2 As desvantagens organizacionais da Marinha do Sri Lanka

Os LTTE conduziram uma campanha terrorista contra as forças governamentais durante muito tempo. Começando como um pequeno grupo político-militante, o LTTE conseguiu desenvolver capacidades militares quase convencionais no final do conflito. As actividades dos LTTE não se limitaram ao território do Sri Lanka, mas estenderam-se também à vizinha Índia e a outras partes do mundo. O crescimento do LTTE como força de combate terrestre, juntamente com uma pequena marinha e uma pequena capacidade aérea, deve ser visto como uma conquista significativa da organização. O estudo destes desenvolvimentos será de grande utilidade para os militares, para os especialistas em assuntos jurídicos e relações internacionais e para os peritos em segurança marítima. Esta secção analisa os principais inconvenientes do SLN no seu envolvimento no conflito, dissecando os comentários de peritos feitos por vários profissionais durante as entrevistas aprofundadas realizadas. Os inconvenientes do SLN são discutidos através de desvantagens a nível político, estratégico e tático que resultaram na ascensão dos Tigres do Mar num ambiente marítimo convencional. A Organização das Nações Unidas para a Alimentação e a Agricultura (FAO) define política da seguinte forma "A política é um conjunto de decisões coerentes com objectivos comuns a longo prazo. As políticas têm de ser de longo prazo. A política não é um conceito altamente definido, mas flexível, utilizado de diferentes formas em diferentes ocasiões":

a. Objectivos políticos - são os "fins" de uma política e reflectem a finalidade global ou o(s) objetivo(s) a longo prazo. O que a política pretende alcançar
b. Instrumentos de política - São os "meios" de uma política, as acções utilizadas para a levar a cabo e os métodos através dos quais os seus objectivos são alcançados
c. Formulação de políticas - definida como o processo de considerar opções políticas alternativas e decidir implementar uma ou várias delas
d. Implementação da política - definida como o processo de execução da política (FAO Repository)

A partir das definições anteriores, pode concluir-se que uma política clara, que determine as decisões presentes e futuras, é obrigatória para o êxito de uma missão, seja ela política ou militar. Para desenvolver políticas eficazes, é necessário identificar as principais preocupações e analisá-las de modo a responder a essas preocupações com soluções. Nesta formulação de políticas, tal como Torjam indica, "as soluções devem ser avaliadas em função de uma série de factores, tais como a eficácia provável, o custo potencial, os recursos necessários para a implementação, o contexto político e o apoio da comunidade" (Trojam, 2005, 4). É duvidoso que estes factores tenham sido considerados na formulação das políticas governamentais e militares, uma vez que o conflito se arrastou por quase 25 longos anos. Nesta investigação, o foco é a forma como a política governamental, ou a falta de uma política clara até 2005, prolongou o conflito durante quase três décadas e contribuiu para que os LTTE se tornassem um movimento de insurreição militante bem estruturado no Sri Lanka. O dicionário on-line *Merriam-Webster* também descreve estratégia como "a ciência e a arte de empregar as forças políticas, económicas, psicológicas e militares de uma nação ou de um grupo de nações para dar o máximo apoio às políticas adoptadas na paz ou na guerra" e "a ciência e a arte do comando militar exercido para enfrentar o inimigo em combate em condições vantajosas". Como se vê na definição de estratégia, uma boa estratégia deve ser, portanto, o exercício efetivo do comando militar. Brodie descreve a estratégia como: "a estratégia, em comparação, dedica-se a descobrir como os recursos da nação, materiais e humanos, podem ser empregues e utilizados com o objetivo de maximizar a eficácia total da nação na guerra" (Brodie, 2011,13). É possível constatar que é necessária uma estratégia clara para que um país utilize da melhor forma os recursos de que dispõe para atingir um determinado objetivo. Por conseguinte, é necessário compreender a importância da estratégia para um país se lançar em qualquer empreendimento e, especialmente, numa situação de guerra, uma vez que estão em risco vidas humanas.

Brodie prossegue dizendo que "existe um claro obstáculo entre a compreensão clara dos princípios aplicáveis a um problema e a resolução prática desse problema (Brodie, 2011, 16). Esta compreensão é muito importante também para os comandantes militares. Brodie explica ainda que "os planeadores militares são obrigados a tomar decisões de grande alcance sobre questões relativamente às quais existe pouca ou nenhuma experiência diretamente aplicável" (Brodie, 2011, 11). O dicionário Merriam-Webster descreve a tática como "a ciência e a arte de dispor e manobrar as forças em combate" e "a arte ou competência de empregar os meios disponíveis para atingir um fim". O Capitão Hughes indicou as tácticas na guerra da seguinte forma: "A guerra é um conflito mortal. As tácticas, sendo os dispositivos de batalha, são concebidas e executadas no centro físico e metafórico desta violência. As tácticas são mais viscerais na consumação do que a política, a estratégia, a arte operacional ou a logística" (Hughes, 2000, 27). A publicação no blogue de Jeremiah Owyang (2013) compara a estratégia e a tática, como mostra o Quadro 1.

Quadro 1: A diferença entre estratégia e tática

Estratégia	Tácticas

Objetivo	Identificar objectivos mais amplos e claros que promovam a organização global e organizem os recursos	Utilizar recursos específicos para atingir objectivos secundários que apoiem a missão definida
Funções	Indivíduos que influenciam os recursos da organização. Compreendem como um conjunto de tácticas funciona em conjunto para atingir os objectivos	Peritos em domínios específicos que manobram recursos limitados em acções para atingir um conjunto de objectivos
Responsabilidade	Responsável pela saúde geral da organização	Responsabilizar-se pelos recursos específicos atribuídos
Âmbito de aplicação	Todos os recursos dentro das organizações, bem como as condições mais amplas do mercado, incluindo os concorrentes, os clientes e a economia. No entanto, não pense demasiado nisso	Um subconjunto de recursos utilizados num plano ou processo. As tácticas são frequentemente tácticas específicas com recursos limitados para atingir objectivos mais amplos
Duração	Longo prazo, muda com pouca frequência	Prazo mais curto, flexível às condições específicas do mercado
Métodos	Utiliza a experiência, a investigação, a análise, o pensamento e a comunicação	Utiliza experiências, melhores práticas, planos, processos e equipas
Saídas	Produz objectivos organizacionais claros, planos, mapas, pontos de orientação e medidas-chave de desempenho	Produz resultados e resultados claros utilizando pessoas, ferramentas e tempo

Fonte: Jeremiah Owyang (2013)

É necessário que a estratégia e a tática trabalhem em conjunto para que os resultados desejados sejam alcançados. Uma grande estratégia não produzirá resultados se não lhe forem associadas boas tácticas. Ao mesmo tempo, uma boa tática, por si só, não pode funcionar se não for aplicada de acordo com uma boa estratégia. É necessário educar a organização relativamente à estratégia que deve ser aplicada e às tácticas a utilizar para atingir a estratégia. A economia de esforços só pode ser alcançada com um emprego equilibrado das forças, combinando uma boa estratégia e tática. Só então se pode conseguir uma concentração efectiva de todos os recursos no momento e no local decisivos. O conflito no Sri Lanka arrastou-se durante muito tempo e os LTTE conseguiram transformar-se num grupo terrorista formidável, com capacidades militares quase convencionais, uma unidade marítima com capacidade marítima internacional e uma capacidade aérea limitada ao longo do tempo. Por outro lado, o Governo do Sri Lanka permitiu que o grupo crescesse com essas capacidades até ser finalmente derrotado em 2009. Isto exige uma análise séria, especialmente em relação às políticas do Governo, às várias estratégias adaptadas pelas forças armadas e às tácticas utilizadas contra os LTTE durante todo o período do conflito, e depois ver como estes instrumentos se transformaram numa fórmula vencedora.

5.2.1 Desvantagens a nível das políticas

As políticas de um governo e a doutrina militar são dois critérios essenciais para uma campanha militar bem sucedida. Esta secção examinará os inconvenientes a nível político, que levaram a que a guerra com os LTTE se arrastasse por um período consideravelmente longo.

5.2.1.1 Não desenvolver uma marinha forte e aumentar a força do SLN

Um antigo comandante da Marinha do Sri Lanka salientou que "o facto de não ter desenvolvido uma marinha forte, apesar de ser uma nação insular, foi uma das principais razões para o crescimento substancial dos tigres do mar e para a sua capacidade de desafiar o SLN no mar e de manter a guerra durante um período prolongado". Uma vez que o país está rodeado pelo mar, a defesa marítima deveria ter sido considerada uma prioridade máxima. No entanto, os sucessivos governos não prestaram atenção suficiente ao desenvolvimento das capacidades navais. As marinhas e as forças aéreas são forças de capital intensivo e não podem ser desenvolvidas de um dia para o outro. É preciso muito tempo para identificar as plataformas, avaliar as capacidades e passar pelo processo de aquisição. É igualmente necessário muito tempo para fabricar as plataformas e o equipamento identificados e para efetuar a formação dos utilizadores e a manutenção. O SLN tem sofrido de uma falta de compreensão estratégica e visionária da política por parte dos governos e não foi capaz de se desenvolver mais rapidamente do que os tigres do mar.

Observa-se que o desenvolvimento do SLN foi, no máximo, uma resposta ao dos Tigres do Mar e não um desenvolvimento proactivo. Um antigo comandante da Força Aérea e Chefe do Estado-Maior da Defesa (CDS) descreve a situação da Marinha e da Força Aérea da seguinte forma: "se o inimigo tinha isto, tínhamos de comprar aquilo para nos proteger". A maior parte do tempo, o SLN estava num modo defensivo em vez de pensar numa ofensiva. Como observa Rohan A Perera, um perito em direito internacional, "o período inicial caracterizou-se por respostas talvez ad-hoc que deram aos LTTE um tempo de avanço para explorar a situação". Um dos paradoxos é o facto de, historicamente, para uma nação insular, termos prestado menos atenção ao desenvolvimento das capacidades navais, tanto do ponto de vista da segurança como do ponto de vista económico, mesmo com o objetivo de salvaguardar os nossos recursos marítimos".

Em especial, um conflito com uma ligação marítima internacional deveria ter resultado na transformação do SLN numa força formidável capaz de manter o domínio no mar. Basicamente, o SLN não estava a impedir que a logística chegasse aos LTTE e "não estava a aterrorizar os terroristas no mar", como descreveu um antigo comandante do exército, que esteve no centro do campo de batalha. Assim, na maior parte do conflito, a iniciativa no mar cabia aos Tigres do Mar. A perceção de que a segurança marítima deveria ser prioritária só surgiu no final da guerra. Mesmo a Índia só começou a dar maior ênfase à segurança marítima, especialmente à segurança litoral e costeira, depois do infame ataque de Mumbai por supostos terroristas paquistaneses em 26 de novembro de 2008. O Sri Lanka está geograficamente situado numa posição muito vantajosa no Oceano Índico. A principal rota comercial Este-Oeste passa a apenas 12 milhas náuticas a sul do país. Esta situação foi eficazmente explorada pelos tigres do mar dos LTTE para trazerem armas e munições e outros materiais de guerra para o país. Além disso, as costas noroeste e norte do país estão situadas perto da costa sul da Índia e estes ricos bancos de pesca atraem um grande número de embarcações de pesca do Sri Lanka e da Índia, facto que também foi explorado pelos LTTE. Outro fator importante foi o facto de o SLN não ser visto como uma força autónoma, mas como uma força de apoio ao exército e à força aérea. As principais tarefas desempenhadas pelo SLN consistiam em transportar as tropas e outros equipamentos necessários para as missões do exército e da força aérea no norte e nordeste do país. Tratava-se de um requisito especial, uma vez que a ligação entre o norte e o sul do país estava gravemente afetada devido à guerra. O exército e a força aérea estavam fortemente dependentes do SLN para manter as linhas de abastecimento marítimo. O SLN desenvolveu uma capacidade anfíbia considerável para apoiar a projeção do exército ao longo das costas oriental e setentrional. Pelo contrário, os LTTE deram a máxima prioridade ao desenvolvimento dos Sea Tigers e de uma frota de navios para efetuar viagens internacionais. Como explicou um antigo Sea Tiger, "na parte final do conflito, quase todas as necessidades das forças terrestres, dos Sea Tigers e da ala aérea dos LTTE provinham do mar". Esta foi a principal razão para manter a guerra durante muito tempo e desenvolver um estatuto quase convencional para os LTTE. Houve uma altura na história do conflito em que ambas as forças travaram batalhas convencionais, empregando soldados a pé apoiados por artilharia pesada e outras formações de infantaria mecanizada. Verificou-se que até a artilharia pesada e as munições de grande calibre dos LTTE provinham do mar. Os LTTE deram grande ênfase ao desenvolvimento dos Sea Tigers com capacidades multifacetadas, como embarcações suicidas, demolição submarina e mergulhadores de combate suicidas, colocação de minas e submersíveis, etc. O grande número de embarcações, torpedos da Segunda Guerra Mundial e submarinos parcialmente construídos capturados após o fim da guerra em zonas detidas pelos LTTE indicam claramente a política oceânica dos LTTE. Se a guerra se prolongasse por mais um ou dois anos, os LTTE teriam definitivamente ameaçado o SLN no mar de forma mais eficaz.

Um outro domínio em que a política foi insuficiente foi o não reforço da força do SLN, embora se esperasse que desempenhasse muitas funções navais e não navais, incluindo a defesa de todos os portos comerciais e a manutenção das zonas terrestres libertadas pelo exército em avanço. De um modo geral, todas as forças armadas padeciam de uma falta de efectivos suficientes para desempenhar muitas das tarefas que delas se esperavam, especialmente durante o período do Acordo de Cessar-Fogo (CFA), de 2002 a 2005; os efectivos das forças armadas não foram aumentados porque estava em vigor um acordo de cessar-fogo e não foi possível encontrar qualquer justificação para os aumentar. No entanto, de acordo com o grupo de reflexão da academia naval e marítima, o nível de forças do SLN foi subsequentemente aumentado de 36 000 para 54 000 efectivos a partir de 2006, a fim de satisfazer as necessidades adicionais que o SLN deveria assumir, incluindo o domínio da costa e a defesa da área libertada pelo exército em avanço. Além disso, as provisões orçamentais foram aumentadas em 33,485 em 2005 e 60,57% em 2007, o que ajudou o SLN a adquirir o equipamento adicional muito necessário e o seu projeto de construção de barcos.

Um antigo comandante da Esquadra de Barcos Especiais (SBS) argumenta que a política naval não resultou na manutenção de uma frota naval equilibrada. O SLN concentrou-se na destruição dos Tigres do Mar no mar e as suas plataformas e equipamentos tinham esse objetivo. No entanto, quando o SLN quis ir para as profundezas do oceano à procura de navios-armazém dos LTTE, que eram utilizados para armazenar armas, munições e outros materiais bélicos que adquiriam nos mercados internacionais, apercebeu-se da necessidade de plataformas muito maiores, capazes de uma maior resistência. Enquanto o SLN concentrava a sua atenção na luta no espaço de batalha próximo da costa, os LTTE procediam à transferência de armas adquiridas ilegalmente de navio para terra, mesmo a milhares de milhas náuticas da nossa costa. Os LTTE recorriam a várias organizações de fachada situadas em várias capitais do mundo para levar a cabo estas operações logísticas e utilizavam os fundos que recolhiam noutras partes do mundo para comprar estas armas ilegais. Os navios dos LTTE também efectuaram alguns negócios legítimos para ganhar dinheiro e aproveitaram os momentos oportunos para levar a cabo a missão pretendida de apoio às forças terrestres dos LTTE. Um antigo comandante da Flotilha de Ataque Rápido também concorda com esta observação:

> Penso que a Marinha depositou muito esforço e confiança nos FACs. Não conseguimos ver nada para além disso. Como resultado, a Flotilha FAC foi o cavalo de batalha da Marinha. Eu costumava dizer que se a FAC recua, a frota recua.

Quando a frota volta para trás, a marinha volta para trás. Quando a marinha volta atrás, todo o país volta atrás. Grande parte da confiança ou da fiabilidade estava na FAC. Eu diria que poderíamos ter pensado noutro tipo de frota ou de flotilha, por exemplo, os navios de patrulha offshore (OPV). A certa altura, os OPV foram vistos como uma espécie de fardo, activos de elevado valor que é preciso proteger, mas que se limitam a fazer vigilância e nada mais. Mas provaram o seu valor na destruição dos armazéns. Para a marinha, são necessários vários tipos de navios capazes de desempenhar diferentes funções. Mas confiar totalmente num só aspeto é um erro. Houve uma altura em que as FAC não podiam tolerar a elevada taxa de baixas e as aspirações do comando.

Se as políticas dos sucessivos governos tivessem sido direcionadas para o desenvolvimento das capacidades navais, o conflito teria terminado muito mais cedo, uma vez que os LTTE não teriam conseguido manter os esforços de guerra sem que os abastecimentos lhes chegassem por via marítima. "Os LTTE concentraram a sua atenção em derrotar o país a nível económico, militar e político. Estavam também concentrados em derrotar a vontade do povo de travar a guerra", afirma um antigo comandante da Força Aérea. Os LTTE estavam a levar a cabo um plano a longo prazo para desestabilizar sistematicamente o país.

Um antigo comandante do Exército e do CDS resume o inconveniente político de não reforçar a marinha da seguinte forma

> Tenho a certeza disso. Penso que até cerca de 2006, a nossa marinha não era capaz de detetar qualquer carregamento dos LTTE. Não o culpo. Não só a marinha, mas também os nossos serviços de informação não tinham capacidade para impedir que as aquisições fossem feitas no estrangeiro e chegassem ao Sri Lanka, quando utilizavam algo novo, sabíamos que tinham recebido algo do estrangeiro. Mas sem saber de onde e como tudo isso veio, todas as agências do nosso governo falharam.

Os LTTE não só obtinham armas ligeiras e munições através do mar, como também armas de artilharia de 130 mm de grande calibre e munições para a organização. O antigo CDS afirma:

> Esses morteiros e artilharia são armas "destruidoras de massas", de facto, os morteiros, eu acreditava que podiam ser transportados até num pequeno barco, uma vez que são transportáveis pelo homem. Mas quando nos apercebemos que eles estavam a usar artilharia contra nós, as armas de artilharia, especialmente as de 130 mm, sei que na minha carreira militar nunca perdemos uma arma de 130 mm para o inimigo. Mas recuperámos uma grande quantidade de armas de 130 mm, incluindo armas novas, no final da guerra.

Isto significa que os LTTE gozavam de grande liberdade para adquirir e transportar por via marítima armas de grande calibre e que o SLN não era capaz de intercetar estes carregamentos de armas que chegavam à costa. Estes carregamentos de armas não só deram aos LTTE capacidades de combate quase convencionais, como também os tornaram capazes de sustentar a guerra. As armas pesadas de que dispunham os LTTE causaram baixas em grande escala às forças armadas e travaram ou retardaram os seus avanços na maioria das ocasiões. Um antigo CDS concluiu o impacto da artilharia pesada da seguinte forma

> Penso que as baixas de artilharia e morteiros foram as mais elevadas do nosso lado. Penso que foram mais de 50 por cento. Sabemos que se dispararmos uma bateria de artilharia em conjunto, ou seja, 6 canhões juntos, cobrimos um grande quadrado. É essa a capacidade da artilharia. Por isso, podemos imaginar o que acontece a qualquer pessoa que esteja desprotegida dentro desse quadrado. Havia muito fogo de artilharia pesado e só podíamos deslocar as nossas tropas para as operações diurnas, devido ao fogo pesado de morteiros e artilharia. Se bem me lembro, demorámos cerca de oito meses a avançar por uma frente.

Isto indica claramente que o facto de o SLN não ter conseguido impedir que os abastecimentos dos LTTE viessem do mar estava, de facto, a afetar toda a situação em termos de segurança e que os LTTE podiam lutar não só como uma força de guerrilha, mas também como um exército quase convencional. O SLN estava a dar o seu melhor para manter um certo grau de controlo marítimo de toda a zona marítima em torno do país, mas não estava a concentrar-se suficientemente em impedir que os abastecimentos em grande escala chegassem aos LTTE. Este facto pode ser considerado um dos principais inconvenientes políticos e estratégicos de todo o mecanismo militar. Como salientado por um antigo CDS, a "falta de coordenação entre a força aérea e o SLN na vigilância marítima foi outra desvantagem política do conflito". É sabido que muitas das tarefas anteriormente desempenhadas pelas marinhas podem agora ser efectuadas pela força aérea com os avanços dos sensores transportados pelas aeronaves. Uma melhor coordenação entre a força aérea e o SLN poderia ter produzido uma situação tática mais eficaz, poupando muitos recursos, e teria contribuído eficazmente para manter uma vigilância efectiva no mar. Deveria ter havido uma política clara de desenvolvimento de uma estratégia marítima que combinasse as estratégias terrestre, aérea e marítima. Todas as forças estavam, na maior parte do tempo, a travar a sua própria batalha e não uma batalha combinada contra o inimigo comum.

A falta de capacidade em águas azuis para os SLN quando mais precisavam dela foi outro aspeto negativo da guerra. A frota da SLN era constituída principalmente por FACs. A frota de FAC foi muito desenvolvida com maior velocidade e melhores sensores e plataformas de armas estabilizadas. No entanto, o SLN não dispunha de navios de maiores dimensões, com mais resistência e outras capacidades necessárias para efetuar missões a distâncias muito afastadas de terra. Os LTTE estudaram esta falta de navios adequados para missões de longa distância no SLN e planearam os seus movimentos de navios com canhões em conformidade. O SLN concentrou-se principalmente nas águas territoriais e na Zona Económica Exclusiva (ZEE). Os navios dos LTTE estavam posicionados fora da ZEE e só se aproximavam quando queriam transferir a sua carga letal. Um antigo diretor-geral de engenharia (DGE) do SLN indica três requisitos de engenharia que devem ser tidos em conta quando um navio é obrigado a percorrer longas distâncias longe de terra: o estado operacional das máquinas, o estado da estrutura e dos sistemas do casco e a resistência. As máquinas principais, as máquinas auxiliares e outros sistemas devem estar no seu estado operacional ótimo e o comandante terá confiança no navio. O estado do casco é de importância crítica, pois o navio pode encontrar condições de mar agitado e não dispor de abrigo. Para atingir este estado do casco, é necessário efetuar inspecções periódicas e a manutenção de rotina debaixo de água e as reparações necessárias. O terceiro fator mais importante é a resistência, que está ligada às capacidades de transporte de combustível, lubrificantes, água e outros elementos logísticos. A resistência dependerá também da velocidade mais económica a que o navio circula e é sempre aconselhável manter um stock de reserva para fazer face a eventuais contingências.

5.2.1.2 Ausência de liderança política e de determinação política para pôr termo à guerra

Segundo Rohan Perera, a vontade política de colaborar com a comunidade internacional é indispensável para vencer um conflito desta natureza, que não se limitou apenas ao território do Sri Lanka. Diz ele:

> Em primeiro lugar, tem de haver vontade política para cooperar entre os Estados, principalmente no que respeita ao intercâmbio de informações e de dados. O financiamento do terrorismo é uma questão crítica. O fluxo transfronteiriço de fundos para actividades ilegais, como a compra de armas, tem de ser combatido e, coletivamente, é necessária uma maior colaboração nestas áreas. Alguns Estados são partes na Convenção sobre o Financiamento do Terrorismo, mas é necessário um esforço genuíno de aplicação.

Perto do fim do conflito, era claramente evidente que "o governo do Sri Lanka conseguiu reunir a tão necessária colaboração e apoio internacionais para lutar contra a ameaça do terrorismo. Foi capaz de tirar partido da Guerra Global contra o Terror (GWOT), um conceito pioneiro dos EUA e de outras iniciativas regionais no combate ao terrorismo marítimo", afirma um antigo comandante da marinha.

Outra desvantagem política que explica o facto de não se ter vencido a guerra durante um longo período prende-se com o facto de se ter cedido à pressão internacional para travar os avanços militares. Como referiu o antigo chefe dos serviços secretos nacionais, a liderança política tinha de estar determinada a derrotar militarmente os LTTE. Especialmente após 2005, o governo não sucumbiu às pressões internacionais para interromper a ofensiva militar.

De facto, este facto proporcionou o tão necessário apoio moral à liderança militar para derrotar os LTTE de forma abrangente.

Um antigo comandante da SBS indica esta situação difícil enfrentada na última parte da guerra:

> No início das hostilidades, na última fase do conflito, muitos membros da defesa parecem ter ficado desmoralizados e sem entusiasmo, pois viram o conflito arrastar-se sobretudo devido à ausência de políticas e estratégias militares e políticas sólidas. Muitos pensavam que a guerra não podia ser ganha e que a única solução era a negociação. De vez em quando, assistimos à incompetência na defesa e à falta de tenacidade na liderança política.

A falta de uma Liderança Visionária durante a maior parte do conflito é apontada como outra grande desvantagem estratégica para não se ter ganho a guerra muito mais cedo. Embora os anteriores dirigentes do país tenham tentado resolver o conflito recorrendo a várias medidas estratégicas, as vitórias não se concretizaram. Foram poucos os casos de vontade política de vencer a guerra por parte dos dirigentes do país. Houve também alguns casos de vontade militar clara e inequívoca de terminar a guerra. Um antigo comandante da FAF salienta que a razão dos grandes reveses na guerra contra os LTTE foi a "falta de sinergia entre a vontade política e a vontade militar". Para combater uma insurreição como a levada a cabo pelo grupo terrorista mais implacável do mundo, é necessária uma sinergia de todos os esforços. A vontade política e a vontade militar têm de se reforçar e recompensar mutuamente. Uma vez que as forças armadas são uma extensão da política, os esforços só podem produzir resultados favoráveis quando estas duas forças se entenderem bem e trabalharem em conjunto com um objetivo e uma missão.

Um antigo deputado do CDS considera que a principal diferença após 2005 foi a liderança, a começar pelo próprio Presidente. Afirma ainda que "havia um quadro claro para trabalhar e tínhamos um objetivo. Tínhamos de terminar esta guerra contra o terrorismo e sermos os vencedores". Um antigo chefe dos serviços secretos nacionais chama a isto vontade política. Os militares tinham agora um objetivo estratégico claro, que era erradicar o terrorismo do território do Sri Lanka. Foi prometido aos militares o aumento dos quadros e do equipamento necessários para combater os LTTE. O objetivo foi claramente escolhido e os militares tinham agora de levar a cabo as suas actividades para derrotar o inimigo. O Presidente também garantiu que iria lidar com todas as pressões externas. "Resumindo, tínhamos uma missão muito clara e conseguimos cumprir os nossos deveres sem sermos distraídos por nada nem por ninguém", afirma um antigo CDS, enquanto um oficial superior da marinha refere as mudanças ocorridas após 2005:

> Creio que, na maior parte dos casos, o nosso raciocínio foi simplesmente ensombrado pela experiência passada e por uma sobrevalorização dos LTTE. Mas esse raciocínio mudou rapidamente após alguns meses, quando dispúnhamos de mais

informações no terreno e nos apercebemos da firme determinação política e das políticas dos dirigentes.

Um antigo CDS sublinha esta transformação na guerra:

> O Secretário da Defesa, Gotabaya Rajapakse, estava à frente da coordenação de todas as actividades das três forças, o que também proporcionava um ambiente de trabalho confortável. O ímpeto estava a começar a aumentar pouco a pouco; vitória após vitória, com ganhos inicialmente a um ritmo lento, mas que aumentaram rapidamente mais tarde. Os meios de comunicação social desempenharam um papel fundamental, apoiando as forças. Isto fez com que todo o país participasse nesta operação humanitária, com a população a dar o seu apoio às forças armadas, à polícia e a outras forças que estavam envolvidas na batalha.

Um oficial superior da Marinha resume esta mudança da seguinte forma

> O ritmo das operações mudou rapidamente a atitude do pessoal da defesa, que passou de uma mentalidade de derrotado para uma mentalidade de vencedor, e o moral manteve-se muito elevado, apesar de contratempos ocasionais. Até mesmo o público em geral apoiou muito a ação de combate. No entanto, a estratégia terrestre, por si só, não ganhou a batalha. Por exemplo, a destruição dos "tigres do mar", nomeadamente o afundamento dos armazéns flutuantes, destruiu completamente a logística dos LTTE e abalou a sua capacidade de combate, o que veio reforçar a estratégia terrestre.

5.2.1.3 A escassez de informações eficazes e de coordenação das informações

O êxito de qualquer guerra depende em grande medida de informações eficazes. Os LTTE investiram fortemente na recolha e análise de informações e utilizaram-nas eficazmente para levar a cabo missões contra os militares. Durante a maior parte da guerra, os serviços de informações militares ainda estavam a dar os primeiros passos. Um antigo CDS indica a situação da recolha de informações nas forças armadas da seguinte forma

> No entanto, durante as operações humanitárias, por iniciativa do Secretário de Estado da Defesa, procedeu-se à coordenação de todos os serviços de informações. O Secretário costumava reunir todos os serviços de informações, convocá-los para uma conferência e depois partilhar as informações. Isso ajudou muito. Sei que, na fase final da operação humanitária, ouvi dizer que até estavam a recolher informações sobre as aquisições dos LTTE no estrangeiro, que eram monitorizadas e depois partilhadas com a Marinha. Também sabiam de tudo o que se passava antes do movimento dos navios, que estavam a ser carregados e a deslocar-se de um porto para outro, e assim pudemos impedir alguns desses movimentos. Foi um sucesso, o facto de a Marinha ter conseguido essa capacidade, algo que nunca tinha visto antes na Marinha.

Um antigo CDS observa que a falta de coordenação entre as organizações de recolha de informações é um dos principais inconvenientes políticos e estratégicos. A maioria das organizações governamentais e militares de recolha de informações estava empenhada numa competição para ganhar proeminência. Não estavam dispostas a partilhar com outras organizações nem sequer as informações relevantes e algumas das informações que forneciam estavam desactualizadas e não eram oportunas. Um antigo chefe dos serviços secretos nacionais afirma que, por vezes, se sentia relutante em dar informações críticas a qualquer outra pessoa que não fosse o próprio comandante, pois receava que essas informações fossem comprometidas. Houve casos em que as informações foram divulgadas aos meios de comunicação social antes de a operação poder ser levada a cabo.

A comunidade dos serviços secretos também não se esforçou por recolher informações valiosas, tendo dependido apenas de alguns agentes selecionados. Havia mesmo inconvenientes na avaliação das informações e na sua divulgação de forma segura e atempada. Enquanto a rede de informações não actuou de forma muito profissional, os LTTE puderam tirar partido de todas as situações e, em especial, dos movimentos ilegais de navio para terra. Os carregamentos de armas dos LTTE puderam deslocar-se em mar aberto, transportando a sua carga letal e transferindo-a para as costas sob o controlo dos LTTE sem muitos problemas.

5.2.1.4 Corrupção e falta de avaliações adequadas nos contratos públicos

Um antigo comandante da marinha salienta que a corrupção e a falta de uma política clara em matéria de aquisição de armamento constituíram um importante obstáculo ao êxito da guerra. A guerra já durava há bastante tempo e os governos e as populações estavam a habituar-se à guerra e a ouvir os números das baixas. Os traficantes de armas estavam a explorar a situação e chegaram sob o pretexto de tentar ajudar a ganhar a guerra. No entanto, estavam aqui para fazer negócio. Houve casos de compra de equipamento errado, de munições erradas, de quantidades excessivas de munições, de navios errados, etc. Algumas das decisões dever-se-iam a negligência ou falta de compreensão. Mas a maioria dos negócios deveu-se a práticas corruptas e algumas pessoas estavam a receber comissões avultadas. Um antigo diretor executivo da Lanka Logistics and Technologies Limited (LLTL), Jayantha Wickramasinghe, confirma que havia muitas preocupações quanto ao comprometimento da segurança nacional através do processo de aquisições militares. Afirma ainda que:

> As alegações de corrupção devido ao envolvimento de terceiros e ao pagamento de comissões e incentivos a intermediários no processo de adjudicação de contratos militares eram galopantes. A segurança da informação estava em risco, o que poderia permitir aos LTTE obter vantagens estratégicas. Registaram-se casos de escassez de abastecimento e de fornecimento de equipamento de qualidade inferior.

A aquisição de material militar é um domínio especializado e deve ser objeto de um grande secretismo, a fim de evitar que o inimigo obtenha informações valiosas sobre as especificações, o número de armas encomendadas e as capacidades dessas armas. O sistema de concurso público, embora tenha como objetivo a transparência e a equidade, pode não ser o sistema mais adequado para a aquisição de equipamento de guerra. O antigo diretor executivo da LLTL afirma: "a maioria dos países não segue um sistema de concursos públicos. Ou se lida com uma lista restrita de fabricantes de agências governamentais". O que foi praticado no Sri Lanka foi o sistema de concurso público e é possível que os LTTE tenham utilizado o grande número de fornecedores registados que dispunham de informações sobre as necessidades das forças armadas. Os LTTE devem ter forçado, através da sua rede internacional, certos países a não fornecerem armas e munições às forças governamentais.

5.2.1.5 Não avaliação das capacidades das Forças Armadas

O estudo das capacidades das forças armadas como uma força combinada significou que a luta contra os LTTE não foi bem sucedida durante a maior parte da guerra. Muitas vezes, os serviços individuais estavam a avaliar as suas capacidades e necessidades isoladamente, em vez de compreenderem as possibilidades de benefício mútuo e de possível interferência. Não houve qualquer esforço para efetuar estudos conjuntos sobre o equipamento necessário, especialmente no caso da vigilância marítima. Um antigo CDS afirma:

> Se a força aérea e a marinha do Sri Lanka pudessem ter trabalhado em conjunto, se a força aérea pudesse ter efectuado uma vigilância contínua e se a marinha tivesse a capacidade de chegar rapidamente a uma área em alto mar quando a SLAF vê atividade inimiga, e se a força aérea tivesse bombardeiros de longo alcance para intercetar os barcos inimigos, penso que este inimigo teria parecido muito pequeno. O inimigo tornou-se grande porque nós o permitimos; porque não fizemos o nosso trabalho de vigilância corretamente devido à falta de meios. O inimigo explorou esse facto.

A falta de formação conjunta foi outra desvantagem a nível político que dificultou os esforços conjuntos contra o inimigo comum. Só a partir de 2006 é que todos os esforços militares começaram a ser empreendidos de uma forma muito mais coordenada. Os comandantes dos serviços, depois de consultarem os seus oficiais superiores de comando no terreno, trabalharam em harmonia entre os serviços, onde a união foi vista até certo ponto, diz um antigo CDS

5.2.1.6 Não aplicação de tecnologias modernas

A falta de aplicação dos desenvolvimentos da tecnologia moderna é citada como outra desvantagem a nível político por não se ter vencido a guerra muito mais cedo e por se ter permitido que os LTTE se tornassem a força potente que eram no final de 2005. Os LTTE tomaram a iniciativa de utilizar todas as novas tecnologias disponíveis para prosseguirem o seu objetivo. Eram muito capazes de utilizar equipamento tecnológico de "dupla utilização". Um antigo Diretor-Geral de Eletricidade e Eletrónica (DGL) do SLN salienta que, até cerca de 1996, os marinheiros técnicos do ramo elétrico não eram suficientes para desempenhar as tarefas que lhes eram confiadas. Houve uma altura em que a maior parte do equipamento sofisticado tinha de ser enviado para o estrangeiro, para o fabricante, para ser submetido a grandes reparações e, por vezes, mesmo para manutenção de rotina. Este facto conduzia a custos adicionais e à indisponibilidade de equipamento crucial durante um certo período.

Além disso, o SLN não podia aplicar os conhecimentos teóricos e de base que o pessoal técnico adquiriu durante a sua formação no estrangeiro. O SLN não dispunha de uma oficina de alta qualidade para efetuar a reparação e a manutenção de equipamentos como as câmaras térmicas e as imagens térmicas, pelo que estes equipamentos tinham de ser enviados para o estrangeiro para reparação. Até cerca de 1996, não existia no SLN um sector de engenharia de armamento. Além disso, não era dada a devida prioridade ao trabalho de investigação e desenvolvimento no SLN. O SLN também não dispunha de uma rede de dados adequada para ligar vários sensores e canais de comunicação nos locais mais importantes, como o quartel-general da Marinha e o quartel-general do comando. O desenvolvimento do quadro tático não era possível e o comando tinha de se basear em procedimentos de comunicação básicos para obter informações valiosas e as suas decisões e diretivas tinham de ser enviadas aos comandantes do teatro de operações através dos mesmos métodos básicos. O SLN iniciou a primeira rede de dados da marinha em 2000, afirma um antigo DGL. A capacidade centrada na rede é um instrumento eficaz para coordenar e orientar uma guerra. A informação fiável em tempo real ajuda muito os comandantes tácticos a orientar os esforços de guerra. Os comandantes podem observar a batalha e aconselhar ou apoiar as unidades no local para combater eficazmente o inimigo. Mas o SLN não dispunha desta facilidade até muito mais tarde no conflito. Também para as tarefas de segurança portuária, o SLN não estava totalmente equipado com o equipamento tecnologicamente avançado necessário. Isto num contexto em que os LTTE estavam determinados a atacar todos os portos do país para paralisar a economia, interrompendo as linhas de abastecimento das forças armadas.

5.2.1.7 Não desenvolver/adquirir uma capacidade aérea integral

A Doutrina Marítima Indiana de 2009 descreve a importância de ter uma capacidade aérea própria para uma marinha da seguinte forma:

> O poder aéreo integral no mar alarga o alcance do combate e a capacidade de resposta rápida da força. São utilizados para tarefas de vigilância, de guerra anti-submarina (ASW), de guerra anti-superfície (ASuW) e de defesa aérea (AD), e um

multiplicador de forças, essencial para a luta de guerra e para qualquer tarefa operacional que exija a proteção da força, no mar ou a partir do mar (Indian Maritime Doctrine, 2009, 128).

Esta declaração demonstra amplamente o importante papel que pode ser desempenhado pelo facto de uma marinha dispor de meios aéreos integrados. O SLN tomou a decisão corajosa de adquirir OPVs em 2000, o que constituiu uma mudança importante na sua política de não depender principalmente das FACs.

Um antigo comandante da marinha, o almirante Cecil Tissera, fala sobre este assunto da seguinte forma:

> Somos uma nação insular. Para uma nação insular, a primeira linha de defesa deve ser o mar. Temos uma ZEE sete vezes superior à área terrestre. Para cobrir esse enorme espaço aquático, precisamos de navios de grande porte. Depois, tomámos a decisão ousada de optar por plataformas de insectos com maior capacidade de resistência e, portanto, capazes de operar longe de terra.

Os OPVs adquiridos pelo SLN dispunham de instalações para operar helicópteros, uma vez que dispunham de plataformas para aterragem e descolagem de helicópteros e de hangares para os guardar quando não estavam a ser utilizados. Muitas marinhas do mundo estão a operar as suas próprias aeronaves, especialmente helicópteros, devido à sua utilização múltipla e como multiplicador de forças. O Almirante Thissera afirma que: "precisávamos de introduzir meios aéreos para a nossa batalha marítima. As informações de que dispúnhamos sugeriam que os LTTE estavam a fazer experiências com pequenas aeronaves. Por isso, tínhamos de estar preparados, a asa aérea poderia ter mudado a situação para nós". Esta é uma clara previsão estratégica de um comandante naval. Ele previu a necessidade de adquirir capacidade aérea para a marinha e o seu potencial. Queria utilizar as capacidades existentes dos OPV para acomodar helicópteros.

Fala também dos aspectos positivos de um helicóptero naval que estava a tentar adquirir:

> A resistência dos helicópteros que estávamos a tentar adquirir era de 500 milhas náuticas. Poderíamos ter utilizado esses helicópteros de forma eficaz e económica para a vigilância marítima. A utilização naval de helicópteros é diferente da utilização de aeronaves da força aérea para a vigilância marítima. Os pilotos navais teriam compreendido muito melhor o teatro de operações do que os pilotos da força aérea.

Durante todo o conflito no Sri Lanka, o reconhecimento aéreo marítimo foi efectuado por pilotos da força aérea em conjunto com oficiais da marinha. Mas ter um helicóptero no mar, que pode ser lançado em caso de necessidade, teria dado uma capacidade adicional às plataformas navais, especialmente quando estas foram colocadas a uma grande distância de terra. A Doutrina Marítima Indiana fala mais detalhadamente sobre as embarcações aéreas integrais e a vigilância marítima da seguinte forma

> As aeronaves de reconhecimento marítimo são recursos inestimáveis para manter grandes áreas sob vigilância e permitir o desenvolvimento de MDA. Na sua função de patrulha marítima de longo alcance (LRMP), estas plataformas utilizam uma vasta gama de sensores e armas para conduzir operações de guerra anti-submarina (ASW) e de guerra anti-superfície (ASuW) a grandes distâncias das suas próprias costas. Estas aeronaves são também capazes de alargar o empenhamento cooperativo, orientando o ataque marítimo no mar por outras aeronaves, navios e submarinos (2009, 129).

Apesar de terem sido lançadas as bases para a aquisição de helicópteros da Índia para o SLN, tal nunca se concretizou. O Almirante Tissera afirma ainda que; "estávamos quase a chegar lá. Foram assinados acordos entre os governos da Índia e do Sri Lanka para a aquisição de helicópteros. Começámos a treinar o nosso pessoal. Construímos um hangar na base naval de Welisara para guardar os helicópteros"

No entanto, apesar de haver um entendimento claro sobre a necessidade de dispor de poder aéreo integral para o SLN e de se terem cumprido as formalidades iniciais, o conceito não se tornou realidade. Este facto pode ser considerado como um importante inconveniente a nível político do governo e, em especial, do SLN.

5.3 Desvantagens a nível estratégico

Uma boa estratégia é essencial para qualquer campanha bem sucedida. Nenhum militar sensato entraria numa guerra sem uma estratégia bem definida. No entanto, no caso do Sri Lanka, foram os LTTE que entraram em guerra com as forças governamentais e as forças armadas foram obrigadas a reagir à evolução da situação, em vez de terem uma grande estratégia para vencer.

5.3.1 A falta de uma grande estratégia

A ausência de uma grande estratégia durante a maior parte do conflito deve ter afetado os progressos das forças armadas contra os LTTE. Na maior parte do tempo, não existia uma grande estratégia clara, mas apenas estratégias individuais ad-hoc dos respectivos ramos dos serviços. Não houve uma fusão das estratégias terrestre, aérea e marítima que deveria ter conduzido à criação de uma grande estratégia. Esta situação levou a que os militares não partissem para a ofensiva com uma estratégia clara desde os anos de formação dos LTTE, permitindo assim que estes últimos se transformassem numa força a ter em conta.

Pelo contrário, os LTTE parecem ter trabalhado com uma estratégia clara. O resultado foi a conquista gradual do controlo do mar pelos Tigres do Mar dos LTTE em 2005 e a reivindicação que fizeram do direito legítimo de utilizar os mares ao largo das chamadas áreas controladas pelos LTTE durante o infame acordo de cessar-fogo assinado em 2002. A entrada gradual da asa voadora dos LTTE no espaço aéreo é também um testemunho da grande estratégia dos LTTE. É um facto que muitos militares pagaram com a vida sem sequer obterem vitórias substanciais em terra ou no mar, devido à falta de uma grande estratégia cuidadosamente selecionada. Houve muitas ocasiões em que, depois de uma operação militar bem sucedida, o exército perdeu terreno para os contra-ataques lançados pelos LTTE. Um antigo CDS afirma:

> As forças armadas não foram capazes de manter os ganhos de forma significativa, o que as confundiu e desmoralizou. Por vezes, devido à falta de orientação estratégica, participávamos em operações e, depois de concluídas com êxito, regressávamos aos nossos acampamentos. Passados alguns meses, era efectuada a mesma operação e voltávamos de novo sem manter a zona libertada. Era uma situação desmoralizante e confusa para as forças armadas.

Houve mesmo um grave problema de recrutamento para o exército, uma vez que os jovens aspirantes estavam relutantes em alistar-se no exército por não terem a certeza do resultado da guerra, que já durava há muito tempo sem sinais claros de vitória. Devido à escassez de efectivos, as forças armadas não conseguiam enfrentar os terroristas em muitas frentes e, na maioria das vezes, eram os terroristas que decidiam onde e quando combater.

"A abordagem apenas dos sintomas e não das causas profundas do problema foi outra questão estratégica importante que afectou negativamente o SLN", afirma um antigo comandante da marinha. Os LTTE utilizaram muitos métodos diferentes para enviar a sua carga militar do estrangeiro. Inicialmente, os barcos deslocavam-se entre a costa sul da Índia e a costa norte do Sri Lanka. No entanto, quando a organização estava a crescer e a perder a segurança em Tamilnadu, mudaram a sua atenção para o transporte de abastecimentos utilizando arrastões de pesca de vários dias e embarcações logísticas escoltadas por embarcações de ataque e suicidas dos Tigres do Mar. Desenvolveram uma frota oceânica para estas operações ilegais de contrabando de armas. Até ao momento em que o SLN decidiu procurar e destruir os armazéns flutuantes dos LTTE, que se encontravam a milhares de milhas náuticas de distância do Sri Lanka, os LTTE gozaram da liberdade de trazer o equipamento militar necessário para combater e sustentar os esforços de guerra.

Outro domínio em que faltou uma grande estratégia foi a incapacidade do Governo para proteger o sul do país, apesar de não se ter travado aí uma verdadeira batalha. Os LTTE conseguiram infiltrar-se no sul do país e levar a cabo ataques com engenhos explosivos em muitos locais, sobretudo locais públicos, tais como alvos economicamente importantes, paragens de autocarro, estações ferroviárias, cruzamentos movimentados e locais de culto. Isto provocou uma psicose do medo no país, onde nenhum sítio era considerado seguro.

5.3.2 Necessidade de compreender os conceitos de guerra assimétrica utilizados pelos LTTE Sea Tigers

Combater uma guerra assimétrica com uma mentalidade totalmente convencional foi outro erro estratégico cometido pelas forças armadas. Um antigo Diretor-Geral de Engenharia do SLN afirma

Durante as fases iniciais da guerra, o SLN adoptou a abordagem de guerra convencional no mar. No entanto, esta abordagem revelou-se ineficaz na luta contra os LTTE, que eram uma organização terrorista implacável que não respeitava as regras e leis internacionalmente aceites, como a Convenção de Genebra. Improvisaram na guerra e empreenderam missões suicidas que causaram um pesado tributo humano, mostrando pouca ou nenhuma consideração pelo valor da vida humana. Neste contexto, uma abordagem de guerra convencional parecia menos eficaz para combater os Tigres do Mar dos LTTE. Por conseguinte, o SLN começou a adotar uma abordagem de guerra assimétrica ou não convencional que proporcionava melhores resultados e sucesso no mar.

Como qualquer outra grande marinha do mundo, o SLN foi desenvolvido com uma mentalidade convencional. O SLN foi treinado e equipado num quadro convencional. O pensamento e o planeamento do SLN eram, na sua maioria, convencionais. No entanto, os LTTE, sendo uma organização terrorista não estatal, nunca estiveram confinados a uma mentalidade convencional. Os Tigres do Mar exploraram sempre as fraquezas do SLN e mantiveram-se à frente da concorrência. A resposta inicial do SLN foi bastante convencional e nunca quis atuar como um grupo de guerrilha no mar. O nível das forças, as armas de grande calibre e outros equipamentos correspondiam a uma mentalidade naval convencional, ao passo que os LTTE não tinham de se limitar a uma mentalidade e a princípios convencionais; eram livres de experimentar inovações no mar. Com os resultados que obtiveram, continuaram com a mesma mentalidade e tornaram-se uma verdadeira ameaça para o SLN convencional. Os LTTE estavam muito à frente no que respeita à improvisação e à sua própria investigação e desenvolvimento (I&D). Adquiriram estes conhecimentos a partir de barcos capturados pelo SLN, através da recolha de informações e de fontes abertas em todo o mundo. Estavam determinados a negar a liberdade de movimentos no mar ao SLN. O SLN teve extrema dificuldade em contrariar a ameaça representada pela estratégia assimétrica dos Tigres do Mar com uma estratégia convencional. Os Tigres do Mar eram capazes de modificar os seus barcos, armamento e tácticas de forma mais eficaz e, quando viram os resultados, ficaram confiantes na sua abordagem e continuaram a fazer ainda melhor. A aplicação de estratégias assimétricas pelos Tigres do Mar dos LTTE abriu-lhes o caminho para a obtenção de capacidades quase convencionais em terra e no mar e de uma capacidade limitada no ar.

5.3.3 Falta de coordenação entre as forças armadas

Um antigo comandante da marinha explica que a falta de coordenação entre os comandantes dos serviços é outra desvantagem estratégica. Esta situação foi predominante, especialmente a partir de 2006. Os comandantes do exército e da marinha não se davam bem, o que afectou o progresso do avanço militar e, especialmente, a obtenção de apoio mútuo. No entanto, as relações entre os comandantes de outros serviços e a polícia mantiveram-se equilibradas. Embora não houvesse coordenação entre as altas patentes da marinha e do exército, os comandantes no terreno mantinham-se em estreito contacto e trabalhavam em conjunto, permitindo o apoio mútuo. Era evidente que até o Presidente e os membros superiores do Conselho de Segurança estavam conscientes desta clivagem e, de alguma forma, controlaram a situação de modo a terem um objetivo comum de ganhar a guerra. Este mal-entendido chegou mesmo aos meios de comunicação social. Houve também uma batalha para reclamar os louros das vitórias dos dois comandantes. Um antigo comandante do CDS afirma que "como comandante tático [ele] poderia ter terminado esta guerra muito antes se [pudesse] utilizar a marinha de forma mais eficaz".

Especialmente durante as fases finais da batalha, havia restrições ao posicionamento dos barcos navais e, como resultado, os pequenos barcos navais eram sempre mantidos no mar e a tripulação mudava a nado de e para os barcos durante o tempo de rotação. Também não se verificou a utilização óptima dos sensores navais para as colunas do exército que avançavam. Tudo isto aconteceu devido ao fosso que existia entre os comandantes da marinha e do exército.

A falta de esforços conjuntos das forças armadas a um nível desejado foi um dos principais inconvenientes a nível estratégico verificados durante todo o conflito. Nunca existiu um centro de comando nacional adequado onde se pudessem recolher informações marítimas, terrestres e aéreas e informações provenientes de outras fontes para a tomada de decisões estratégicas. O Conselho de Segurança, que se reunia quase semanalmente com a participação do Presidente, do Primeiro-Ministro, do Secretário do Presidente e do Secretário do Ministério da Defesa, do Secretário do Ministério dos Negócios Estrangeiros e dos comandantes de serviço, do IGP e do Chefe dos Serviços de Informações Nacionais, discutia questões estratégicas e fornecia as diretivas políticas e estratégicas necessárias às forças armadas e à polícia.

A falta de coordenação entre as forças armadas a nível estratégico e mesmo a nível tático é também referida como uma desvantagem na batalha contra o terrorismo dos LTTE. Um antigo comandante da Força Aérea fala da falta de coordenação e de planeamento quando os LTTE introduziram alguns aviões ligeiros no espaço de batalha:

> Sempre pensei que a marinha estava a ter uma solução, pois não era o ar-ar. Porque só tínhamos aviões rápidos para intercetar aviões rápidos. Por isso, não se pode intercetar uma pequena aeronave com uma assinatura de radar baixa, mas a marinha tinha as armas guiadas por radar que poderiam ter dado uma melhor indicação, pelo que se poderia ter planeado nesses termos, ou usá-las tal como estão ou retirar a arma e utilizá-la.

Mesmo nesta ocasião, em que as artes de ataque ligeiro dos LTTE estavam a tentar aterrorizar Colombo - a capital do Sri Lanka -, faltou a mais necessária coordenação entre as forças armadas.

5.3.4 Escassez de comunicações estratégicas

A comunicação estratégica desempenha um papel importante em qualquer campanha. A Comunicação Estratégica refere-se à definição de políticas e à orientação para uma atividade de informação consistente dentro de uma organização e entre organizações. Durante a maior parte do conflito, não houve indícios de uma utilização eficaz das comunicações estratégicas para obter a vitória sobre o terrorismo dos LTTE. As comunicações governamentais destinavam-se principalmente a satisfazer a população local e não a atingir objectivos estratégicos a longo prazo.

As comunicações estratégicas requerem um planeamento prévio e um conhecimento claro dos objectivos. A combinação da mensagem, dos canais de comunicação e das audiências não foi totalmente compreendida nem coordenada de forma eficaz. Também não houve esforços devidamente organizados para combinar e unir os esforços de comunicação dos militares e dos governos. Os LTTE estavam muito à frente nas comunicações estratégicas e utilizaram os meios de comunicação social e a Internet de uma forma muito significativa, propagando a sua mensagem às massas no Sri Lanka e às comunidades da diáspora tamil no estrangeiro. Utilizaram a comunicação estratégica de forma muito eficaz para angariar fundos, especialmente para comprar armas e outros materiais de guerra, incluindo equipamento de dupla utilização, em vários países do mundo. Através destes esforços, conseguiram apresentar os LTTE como um movimento de libertação e o GOSL como um regime opressivo. Conseguiram também convencer certos sectores da comunidade internacional de que eram verdadeiramente perseguidos pelo governo e que lutavam apenas para sobreviver. Na realidade, conseguiram escapar às atrocidades em grande escala que cometeram contra o Sul, dominado pelos cingaleses, e contra o seu próprio povo, que vivia em zonas que estavam sob o seu controlo.

Do mesmo modo, os LTTE estavam na vanguarda das comunicações estratégicas e utilizavam eficazmente vários grupos de pressão e frentes. Exploraram também as regras liberais dos países ocidentais para levar a cabo a propaganda e angariar fundos para sustentar os seus esforços de luta. Um antigo diretor-geral do National Media Centre, Laxshman Hulugalle, descreve esta situação afirmando que "as agências governamentais estavam a aceder à rede Tamil para obter informações sobre o conflito".

5.3.5 Lacunas na proteção marítima

A segurança marítima é de importância primordial para uma nação insular como o Sri Lanka. Tal como salienta o antigo DGL, "o SLN não compreendeu plenamente a importância estratégica de dominar as zonas costeiras próximas e as zonas costeiras, especialmente as zonas que estavam sob o controlo dos LTTE". Os Tigres do Mar tiraram partido desta situação e concentraram-se em negar a utilização das zonas marítimas adjacentes às zonas costeiras sob o seu domínio, recorrendo a várias tácticas e utilizando eficazmente embarcações de ataque suicida contra plataformas navais. As embarcações navais optaram por se manter afastadas desta zona marítima, que se estendia até cerca de 5 milhas náuticas da costa, e os tigres-do-mar gozavam de liberdade de movimentos ininterruptos nessa zona. Quando queriam deslocar-se para as profundezas do oceano, utilizavam tácticas diferentes e conseguiam observar a presença naval e explorar as lacunas para os seus movimentos. De acordo com um antigo DGL, "o SLN subestimou efetivamente a capacidade marítima do inimigo e ignorou o seu potencial até este se tornar uma ameaça real". A atitude demasiado confiante do SLN de considerar os tigres do mar como uma ameaça insignificante abriu caminho para que estes últimos se tornassem uma força marítima a ter em conta no mar. Aliás, os LTTE eram a única organização terrorista do mundo que dispunha de um vasto leque de potentes capacidades navais que eram efetivamente utilizadas para obter e manter um certo grau de controlo de determinadas zonas marítimas. Foi a falta de apreciação estratégica por parte do SLN que o ajudou a transformar-se numa força com tais capacidades. Os LTTE deram prioridade ao desenvolvimento de tigres de mar, pois compreendiam claramente a importância do mar à sua volta para o sustento do seu movimento. Passaram gradualmente de simples botes de fibra de vidro (FGD) para sofisticadas embarcações de ataque, tirando partido da zona marítima ao largo das suas costas. Um antigo DGL aponta também a falta de aquisição de sensores modernos adequados, tais como o Radio Aid for Diretion and Range (RADAR) e o equipamento de comunicações durante as fases iniciais do conflito, como uma das razões para não terem vantagem sobre os Tigres do Mar durante muito tempo.

A insuficiência das defesas costeiras foi outro aspeto negativo da guerra contra os LTTE. O Sri Lanka é uma nação insular e a linha de costa que rodeia o país é de 1340 quilómetros. No seu mapa do Eelam, os LTTE reivindicaram quase 2/3 da faixa costeira como parte do seu território. Esta área incluía grandes extensões das costas oriental, setentrional e noroeste.

5.3.6 Deficiências no domínio das zonas em redor das instalações militares

Outro erro estratégico cometido pelos militares foi o de se confinarem a determinadas localizações geográficas. Um antigo CDS salienta a situação difícil das forças armadas em Jaffna da seguinte forma

> É provável que os LTTE tenham pensado estrategicamente que a única forma de cercar Jaffna ou de tomar o poder da cidade era colocar o exército na defensiva e isolar Jaffna através de rotas terrestres. Nessa situação, pensaram que tinham de contrariar as rotas marítimas e aéreas e, consequentemente, desenvolveram contra-medidas para tornar ineficazes a marinha e a força aérea do Sri Lanka. Uma vez cumprida essa tarefa, tal como desenvolveram a força terrestre, provavelmente desenvolveram a capacidade naval e, por fim, a capacidade aérea.

Existiam muitas instalações militares ao longo da costa oriental durante e antes de os LTTE iniciarem a batalha pelo Eelam. Gradualmente, estes campos foram-se tornando maiores, mas limitados a determinadas zonas. Um exemplo é a base militar de Mulaithivu. Os terroristas efectuaram ataques em grande escala e acabaram por invadir as defesas do maior campo militar da costa nordeste. Uma vez perdido o acampamento militar de Mulaithivu para os militares, os LTTE passaram a ter liberdade de ação na zona e rapidamente se tornaram uma ameaça potente para as unidades do SLN que patrulhavam a área, uma vez que os Tigres do Mar podiam então utilizar livremente as zonas costeiras e marítimas sem qualquer interferência das forças armadas. Também utilizaram eficazmente esta zona para receber o material militar trazido pelos navios dos LTTE. Também puderam utilizar a área circundante para levar a cabo os seus projectos clandestinos de construção de barcos e para posicionar barcos suicidas ao longo da costa, de modo a tornarem-se uma ameaça para as embarcações navais que operam perto da costa.

Até cerca de 2005, a maior parte das bases militares nas áreas operacionais isolavam-se geograficamente. Um antigo CDS esclarece este aspeto dizendo que:

Penso que um grande erro que o exército cometeu foi confinar-se aos seus campos e depender da marinha e da força aérea para os seus abastecimentos, defesa e deslocação de pessoal, sem dominar a estrada, o que deu liberdade aos terroristas para dominarem as áreas circundantes. Embora a razão para este confinamento fosse puramente para minimizar as próprias baixas devido a emboscadas inimigas e minas terrestres, resultou posteriormente num número ainda maior de baixas. Neste cenário, os terroristas cresceram em força, capacidade e confiança, enquanto nós nos tornámos defensivos na proteção dos nossos campos.

Esta situação constituiu um grave erro estratégico cometido pelas forças armadas. A maior parte dos acampamentos das forças armadas limitavam-se aos limites dos seus estabelecimentos. Dependiam de movimentos marítimos ou aéreos para sustentar os campos. Este facto proporcionou amplas oportunidades aos insurrectos para cercarem as instalações militares e gozarem de liberdade de movimentos em torno dos campos. Os militares perderam a vantagem tática e não sabiam o que se passava à sua volta até ao momento em que se tornava uma ameaça potencial. Os LTTE gozavam de liberdade para construir, lançar e recuperar barcos em muitas zonas costeiras e ultrapassaram o inconveniente de não disporem de portos suficientes. Este facto tornou-se um fardo adicional para a marinha e a força aérea, que tiveram de utilizar a maior parte dos seus valiosos recursos para fornecer abastecimentos aos campos militares isolados e até para os defender de ataques inimigos. Um antigo CDS afirma:

> Isto fez com que o inimigo identificasse certas áreas como sendo o seu território e surgiu o conceito de Linha de Defesa Avançada (FDL). A natureza da batalha assumiu então gradualmente uma forma convencional que se prolongou até ao fim. No entanto, devo referir que havia unidades de elite no Exército que efectuavam operações em zonas não libertadas controladas pelos LTTE. Eram as equipas de Reconhecimento e Patrulha de Longo Alcance (LRRP), que conseguiram incutir grande medo aos LTTE, sobretudo à sua liderança, e desarticular muitas operações terroristas.

5.4 Desvantagens a nível tático

Mesmo com uma estratégia clara, uma boa tática desempenha um papel crucial para ganhar uma guerra. Também neste caso, as tácticas do SLN respondiam sobretudo às tácticas dos Tigres do Mar dos LTTE. Para se ter êxito numa situação de guerra, é necessário haver um entendimento claro entre política, estratégia e tática. Alguns dos inconvenientes tácticos que esta investigação descobriu são os seguintes

5.4.1 Falta de coordenação entre as Forças Armadas a nível tático

Esta é mais uma das desvantagens apontadas na batalha contra o terrorismo dos LTTE. Um antigo comandante da força aérea fala da falta de coordenação e planeamento quando os LTTE introduziram alguns aviões ligeiros no espaço de batalha:

> Eu sempre pensei que a marinha estava a ter uma solução, pois não era o ar-ar. Porque só tínhamos aviões rápidos para intercetar aviões rápidos. Por isso, não é possível intercetar

uma pequena aeronave com uma assinatura de radar baixa, mas a marinha tinha a arma guiada por radar que poderia ter dado uma visão, pelo que se poderia ter planeado, nesses termos, retirar a arma e ir para a cave e utilizá-la.

Mesmo nesta ocasião, em que as embarcações de ataque ligeiro dos LTTE tentaram aterrorizar o país, faltou a mais necessária coordenação tática entre as forças armadas. As forças armadas travaram, na sua maioria, batalhas individuais e não de forma combinada com um objetivo comum. Os LTTE, por outro lado, consideravam todas as forças governamentais como um único inimigo e as suas tácticas visavam derrotar todas as instituições militares.

5.4.2 Necessidade de comunicações navais corretas e seguras

Um antigo comandante da marinha indica a falta de comunicações tácticas adequadas como um dos principais obstáculos tácticos que impediram a vitória na guerra durante um longo período. Houve grandes falhas de comunicação ao largo de Mulaitivu e a sul das zonas marítimas de Delft e as embarcações navais em patrulha tiveram dificuldade em transmitir mensagens ou receber informações vitais e instruções operacionais dos centros de operações de comando quando se encontravam em algumas zonas marítimas. A comunicação desempenha um papel fundamental no êxito de qualquer operação no mar, no ar ou em terra. As embarcações navais dependem fortemente das comunicações por rádio em Ultra High Frequency (UHF) e Very High Frequency (VHF) para as comunicações tácticas. Quando um navio está em patrulha no mar, um dos métodos mais comuns e económicos para se manter em contacto com os centros de comando é a comunicação via rádio. A existência de comunicações tácticas eficazes dá ao oficial no comando a confiança de que pode contar com elas para procurar a assistência necessária ou para manter o centro de comando informado da evolução de uma situação. Quando o oficial no comando sente que não pode confiar na comunicação, tende a afastar-se das zonas de perigo, perdendo assim a eficácia da patrulha.

5.4.3 A necessidade de funcionários competentes como líderes de recursos humanos

Os oficiais das forças armadas desempenham um papel fundamental na condução dos seus homens em muitas missões para atingir os objectivos finais. Os oficiais são cuidadosamente selecionados, treinados e expostos e responsabilizados a vários níveis, em circunstâncias diversas, para os moldar, para liderar os seus homens e unidades em batalha ou em qualquer outra situação de desenvolvimento. Um antigo comandante da Força Aérea salienta que "na Força Aérea, as pessoas devidamente qualificadas e experientes recebiam posições-chave para que pudessem ensinar e motivar as pessoas sob o seu comando. A formação vital era efectuada sem interrupções e os procedimentos operacionais eram alterados para nos darem uma vantagem. Os que conseguiam e os que trabalhavam arduamente eram devidamente reconhecidos". Nas forças armadas, a antiguidade e o mérito desempenham um papel crucial na carreira de um oficial. As promoções, os cursos de formação avançada, as nomeações e a frequência de programas especiais dependem de um sistema baseado no mérito e na antiguidade. Um antigo comandante da marinha identifica que este sistema não dava oportunidades suficientes a oficiais extraordinariamente corajosos. Ele explica as mudanças que fez: "Tornei-o muito seletivo e também identifiquei que há certas pessoas que são boas em determinadas áreas. Por isso, selecionei-as e nomeei-as para desenvolverem essa área específica e funcionou".

5.4.4 Escassez de capacidade de combate noturno

Desde o início da guerra contra os LTTE, a falta de capacidade de combate noturno constituiu uma grande desvantagem. Nas fases iniciais do conflito, a marinha tinha de depender de imagens RADAR menos sofisticadas, de binóculos comuns e do olho humano para combater os tigres marinhos no mar. Um antigo comandante da marinha explica como esta situação foi ultrapassada no mar: "Quando a marinha percebeu que precisava de ver através da escuridão, foi introduzida uma poderosa luz de busca chamada Xénon, com uma iluminação de 1000 candelabros. Assim, quando detectavam algo no radar, utilizavam luzes Xenon para iluminar o alvo e, após uma identificação positiva, este era atacado pelo poder de fogo". Depois, os LTTE introduziram o barco suicida e recuperaram a vantagem tática. Os Tigres do Mar também utilizaram um grande número de embarcações para atacar as embarcações do SLN, a fim de ganhar superioridade numérica, e as embarcações da marinha tiveram dificuldade em enfrentar todas as embarcações dos Tigres do Mar em simultâneo. Foi então que a marinha introduziu a câmara térmica para garantir uma melhor capacidade de combate noturno aos FAC. Um antigo comandante da marinha descreve este processo: "A marinha introduziu a câmara térmica; o Sistema Integrado de Múltiplos Sensores (MSIS) com uma arma estabilizada chamada 'Typhoon'. Com a introdução deste sistema no SLN, os LTTE foram apanhados de surpresa e o SLN destruiu à vontade muitos barcos dos LTTE no mar, porque nós conseguíamos ver e eles não nos conseguiam ver claramente". Este facto obrigou os Tigres do Mar a desenvolverem barcos suicidas avançados para combater as embarcações navais.

5.4.5 Sub-utilização das Forças Especiais

As actividades das forças especiais, especialmente na marinha, não foram devidamente consideradas e não foram utilizadas com bons resultados. De facto, havia uma falta de compreensão das suas capacidades e competências. Isto constituía uma clara desvantagem tática para a marinha. Embora a marinha tivesse desenvolvido o Esquadrão de Barcos Especiais (SBS) de elite, este só foi efetivamente utilizado em meados de 2005. A marinha tomou a decisão de aumentar o número de quadros da SBS. No entanto, a formação para o SBS é muito dura e apenas cerca de 50% do pessoal que se oferece para integrar o SBS seria capaz de passar pelo rigor da formação e superar muitos desafios para se tornar um membro do SBS. A única alternativa consistia em aumentar o número de efectivos de uma só vez e mesmo isso estava limitado pelo número de instrutores qualificados disponíveis para realizar a formação especializada.

5.5 O desenvolvimento dos Tigres do Mar LTTE

Basicamente, os LTTE, desde o início dos seus Tigres do Mar, compreenderam realmente que, se quisessem lutar em terra, deveriam ter um sistema de transporte marítimo mais forte para obter o material de guerra necessário para os apoiar. Sendo na sua maioria uma comunidade costeira, os quadros dos LTTE tinham mais afinidade com o oceano, uma vez que a principal atividade de subsistência da sua comunidade era a pesca e outras actividades relacionadas com o mar. Um antigo comandante das FAF descreve a experiência desta comunidade piscatória que mais tarde se tornou membro dos LTTE e, em especial, dos Sea Tigers:

> Penso que, inteligentemente, compreenderam o valor do oceano por serem uma comunidade costeira e, antes do assassinato de Rajiv Gandhi, dependiam sobretudo da linha costeira de Tamil Nadu para os seus abastecimentos. Portanto, era um território familiar para eles. Iam para Tamil Nadu, regressavam e voltavam a regressar. Por isso, estas travessias do Estreito de Calcas deram-lhes muita confiança. E com isso, eles sabiam que precisavam das suas próprias capacidades de transporte. Precisavam de transportar mercadorias através do oceano e já tinham os conhecimentos necessários.

Por esta altura, os LTTE tinham desenvolvido uma boa rede de contactos em Tamilnadu e utilizavam os seus conhecimentos para se deslocarem entre as duas costas. Depois, prosperaram e alargaram as suas actividades também à navegação internacional. De acordo com o Focus Group do Comando Naval do Noroeste (NWNC), a primeira grande embarcação dos Sea Tiger chamava-se "Kadalpura" e estava equipada com um RADAR, algum equipamento de comunicação e um compartimento oculto para esconder armas. Esta embarcação tinha sido utilizada para transportar homens e materiais de navios mercantes na costa de Tamil Nadu. O primeiro quartel-general dos Tigres do Mar foi estabelecido em Velvetiturai, na costa norte, em 1989, e foi batizado de "Kadalpura" em memória do seu primeiro barco. [th]"O primeiro ataque suicida bem sucedido contra um navio do SLN no mar teve lugar em 10 de julho de 1990, quando um FGD carregado de explosivos atingiu o navio Edithara da Marinha do Sri Lanka, que estava ancorado ao largo da costa norte", segundo o relatório do Focus Group NWNC.

O Focus Group da Naval and Maritime Academy (NMA) refere-se aos Sea Tigers como o "código umbilical" dos LTTE, que ajudou a reforçar a organização durante o conflito. O Focus Group da NMA também observa que, inicialmente, os Tigres do Mar ligavam o Sul da Índia e o Norte do Sri Lanka e, mais tarde, ligaram os LTTE ao mundo. Os Tigres do Mar deram sustentabilidade aos LTTE através de um fornecimento logístico contínuo.

5.5.1 Utilização de tácticas assimétricas pelos Tigres do Mar e emprego de barcos suicidas

Um antigo comandante do SBS afirma que, "como qualquer outra organização terrorista do mundo, eles sabiam que as forças armadas trabalham sempre de forma simétrica e levam tempo a reagir a qualquer situação fluida". Esta declaração revela dois aspectos importantes do êxito dos LTTE Sea Tigers. O líder dos LTTE compreendeu perfeitamente a necessidade de dominar e utilizar as zonas marítimas ao largo da zona terrestre que controlavam e o possível êxito das tácticas assimétricas contra uma marinha convencional como a do SLN. Os LTTE tinham uma estratégia a longo prazo para desenvolver os Sea Tigers. O SLN tinha uma estratégia mais reactiva, ou seja, quando os LTTE utilizavam ou experimentavam uma nova tática, o SLN procurava contramedidas para a mesma. Os LTTE alteravam as suas tácticas com base na experiência adquirida em combates no mar e na análise das tácticas convencionais do SLN. Um antigo comandante da SBS salienta também que "a total dependência e concentração do SLN na frota da FAC é outra razão para o crescimento dos Tigres do Mar". Nas fases iniciais, os Tigres do Mar não entraram em confronto direto com o SLN, mas, nas fases finais do conflito, houve ocasiões em que o SLN foi obrigado a não combater ou a retirar-se do confronto com os Tigres do Mar no mar.

Um antigo comandante da SBS afirma ainda que

> O barco suicida dos Tigres do Mar dos LTTE criou um cenário diferente para o SLN. Para estar a salvo, o SLN tinha de destruir o barco suicida quando este era detectado no mar. Houve muitos casos em que o barco suicida não foi detectado até atingir a embarcação do SLN e, nalgumas ocasiões, mesmo quando se viu o barco suicida a aproximar-se, a embarcação do SLN não pôde fazer mais nada senão sucumbir ao ataque.

Os LTTE melhoraram os barcos suicidas, com maior velocidade, proteção blindada e tecnologia furtiva. Os barcos suicidas dos Sea Tigers tornaram vulneráveis até as plataformas mais potentes do SLN, as FAC. Isto deu muita confiança aos LTTE e foi um estímulo para que os Sea Tigers continuassem a aperfeiçoar as tão temidas tácticas suicidas. Um antigo comandante da FAF descreve que as perdas de FACs devido a barcos suicidas deram à marinha uma "sensação de afundamento" e "isso afectou o moral do pessoal do SLN destacado no mar". O SLN encontrava-se numa situação verdadeiramente difícil quanto ao que devia procurar e como tratar os alvos no mar; se os devia considerar hostis ou inocentes. O SLN estava em desvantagem e tornou-se mais defensivo. Os Tigres do Mar exploravam todos os aspectos do mar. Faziam experiências e lançavam ataques utilizando até pequenos barcos de pesca, "*theppan*" [uma escavação básica de madeira], para destruir as plataformas do SLN. Na fase final do conflito, os LTTE estavam a fazer experiências com embarcações submersíveis, o que confundiu ainda mais o SLN.

Um antigo comandante da FAF explica ainda que "as embarcações de ataque Sea Tiger utilizavam mesmo o RADAR para controlar os seus canhões dianteiros com maior eficácia de disparo. Utilizaram um pequeno RADAR com um ecrã de seis polegadas e usaram o Variable Range Marker (VRM) para definir o alcance efetivo de tiro. Trata-se de um mecanismo muito simples, mas eficaz, que permite ao artilheiro da frente esperar até que o alvo SLN entre no alcance de tiro efetivo da arma". Também experimentaram um torpedo humano, ou seja, uma pequena construção de fibra de vidro guiada pelo homem e propulsionada por um OBM de baixa potência. Este tipo de embarcação é muito difícil de detetar no mar utilizando o RADAR devido à silhueta extremamente baixa do alvo. Esta pode ser uma arma ideal contra alvos estacionários ou em movimento lento em águas confinadas. Um antigo comandante da SBS descreve assim o desenvolvimento das embarcações Sea Tiger:

> Além disso, os LTTE construíam os seus barcos de forma muito robusta para transportar múltiplas armas e a construção em fibra de vidro fazia com que os golpes penetrassem no material sem causar danos graves, a menos que um projétil altamente explosivo tivesse

explodido no barco. Em segundo lugar, o combustível inflamável era transportado em tanques de alumínio colocados abaixo do nível da água, o que reduzia o risco de incêndio e explosão ao atingir o tanque de combustível. Mais importante ainda, o perfil do casco da embarcação de ataque permitia uma condução estável mesmo em condições de mar consideravelmente agitado.

Os LTTE não dispunham de portos sob o seu domínio para operar as suas embarcações. No entanto, adoptaram uma técnica improvisada de lançamento e recuperação das suas embarcações de e para o mar, utilizando tractores e berços dos casacos sob o seu controlo. Isto deu-lhes a vantagem de poderem lançar e recuperar as suas embarcações quando precisavam delas para as batalhas marítimas e de as camuflarem/ocultarem quando as levavam para terra para evitar serem detectadas por reconhecimento aéreo e ataques, observa o Focus Group do Defence Services Command and Staff Collage (DSCSC).

O Focus Group do Comando Naval do Sul (SNC) indica que os Tigres do Mar conseguiram adotar uma natureza ofensiva e o elemento surpresa nos seus ataques no mar. Esta foi a principal razão do sucesso das operações dos Tigres do Mar. Os Tigres do Mar gozavam de liberdade para escolher a hora e o local dos ataques no mar, ao passo que o SLN tinha de estar sempre em guarda no mar ou no porto.

5.5.2 As tácticas de enxameação dos Tigres do Mar

Os Tigres do Mar foram pioneiros na tática de enxameação, ou seja, um grande número de embarcações que atacam as FAC do SLN a partir de diferentes direcções. Um antigo comandante da FAF descreve as tácticas de enxameamento utilizadas pelos Tigres do Mar dos LTTE da seguinte forma

> Foi em meados dos anos noventa, ou seja, de 1995 a 1996 em diante, que surgiu o swarming, porque antes eram no máximo dois barcos ou grupos de dois barcos. Mas, a partir de 1995, surgiu esta formação de ataques em enxame, em que haverá sempre três barcos juntos, a operar como uma unidade, e haverá um certo número de unidades deste tipo.

As tácticas de enxameação adoptadas pelos Tigres do Mar constituíram mais um problema para as embarcações do SLN que patrulhavam o mar. As unidades do SLN tinham muita dificuldade em atacar mais do que um ou dois alvos em simultâneo. Os Tigres do Mar estavam a tentar obter superioridade numérica, pois não conseguiam igualar o poder de fogo e a velocidade das unidades SLN. Utilizavam os seus barcos como um enxame e quando os barcos do enxame se aproximavam de várias direcções, a unidade SLN tinha muita dificuldade em entrar em combate. Este conceito também dividiu o fator de risco para os barcos Sea Tiger no enxame, uma vez que as embarcações SLN tinham agora de lidar com vários alvos. Outra vantagem dos Sea Tiger era a maior dimensão das embarcações SLN, uma vez que conseguiam vê-las visualmente melhor do que as embarcações SLN as viam. Um antigo comandante da FAF também afirma que:

Estas tácticas foram bem sucedidas. Diria que, desde os anos 90 e 2000, até ao cessar-fogo, foi um êxito e tivemos muita dificuldade em lidar com estes ataques de enxameação. Segundo a nossa própria análise, em todos os encontros em que 1 FAC enfrenta 3 grupos inimigos, numa relação 1:3, perdemos os FACs. Mas em todos os encontros 1:1 destruímos o inimigo.

A introdução de embarcações suicidas nos enxames dos Tigres do Mar tornou-se um pesadelo para os SLN, pois agora não só tinham de lutar contra as embarcações de ataque dos Tigres do Mar, como também tinham de fugir ou destruir as embarcações suicidas. Esta tática foi um grande sucesso para os Tigres do Mar e destruiu cerca de 20 unidades SLN no mar.

Esta era uma indicação clara para que a unidade do SLN decidisse se iria lutar ou não. No entanto, se a unidade SLN estivesse empenhada em proteger um comboio, essa escolha não existia. Tinham de enfrentar o inimigo, independentemente do que acontecesse e do número de embarcações em que viessem. Por volta de 2006, a taxa de baixas dos SLN devido a ataques de Swarming e Suicídio estava a tornar-se insuportável. Os oficiais que comandavam as FACs estavam a ficar feridos e era difícil encontrar substitutos.

5.5.3 Ataques contra navios da Marinha e da Marinha Mercante no porto

Os LTTE sabiam que o SLN estava a usufruir do abrigo, da segurança e das facilidades dos portos. Compreenderam também que a linha de vida para a península setentrional era a rota marítima e que os portos desempenhavam um papel fundamental nessa rota. Decidiram então efetuar ataques contra alvos navais e mercantes nos portos, especialmente em Trincomalee e Kankasenthurai. Os LTTE começaram a atacar navios no porto a partir de 1995. "Três barcos de guerra foram atacados por mergulhadores suicidas dos LTTE no porto de Trincomalee. A plataforma de lançamento para essa operação foi uma pequena ilha dentro do porto, chamada Sober Island, que ficava a uma distância próxima do local onde os navios estavam atracados", indica um antigo comandante do SBS. O SLN não tinha qualquer presença na ilha de importância estratégica e, por conseguinte, os sabotadores submarinos da LLTE puderam utilizá-la para orientar o seu ataque contra os três navios no porto. O SLN não dispunha de um conceito que impedisse o lançamento de ataques dos Sea Tiger e, uma vez lançada uma missão suicida, era muito difícil impedi-la. Os LTTE também atacaram vários navios da SLN no porto de Kankasenthurai e houve duas tentativas de atacar o porto de Colombo e uma tentativa de atacar o porto de Galle. Foi uma tarefa muito difícil para o SLN proteger os portos contra os ataques dos LTTE. Foi a marinha que o

Os LTTE estavam a visar o alvo por uma série de razões. "Acreditavam que, se a marinha fosse neutralizada, o resto das operações seria muito mais fácil de realizar", afirma um antigo tigre-do-mar. O anexo "E" contém os vários tipos de engenhos explosivos utilizados pelos tigres do mar.

5.5.4 Desenvolvimento das capacidades de transporte marítimo dos LTTE; Os Tigres do Mar e a

Frota de transporte marítimo internacional

Os LTTE aperceberam-se da necessidade de desenvolver a sua capacidade de transporte marítimo, uma vez que não podiam efetuar transportes aéreos. Desde as primeiras fases do conflito, aperceberam-se de que a organização tinha de depender do mar para se sustentar. Para o efeito, os Tigres do Mar tiveram de adquirir vários tipos de embarcações adequadas para combater no mar e transportar logística e pessoal. A concentração excessiva nos requisitos de transporte marítimo para o exército e a força aérea desviou a atenção do SLN até ao início de 2000. A rota terrestre foi completamente cortada para o norte e principalmente o exército teve que depender do transporte marítimo de equipamento e pessoal para sustentar os esforços de guerra contra os LTTE.

Antigo agente dos LTTE no estrangeiro, Selvarasa Padmanathey, vulgarmente conhecido por "KP", descreve o início da luta dos LTTE e a sua ligação ao mar:

> Na verdade, quando começámos esta luta armamentista, não pensámos muito no oceano. De facto, no início, apenas transportávamos as nossas armas ligeiras do Sul da Índia para o Norte do Sri Lanka. E, por vezes, também fugíamos do norte para o sul da Índia. Por essa razão, usámos apenas pequenos barcos. Não pensámos no oceano. Na verdade, isto começou depois de 1984, quando estávamos no sul da Índia. Nessa altura, estávamos sediados em Madras e estávamos a explorar a diáspora. Visitámos sobretudo a Malásia e Singapura. Foi então que começámos a concentrar-nos no oceano. Até 1984, ninguém pensava nisso.

Inicialmente, os LTTE contrataram alguns pescadores para efetuar as deslocações de barco e, gradualmente, começaram a treinar os seus próprios quadros, selecionados nas comunidades costeiras, para essa tarefa. Segundo o agente ultramarino dos LTTE, a formação inicial foi efectuada no Sul da Índia e nas cidades costeiras de Valvetithurai e Mailady, no Norte do Sri Lanka.

KP explica o início da rede de transporte marítimo internacional dos LTTE da seguinte forma

> Em 1983, conhecemos um capitão de navio na Índia. Na verdade, ele estava a trabalhar num navio comercial. Nessa altura, falámos sobre o transporte de equipamento de Singapura para o Sul da Índia. Inicialmente, utilizámos alguns navios comerciais. Alguns desses navios comerciais transportaram, de facto, algumas mercadorias de contrabando de Singapura para o Sul da Índia. Depois pensámos que isto era um pouco difícil, porque não podemos começar o nosso próprio serviço? Por fim, chegámos a uma conclusão. Tínhamos de comprar um navio. Porque já tínhamos estabelecido uma rede nas nossas aldeias costeiras. Também sabíamos que havia lá alguns marinheiros que trabalhavam em companhias de navegação. Portanto, este capitão também conhecia algumas pessoas. Assim, comprámos um navio em segunda mão em Singapura. Era um navio muito antigo e tinha cerca de 500 toneladas.

Levámos o navio de Singapura, reparámo-lo e selecionámos a tripulação das nossas aldeias. Depois levámos o navio para o Sul da Índia e foi esse o início.

O autor afirma ainda que "ele e o capitão do navio eram responsáveis por esta rede que estava sediada em Singapura e, quando o governo de Singapura começou a exercer pressão para encerrar o escritório, mudaram-se para a Malásia". Quando a pressão foi exercida na Malásia, mudaram-se para a Tailândia e, por fim, instalaram-se na Indonésia. Os LTTE também criaram um escritório na Grécia para transportar artigos comprados na Europa e no Líbano. Em 1991, os LTTE tinham cerca de 6 navios e as tripulações, especialmente selecionadas nas aldeias do norte, eram treinadas a bordo. Em 2003, os LTTE tinham 12 navios na sua frota. Segundo ele, a Hungria, o Líbano, a Ucrânia e a Coreia do Norte tinham sido os principais países de origem para a compra de material bélico para os LTTE. Além disso, apesar da crença comum de que os LTTE compravam armas no mercado negro, a maior parte das armas eram adquiridas diretamente ao fabricante, por serem fiáveis e baratas.

O KP afirma ainda que, uma vez que os portos norte-coreanos estavam sob vigilância dos EUA, selecionaram alguns portos do norte da China para carregarem artigos provenientes da Coreia do Norte e levá-los para águas indonésias. Nunca mantiveram qualquer carga letal num porto, pois não era seguro, mas mantiveram-na no mar, a bordo dos seus navios, em águas internacionais. Abasteceram-se de bunker, provisões e água na Indonésia, mas os principais navios-armazém não se deslocaram ao porto e utilizaram outros barcos de serviço para o reabastecimento. Selecionaram também alguns petroleiros antigos, por serem mais estáveis no mar quando a água de lastro estava cheia, e estes navios transferiram os artigos para perto de Mulaithivu e, utilizando lanchas rápidas, os artigos foram transportados para terra. Na fase inicial, os navios dos LTTE tinham chegado a cerca de 30-40 milhas náuticas das costas de Mulaitivu para transferir os artigos. Mas à medida que a vigilância do SLN aumentava, os navios não se aproximavam tanto e mudavam os pontos de encontro para outras partes da costa oriental e da costa noroeste. Quando se tornou difícil para os LTTE transferir artigos da costa oriental por navio para lanchas rápidas, começaram a utilizar arrastões de pesca de vários dias para efetuar as transferências de navio para terra. Foi o que aconteceu especialmente durante o CFA. Explica ainda o motivo subjacente ao crescimento da rede de transportes marítimos dos LTTE, citando as palavras de Prabakaran: "No futuro, a guerra não será apenas em Mullathivu, nem em terra, nem na costa do Sri Lanka, mas sim no meio do mar"

A direção dos LTTE previu a aquisição de OPV pela marinha como um sinal claro de que o SLN se aventuraria nas profundezas do oceano para procurar os navios dos LTTE. Os LTTE compreenderam que, a menos que trouxessem os abastecimentos do estrangeiro por via marítima, a organização não poderia manter a guerra contra as forças governamentais. Os LTTE estavam a recolher fundos suficientes da diáspora tamil e podiam comprar armas de diferentes fontes. Tinham de transportar as armas assim adquiridas através do mar para as zonas controladas pelos LTTE.

A KP elaborou o início dos Sea Tigers no seguinte:

Prabakaran afirmou que "enquanto não dominarem o mar, não vão ganhar". A formação dos Tigres do Mar foi inicialmente efectuada por Shiva Kumar, conhecido por Kittu, oriundo da cidade costeira de Velvettithurai, no norte do país. Nem sequer tinham um nome especial para o grupo, mas desenvolveram-no lentamente. Kittu era inicialmente um pescador e contrabandista. Conhecia muito bem o mar e a comunidade marítima do norte da península. Após a morte de Kittu, o grupo foi liderado por Kundappa, depois por Ragu e Shanker e, finalmente, por Soosai. Foi durante o tempo de Soosai que os Tigres do Mar atingiram o seu potencial. Soosai era também oriundo das zonas costeiras de Valvettithurai e tinha uma personalidade determinada.

Soosai liderou o crescimento fenomenal dos Sea Tigers. "Inicialmente, construíram barcos a nível local, utilizando materiais de fibra de vidro. Mas, mais tarde, mandaram fabricar barcos de alta velocidade em Singapura e na Tailândia e transportaram-nos para o Sri Lanka. Depois disso, copiaram o projeto e construíram um grande número de barcos localmente", diz KP, explicando o crescimento gradual dos Tigres do Mar. OBMs, RADARs, armas para as lanchas rápidas; tudo era comprado no estrangeiro e enviado para o Sri Lanka para ser montado antes de ser posto em ação. Estas embarcações utilizavam telefones por satélite para as comunicações e o Sistema de Posicionamento Global (GPS) para a navegação.

Outro líder dos Tigres do Mar dos LTTE, Seelan, que este investigador entrevistou, recebeu treino básico de combate nas selvas de Vanni em 1996, durante um período de seis meses. Depois disso, todo o grupo de 300 quadros dos LTTE foi integrado na ala dos Sea Tiger e recebeu mais seis meses de treino. O Comissário esclareceu a construção dos barcos dos LTTE. Os barcos dos Sea Tiger foram construídos nas selvas de Pudukudiirripu, a cerca de 30 quilómetros da costa. Recebeu formação em construção de barcos em Vishvamadu e trabalhou no estaleiro de Pudukudiirruppu. Os materiais de fibra de vidro para a construção dos barcos vinham da Tailândia e os OBMs eram comprados ao Japão. Estavam a construir dois tipos de barcos, Mirage e Thalrage.

Também tinha efectuado viagens logísticas do navio para a costa ao largo de Chalai. Havia seis barcos num comboio para transferir artigos de navios que se aproximavam a cerca de 45-60 milhas náuticas da costa. De acordo com a Seelan, o nome do navio era "Showa Maru" e o seu capitão era Ravishanker. O antigo tigre do mar esteve envolvido nestes movimentos de 1997 a 2000. Depois, juntou-se aos Tigres do Mar Negro, os quadros suicidas no mar, e recebeu mais três meses de treino. Participou no ataque ao porto de Galle e foi enviado para trabalhar num navio de transporte de armas dos LTTE. Tinham comprado armas à Coreia do Norte e outros artigos, como OBMs e equipamento de comunicação, a Singapura e à Malásia e transferiram-nos para a Indonésia para serem carregados.

A tripulação a bordo de um navio dos LTTE permanecia normalmente cerca de 5 anos e só depois desembarcava para evitar a fuga de informações. Durante a sua permanência a bordo, era-lhes fornecida alimentação e não eram efectuados quaisquer pagamentos. Todos trabalhavam para os LTTE e para a causa. Seelan prosseguiu dizendo que os LTTE utilizaram arrastões de pesca em 1998-2000 para trazer as armas para terra. Tinham inclusivamente utilizado pescadores cingaleses, mediante pagamento, como parte da tripulação para falar com o SLN, caso fossem desafiados. Um barco de pesca com uma tripulação cingalesa pode não levantar tantas suspeitas a um barco de patrulha naval como um barco com tripulação tamil. Os LTTE tinham também levado os arrastões para a costa sul da Índia, para Kachchathivu e depois para Vedithalathivu, na costa noroeste do Sri Lanka. Os LTTE adquiriram arrastões de pesca em nome de homens de negócios cingaleses e utilizaram-nos para efetuar transferências de materiais de guerra de navio para terra. Uma vez terminadas estas transferências, os arrastões iam pescar e regressavam a Negambo com as capturas, como um vulgar arrastão de pesca. Este modus operando não tinha levantado qualquer suspeita entre a comunidade de inteligência ou a marinha durante algum tempo. Isto tinha-se passado até cerca de 2007. O líder dos LTTE Sea Tiger tinha-lhes pedido que atacassem os portos de Galle e Colombo para desviar as atenções do SLN da costa oriental, uma vez que tinham dificuldade em levar armas para as zonas sob controlo dos LTTE nessa costa. Lançaram sete barcos suicidas para atacar o porto de Colombo e cinco regressaram a Arippu em segurança. Um barco suicida explodiu perto de um navio porta-contentores e o outro virou. Os LTTE pretendiam atacar os portos do país com a intenção de prejudicar a economia e assim forçar o governo a abandonar a guerra e permitir-lhes criar o Estado separado por que lutavam, salienta o antigo tigre do mar.

Além disso, os LTTE concentraram-se especialmente no ataque ao porto de Trincomalee por duas razões principais: em primeiro lugar, para impedir que os abastecimentos fossem para o Norte e, em segundo lugar, porque consideravam que este porto se situava no seu território, ou seja, no Estado de Eelam. Os LTTE tentaram várias vezes atacar o navio de transporte de tropas da SLN "Jet Liner", mas não o conseguiram, pois a velocidade do navio e do comboio era de 40 nós e essa era a velocidade máxima que os barcos dos LTTE também conseguiam atingir. O antigo Sea Tiger afirma que, durante a fase final, foram recebidas por mar não só armas, mas também medicamentos, cimento, géneros alimentícios e roupas. Seelan já tinha trazido alguns medicamentos do Sul da Índia em 2009. Segundo ele, tinha vindo da Índia numa traineira de pesca a cerca de 30 km de Rameshwaram e tinha-se transferido para um barco suicida mais pequeno e levado os artigos para Vellimullivaikkal, que ainda estava sob o controlo dos LTTE. Fala com orgulho do líder dos Tigres do Mar, Soosai;

"Soosai era um bom líder, falava com o povo. Soosai sempre pensou nas pessoas e no país [Eelam]. Protegeu o povo ainda mais do que Prabakaran". Seelan também falou sobre a carga útil dos barcos suicidas: "Num barco Mirage, colocámos duas bombas Khafir não deflagradas [utilizadas pela força aérea] à frente e minas claymore ou colocámos 150 kg de explosivos C4. No barco Murrage colocámos 200 kg de explosivos de alta potência". Os LTTE também fizeram experiências com submergíveis; não eram propriamente submarinos, mas tinham cerca de 1,5 metros de um pequeno tubo de ventilação fora de água. "Tinham testado um submersível de 32 metros que podia transportar quatro pessoas e mercadorias com um peso de 1 a 1 tonelada. Os Sea Tigers e a brigada Charles Anthony também tentaram construir estes submersíveis", afirma o antigo Sea Tiger. Mas isto foi na última fase das operações militares e os LTTE não conseguiram tirar grande partido destes barcos.

Continuou a descrever que os Tigres do Mar eram chefiados por Soosai e que havia mais dois: Narian, que se ocupava do combate, e Vinayagam, que se ocupava da administração. Os pelotões femininos dos Tigres do Mar trabalhavam sob a direção destes líderes.

Os Tigres do Mar fizeram explodir um navio auxiliar da Marinha, denominado A 520, no porto de Trincomalee, utilizando um mergulhador suicida e uma mina de lapa de fibra de vidro em forma de V. Os explosivos C4 estavam no seu interior. Esta bomba podia explodir com um temporizador e um fio de fusível. O antigo Sea Tiger afirma que a unidade denominada "Unidade Informática", que funcionava sob as ordens do filho de Prabakaran, Charles Anthony, era responsável pelo desenvolvimento de minas marítimas improvisadas e de minas de lapas. Uma outra pessoa, chamada Elilan Master, trabalhava sob as ordens de Charles Anthony e tinha conhecimentos especializados em minas marítimas, afirma o antigo Sea Tiger. Segundo ele, as minas marítimas não tiveram muito sucesso. Fala também das posições de RADAR em Chemmalai, Cahlai, Nagar Kovil e das unidades móveis de RADAR utilizadas nas zonas de Nayaru durante as operações, principalmente para recolher informações sobre os movimentos do SLN no mar. Podiam monitorizar uma área marítima a cerca de 70 milhas náuticas da costa e utilizavam mesmo RADARs de 250 KW para esse efeito. Os LTTE também eram muito bons a monitorizar as transmissões de rádio do SLN e a obter pormenores sobre as operações planeadas no mar.

Seelan atribui o êxito dos LTTE Sea Tiger também à falta de serviços de informação naval. Diz que os serviços de informações navais não sabiam nada sobre as operações dos Sea Tiger e, apesar de ter pertencido aos serviços de informações dos LTTE, não conseguiu encontrar quaisquer actividades dos serviços de informações navais na maioria das áreas operacionais.

Outro antigo membro do grupo LTTE, Imran Pandian, [este grupo foi criado para fornecer proteção próxima ao líder dos LTTE] afirma sobre o líder dos LTTE:

> Prabakaran viu em vídeo todos os ataques que fizemos. Se via algum erro que tínhamos cometido, estava sempre a dizer que se voltássemos a fazer isto, ele iria ao local e faria tudo sozinho. Se tinha algo para fazer, fazia-o sem dormir. Aconteça o que acontecer, levantava-se às 4 horas da manhã. Depois disso, estava no escritório às 06h00 da manhã. Tinha sempre em mente onde atacar e onde era o ponto fraco. Está sempre a pensar nos treinos e nos locais onde podemos avançar na guerra. Lê livros escritos sobre guerras estrangeiras. Até a sua mulher deve esperar à sua porta. Ela espera até que alguém a acolha. Ele é uma pessoa que pensa que o seu trabalho deve ser feito por si próprio. E também aprendia sempre algo de novo. Tinha uma boa ideia do que fazer.

Esta é uma declaração clara sobre a dedicação e o empenhamento do líder dos LTTE.

5.5.5 A exploração da situação política no país pelos LTTE

Os LTTE sempre exploraram a situação política do país em seu benefício. Um antigo diretor-geral do MCNS atribui uma razão importante para o crescimento dos LTTE:

> Em 1990, quando o governo do Sri Lanka os alimentou com dinheiro e armas, foi nessa altura que se tornaram realmente fortes. Depois, o Acordo de Cessar-Fogo (CFA) também

tornou os LTTE numa organização forte e reconhecida.

Os LTTE não só exploraram o sistema no Sri Lanka, como conseguiram obter o apoio de vários países e governos para promover a sua causa. A imagem do Sri Lanka era muito impopular, especialmente após os motins de 1983. Os LTTE aproveitaram os tâmiles que deixaram o Sri Lanka e foram aceites em muitos países ocidentais para formar a diáspora tâmil e apoiar os seus esforços de guerra. A sua presença em muitas capitais do mundo ajudou-os também a criar várias empresas de fachada para comprar armas e enviá-las para o Sri Lanka. Isto deu origem ao desenvolvimento de capacidades quase convencionais dos LTTE. Esta foi a principal razão para os LTTE continuarem a sua batalha contra as forças governamentais, tal como um exército convencional, uma pequena marinha e uma pequena força aérea. Esta situação contribuiu para que os LTTE atingissem uma posição muito forte contra as forças governamentais e se tornassem a organização terrorista mais perigosa do mundo. Esta situação afectou diretamente a campanha militar, especialmente no mar, porque os Tigres do Mar também se tornaram muito fortes. Os Tigres do Mar foram capazes de desafiar a supremacia do SLN no mar.

5.5.6 Construção de barcos indígenas dos Tigres Marinhos

Passaram de barcos de pesca em fibra de vidro para embarcações construídas para o efeito e estruturaram-se de forma semelhante à de uma marinha profissional. Um antigo GDE explica este crescimento dos Tigres do Mar da seguinte forma

> Na minha opinião, os Tigres do Mar dos LTTE registaram uma evolução gradual no seu progresso porque conseguiram aumentar o número de embarcações marítimas no seu inventário. Por exemplo, começaram por utilizar embarcações de pesca simples, designadas por bote, e, mais tarde, desenvolveram as suas próprias embarcações de ataque de vários tamanhos, nomeadamente embarcações de fibra de vidro, equipadas com armas e equipamento de combate sofisticados. O seu progresso gradual e as suas competências na construção de embarcações suicidas ameaçaram grandemente o SLN. Como resultado, os Tigres do Mar conseguiram adquirir mais controlo do mar depois de cercarem as embarcações de ataque do SLN e aumentaram a sua presença em locais vitais ao longo da costa nordeste.

Esta declaração resume o crescimento dos Sea Tigers de uma forma muito profissional. Esta é uma indicação clara de que os Tigres do Mar trabalharam sempre com um plano estratégico e que tinham objectivos de longo alcance. É relevante notar que os Tigres do Mar conseguiram manter o controlo do mar em certas áreas marítimas durante um certo período com os seus pensamentos inovadores e estratégicos. O Focus Group do Comando Naval do Norte (NNC) descreve o crescimento dos Tigres do Mar da seguinte forma:

> Os LTTE Sea Tigers eram uma força formidável, cujo arsenal incluía embarcações de logística, embarcações de ataque, embarcações suicidas e outras armas e equipamento. Os

seus inventários incluíam tecnologias de dupla utilização, tais como sistemas de posicionamento global (GPS), sistemas de comunicação por satélite e equipamento para desportos aquáticos e mergulho. Sabe-se que utilizam uma variedade de armas, desde facas a engenhos explosivos. Enquanto a maior parte das outras forças insurrectas marítimas desempenham duas tarefas, a realização de ataques e a entrega secreta de mantimentos, os LTTE dedicavam-se à tarefa adicional de proteção dos navios e ao controlo temporário do mar, ambas funções de uma marinha convencional.

Este facto é uma indicação clara de que os Tigres do Mar eram o grupo terrorista mais dominante que possuía certas capacidades de uma marinha convencional. Enquanto os LTTE faziam experiências de construção das suas próprias embarcações, o SLN concentrava-se em obter as embarcações de que necessitava junto de contratantes no estrangeiro ou no Sri Lanka. Esta situação constituía uma clara desvantagem para o SLN, uma vez que o processo de reforço da frota estava a demorar mais tempo do que o previsto. Simultaneamente, os barcos construídos pelos LTTE tinham boas qualidades de manutenção no mar e o seu armamento era semelhante ao das FAC. Um antigo GDE resume este aspeto dizendo o seguinte

> Na verdade, se considerarmos o desempenho no mar, eles estavam a lutar muito bem com os nossos FAC. Com armas maiores, como as de 23 mm e, por vezes, até de 30 mm, só tínhamos essas armas em plataformas maiores. Mas eles estavam a usar essas armas em plataformas pequenas. O poder de fogo era elevado. A precisão pode não ser muito preciosa, como a que era controlada por sistemas estabilizados e sistemas de controlo de fogo. Mas mesmo assim estavam a atingir-nos.

Os LTTE beneficiaram realmente deste projeto de construção de barcos, pois puderam melhorar o seu desempenho através de tentativas e erros. Um antigo comandante da FAF fala do desenvolvimento dos Sea Tigers neste domínio:

> Para eles, trata-se de um exercício de evolução com base em tentativas e erros. Tinham os ingredientes necessários, no sentido de que as pessoas eram basicamente pescadores da comunidade piscatória. Assim, o mar é um ambiente familiar para eles, o manuseamento de barcos é algo que já conhecem desde a infância e levar um barco de um sítio para outro já é uma ciência conhecida para eles. Com este historial, desenvolveram-se gradualmente.

Fizeram experiências com barcos suicidas improvisados, instalando três de quatro OBMs para ganhar velocidade, instalando armas de maior calibre, como canhões de 23 mm e 30 mm, e conseguiram infligir perdas significativas ao SLN. O anexo "F" contém vários tipos de barcos Sea Tiger construídos pelos LTTE.

5.5.7 Utilização efectiva do Acordo de Cessar-Fogo (CFA) pelos LTTE

Os LTTE aproveitaram o Acordo de Paz assinado em 2002 para desenvolver a sua organização. Os LTTE aproveitaram este período para adquirir grandes stocks de armas e munições e para consolidar a sua organização. Diz o antigo operador ultramarino dos LTTE. Também utilizaram o período CFA para recolher informações vitais sobre instalações militares e outros alvos económicos. Mesmo o período pós-tsunami (dezembro de 2004) foi explorado pelos LTTE, especialmente para desenvolver a sua capacidade de construção de barcos, utilizando materiais recebidos como ajuda às vítimas do tsunami. O CFA também teve efeitos negativos para os LTTE. Seelan fala sobre o período do CFA e o impacto negativo que teve no progresso dos LTTE no extrato seguinte:

> Sim, depois de muito tempo, as pessoas começaram a passear nas aldeias por causa da liberdade. As pessoas visitaram Jaffna, Trincomalee e outros sítios. Nessa altura, as pessoas compreenderam que as condições de vida podiam ser melhores. Foi também outra razão para as pessoas mudarem de ideias.

Um antigo comandante da marinha salienta que: "Uma das principais vantagens do CFA para os militares foi a separação da fação de Karuna dos LTTE. Embora Prabakaran fosse o líder dos LTTE, era Karuna que era considerado o líder da luta. O CFA criou uma fratura no seio da organização LTTE". Chandraprema destaca os seguintes factores e resultados do CFA, que foram prejudiciais para os LTTE

- A mentalidade dos quadros médios e dos quadros de combate dos LTTE tinha mudado e eles habituaram-se a uma vida normal. Tinham-se habituado a viver confortavelmente em grandes casas
- O próprio Prabakaran tornou-se mais um líder político, falando regularmente com representantes da diáspora tamil em jantares e reuniões. O seu estilo de vida mudou, mesmo sem ele dar por isso
- Os principais chefes militares dos LTTE estavam a envelhecer e já não eram capazes de fazer o que faziam na sua juventude

- O LTTE tentou funcionar como um governo e um poder estatal com esquadras de polícia, tribunais, prisões, um sistema de tributação e regulamentos de emigração e imigração, etc. Esta era uma receita para o desastre, pois um governo que exerce o poder perde o apoio popular com o passar do tempo (Chandraprema, 2012, 330-331).

Pode concluir-se que o AFC de 2002 a 2006 teve um impacto tanto negativo como positivo para os LTTE e o Governo do Sri Lanca. Os LTTE conseguiram adquirir grandes quantidades de material de guerra durante este período e tornaram-se ainda mais formidáveis do que antes do CFA. No entanto, o Governo conseguiu tirar partido da fratura existente no seio da organização dos LTTE e explorá-la para finalmente derrotar os LTTE.

5.5.8 Os tigres marinhos e o oceano

Os LTTE compreenderam verdadeiramente o valor do oceano para o seu sustento. O líder dos LTTE declarou em várias ocasiões que o domínio do mar era essencial para o desenvolvimento, o crescimento e o sustento da organização e para alcançar o seu objetivo final, o Eelam. Recorrendo aos conhecimentos da comunidade piscatória [alguns deles tornaram-se mais tarde membros dos LTTE], foi-lhes possível desenvolver os Tigres do Mar para que se tornassem uma força a ter em conta no mar. Os Sea Tigers representavam uma séria ameaça para o SLN, utilizando conceitos assimétricos e desafiando a sua supremacia no mar. Os LTTE expandiram os seus transportes marítimos internacionais, adquirindo alguns navios de carga geral e petroleiros antigos e transportando armas, munições e quase todos os artigos de que necessitavam para lutar eficazmente contra as forças armadas. Gradualmente, os LTTE desenvolveram o seu arsenal, incluindo artilharia pesada e lançadores de morteiros e munições, que são normalmente utilizados pelas forças armadas regulares. Os avanços do exército foram grandemente afectados pelos disparos de artilharia e morteiros dos LTTE. A estratégia dos LTTE de transportar mantimentos através do oceano foi muito bem sucedida e, durante a fase final da guerra, dependeram fortemente deste meio de transporte. Os Tigres do Mar utilizaram embarcações construídas para o efeito e arrastões de pesca comuns de vários dias para transferir a carga dos navios dos LTTE para as zonas costeiras sob o seu controlo, com grande sucesso.

De facto, o desenvolvimento dos Tigres do Mar, dos Tigres do Mar Negro e dos sabotadores submarinos faziam parte da estratégia dos LTTE para negar a utilização dos mares ao SLN e utilizá-los para o seu crescimento e vantagem. Os LTTE desenvolveram uma rede internacional para angariar fundos, comprar armas e transferi-las por via marítima para sustentar a batalha contra as forças armadas. Os navios dos LTTE operavam em águas internacionais e eram utilizados como navios-armazém para armazenar os artigos adquiridos até serem transportados para mais perto do Sri Lanca, prontos para a transferência final de navio para terra para as zonas dominadas pelos LTTE. Os LTTE sempre compreenderam a importância e a dependência da organização em relação ao oceano e utilizaram-no de forma muito estratégica e mesmo tática. O trabalho de I & D dos LTTE tinha também como principal objetivo desenvolver capacidades, quer se tratasse de embarcações suicidas ou de submersíveis, para utilizarem o oceano em seu benefício, negando-o ao SLN. A estratégia de utilização eficaz do oceano levou os LTTE a beneficiarem e a desenvolverem e adquirirem "capacidades quase convencionais" para combaterem com as forças armadas convencionais do governo.

CAPÍTULO 6

FACTORES DETERMINANTES DO SUCESSO DA CONQUISTA DO CONTROLO DO MAR PELA SLN

6. 1 Vitória do SLN

O SLN saiu vitorioso no final da guerra prolongada e sangrenta. Foi a ação do SLN que atacou o centro de gravidade dos LTTE. O SLN conseguiu finalmente recuperar o domínio marítimo dos Tigres do Mar e assegurou o nível necessário de controlo marítimo em todo o país, bem como na ZEE. O SLN conseguiu derrotar os formidáveis Tigres do Mar dos LTTE e reduziu-os a nada na fase final da guerra. As acções do SLN demonstram bem o seu empenhamento e a sua compreensão dos conceitos de guerra não convencional ou assimétrica que os LTTE dominavam com tanta autoridade. O SLN conseguiu sair de uma mentalidade puramente convencional e lidar com a situação combinando métodos não convencionais e assimétricos; basicamente, conseguiu, pela primeira vez na longa guerra, incutir uma psicose de medo na mente dos Tigres do Mar, especialmente depois de 2005. Este capítulo analisará os factores determinantes do sucesso do SLN na conquista do controlo do mar e concluirá os capítulos de análise dos dados.

6.1.1 Desenvolvimento do SLN

Desde a sua criação, a SLN era uma marinha cerimonial, tal como as outras duas forças armadas do Sri Lanka. Não se destinava a travar uma grande guerra, mas sobretudo a tratar de questões de segurança interna. Um antigo comandante da marinha explica este facto:

> O SLN e mesmo o exército eram meras forças cerimoniais até cerca da década de 1970, exceto no caso da insurreição de 1971, mas a marinha tinha um papel a desempenhar, impedindo a imigração ilegal, realizando operações de busca e salvamento no mar, prestando assistência aos pescadores em perigo, esse tipo de papel, e também prestando assistência ao governo em caso de calamidades nacionais, como inundações, deslizamentos de terras ou motins. Depois, a partir do início da década de 1980, diria eu, particularmente após os motins de 1983, a Marinha começou a transformar-se gradualmente num papel diferente.

O SLN concentrou-se no desenvolvimento das suas capacidades em várias fases da sua história. Inicialmente, o SLN começou com algumas embarcações de patrulha construídas no Reino Unido e alguns canhões rápidos provenientes da China. Foram também construídos localmente alguns barcos de patrulha. Em 1985, foi introduzida a FAC para fazer face à ameaça das pequenas embarcações dos LTTE Sea Tigers. O FAC introduziu a alta velocidade e um bom armamento para o SLN. Foi nesta altura que os LTTE efectuaram movimentos marítimos entre a costa norte do Sri Lanka e a costa sul de Tamil Nadu, uma vez que as localizações na costa sul da Índia lhes proporcionavam locais seguros para efectuarem treinos e armazenarem armas e explosivos. Com a introdução das FAC, o SLN beneficiou de uma vantagem sobre os lentos barcos dos LTTE. Um antigo comandante da marinha confirma este ponto, afirmando que "na fase inicial, estávamos em vantagem com a velocidade dos novos FAC provenientes de Israel, do estaleiro de Colombo e dos EUA".

As FAC eram agrupadas como uma esquadra separada, com um oficial de comando, um oficial executivo e um comandante de formação. Era um orgulho conseguir uma nomeação para comandar uma FAC e os oficiais eram especialmente selecionados para estes cargos. Um antigo comandante da FAF afirma que "as FAC eram vistas como plataformas formidáveis, inafundáveis e indestrutíveis". A contra-medida dos LTTE contra a formidável FAC foi a introdução de tácticas de enxame e do barco suicida Black Sea Tiger. Em seguida, foram introduzidas melhorias graduais nas FAC, como o lançador automático de granadas (AGL), a potente luz de busca Xenon, o sistema de controlo de tiro Typhoon, etc. O SLN considerava a FAC como o principal cavalo de batalha e prestou muita atenção ao desenvolvimento e aperfeiçoamento da frota de FAC. No final da guerra, o SLN tinha adquirido mais de 50 FAC de várias fontes. As FAC também sofreram o impacto dos ataques suicidas dos Tigres do Mar, uma vez que foram as primeiras a combater os Tigres do Mar em muitos confrontos. Os LTTE também melhoraram o barco suicida, dotando-o de maior velocidade, proteção blindada e tecnologia furtiva. Um antigo comandante da FAF afirma a este respeito

> Houve uma batalha contínua entre as FAC e os barcos suicidas. No final da guerra, o SLN tinha perdido 20 FAC em combate com os Tigres do Mar dos LTTE. Os Sea Tiger estavam equipados com canhões antiaéreos de calibre 23 mm. As FAC também evoluíram com novas tácticas para fazer face à ameaça dos barcos suicidas dos Sea Tiger.

O SLN, através de oficiais e marinheiros especialmente selecionados, manteve de alguma forma a vantagem através de um treino dedicado, da avaliação de incidentes, do estudo das capacidades dos Sea Tiger e da improvisação das suas próprias tácticas. Um antigo comandante da FAF, que era também o oficial de treino da esquadra, indica a forma como conduziam os treinos para melhorar a eficácia dos combates:

> Através da formação melhorámos o conhecimento, através do conhecimento demos a confiança. E a confiança garantiu a vitória. Os conhecimentos foram transmitidos numa série baseada nos 3 Ps, ou seja, físico, profissional e psicológico, e acabámos por obter resultados. Por isso, eu diria que a formação é o mais importante, especialmente na guerra assimétrica.

A existência de um grande número de unidades operacionais e a necessidade de as manter no mar implicava também mais compromissos de engenharia. Os navios e as embarcações tinham de estar sempre num estado operacional ótimo e prontos a partir para o mar a curto prazo; isto porque os confrontos ou quaisquer outros requisitos operacionais podiam surgir a qualquer momento. A manutenção de uma frota de grandes dimensões exige igualmente um empenhamento logístico especial. No entanto, o pessoal técnico da SLN esteve à altura deste desafio. Combinaram anos de experiência, métodos inovadores e fizeram bem o seu trabalho. Explica um antigo funcionário:

Melhorámos as nossas capacidades de deslizamento. Por exemplo, os acordos de deslizamento lateral no estaleiro de Trincomalee, depois em Galle, e a obtenção de instalações de deslizamento FAC em Kankasenthurai. Assim, pudemos gerir os nossos calendários de atracagem. Semestralmente, anualmente, 18 meses, consoante o esquema de pintura e outros requisitos. Fazíamos a manutenção e era assim que enviávamos os nossos grandes navios a tantos quilómetros dos nossos portos. Eles nunca falharam. Embora as pessoas dissessem que se tratava de navios velhos, com mais de 40 anos. Mesmo assim, sabíamos que, se fizéssemos a manutenção correta, eles não iriam falhar.

A manutenção das unidades da frota era da maior importância, uma vez que os comandantes que as geriam precisavam de ter a certeza de que as suas plataformas eram fiáveis e estavam prontas para qualquer tarefa no mar.

O departamento técnico queria manter as FACs com 100% de fiabilidade e, por isso, utilizava apenas peças sobresselentes originais dos fabricantes de equipamento original (OEM), uma vez que não se podia dar ao luxo de deixar nem um motor inoperacional no mar; nesse caso, toda a embarcação poderia ficar vulnerável aos ataques dos Sea Tiger. Os militares deram o seu melhor para manter o mais alto nível possível de operacionalidade, o que foi conseguido com muito trabalho árduo, empenhamento e atributos de liderança. Houve uma excelente coordenação entre os ramos logístico e técnico, o que era uma necessidade para garantir que a manutenção pudesse ser efectuada sem qualquer interrupção. O requisito era dispor do maior número possível de unidades marítimas para utilização imediata. Não era apenas a manutenção de rotina que tinha de ser efectuada, mas também as reparações de emergência. Quando uma embarcação regressava após uma batalha, havia necessidade de efetuar reparações de emergência e o pessoal técnico tinha de estar preparado para essa contingência. Estas reparações tinham de ser efectuadas a qualquer hora do dia, uma vez que o estado operacional exigido tinha de ser mantido a todo o momento, pois o inimigo não esperaria que o SLN levasse o seu tempo a preparar a embarcação. Por vezes, era necessário trabalhar em dois turnos e trabalhar dia e noite para que a embarcação estivesse novamente disponível para o combate.

A SLN não se concentrou no desenvolvimento da frota oceânica até cerca de 2000. A maior parte do tempo, o SLN concentrou-se em melhorar a frota da FAC, mas não os navios de alto mar. Os LTTE compreenderam esta falta de vigilância oceânica do SLN e exploraram essa fraqueza para efetuar os seus movimentos logísticos. Neste contexto, um antigo diretor-geral de eletricidade e eletrónica fala do desenvolvimento da frota de navios de patrulha offshore (OPV):

> Tínhamos uma barreira de 200 nm, protegida por OPV's. Mas o que se passa é que sabemos como é difícil policiar uma grande área com um OPV no mar. OPVs como Sayura, Samudura, Suranimala, Nandimithra, Sagara entraram em ação e isso foi uma vantagem para nós. Este desenvolvimento foi um processo gradual. A SLN teve a sorte de receber dois OPV da marinha indiana e um da Guarda Costeira dos EUA. Em seguida, foram adquiridos dois navios de mísseis rápidos (FMV) a Israel. Estas unidades dotaram o SLN de uma capacidade limitada em águas azuis e o SLN pôde patrulhar a ZEE de 200 milhas náuticas de forma

muito mais eficaz. Com a adição de OPVs à frota, o SLN foi capaz de os colocar em áreas de patrulha a longas distâncias da linha costeira numa base contínua.

Quando o SLN adquiriu um número suficiente de OPV e os destacou para patrulhar para além das águas territoriais até à ZEE, os Tigres do Mar tiveram dificuldade em trazer os seus navios mercantes para mais perto da costa para transferir artigos. Os navios dos LTTE foram então mantidos a uma grande distância da costa e utilizaram arrastões de pesca e pequenos barcos para efetuar a transferência para terra. Além disso, os LTTE foram obrigados a deslocar as suas operações da costa oriental para a costa noroeste.

Antigo Sea Tiger, Seelan fala sobre a eficácia destes OPV e o efeito que tiveram na operação dos Sea Tiger:

> Tínhamos um navio que foi atacado pela marinha que veio guardar o lado de Mullaithivu. Por isso, não recebemos quaisquer armas. Depois, Soosai telefonou e disse que devíamos atacar o outro lado [do país] para afastar os navios da marinha de Mullathivu.

Esta é uma indicação clara de que as operações levadas a cabo pelos OPV estavam a produzir resultados. Os LTTE foram obrigados a tomar medidas alternativas para transportar armas e munições por via marítima para outras zonas para além de Mulaithivu, que era o seu melhor reduto e onde as armas eram mais necessárias, uma vez que fazia fronteira com as forças armadas na península de Wanni e Jaffna. Os OPV desempenharam um papel fundamental na destruição final dos armazéns flutuantes dos LTTE a longas distâncias do Sri Lanka.

6.1.2 Liderança política, determinação e sinergia da vontade política e militar

Segundo um antigo comandante da FAF, durante o período de guerra entre os LTTE e os militares, a vontade política e militar não foi sinergizada até cerca de 2005. Os sucessivos governos tentaram diferentes estratégias para derrotar a insurreição e os líderes militares também tentaram, de tempos a tempos, esmagar o terrorismo dos LTTE. Um antigo comandante da marinha salienta que "com o empenhamento da liderança de Sua Excelência o Presidente Mahinda Rajapaksa, que estava determinado a derrotar os LTTE, surgiu a vontade política. O Secretário da Defesa e os Comandantes de Serviço tinham a vontade militar". Assim, quando a vontade política e a vontade militar se sinergizaram, transformaram-se numa força formidável que os LTTE nunca tinham experimentado durante o conflito.

Os militares travaram uma longa batalha contra a insurreição dos LTTE. Embora os governos tenham mudado de acordo com a vontade do povo, as forças armadas mantiveram-se as mesmas e travaram batalhas durante quase três décadas. Os militares foram os que mais sofreram em termos de pessoal, território e equipamento. Após 2005, a liderança política galvanizou todo o país, incluindo os meios de comunicação social, de todas as formas possíveis, o que não aconteceu em ocasiões anteriores. O país inteiro foi mobilizado para a guerra.

Todos estes factores contribuíram para a vitória final. Pode dizer-se que foram os mesmos militares e o mesmo inimigo que combateram mesmo depois de 2005, mas o que mudou foi a liderança política. O governo que chegou ao poder em 2005 deu uma indicação muito clara às forças armadas de que pretendia pôr fim ao terrorismo no país. Nessa altura, o acordo de cessar-fogo estava em vigor, apesar das inúmeras violações cometidas pelos LTTE. Os LTTE tinham um moral elevado, pois conseguiram reorganizar-se mesmo depois do tsunami de 2004 e equiparam-se bem. Controlavam áreas terrestres consideráveis e podiam efetuar treinos e preparar-se para a guerra. Como salienta o antigo comandante da marinha:

> Os LTTE, mesmo durante o período pós-tsunami, reforçaram a sua capacidade de construção de barcos. Disseram-nos que alguns países estrangeiros apareceram e estavam a ajudá-los (os LTTE) sob o disfarce de ONG que vieram ajudar a desenvolver e construir barcos de pesca. O que construíram, de facto, foram embarcações para a ala dos tigres de mar dos LTTE.

O tsunami de 2004 destruiu vastas zonas costeiras, que estavam sob o controlo dos LTTE - juntamente com as suas capacidades de ataque aos tigres de mar. No entanto, os LTTE aproveitaram o apoio que estavam a receber de muitos países estrangeiros e de organizações não governamentais (ONG). Conseguiram reconstruir as suas capacidades ainda melhor do que antes. Os LTTE violaram o Acordo de Comércio Livre de forma grave quando fecharam a comporta de Mavilaru, um anicut que fornecia água para a irrigação e para o dia a dia.

As operações militares para desminar a província oriental começaram em 2006 com a tentativa de reabrir o anicut e ganharam ímpeto, trazendo sucesso após sucesso para as forças armadas. As operações militares para desminar a província oriental começaram em 2006 com a tentativa de reabrir o anicut e ganharam ímpeto, trazendo sucesso após sucesso para as forças armadas. Um dos aspectos mais notáveis da liderança política foi o facto de ter conseguido ganhar a confiança da liderança militar de que a batalha seria levada até ao fim. Quando os chefes militares se sentiram confiantes na determinação do governo e na maior possibilidade de ganhar a guerra, todo o formato da guerra começou a mudar. Essa confiança foi transmitida aos escalões inferiores das forças armadas, que se dispuseram a lutar até ao fim. O governo estava disposto a fornecer o que as forças armadas necessitavam e um antigo comandante da marinha afirma a este respeito que

> Tudo o que pedimos foi-nos dado pela liderança do Presidente e do Secretário da Defesa. Sempre que verificámos que havia falta de fundos, eu levava o assunto ao Conselho de Segurança e o Secretário da Defesa discutia-o com o Secretário do Tesouro e as questões eram resolvidas. Eu sabia que, por muito que o Governo estivesse disposto a dar, não podíamos comprar barcos ou navios de um dia para o outro. Foi isso que me levou a desenvolver o conceito de barco pequeno. O facto de a liderança política ter galvanizado o apoio de toda a população às forças foi um dos principais aspectos do êxito desta guerra. Outro aspeto importante da liderança política foi o facto de ter contrariado a pressão internacional.

Donald J Hanle, indica a importância da vontade política para o sucesso de uma guerra como: "A guerra é um ato de força letal entre entidades políticas organizadas com o propósito de atingir objectivos políticos, obrigando um inimigo a modificar ou a renunciar aos seus próprios objectivos políticos através do enfraquecimento ou da destruição da sua vontade de resistir" (Hanle. 1989,11). O governo compreendeu as complexidades da guerra e as repercussões do uso da força para destruir os LTTE e estava disposto a correr esse risco para erradicar o terrorismo dos solos do Sri Lanka. Os LTTE foram sempre de opinião que o Governo não iria recorrer totalmente à força para vencer a guerra e que poderiam obrigar o Governo a pôr termo a quaisquer avanços militares recorrendo aos direitos humanos, aos actores internacionais ou mesmo à Índia. Mas o governo que assumiu o poder em 2005 foi diferente e aceitou o desafio, tendo sido bem sucedido na derrota do terrorismo dos LTTE.

O agente ultramarino do LTTE, KP, conclui que o aspeto da liderança política e militar, que prevaleceu durante as fases finais do conflito, foi o seguinte

> A guerra terminou porque os líderes políticos e militares se uniram. Funcionaram bem. No período anterior, de 30 anos, a maior parte das vezes falharam porque as lideranças políticas e militares não estavam próximas. Por isso, não se entendiam. Por isso, o que os líderes militares precisavam era da liderança política. Eles não se entendiam. Esta é a primeira vez na história do Sri Lanka que se uniram e isso funcionou bem.

6.1.3 O desenvolvimento de uma grande estratégia

A definição de uma grande estratégia para um país exige uma visão holística da segurança e uma visão prospetiva do país que tenha em conta tanto as ameaças como as oportunidades (Venkatshami, George, 2012, 4). O Sri Lanka esteve envolvido numa guerra civil prolongada durante um período de tempo considerável. A principal responsabilidade de um governo é proporcionar um ambiente seguro a todos os seus cidadãos. O país tornou-se um lugar inseguro para todas as comunidades, uma vez que o terrorismo abriu as suas asas em quase todas as partes do país, embora os combates de insurreição se limitassem às províncias do norte e do leste do país. Os sucessivos governos tentaram resolver o conflito por vários meios, mas todas essas tentativas não conseguiram garantir uma resolução pacífica do conflito. A estratégia pode ser vista por várias pessoas de forma diferente, com base nas suas aplicações práticas. Algumas das definições da estratégia, tal como descritas por alguns académicos eminentes, são as seguintes

> "A estratégia é a arte de distribuir e aplicar meios militares para satisfazer as necessidades dos militares" - Liddell Hart
>
> "A estratégia é um plano de ação concebido para atingir um determinado fim; um objetivo juntamente com um sistema de medidas para a sua realização"- JC Wylie
>
> "A estratégia deve agora ser entendida como nada menos do que o plano global para utilizar a capacidade de coerção armada - em conjunto com instrumentos económicos, diplomáticos e psicológicos de poder - para apoiar a política externa mais eficaz por meios abertos,

encobertos e tácitos - Robert Osgood" (Baylis, Wirtz, 2013, 5).

As definições de estratégia acima referidas demonstram amplamente a relevância e a ligação da estratégia com as operações militares. Parece que, durante a maior parte do conflito, não houve uma estratégia política clara que se pudesse traduzir numa estratégia militar. Uma das principais razões para este défice é que, embora os LTTE se mantivessem como uma organização determinada a atingir o fim desejado, ou seja, um Estado separado para si próprios, a liderança política e militar mudava rapidamente. Vários líderes políticos tinham estratégias diferentes para pôr fim ao conflito. Uns privilegiavam os meios militares, outros a solução política e outros ainda uma combinação de ambos. Os LTTE foram liderados por uma única pessoa desde o início até ao fim e, por conseguinte, era-lhes perfeitamente possível manter uma grande estratégia. As forças armadas são o braço político de um país e não são capazes de conceber uma grande estratégia por si só. "Uma grande estratégia eficaz deve abordar não só os desafios externos das considerações de política externa, mas também as preocupações internas prementes" (Venkatshmi e George, 2012, 5).

O conflito no Sri Lanka tinha dimensões nacionais e internacionais. O LTTE não se limitava ao Sri Lanka, tendo alargado a sua rede a muitas capitais do mundo. Por conseguinte, a estratégia do governo tinha de abordar estas duas dimensões. Ao analisar o conflito no Sri Lanka, é difícil descobrir se existia uma estratégia clara e inequívoca, o que deve ter sido uma das razões do conflito prolongado. Quando um país não tem uma estratégia clara, isso afecta negativamente o desempenho das forças armadas. As forças armadas do Sri Lanka estavam a atravessar um período difícil, uma vez que as políticas e estratégias dos sucessivos governos mudavam drasticamente de tempos a tempos. Por vezes, os avanços militares tiveram de ser interrompidos e os ganhos anulados, devido às estratégias ad-hoc dos governos. Por outro lado, os LTTE trabalharam com uma estratégia clara, tornando-se gradualmente uma força a ter em conta. Durante as últimas fases do conflito, os LTTE conseguiram travar batalhas convencionais com as forças armadas. Foi uma evolução em relação às tácticas de guerrilha em pequena escala que os LTTE utilizaram durante os seus anos de formação. Os LTTE puderam dispor de uma marinha de facto, os Tigres do Mar, e de uma pequena capacidade aérea, capaz de aterrorizar todo o país.

A estratégia estabelece a ligação entre os objectivos políticos e os meios militares e a combinação de ambos é essencial para ganhar uma guerra. Tal como foi referido por um antigo comandante da marinha: "A liderança do Presidente, que estava determinado a derrotar os LTTE..." A liderança política após 2005 tinha uma visão clara e um estado final desejado para o país e, por isso, foi capaz de ter a determinação de erradicar o terrorismo no país. A grande estratégia, especialmente depois de 2005, previa o aumento da força das forças armadas, a libertação das zonas que estavam sob o domínio dos LTTE de forma sistemática e gradual, a manutenção das zonas libertadas pelas forças armadas, pela polícia e pela Força de Defesa Civil (FDC) e a continuação do impulso militar em várias frentes. Além disso, a grande estratégia visava sensibilizar a comunidade internacional e os principais actores regionais, como a Índia, unir o país em pé de guerra, manter elevado o moral das forças armadas e de outras forças, com uma indicação clara de que o terrorismo tem de acabar se o país derrotar os LTTE. Um antigo comandante da marinha considera que "contrariar a pressão internacional" é um contributo fundamental para esta grande estratégia. Não só para contrariar a pressão internacional, mas também para obter a ajuda de algumas das principais potências mundiais para travar a guerra contra os LTTE. A grande estratégia também previa equilibrar as preocupações da comunidade internacional e convencê-la de que a guerra deve terminar em nome da paz na região.

Um antigo comandante da FAF confirma a importância de ter uma grande estratégia clara da seguinte forma: "Antes de 2006, tínhamos muitos confrontos, estávamos a ganhar incidentes e confrontos isolados. Mas estávamos a perder na estratégia global". A grande estratégia do governo traduziu-se na estratégia militar e, no caso do SLN, no desenvolvimento de uma estratégia marítima abrangente, que visava recuperar o controlo do mar e negá-lo aos Tigres do Mar. Esta estratégia permitiu destruir com êxito a rede logística dos LTTE e reduzir a capacidade dos Tigres do Mar para combater no mar. Além disso, foi possível fundir as estratégias terrestre, marítima e aérea como parte da grande estratégia para vencer a guerra contra o terrorismo. Isto resultou na adoção de uma abordagem proactiva da estratégia militar, negando assim aos LTTE a iniciativa de lançar ataques e tornando-os defensivos, o que os tornou vulneráveis aos avanços militares. O SLN alterou especialmente as suas tácticas e negou a liberdade do oceano aos Tigres do Mar, não só impedindo a logística dos LTTE necessária para combaterem o exército que avançava, mas também impedindo a fuga dos dirigentes dos LTTE por mar, tornando-os assim alvos fáceis da ofensiva militar. O SLN desenvolveu as suas capacidades e tácticas com uma estratégia clara para identificar os aspectos mais críticos do êxito dos Tigres do Mar e utilizou as mesmas tácticas para os derrotar no mar.

A estratégia global do Governo também resultou na manutenção da segurança nas zonas meridionais do país, sem permitir que os LTTE lançassem ataques terroristas para incutir uma psicose de medo na mente da população. Um antigo comandante da força aérea sublinha a teoria do domínio do sul como

> Extremamente eficaz, ao fazer esta estratégia de reforço de Colombo, colocando a CDF e o papel de retenção da Polícia, da Marinha e da Força Aérea, desempenhou um papel tremendo porque havia tropas suficientes e deu liberdade ao exército para avançar mais rapidamente.

Ter uma estratégia clara e bem pensada, especialmente depois de 2005, ajudou a transformar o SLN num grupo vencedor. Um antigo oficial de comando da SBS resume a utilização de uma grande estratégia da seguinte forma

> A Marinha desempenhou um papel vital na grande estratégia para derrotar os LTTE, nomeadamente, a busca e destruição das bases logísticas dos LTTE no mar, a manutenção das SLOCs abertas através das águas orientais e setentrionais para transportar a logística e as tropas para a península setentrional, mantendo o controlo do mar e, por último, a conquista do comando marítimo litoral num bloqueio em camadas que impediu o abastecimento logístico dos LTTE a partir do mar e a ação ofensiva no mar contra os tigres do mar, que acabou por os derrubar. O primeiro era o centro de gravidade dos LTTE, enquanto os outros

dois tratavam também de factores críticos que eram vitais para a grande estratégia.

O Focus Group do Comando Naval do Sudeste (SENC) resume o desenvolvimento do SLN: "O sistema logístico dos LTTE foi altamente perturbado e a logística deficiente diluiu o poder de fogo dos LTTE em terra. O padrão de patrulhamento do SLN à volta da ilha, a vigilância costeira e a utilização eficaz dos serviços de informação naval constituíram uma estratégia vencedora para o SLN".

6.1.4 Adaptação das tácticas assimétricas

A SLN baseou-se essencialmente numa mentalidade convencional desde a sua criação. O seu planeamento, treino e previsão baseavam-se todos nesta mentalidade convencional. Os LTTE eram uma força de guerrilha e eram a força mais pequena e mais fraca. Os LTTE compreenderam que não era possível desenvolver uma marinha convencional com grandes navios; embora controlassem algumas zonas terrestres, não tinham o controlo de um único porto para sua utilização. Sem um porto adequado, não é possível desenvolver uma marinha, uma vez que os navios precisam de estar atracados dentro de um porto para proteção, reparação e manutenção, descanso e recuperação. De acordo com um antigo Sae Tiger, "as instalações de construção de barcos dos LTTE situavam-se a cerca de 30 km da costa". Confirma também que os LTTE utilizavam bulldozers para empurrar os barcos dos Sea Tiger em berços e tractores para os retirar da costa quando terminavam as operações no mar.

Os LTTE desenvolveram tácticas assimétricas não convencionais com maior eficácia. Foram os pioneiros das tácticas de enxame, dos barcos suicidas, das minas de lapas e dos sabotadores suicidas submarinos, dos semi-submersíveis e até dos mini-submarinos. Como explicou um antigo comandante da FAF, "quando o SLN tinha de recrutar pessoas e de as formar, os LTTE tinham a vantagem de utilizar pescadores experientes para levar a cabo as suas operações Sea Tiger", especialmente nos anos de formação. Os LTTE fizeram experiências com vários OBM para aumentar a velocidade, a fim de fugir ou alcançar os FAC de alta velocidade do SLN. Os Tigres do Mar dos LTTE conheciam o comportamento do oceano, a ondulação, a corrente e o vento muito melhor do que o pessoal do SLN, pois viviam com ele há mais tempo. De operações em pequenas embarcações, passaram a operar em alto mar. A situação era completamente oposta à do desenvolvimento do SLN. Um antigo comandante da FAF afirma que as FAC eram consideradas plataformas formidáveis e que, após o primeiro ataque bem sucedido a uma FAC, em agosto de 1993, a inafundável e destrutível FAC foi perdida para um pequeno barco suicida Sea Tiger. Os LTTE desenvolveram o barco suicida com velocidade, proteção blindada e capacidade de destruição. Os barcos suicidas Sea Tiger foram concebidos de várias formas. O autor explica ainda este conceito:

> Para manter o controlo do mar, os LTTE precisavam de uma arma que dissuadisse a marinha. Essa arma era o barco suicida. Desde o barco de pesca muito básico até aos barcos suicidas feitos à medida, foram criados vários modelos; alguns eram maiores, outros mais pequenos, alguns eram planos e de diferentes tamanhos e formas. Mas todos estes modelos levavam à

mesma missão; a missão de cometer suicídio com o alvo.

Os LTTE utilizaram a sua ideologia de ódio para motivar os seus quadros a efectuarem missões suicidas no mar. "O SLN estava numa situação confusa por não saber quais deveriam ser as suas tarefas", afirma um antigo comandante da FAF. O SLN estava a olhar para baixo, de uma plataforma maior, para a plataforma muito mais pequena dos LTTE. Era difícil detetar os Sea Tiger, mesmo com RADAR ou outros sensores, devido à baixa silhueta e à reduzida secção transversal do alvo. Os LTTE estavam determinados a lutar com o SLN para tomar a iniciativa no mar. Os barcos Sea Tiger eram difíceis de detetar por qualquer sistema de controlo de fogo, uma vez que estavam protegidos dos sensores pelos caprichos do oceano. O SLN nunca permitiu que os LTTE tivessem total liberdade no mar. No entanto, os LTTE conseguiram utilizar o mar de forma bastante eficaz para desenvolver a sua eficiência de combate.

A resposta do SLN à ameaça crescente, até cerca de 2005, consistiu em tentar adquirir plataformas capazes de atingir maior velocidade, melhores armas e sistemas de controlo de fogo, mas isso não dissuadiu os Tigres do Mar. Eles estavam a chegar em grande número e entre eles havia vários barcos suicidas. Por volta de 2006, a SLN começou a pensar de forma diferente. O SLN mudou de tática. De acordo com a abordagem convencional, o SLN deveria lutar quando houvesse barcos dos Tigres do Mar a atacar. O SLN pensou que seria ele a decidir quando lutar, se lutar e como lutar. Nalguns confrontos, as FAC abandonaram o barco suicida e combateram com outras embarcações, quando, no início, o barco suicida era a prioridade número um. Um antigo comandante da FAF explica esta situação da seguinte forma

> Assim, quando o confronto estava a ter lugar, tentávamos evitar os barcos suicidas afastando-nos dele. Deixávamo-lo correr, mas não tentávamos atingi-lo, antes tentávamos atingir outra pessoa. Houve algumas ocasiões em que fomos bem sucedidos e depois apercebemo-nos de que o barco suicida estava a ficar desesperado. Embora a plataforma seja muito portentosa, com explosivos e velocidade, o que importa é o homem que a está a pilotar. É um míssil com um cérebro humano. Por isso, pensámos que tínhamos de nos dirigir ao homem. Por isso, evitávamo-lo, tentávamos levar outro barco e deixávamos o suicida regressar. A nossa experiência foi que, em 2006, ao fim de 4 ou 5 meses, o suicida ficou muito desesperado. Tentava correr para aqui e para ali, tentava arranjar um alvo de alguma forma e acabava por ficar sem gasolina.

Tratava-se de tácticas não convencionais que funcionaram a favor do SLN. Quando um barco fica sem combustível, torna-se um alvo fácil, muito vulnerável a qualquer ataque e até à ondulação do mar.

O contra-ataque do SLN às tácticas de enxame era operar em pares. Um enxame de barcos Sea Tiger equipados com canhões ZSU de 23 mm tinha um poder de fogo formidável contra a FAC, mesmo quando operavam aos pares. Os barcos dos LTTE em enxame conseguiam multiplicar o efeito do fogo e, ao mesmo tempo, reduziam o fator de risco para os seus barcos. Para contrariar esta tática de enxame e de suicídio, o SLN criou o conceito de barco pequeno. O antigo comandante da FAF também afirma:

> O SLN criou o conceito de barco pequeno, que consiste em destacar um grande número de unidades para combater os Tigres do Mar com uma superioridade numérica. Nesta altura, o SLN estava a construir os seus próprios barcos, IPC, Wave Riders e Arrow, e a instalá-los em vários locais mais próximos das áreas dominadas pelos LTTE. Agora, os Tigres do Mar dos LTTE tinham de lutar com um grande número de alvos com velocidades semelhantes, armamento semelhante, mas muito mais bem coordenados. O SLN conseguiu retirar a iniciativa aos Tigres do Mar e, gradualmente, o número de confrontos diminuiu drasticamente.

Outra tática assimétrica utilizada pelo SLN foi a utilização de pequenos barcos como barreira durante a fase final da batalha. O exército estava a avançar de várias direcções; os LTTE estavam a ficar encurralados com cerca de 300 000 civis que utilizavam como escudo humano e a única forma possível de os dirigentes dos LTTE escaparem era por mar. Um antigo comandante da marinha fala sobre este conceito de defesa por camadas: "Tornámos o nosso anel mais forte e tínhamos quatro camadas; a primeira camada era constituída por barcos-flecha e barcos-onda e utilizávamos oficiais nesses barcos equipados com câmaras térmicas e radares retirados de algumas das Dvoras não operacionais, porque tínhamos de garantir que qualquer coisa que entrasse no mar a partir da praia de Mullaitivu ou da praia de Nandikadal fosse avisada com antecedência a todas as outras embarcações no mar, dando-lhes tempo para se prepararem. Em qualquer altura, tínhamos cerca de 10 ou 12 embarcações no mar, que eram enviadas de Chalai e Pulmudai.

Na primeira linha desta camada, os pequenos barcos desempenhavam o papel mais difícil. Estavam perto da área de batalha e, por isso, susceptíveis ao fogo terrestre e aos barcos suicidas Sea Tiger. Não dispunham de instalações adequadas para dormir e não estavam protegidos dos elementos climatéricos. No entanto, não desistiram. A batalha estava a aproximar-se do fim. Um antigo comandante da marinha admite com orgulho que "nesta altura já tínhamos capturado mais de 900 barcos que saíam da zona de Mullaitivu com refugiados genuínos e também com LTTE disfarçados de refugiados para fugir, incluindo a mulher de Soosai e as mulheres e filhos de dois líderes". Era um empreendimento arriscado para os pequenos barcos do SLN, mas os resultados foram óptimos. Seelan, que esteve na zona de batalha até à fase final, confirma a eficácia da camada de pequenas embarcações do SLN:

> Vou explicar as razões. Fui a pessoa que foi à Índia e regressou em último lugar. Depois disso, tinha planos para enviar a mulher e o filho de Soosai e Pottu Amman para a Índia, mas falhámos. Verificámos isso enviando um engodo e o engodo foi apanhado. Sim, nós vimo-los. Havia muitos barcos com flechas e vimo-los através da selva. Não podíamos navegar através deles. Se navegássemos, tínhamos de usar barcos suicidas. Mais do que isso, pensámos que podíamos escapar pela selva.

Esta eficácia da camada de pequenos barcos confinou a liderança dos LTTE a uma pequena extensão de terra onde o exército em avanço os podia destruir completamente.

Hanle argumenta que "no momento em que uma unidade de combate começava a separar-se, o seu poder de combate rapidamente se reduzia a nada e a vitória estava assegurada para o lado que permanecesse intacto" (Hanle, 1989, 21). Apesar do longo sofrimento e das perdas e baixas, o SLN não se separou e continuou a lutar. No entanto, quando os Tigres do Mar foram pressionados de várias direcções e continuamente, começaram a ceder e o SLN saiu vitorioso.

6.1.5 Liderança revigorante da SLN

Quando a liderança política estava a trabalhar com uma determinação e um empenhamento firmes, a liderança militar também precisava de estar igualmente à altura da tarefa. Os dirigentes políticos estavam muito convictos de que a guerra deveria ser ganha e os LTTE deveriam ser derrotados militarmente. Por conseguinte, a liderança militar tinha de ir ao encontro das aspirações dos líderes políticos e traduzir a visão em objectivos atingíveis e garantir que esses objectivos eram cumpridos pelas respectivas forças armadas. Felizmente, a liderança naval esteve à altura da ocasião e foi outro fator importante que contribuiu para a vitória geral na guerra. Como salienta um antigo comandante da SBS:

> O Comandante da Marinha tinha, sem dúvida, uma avaliação muito clara da situação existente na altura e, desde o momento em que assumiu o comando, prosseguiu uma cadeia de acções para colocar a Marinha eficazmente contra os Tigres do Mar. O seu bom senso e a sua astúcia são factores que devemos apreciar e a marinha rapidamente assumiu o controlo quando as hostilidades cessaram. Inicialmente, foram tomadas medidas para elevar o moral da marinha e trazer de volta o espírito de luta e, nos três anos seguintes, manteve o ritmo de ação até ao fim.

Como se depreende da afirmação anterior, o moral do SLN foi um fator essencial para vencer a guerra. Esta foi uma altura em que o espírito de vitória do SLN estava em baixo. O SLN estava a sofrer perdas substanciais às mãos dos Tigres do Mar e estava a perder gradualmente o controlo marítimo das zonas onde a terra era dominada pelos LTTE. Hanle indica a importância do moral para manter a luta contra um adversário como: "O moral representa a capacidade de resistir à desmoralização e de iniciar e manter o combate face a um grande perigo pessoal" (Hanle, 1989, 18). Um outro antigo comandante da SBS também se refere à liderança naval da seguinte forma:

> Depois tivemos um Comandante que se foi apresentar. Era do tipo maquiavélico. Costumava fazer ameaças, mas resultava. Mas o fator mais importante que eu vi nele foi que, apesar de ser duro connosco e com os oficiais, tinha uma atitude branda para com os homens. Considerava que perder um homem era culpa dele. Isso deu-lhe um enorme respeito por parte dos homens que comandava. Ao mesmo tempo, era muito exigente com os oficiais que estavam a fazer o seu trabalho e a controlar os homens e os materiais para a guerra, e era muito recetivo a ideias inovadoras, a novas mudanças. Nessa altura, podemos ver muitas

inovações e improvisações. Por exemplo, quando tínhamos de nos deslocar a milhares de quilómetros da costa, sabíamos que não tínhamos capacidade para reabastecer no mar. Mas conseguíamos fazê-lo fabricando tanques de combustível improvisados para nós.

Por vezes, é necessário que um chefe militar recorra a ameaças para conseguir fazer o trabalho. Quando se espera que os chefes subordinados cumpram os prazos e apresentem soluções em vez de problemas, isso repercute-se ao nível mais baixo e todos começam a trabalhar ainda mais arduamente. Este tipo de abordagem de liderança é especialmente necessário para ser aplicado por um comandante em tempo de guerra, opina o antigo GDE:

> Um dos factores determinantes para a derrota dos LTTE no mar que vale a pena mencionar foi a forte liderança, a estratégia eficaz e o pulso firme do Comandante da Marinha, durante a última parte do conflito. O comandante selecionou pessoalmente oficiais com base no mérito, e não apenas na antiguidade, para cargos-chave no SLN, em especial para as posições de comando das unidades de combate.

O comandante seleccionava especialmente os oficiais para várias tarefas, não com base apenas na antiguidade e no mérito, mas com base nas capacidades e na capacidade de execução. Os que tinham um bom desempenho eram reconhecidos e beneficiavam de privilégios especiais. A DGL indica que:

> A liderança naval, honesta e felizmente, tinha um grande líder. Ele queria que as coisas fossem feitas e, sempre que pensava ter alguma coisa, conseguia-a de alguma forma. Tínhamos esse tipo de apoio. Foi muito fácil para nós trabalhar. Mesmo quando o convencíamos em aspectos técnicos, ele nunca duvidava da nossa integridade, não fazia perguntas e o dinheiro não era um problema. No final do dia, o dinheiro rendeu dividendos ao terminar a guerra.

Um líder tem de ouvir os bons conselhos dos seus subordinados, pois espera-se que estes dêem uma opinião profissional, tendo analisado todas as vantagens e desvantagens e todas as opções. O comandante da marinha deu o devido reconhecimento aos seus chefes de departamento, tendo sido criado um grande espírito de equipa que resultou em muitas das grandes realizações durante este período. Ele acreditava em mostrar a sua autoridade quando necessário e em mostrar que fazia parte da equipa quando era preciso lutar como uma unidade coesa.

Estas importantes caraterísticas de liderança ajudaram a incutir o espírito de equipa e o comandante ganhou muito respeito de todo o pessoal naval. O empenhamento do líder era claramente visível pelos subordinados, o que contribuiu positivamente para vencer a guerra.

Na hora mais crucial do país, o SLN teve um líder que esteve à altura da ocasião e mudou a mentalidade de toda a marinha para ir ao encontro das aspirações do comando. Esta liderança fez com que toda a marinha lutasse como uma unidade e, mais importante ainda, criou um espírito de luta e o desejo de vencer. Trabalhou arduamente para aumentar o número de efectivos navais necessários para assumir as tarefas adicionais confiadas ao SLN. Conseguiu conquistar a confiança não só da direção política mas de todo o SLN e os homens estavam dispostos a lutar com ele. Esta liderança estendeu-se ao nível mais baixo e criou um espírito de equipa, tendo o SLN começado a trabalhar e a lutar como uma unidade.

6.1.6 A destruição dos navios-armazém flutuantes dos LTTE

É claramente evidente que os LTTE compreenderam a importância do oceano para o seu desenvolvimento e sustento. Os LTTE prestaram especial atenção à melhoria das capacidades dos Sea Tiger e da sua rede de transportes marítimos internacionais. Inicialmente, os barcos deslocavam-se entre a costa sul da Índia e a costa norte do Sri Lanka. Gradualmente, alargaram as suas operações ao mar, mesmo para além das águas territoriais do Sri Lanka. A frota de navios mercantes dos LTTE tornou-se a única tábua de salvação do grupo para sustentar a guerra contra o governo do Sri Lanka. Seelan, um antigo Sea Tiger, refere o impacto da perda dos navios de guerra dos LTTE: "Quando o exército disparava um projétil, nós disparávamos cerca de 20 projécteis. Disparámos muitos obuses, como morteiros e artilharia. Mas, no final, não tínhamos cartuchos suficientes para atacar o exército". Um antigo comandante do exército confirma esta afirmação: "As baixas na artilharia e nos morteiros foram as mais elevadas do nosso lado. Penso que foram mais de 50 por cento".

Em 2001, a "Operação Waruna Kirana", uma patrulha de barreira efectuada por OPV, começou a 200 milhas náuticas de Mulaithivu, na costa nordeste. Nessa altura, os LTTE depararam-se com dificuldades em trazer um navio para perto da costa. Começaram a trazer artigos para outras partes do país, como as costas sudeste e noroeste. Os LTTE começaram também a efetuar movimentos de navio para terra utilizando arrastões de pesca normais de vários dias. O SLN sabia que estes falsos navios de transporte de armas estavam a chegar à ZEE para transferir os artigos para barcos de pesca ou para as embarcações logísticas Sea Tiger. Um antigo comandante da marinha afirma ainda que:

> O Serviço Nacional de Informações (NIB), os Serviços de Informações do Estado (SIS) e o Exército estavam a dar-nos algumas informações. Os serviços de informação da nossa própria marinha também estavam a recolher informações. Quando esta informação nos foi fornecida, conseguimos analisar e restringir-nos a uma determinada área e enviámos os nossos navios três ou quatro vezes para operações, duas vezes tão perto quanto a ZEE indonésia, mas voltaram de mãos vazias.

O SLN começou a ficar mais confiante e os seus próprios serviços secretos conseguiram fornecer informações precisas e acionáveis sobre os "armazéns flutuantes" dos LTTE. Em 2006, o SLN destruiu um navio de combate dos LTTE ao largo de Kalmunai, na costa oriental, e, no início de 2007, outro navio foi destruído ao largo de Dondra, na costa sul do Sri Lanka. Agora, os comandantes dos OPV estavam cada vez mais confiantes e aguardavam informações para perseguir os navios dos LTTE. Um antigo comandante da marinha diz: "Senti que podíamos fazer isso e o que eles queriam era assistência no reabastecimento. Com algumas medidas inovadoras, conseguimos enviar uma força-tarefa de navios, em março de 2007, para mais perto das águas indonésias e conseguimos destruir mais dois navios de combate".

Posteriormente, com a ajuda de informações preciosas recolhidas através destas operações marítimas e de outras informações terrestres disponíveis, de quadros dos LTTE detidos e de informações navais, o SLN conseguiu localizar todos os outros navios dos LTTE e destruí-los em três operações marítimas subsequentes durante o ano de 2007. Os armazéns flutuantes dos LTTE não se encontravam normalmente nas rotas marítimas internacionais, mas longe delas, de modo a não serem vistos por um grande número de navios que as utilizavam. Isso tornava-se uma vantagem para o SLN, que conseguia localizá-los facilmente. A marinha explorou o conceito de Guerra Global contra o Terror dos EUA e pediu ajuda ao embaixador dos EUA e ao adido de defesa no Sri Lanka, que concordaram em fornecer as informações necessárias sobre os alvos depois de verificarem as tácticas e os métodos utilizados pelo SLN para atacar estes armazéns flutuantes. Os LTTE sabiam que os seus navios estavam a ser atacados pelo SLN e tomaram todas as precauções para evitar serem vigiados. Deixaram de comunicar através de sistemas de satélite e mantiveram-se longe das linhas de navegação conhecidas. Um antigo comandante da marinha explica melhor este processo:

> A parte americana queria garantias de que não atacaríamos nenhum navio ou civil inocente, a não ser que fossem 100% combatentes dos LTTE. Depois de explicado o procedimento, ficaram satisfeitos e posicionaram um satélite na área provável que lhes indicámos. Um dia, em setembro de 2007, recebemos um relatório dos serviços secretos que dizia que eles (americanos) tinham detectado um navio suspeito na zona. Este foi um grande desafio para a SLN. A frota de OPV estava pronta para ir atrás dos armazéns flutuantes dos LTTE, mesmo a distâncias que nunca tinham percorrido. Mas a resistência era o principal problema.

Para que um navio de guerra efectue uma operação de longa distância, é necessário que tenha resistência suficiente para percorrer essa distância, operar e regressar. Além disso, o estado das máquinas e o estado do casco são outros requisitos fundamentais, afirma o ex-DGE do SLN. A frota de OPV do SLN não era constituída por navios novos. Tinham prestado um longo serviço, primeiro ao país de origem e depois à Marinha do Sri Lanka. Iam navegar em alto mar, onde as condições do mar podiam ser muito difíceis. Um antigo GDE explica que "a resistência está relacionada com muitos produtos: combustível, óleo, lubrificantes e também logística. A resistência não é apenas o combustível, porque há um grande número de pessoas a bordo. Precisam de água, alimentos, consumíveis e muitas outras coisas". Normalmente, quando os navios de guerra são destacados para longas distâncias, longe do seu próprio país, recebem o necessário reabastecimento de outro país ou de navios auxiliares. Mas, neste caso, os navios do SLN não podiam ir para outro país, pois isso revelaria o carácter secreto da missão e não dispunham de navios auxiliares adequados. A capacidade de transporte de combustível a bordo de um navio é limitada e não se pode utilizar todo o combustível disponível, pois é necessário manter sempre uma reserva segura para fazer face a qualquer contingência. Em alguns navios do SLN, não existiam mecanismos de ligação internacionalmente aceites para as mangueiras de combustível e o SLN teve de proceder a algumas modificações. Estas modificações foram efectuadas a nível de comando, mantendo um elevado nível de eficiência e padrões de engenharia. O SLN posicionou alguns navios de logística no equador, uma vez que o mar é geralmente calmo nessa zona, e foram tomadas medidas para reabastecer os OPV. Em seguida, os OPVs estavam prontos para se deslocarem para o local pretendido e regressarem ao local perto do equador para reabastecimento antes de regressarem ao Sri Lanka. Esta operação foi um êxito total. As unidades do SLN localizaram a flotilha de navios-armazém dos LTTE a uma distância de cerca de 1400 milhas náuticas do Sri Lanca e enfrentaram-nos de acordo com os procedimentos internacionalmente aceites, tendo-os finalmente destruído.

Para os navios do SLN atacarem estes navios-armazém flutuantes, não existiam armas de grande calibre nem mísseis anti-navio. Os navios dos LTTE foram atacados utilizando os armamentos principais disponíveis a bordo dos OPV. Nalgumas ocasiões, foram utilizados pequenos barcos para destruir os navios dos LTTE. Um antigo comandante da SBS descreve o envolvimento da SBS nestas operações de uma forma muito inovadora:

> A SBS também participou nas operações de busca e ataque aos armazéns flutuantes dos LTTE. As equipas da SBS foram transportadas a bordo durante cada uma destas operações e foram estas equipas que se aproximaram numa embarcação de combate de borracha (CRRC) para disparar granadas de propulsão de foguetes (RPG) e afundar as embarcações na matança final.

Um antigo diretor dos serviços de informações navais indica o que transportavam os navios-armazém flutuantes dos LTTE:

> Os navios dos LTTE foram destruídos juntamente com material militar, incluindo munições de artilharia (grandes quantidades de projécteis de artilharia de 152 mm, 130 mm e 122 mm e morteiros de 120 mm, para além de outras armas e munições a bordo), equipamento de guerra eletrónica (EW), equipamento de comunicações, motores fora de borda de alta potência (OBM), motas de água, Jet Skies, veículos de entrega de nadadores, radares, sistemas de posicionamento global (GPS) e outros materiais bélicos, com a intenção de os descarregar na costa do Sri Lanka. Durante a última fase da guerra, os LTTE não dispunham de um grande número de artilharia e morteiros, pois não podiam descarregá-los em terra antes de serem destruídos pelos navios. Só o MV Koshia, que foi destruído em setembro de 2007, tinha cerca de 29 000 cartuchos de artilharia a bordo, depois de ter descarregado 6 000 cartuchos de artilharia em terra. O MV Matsushima tinha a bordo torpedos, veículos à prova de bala, aviões ligeiros, toneladas de explosivos e peças de artilharia.

A destruição destes navios-armazém dos LTTE pelo SLN provocou uma grande agitação na hierarquia dos tigres. Além disso, tal destruição desferiu um rude golpe na rede internacional de transporte de armas dos LTTE e reduziu drasticamente o seu poder de fogo. Um antigo comandante da marinha explica o êxito destas destruições:

> Cada comandante de área, comandante de batalha e comandante de terreno enviava diariamente ao Quartel-General do Comando de Operações Conjuntas as suas baixas, o número de tropas destacadas para as várias operações, as armas e munições que disparavam, as armas e munições disparadas pelo inimigo e os tipos de munições, etc., que as resumiam e transmitiam ao exército, à marinha e à força aérea. A SLN traçava um gráfico com estas informações, apenas para compreender os padrões de disparo do inimigo, para que pudéssemos ter uma boa ideia se o inimigo continuava a receber armas e munições ou se estava a diminuir. Esta era uma medida para verificar a nossa eficácia no mar; até que ponto tínhamos o controlo do mar. A destruição de cada embarcação apresentou um padrão diferente e os melhores resultados foram obtidos em 10th e 11th de setembro de 2007, quando destruímos 3 embarcações, e em 17 de outubroth a quarta embarcação. Os disparos dos LTTE, principalmente de artilharia e morteiros de 122 mm, diminuíram drasticamente e, quando o exército se aproximou de Kilinochchi, os LTTE tinham apenas cerca de 150 ou 200 morteiros de 130 e 155 mm. Após a destruição dos últimos quatro navios em setembro e outubro, os LTTE não dispunham de quaisquer navios. A nossa análise mostrou claramente que o seu poder de fogo e a sua eficácia tinham diminuído e que o exército estava agora a conseguir avançar muito rapidamente.

A destruição dos navios mercantes pertencentes aos LTTE foi, de facto, uma tarefa muito difícil para o SLN. Não podiam dar-se ao luxo de cometer erros e tinham de estar 100% seguros da identificação dos navios falsos. Se, por acaso, um navio mercante inocente em alto mar fosse acidentalmente atacado, isso teria tido graves repercussões para o SLN. Rohan Perera, um jurista internacional, fala sobre a legalidade desta operação:

> Do ponto de vista jurídico, trata-se de uma questão difícil e muito complexa. Inicialmente, parti do princípio de que se situava algures dentro da zona das 200 milhas náuticas, mas foi muito para além disso. Juridicamente, o único raciocínio que se pode fazer é o facto de a natureza dessa ameaça, com uma grande quantidade de armas envolvidas nos armazéns flutuantes, ter um impacto maior na segurança do Estado, o Sri Lanka. Se tivessem esperado até que o navio se aproximasse das nossas águas, a situação teria talvez aumentado para uma situação fora do nosso controlo. Portanto, é com base na apreensão de uma grave ameaça à segurança nacional, talvez com base num ato de necessidade, que temos de abordar a questão ao abrigo da lei existente.

Normalmente, um episódio desta natureza deveria ter provocado uma série de protestos diplomáticos. O facto de estes navios serem falsos navios de transporte de armas pertencentes aos

LTTE, de não haver civis a bordo, mas apenas combatentes dos LTTE, e de estarem envolvidos em operações ilegais no mar, não provocou qualquer protesto. O anexo "G" contém um gráfico que indica a "Destruição dos navios-armazém logístico dos LTTE em 2007 pelo SLN" e o anexo "H" contém fotografias de "Alguns dos navios dos LTTE destruídos pelo SLN".

Um antigo comandante da força aérea conclui que a destruição dos navios dos LTTE pela marinha teve um impacto positivo no exército e na força aérea: "O abastecimento e a confiança deles (LTTE) foram destruídos e suspeitamos que esta destruição ajudou a força aérea e o exército a prosseguirem as suas operações e a vencerem sem entraves".

Os LTTE não podiam simplesmente manter os seus esforços de guerra quando a sua linha de abastecimento, de que tanto dependiam, foi cortada. O Focus Group NNC descreve este grande esforço como:

> A destruição dos armazéns flutuantes dos LTTE e a interrupção da logística dos LTTE podem ser consideradas como uma das missões de interdição marítima mais bem sucedidas que contribuíram eficazmente para as operações de luta contra o terrorismo no Sri Lanca.

Sem que lhes chegassem os tão necessários abastecimentos, os LTTE não puderam manter a capacidade necessária para resistir aos avanços do exército, o que constituiu um ponto de viragem fundamental na guerra. No Anexo I é apresentado um gráfico que mostra a "Redução da utilização de armas indirectas pelos LTTE entre julho de 2006 e outubro de 2007".

6.1.7 Desenvolvimento de uma capacidade centrada na rede

A partilha de informações é uma componente essencial da guerra atual. A utilização de aplicações baseadas na tecnologia da informação na guerra é atualmente bastante comum e existem vários conceitos de capacidades centradas na rede para aplicação na guerra. As forças armadas do Sri Lanka não dispunham desta importante capacidade durante a maior parte do conflito. Um antigo comandante da FAF refere o desenvolvimento de capacidades centradas na rede:

> Tornou a tomada de decisões muito eficaz. Anteriormente, o comando não tinha conhecimento do que se passava exatamente na frente de batalha. Assim, penso que, de certa forma, a guerra centrada na rede deu ao comando um vislumbre do que estava realmente a acontecer no terreno e, ao mesmo tempo, deu muita confiança aos operadores.

Depois, a Direção de Eletricidade e Eletrónica foi muito bem sucedida na integração de RADARs e outros sensores em vários locais, como as salas de operações dos comandantes de área e a sala de operações do quartel-general da Marinha. Assim, em qualquer cenário de batalha, o SLN podia monitorizar o que se passava no mar e era capaz de orientar ou prestar a assistência necessária às unidades da frota no mar. As salas de operações navais tornaram-se centros de coordenação de batalha. Com a disponibilidade de vários dados provenientes de muitos sensores, os comandantes a vários níveis passaram a dispor de um quadro tático para monitorizar as actividades no mar. Os combates no mar tornaram-se ainda mais fáceis para as unidades do SLN, uma vez que podiam obter informações valiosas sobre a disposição do inimigo, bem como das suas próprias unidades

O conceito de rede centrada desenvolvido pelo SLN utilizando as instalações disponíveis e o equipamento pronto a usar não só poupou uma grande quantidade de dinheiro, como também proporcionou aos comandantes de teatro e tácticos uma ferramenta eficaz para coordenar as batalhas no mar. Um antigo DGL afirma:

> A partir de 2000, a SLN desenvolveu uma rede de vigilância eletrónica em toda a ilha e, gradualmente, desenvolveu áreas de ligação em rede e, em 2005, conseguiu completar as áreas navais do leste e do norte. Tínhamos uma espinha dorsal de dados por micro-ondas que cobria toda a ilha. Todos os RADAR, câmaras, CCTV (Circuito Fechado de Televisão) e muitos outros sensores estavam ligados à espinha dorsal de micro-ondas e, assim, podíamos ver a imagem em tempo real a partir do quartel-general da Marinha ou de qualquer quartel-general da zona.

Anteriormente, o desenvolvimento do quadro tático não era possível e o comando tinha de se basear em procedimentos de comunicação básicos para obter informações valiosas, e as suas decisões e diretivas tinham de ser reenviadas aos comandantes de teatro através dos mesmos métodos básicos. "Basicamente, iniciámos a nossa primeira rede de dados na marinha em 2000", afirma um antigo DGL. A guerra centrada em redes é uma ferramenta eficaz para coordenar e orientar uma guerra. A informação fiável em tempo real ajuda muito os comandantes tácticos a orientar os esforços de guerra. As redes de informação ajudam efetivamente os comandantes a compreender a ordem de batalha e a avisar as unidades dos possíveis perigos e a organizar qualquer assistência e apoio, mesmo de outras forças. Também ajudam o comandante a compreender a mentalidade do comandante do teatro de operações e dão confiança ao comandante tático de que pode confiar no seu superior e que a assistência estará disponível em caso de necessidade. O Focus Group do Comando Naval do Leste (ENC) observa que "a melhoria da sensibilização para o domínio marítimo e a criação de redes que a marinha estabeleceu entre 2007 e 2009 deu dividendos e ajudou a frota nas suas operações, uma vez que o fluxo de informação e a sensibilização do comando para o espaço de batalha melhoraram".

6.1.8 Reforço da proteção marítima com defesas costeiras, defesas portuárias e sistemas de defesa submarina

A segurança marítima é de importância primordial para uma nação insular como o Sri Lanka. Tal como salientado por um antigo DGL, o SLN não compreendeu plenamente a importância estratégica de dominar as zonas costeiras próximas e as zonas costeiras, especialmente as zonas que estavam sob o controlo dos LTTE. Uma vez que os LTTE tinham uma estratégia clara para utilizar o mar em seu proveito, foram rápidos a utilizar as zonas costeiras para levar a cabo as suas actividades quotidianas. O domínio das zonas costeiras era uma atividade intermitente para as forças armadas. Durante a fase inicial da guerra, foram efectuados alguns destacamentos costeiros ao longo das costas norte, nordeste e noroeste. No entanto, à medida que a guerra avançava e os LTTE se tornavam mais dominantes nestas áreas, os militares começaram a perder gradualmente o domínio da costa.

Em 2005, as forças armadas tinham um destacamento costeiro muito limitado nas costas nordeste e noroeste do país, mas os LTTE tinham liberdade de ação nessas zonas. Os LTTE utilizaram as zonas costeiras para lançar os Sea Tiger, para lançar ataques contra estabelecimentos militares e navios mercantes que passavam por essas zonas, para treinar os Sea Tigers, para deslocar os seus quadros entre pontos costeiros, para efetuar operações logísticas, para evacuar vítimas, para reforçar as suas operações e para receber eficazmente material militar dos navios dos LTTE. Os LTTE também utilizaram as zonas costeiras para lançar sabotadores submarinos para atacar alvos militares nos portos. O resultado foi que o SLN estava a tentar manter-se afastado das zonas costeiras dominadas pelos LTTE, mantendo-se a pelo menos 5 milhas náuticas, dando assim liberdade de movimentos aos Tigres do Mar.

Segundo um antigo comandante da FAF, o conceito de dominar a costa para impedir os LTTE de lançar ataques surgiu bastante tarde na guerra. Os LTTE utilizavam embarcações suicidas em quase todas as operações que levavam a cabo e era muito difícil defender essas embarcações, pois vinham prontas a morrer. Por conseguinte, era importante e essencial impedir o lançamento de ataques, sendo de extrema importância dominar e manter a vigilância das zonas costeiras. O SLN tentou dominar as zonas costeiras com equipamento e presença em terra. Como os portos eram um dos alvos prioritários dos LTTE, as zonas costeiras de ambos os lados dos portos tinham de ser dominadas. Nalguns casos, como no caso da proteção do porto de Colombo, 30 quilómetros a norte e a sul do porto tiveram de ser dominados através de uma combinação de vigilância física e de equipamento, indica um antigo comandante da SBS. Seelan confirmou que alguns barcos foram lançados a partir de Negambo, que fica a 30 quilómetros de distância, para atacar o porto de Colombo, o que constitui uma indicação clara de que os LTTE planeavam lançar barcos a uma distância bastante longa para atacar os portos.

Foram também criados locais de concentração de pesca ao longo de muitas zonas costeiras para controlar as actividades dos pescadores e não permitir que este meio de subsistência fosse explorado pelos LTTE. Este sistema de vigilância costeira reforçado, associado ao domínio físico e aos locais de concentração de pesca, contribuiu efetivamente para proteger os portos, outros estabelecimentos militares e instalações vitais e negou aos LTTE as tão necessárias áreas de lançamento para os seus ataques terroristas.

Um antigo comandante da SBS, que também foi oficial de defesa portuária em Trincomalee, descreve a eficácia do sistema de defesa portuária no final do conflito:

> Durante a fase final da operação humanitária, os portos foram bem defendidos e os LTTE não conseguiram iniciar actos de sabotagem nos portos. No entanto, o reforço das defesas foi conseguido através da utilização extensiva de mão de obra, vigilância, controlo de acesso e improvisação inovadora para dissuadir a ameaça submarina, quando a aquisição de equipamento caro e sofisticado não era possível por razões diversas. Em geral, a organização da defesa portuária envolvia a proteção

a bordo por patrulhas portuárias, defesas perimetrais imediatas, adjacentes e circundantes, defesas insulares, quando aplicável, sistemas de vigilância, incluindo vigilância electro-ótica, RADAR, navegação e alcance operados por som (SONAR) e vigilância hidrofónica e vigilância visual por holofotes, sistemas de armamento e barreiras de superfície e subaquáticas.

6.1.9 Conceito de pequenas embarcações e operações do SLN

O SLN colocou constantemente a sua ênfase principal na esquadrilha FAC. As FAC eram vistas como a resposta a muitas tarefas exigidas pelo SLN. Houve uma altura no SLN em que as plataformas maiores eram vistas como uma vulnerabilidade, uma vez que precisavam de estar sempre protegidas contra os Tigres do Mar e as FAC tinham de desempenhar essa tarefa também. As FAC encontravam-se numa fase crucial devido à elevada taxa de baixas no esquadrão, bem como nos oficiais que os comandavam. "As FAC estavam com dificuldades e não conseguíamos satisfazer as expectativas do comando do controlo marítimo. Foi um destacamento demasiado grande, deviam ter sido utilizadas algumas formas inovadoras", afirma um antigo comandante da FAF.

Anos de luta, sofrendo baixas e infligindo danos aos Tigres-marinhos, ajudaram o SLN a evoluir através de estudos, experiências, investigação e a perceber que, para derrotar os Tigres-marinhos no mar, era necessário um novo pensamento e a adaptação de novas tácticas. Um antigo GDE afirma que "o SLN começou a adotar uma abordagem de guerra assimétrica ou não convencional que proporcionava melhores resultados e sucesso no mar". Em 2006, o SLN começou a questionar a sensatez de combater as embarcações Sea Tiger no mar, principalmente com as FAC. Em muitos dos encontros no mar, os Tigres do Mar gozavam de superioridade numérica com a sua tática de enxameação que incorporava barcos suicidas. A ideia do SLN era optar por armas de maior calibre, sistemas de controlo de fogo e maior velocidade, mas estava a perder FACs nas batalhas marítimas. O comandante da marinha fez a seguinte pergunta sobre os pequenos barcos: "Sempre estivemos em menor número. Agora temos de os ultrapassar em número. Por isso, precisamos de mais embarcações de pequeno porte. Como Diretor-Geral de Engenharia, pode construir e produzir isto? Ele estava a pensar em combater os Sea Tiger com um grande número de embarcações do mesmo tipo, mas com melhor poder de fogo e velocidade. Os anos de experiência adquiridos no SLN, operando em lagoas e zonas marítimas fechadas e perto da costa, tornaram-se úteis neste momento e também o estudo dos barcos Tigre do Mar capturados. A sua conceção, armamento e sistemas de propulsão foram estudados e o SLN apresentou três concepções: a segunda geração de embarcações de patrulha costeira (IPC), a terceira geração de IPC denominada "Wave Rider", cuja conceção foi influenciada pela embarcação Sea Tiger denominada "Indumathi" e a primeira geração de embarcações Arrow, utilizando os seus próprios conceitos de investigação e desenvolvimento. Os novos barcos tinham de ser construídos rapidamente, equipados e prontos para serem utilizados no mar. O departamento de engenharia da SLN esteve à altura da ocasião. Obteve toda a ajuda possível de construtores navais externos para construir certos cascos e moldes, acelerou o processo logístico para obter maquinaria e outro equipamento, aumentou o número de pessoal de engenharia e obteve pessoal não qualificado para ajudar o pessoal técnico, melhorou as instalações do estaleiro de construção naval. Todo o processo foi coordenado e controlado pelo departamento de engenharia do quartel-general da Marinha.

Este processo resultou na construção de 150 barcos Arrow, 30 IPCs e 30 wave riders. Estes barcos estavam prontos a ser utilizados num curto espaço de tempo. As outras vantagens destes barcos eram a elevada qualidade e a rapidez de construção. Outra grande vantagem era o facto de estas embarcações necessitarem de um menor número de pessoal para as tripular, serem facilmente transportáveis e destacáveis quando comparadas com as FAC. Um antigo comandante da marinha afirma que "quando tínhamos 10 FAC no mar, os LTTE costumavam colocar cerca de 20 a 30 dos seus barcos, incluindo barcos suicidas. Para fazer face a esta superioridade numérica, não dispúnhamos de FAC suficientes".

A construção interna de um grande número de pequenas embarcações pelo SLN foi a resposta para recuperar a superioridade numérica no mar contra os Tigres do Mar. O primeiro esquadrão de barcos Arrow foi estacionado em Point Pedro, no extremo nordeste do país, e treinado extensivamente com FACs. Durante o primeiro encontro, em 19th de junho de 2007, o SLN conseguiu mobilizar uma força combinada de 40 FACs, IPCs e barcos Arrow contra 25 barcos dos LTTE, resume um antigo comandante da marinha. Foi um enorme sucesso e o SLN conseguiu capturar um dos maiores barcos utilizados pelos Tigres do Mar, chamado "Indumathi", que mais tarde impulsionou o desenvolvimento do Wave Rider IPC. O conceito de barco pequeno do SLN foi um enorme sucesso, pois um antigo comandante da marinha afirma que os LTTE não vieram lutar com a marinha durante os três meses seguintes. Esta vitória deu ao SLN a confiança de que tanto necessitava. Após a introdução do conceito de barco pequeno pelo SLN, o número de encontros no mar com os Sea Tigers diminuiu drasticamente e um antigo comandante da marinha descreve este êxito:

> Em 2006, registaram-se 22 encontros no mar. Com a introdução do conceito de barco pequeno em 2007, esse número baixou para 11 encontros. Quando digo encontros, refiro-me aos grandes encontros que duraram mais de 12 horas, a maioria dos quais durou cerca de 14 horas. Os encontros foram reduzidos em 50% com a introdução do novo conceito.

> Antigo Sea Tiger, Seelan confirma a eficácia das pequenas embarcações:
> A Marinha aumentou os barcos e nós não conseguíamos enfrentar os barcos flecha porque não conseguíamos localizar de onde vinham. Quando os combatemos durante algum tempo, eles mudaram de sítio. As dvoras também eram lançadas para atacar. Por isso, os barcos-flecha eram um problema para nós. Por isso, os ataques foram gradualmente limitados.

Esta é uma indicação clara de que a introdução de pequenas embarcações, lançando-as de muitos locais, superando em número as embarcações dos Tigres do Mar num confronto, alterou de facto a luta no mar e o SLN estava gradualmente a sair vitorioso. Entretanto, o avanço do exército em várias direcções levou à redução das áreas de lançamento dos barcos dos Sea Tiger, afirma um antigo Sea Tiger. Todos estes factores contribuíram para a erosão do domínio marítimo dos LTTE. Também a destruição das bases dos Sea Tiger pelos bombardeamentos aéreos ajudou muito o SLN, uma vez que, gradualmente, os LTTE foram perdendo as áreas de lançamento dos barcos dos Sea Tiger.

Um antigo comandante do SBS resume o sucesso deste conceito da seguinte forma:

> Foi isso que aprendemos com os tigres marinhos e virámos a maré contra eles.
>
> A marinha desenvolveu o conceito de barco pequeno para responder ao ataque de enxame com embarcações mais pequenas e estáveis, capazes de disparar formidavelmente contra o inimigo. Os grupos de embarcações da marinha dispunham de melhor comando e controlo do que os LTTE e atacaram o inimigo em grande número, à semelhança do que fizera anteriormente contra a FAC.

Scott, escrevendo para a Janes International Defence Review, resume as actuais ameaças assimétricas no mar da seguinte forma:

> A assimetria que as marinhas têm de enfrentar resulta da coordenação eficaz de múltiplos meios. Ao sinergizar caraterísticas de velocidade, massa ou manobra coordenada, assinatura da lei e ocultação, os comandantes operacionais procuram explorar o seu "espaço marítimo" local para conseguir uma surpresa tática e saturar as defesas de um navio. Assim, embora a embarcação de ataque rápido costeiro individual possa ser limitada em termos de alcance e efeito, é a sua capacidade de se integrar como parte de uma força ofensiva maior, manobrando com força e aproximando-se ao longo de vários eixos, que multiplica o potencial da ameaça do 'enxame' para subjugar forças marítimas de uma ordem nocionalmente superior (Scott, 2015. 40).

Esta declaração demonstra claramente a lógica subjacente às "tácticas de enxameamento" dos Tigres do Mar e o sucesso obtido pelo SLN ao adaptar a mesma tática contra os Tigres do Mar.

6.1.10 O desenvolvimento de uma informação eficaz e da coordenação da informação

A recolha e a partilha de informações desempenham um papel crucial em qualquer guerra. Os LTTE dedicaram muita atenção à recolha de informações sobre as forças armadas, as instalações governamentais e os políticos de topo, bem como os oficiais militares. Segundo um antigo chefe dos serviços secretos nacionais (CNI), "o CFA de 2002 foi crucial para os LTTE. [th]Os LTTE declararam um cessar-fogo unilateral em 24 de dezembro de 2001, principalmente devido às contínuas operações militares levadas a cabo pelo exército do Sri Lanka no Norte". Os LTTE tiveram dificuldade em manter a área no norte, embora ambos os lados tenham sofrido pesadas baixas. Um antigo CNI afirma que o líder dos LTTE, Prabakaran, convocou todos os líderes da sua área e disse-lhes: "Dou-vos cinco anos, dentro de cinco anos preparem-se para lutar". Os serviços de informação sabiam que o CFA não ia funcionar e os LTTE aproveitaram-no para trazer grandes quantidades de armas pesadas e munições. O pessoal dos serviços secretos também melhorou as suas capacidades. O objetivo era a criação de uma boa rede de informações estratégicas. "As agências de informação começaram a recolher todos os dados possíveis sobre alvos, bases de tigres do mar, bases de treino dos LTTE e depósitos de munições. Também corrigiram os mapas de grelha utilizados nas operações militares. Desenvolveram também a recolha de informações sobre as actividades marítimas dos LTTE", afirma um antigo CNI. Mais tarde, os serviços de informações puderam fornecer ao SLN informações exactas sobre os alvos dos LTTE Sea Tiger, em especial sobre os navios de transporte de armas, e houve muitos êxitos. Um a um, os navios de transporte de armas dos LTTE foram sendo atacados e os LTTE ficaram desesperados por se abastecerem para manter a batalha contra as forças governamentais. KP também confirmou este aspeto e indicou que foi por isso que lhe foi pedido que voltasse a dirigir a operação ultramarina dos LTTE em 2008, mas nessa altura só restavam dois navios da frota dos LTTE.

> Diz um antigo Diretor dos Serviços Secretos Navais (DNI):
> Depois de 2005, vi que a liderança política se tinha apercebido da importância da Marinha, da importância de travar o abastecimento dos LTTE através do mar. Desenvolveram a Marinha do Sri Lanka e atribuíram-lhe responsabilidades. Da mesma forma, o governo tomou muitas medidas, reunindo as várias agências de informação do Estado num só organismo, controlado pelo Secretário do Ministério da Defesa, e sob a sua tutela nomeou o CNI, com o objetivo de partilhar informações e informações valiosas em tempo real.

De acordo com um antigo Diretor dos Serviços Secretos Navais (DNI), os serviços secretos foram responsáveis por convencer os governos do Sudeste, especialmente a Tailândia, fornecendo vários dados credíveis para forçar as operações dos LTTE a afastarem-se da Tailândia. Explica ainda que:

> A Indonésia é um arquipélago com centenas de ilhas, o que os ajudou a conduzir as suas actividades com menor exposição às autoridades policiais do Estado. Os LTTE não exerciam as suas actividades de transporte marítimo de forma muito aberta como na Tailândia. No entanto, realizavam certas actividades de forma muito dissimulada. Todos os navios que adquiriram estavam registados na Organização Marítima Internacional (OMI). Mantendo um navio no porto de Jacarta para transferências logísticas, todos os outros navios estavam estacionados no mar, entre as rotas marítimas internacionais ao largo da Indonésia, para armazenar equipamento militar. Todos os navios eram tripulados por quadros de tigres do mar, incluindo um "Tigre do Mar Negro".

Este facto prova a eficiência e a eficácia dos serviços secretos governamentais. Os navios dos LTTE tornaram-se vulneráveis, uma vez que a sua posição estava exposta e o SLN podia atacá-los. "Subsequentemente, com a ajuda de informações precisas recolhidas através dessas operações marítimas e de outras informações terrestres disponíveis, os nossos serviços de informações navais conseguiram, por si só, localizar todos os outros navios dos LTTE através da sua própria rede e destruí-los em três operações marítimas subsequentes durante o ano de 2007", afirma um antigo DNI, indicando o sucesso alcançado pelo SLN devido ao avanço dos serviços de informações. Este êxito indica claramente o desenvolvimento gradual dos serviços de informações navais como unidade autónoma, que adquiriu experiência com as operações marítimas e com os valiosos contributos dos operacionais dos Sea Tiger detidos, combinando fontes técnicas e desenvolvendo uma imagem completa do inimigo no mar. O desenvolvimento de informações acionáveis ajudou o SLN a atacar a cadeia de abastecimento logístico dos LTTE no exterior, que era a principal linha de vida da capacidade de combate dos LTTE. Também a assistência recebida de outras agências governamentais estrangeiras na localização dos navios-armazém dos LTTE desempenhou um papel fundamental no ataque a estes navios de artilharia dos LTTE.

Um antigo comandante da marinha fala também da forma como desenvolveu o ramo dos serviços secretos no SLN, com formação própria e conjunta com unidades de serviços secretos militares e policiais, e da forma como os agentes dos serviços secretos navais foram destacados:

> De facto, tínhamos agentes navais a trabalhar em locais onde os LTTE tinham as suas fortalezas. Os LTTE tentaram atacar o porto de Colombo três vezes e nós apercebemo-nos de que eles estavam a operar a partir de Colombo e de Negambo. Em Negambo há um grande número de tâmiles, organizações tâmiles e grupos pró-LTTE. Conseguimos destacar pessoal da marinha para trabalhar nalgumas lojas de chá, carpintarias e até nalgumas "fish wadis" [aldeias piscatórias temporárias] como pescadores, carpinteiros e vendedores de chá. Eram agentes dos serviços de informações navais e estavam a recolher e a fornecer-nos informações humanas muito boas [HUMINT].

As informações assim recolhidas ajudaram a formar um quadro completo e facilitaram o estudo da mentalidade e dos padrões de operações dos LTTE. Era igualmente importante desenvolver as próprias capacidades de informação naval, uma vez que nenhuma outra unidade, mesmo com as melhores intenções e contributos, seria capaz de compreender os caprichos do mar, como a marinha, afirma um antigo DNI. Uma fotografia de "Um dos navios dos LTTE capturados pelo SLN" consta do Anexo "J".

O Focus Group, o Colégio de Comando e Estado-Maior dos Serviços de Defesa (DSCSC), também salienta o facto de a deserção de "Karuna", líder militar de topo dos LTTE, ter sido um outro contributo positivo para a obtenção de informações cruciais sobre os pontos fortes, as tácticas e as operações dos Tigres do Mar dos LTTE.

6.1.11 Minimizar a corrupção e as avaliações corretas nos contratos públicos

A fim de evitar a corrupção no sistema de aquisição de armas e munições e de outros equipamentos de guerra para as forças armadas, foi criada uma autoridade central dependente do Ministério da Defesa, a Lanka Logistics Technologies Limited (LLTL). A LLTL foi mandatada para impedir práticas corruptas na aquisição de armas militares e para racionalizar todo o processo. Quando a LLTL foi criada, havia um conselho consultivo composto por CDS e comandantes de serviço que analisavam os requisitos. Depois, decidiam quais os artigos que a LLTL devia procurar adquirir". Este processo introduziu a normalização dos requisitos em matéria de armas e munições para as forças armadas. Anteriormente, existiam muitos tipos diferentes de armas e munições e havia um grande problema de compatibilidade. De acordo com o antigo diretor executivo da LLTL, "a LLTL assinou contratos de longo prazo em que os preços eram fixados por um período de tempo específico". Isto deve ter resultado no facto de não se terem aberto concursos públicos sempre que as forças armadas necessitavam, uma vez que as avaliações e os testes estavam concluídos, os preços acordados, os testes de qualidade realizados e podiam obter as quantidades necessárias através da LLTL. A economia de escala tinha sido alcançada, uma vez que estavam a ser encomendadas quantidades maiores e até o custo de transporte teria diminuído. Wickramasinghe também menciona:

> Após a criação do LLTL, conseguimos racionalizar o processo de aquisição e reduzir o custo da aquisição. Estabelecemos ligações com os nossos homólogos das nações amigas e facilitámos as aquisições através deles numa base "governo a governo". Isto permitiu-nos manter o secretismo externo nas aquisições militares. A transparência interna foi assegurada pelo comité de aquisições nomeado pelo gabinete permanente (SCAPC).

A criação de uma autoridade de ponto único estritamente sob a alçada do Ministério da Defesa, mas sujeita ao SCAPC, deve ter assegurado que as aquisições militares de equipamento de guerra fossem racionalizadas e efectuadas de uma forma mais profissional e discreta, sujeita aos procedimentos estabelecidos pelo governo. A criação da LLTL pode ser considerada como outro aspeto importante da vitória na guerra. Wickramasinghe salienta ainda que a criação de uma empresa como a LLTL foi inicialmente sugerida por um relatório de uma comissão em 1999, mas as medidas só foram tomadas em 2006.

6.1.12 Avaliação das capacidades das forças armadas

Durante a maior parte da guerra, não foram efectuados estudos adequados para avaliar as capacidades e os requisitos de uma forma conjunta. Muitas vezes, os serviços individuais estavam a avaliar as suas capacidades e requisitos isoladamente, em vez de compreenderem as possibilidades de benefício e assistência mútuos. Não houve qualquer esforço para efetuar estudos conjuntos sobre o equipamento necessário, especialmente no caso da vigilância marítima. Um antigo comandante da Força Aérea e do CDS afirma que:

> Se a força aérea e a marinha do Sri Lanka pudessem ter trabalhado em conjunto, se a força aérea pudesse ter efectuado uma vigilância contínua e se a marinha tivesse a capacidade de chegar rapidamente a uma área em alto mar quando a SLAF vê atividade inimiga, e se a força aérea tivesse bombardeiros de longo alcance para intercetar os barcos inimigos, penso que este inimigo teria parecido muito pequeno. O inimigo tornou-se grande porque nós o permitimos; porque não fizemos o nosso trabalho de vigilância corretamente devido à falta de meios. O inimigo explorou esse facto.

Observa-se que o SLN e a força aérea deveriam ter trabalhado em conjunto na utilização de mais meios aéreos para fins marítimos, como, por exemplo, ter alguns helicópteros a bordo de OPVs do SLN para serem projectados no mar. Todos os esforços militares só começaram a ser empreendidos de uma forma muito mais coordenada a partir de 2006. Os comandantes dos serviços, depois de consultarem os seus oficiais superiores de comando no terreno, trabalharam em harmonia com todos os serviços, e a união foi vista até certo ponto, diz um antigo comandante da força aérea e do CDS.

6.1.13 A aplicação das tecnologias modernas, os trabalhos de investigação e desenvolvimento (I&D) efectuados pela SLN

A evolução da tecnologia moderna e as suas aplicações para uso militar proporcionam grandes vantagens às forças em combate. KP confirmou que OBMs, motores, RADARs, armas e equipamento de comunicação para os barcos Sea Tiger foram comprados por ele a Singapura, Japão e Malásia e enviados para cá para montagem final.

A SLN importava as embarcações totalmente configuradas do estrangeiro ou de construtores locais. Isto estava a custar mais ao SLN e o tempo necessário para obter o serviço de uma embarcação também era longo. Os LTTE eram conhecidos pela sua capacidade de fazer engenharia inversa; traziam muito equipamento do estrangeiro e tentavam fazer coisas semelhantes nas zonas sob o seu controlo. Um antigo DGL aponta os avanços tecnológicos do SLN como um dos principais factores que contribuíram para a vitória na guerra. O SLN iniciou uma vigilância costeira reforçada através da utilização de RADARES modernos, instalados em vários locais do país, e de um novo radar terrestre de ondas curtas de alta frequência (HFSWR), que permitia um alcance efetivo de 250 milhas náuticas. Salienta igualmente que o comando estava recetivo a ideias novas e inovadoras, o que permitiu uma reflexão nova e aberta entre o SLN, onde muitas propostas novas foram apresentadas para apreciação.

Um antigo DGL salienta igualmente a aquisição de tecnologia moderna pelo SLN: "Depois de 1996, foram introduzidas novas tecnologias. Adquirimos o super Dvora MK II, motores superiores, capacidades de combate noturno, melhores radares e sistemas de controlo de incêndios (FCS), mais conhecidos por sistemas integrados de sensores múltiplos (MSIS) ou sistemas Typhoon". A SLN solicitava sempre um pacote de formação sempre que era adquirido um novo navio ou um novo equipamento. Um grande número de pessoal técnico era enviado para o estrangeiro para receber formação e recebia formação dos fabricantes de equipamento original, afirma um antigo DGL. Os programas de formação interna nas instituições de formação da SLN também estavam em curso e todos estes conhecimentos foram plenamente utilizados quando a SLN mais precisou deles. O SLN nunca comprometeu a formação, mesmo durante o auge da guerra. Também o número necessário de marinheiros técnicos foi alistado e recebeu o treino necessário e oportunidades para ganhar experiência relevante e também eles desempenharam um papel crucial na manutenção da eficiência operacional e de combate do SLN. O SLN começou a efetuar reparações, assistência técnica e manutenção de equipamento militar sofisticado, que anteriormente era enviado para o estrangeiro, onde era fabricado. "Em 1996, foi criado um novo ramo, designado por ramo de engenharia de armamento, que se tornou um ramo de pleno direito na parte final da guerra", declarou um antigo DGL.

No início, não se prestava muita atenção ao desenvolvimento da sua própria tecnologia e à experimentação dos seus conhecimentos. Um antigo comandante da marinha afirma que foram efectuados trabalhos de I&D para a instalação de armas de maior calibre nas FAC, tais como canhões de 30 mm, lançadores de foguetes de 107 mm, configuração de um e nove canos. "Na realidade, isto foi também uma resposta ao facto de os LTTE terem adquirido armas de 23 mm quando o SLN utilizava principalmente armas de 20 mm", indica o Focus Group (NWNC). No caso das FAC, o sistema Typhoon existente foi utilizado para acomodar uma arma de maior calibre, como os canhões de 30 mm. Em seguida, foi efectuada uma experiência para fixar um único lançador de foguetes de 107 mm no mesmo sistema Typhoon. O DSCSC do Focus Group indica que "quando um lançador de foguetes de cano único de 107 mm foi testado numa FAC, os vidros frontais da superestrutura partiram-se devido ao imenso fogo de retorno. Mas, mais tarde, esta situação foi corrigida com a colocação de placas blindadas para proteger o vidro temperado contra as fissuras". O Focus Group do Comando Naval do Centro-Norte (NCNC) indica que o SLN experimentou mesmo um barco carregado de explosivos operado à distância, que pode ser comparado a um barco suicida não tripulado, com um êxito limitado.

Um antigo comandante da marinha afirma ainda que:

> Mesmo na linha das comunicações, foi feita I&D, contratámos assistência externa. Recrutámos pessoas de fora para a força de voluntários e elas desenvolveram antenas para aumentar o alcance das comunicações das FAC e de outros navios. Depois, em várias áreas, para atuar como multiplicadores de forças, a I&D desempenhou um papel importante, com pessoas especializadas da Universidade de Moratuwa a virem trabalhar connosco. De facto, acabámos por desenvolver um barco explosivo não tripulado.

Estas evoluções tecnológicas contribuíram imenso para a vitória final. O Focus Group NW confirma a eficácia das modificações de investigação e desenvolvimento efectuadas pelo SLN para aumentar a capacidade de fogo dos navios:

> Este facto teve um enorme impacto no moral do pessoal que foi para o mar a bordo da FAC. Dando mais um passo em frente, foram instalados lançadores de foguetes estabilizados a bordo de canhoneiras. Além disso, para intercetar o alvo de forma eficaz, foram instalados RADARs de 25 e 50 KW, o que contribuiu imensamente para o alcance de deteção das plataformas navais.

O Focus Group do Comando Naval do Noroeste (NWNC) considera igualmente que as modificações efectuadas ao lançador de foguetes de cano múltiplo (MBRL) - essencialmente uma arma de área utilizada principalmente pelas forças terrestres, para ser instalada nas lanchas de tiro rápido (FGB) - foi outro grande avanço em termos de I&D que proporcionou um maior alcance efetivo como armamento principal com uma capacidade de destruição de área. Isto foi feito através da utilização de um canhão estabilizado GCM A03-2 de 30 mm existente a bordo do Fast Gun Boat (FGB) e os resultados foram impressionantes. Este MBRL modificado incutiu mais confiança na tripulação do navio e também foi visto como um contra-ataque às tácticas de enxameamento dos Tigres do Mar. Além disso, este facto confundiu os Tigres do Mar, que passaram a ter de considerar outra dimensão da ameaça SLN.

No caso da modernização do canhão de 30 mm para o sistema Typhoon de 20 mm existente, a SLN comprometeu-se a conceber e fabricar o berço, o sistema de alimentação de munições, a atualização do software existente, a conceção de um painel de controlo de fácil utilização e a instalação de uma unidade de controlo de armas (GCU), indica o Focus Group NWNC. Estas modificações teriam custado muito mais dinheiro e tempo se tivessem sido efectuadas pelo fabricante original da arma e do suporte. Mas a SLN foi capaz de o fazer a um custo bastante baixo e o produto ficou imediatamente disponível. Esta modificação deu aos FAC um alcance efetivo superior ao anteriormente disponível e confiança para combater os Tigres do Mar de forma mais eficaz. Vinte desses sistemas foram actualizados num período muito curto de nove meses, informa o Focus Group NWNC.

6.1.14 Reforço da coordenação entre as forças armadas

Embora as forças armadas governamentais estivessem empenhadas numa longa batalha contra os LTTE, na maior parte das vezes os seus esforços não eram coordenados de forma significativa. Havia um Chefe do Estado-Maior da Defesa e um quartel-general separado do Estado-Maior Conjunto. A fim de ultrapassar esta falta de coordenação, foram efectuadas reuniões semanais do Conselho de Segurança Nacional (CSN), presididas pelo Presidente. Estas reuniões do NSC contribuíram efetivamente para coordenar o esforço de guerra de todas as agências envolvidas. Nas reuniões do NSC, esperava-se que todos os comandantes fornecessem informações sobre as suas áreas de operações, os progressos efectuados e os inconvenientes experimentados. Eram discutidos assuntos relacionados com as informações e todos os participantes eram levados a um nível mais elevado de compreensão da campanha global. Foram tomadas decisões importantes e comunicadas aos chefes de todas as agências. Um antigo comandante da força aérea e do CDS conclui a eficácia destes esforços.

> O Presidente tomou decisões muito importantes nas reuniões do Conselho de Segurança depois de ter recebido contributos. As agências de informação deram um enorme contributo para o NSC, o que ajudou o Presidente a tomar essas decisões importantes. Estas reuniões começavam normalmente por volta das 10 horas da manhã e prolongavam-se até às 15 horas ou mais tarde. Eram intensas e importantes.

Um antigo comandante do exército e do CDS comenta que "como comandante tático, poderia ter terminado esta guerra muito antes, se pudesse utilizar a marinha de forma mais eficaz", o que mostra a situação de falta de cooperação mútua que prevalecia na altura. Se houvesse mais apoio mútuo disponível, a guerra poderia ter terminado ainda mais cedo e algumas baixas poderiam ter sido evitadas. Se tivessem sido utilizados mais meios navais e sensores, isso teria ajudado o exército a progredir ainda mais rapidamente. No entanto, as relações entre os comandantes de outros serviços e a polícia mantiveram-se justas. Embora não tenha havido coordenação entre as altas patentes da marinha e do exército, os comandantes terrestres mantiveram um contacto estreito entre si e trabalharam em conjunto, permitindo um apoio mútuo. No entanto, todos os esforços foram conjugados com o objetivo de ganhar a guerra.

6.1.15 Utilização eficaz das comunicações estratégicas

Laxshman Hulugalle, antigo diretor-geral do centro nacional de comunicação social, explica a principal razão para a criação do centro de comunicação social para a segurança nacional em 2006, que consistia em criar um ponto único para a divulgação de notícias relacionadas com a guerra. O prolongado conflito no país teve os seus altos e baixos, tanto para os militares como para os LTTE. No entanto, o governo não foi capaz de utilizar os ganhos de forma eficaz, uma vez que não existia uma política de comunicações estratégicas a nível nacional. Os LTTE, por outro lado, investiram muito bem numa campanha mediática a nível internacional para obter o apoio da diáspora tamil e de vários grupos de pressão para promover a sua causa. O governo estava a ficar para trás. Embora houvesse porta-vozes militares de todos os serviços, não havia um esforço concentrado na divulgação da informação. Hulugalle explica melhor:

> Com as instruções do Presidente e do Secretário da Defesa, o Centro Nacional de Comunicação Social começou a funcionar bem. Após a criação da instituição, a nossa principal tarefa foi, quando a comporta de Mawil-aru foi encerrada pelos LTTE, anunciar que os LTTE tinham encerrado as comportas à força, e essa foi a primeira notícia que tivemos de anunciar. A partir daí, conseguimos dar as notícias corretas e conquistámos o coração das pessoas e dos jornalistas locais e estrangeiros. Era esse o meu papel e, após esses três meses, toda a gente tinha confiança de que, quando dizíamos alguma coisa, era levada muito a sério.

Esta nova política dos meios de comunicação social ajudou a sensibilizar o público em geral e os analistas militares. O resultado foi levar o país inteiro a entrar em pé de guerra e dar esperança e confiança de que esta guerra era possível de ganhar. Foi também facultado o acesso a pessoal selecionado dos meios de comunicação social para fazer reportagens a partir da linha da frente, onde decorria a ação em direto. Os meios de comunicação social da defesa tornaram-se amplamente acessíveis e foram capazes de competir até com gigantes da comunicação social como a BBC, a CNN e a Al-Jazeera pelas notícias sobre o conflito no Sri Lanka, afirma um antigo diretor-geral do centro nacional de comunicação social.

Do mesmo modo, os meios de defesa eram vistos como uma fonte de informação credível e actualizada. Ajudou a elevar o moral das forças armadas, especialmente entre os escalões inferiores. O público em geral tornou-se mais consciente da contribuição e dos sacrifícios efectuados pelas forças armadas e passou a respeitar cada vez mais o pessoal das forças armadas. O pessoal das forças armadas passou a ser visto e aceite como heróis de guerra e protectores da nação. A noção de que o pessoal das forças armadas estava a lutar para salvar o país estava bem estabelecida. As necessidades do pessoal das forças armadas foram estudadas e satisfeitas tanto pelo governo como pelo público em geral. Os dignitários religiosos começaram a abençoar o pessoal das forças armadas através da realização de várias ofertas religiosas em muitos locais de culto.

De facto, não só os membros das forças armadas receberam o devido reconhecimento, como também as suas famílias foram respeitadas. A nação começou a estar grata até aos parentes do pessoal das forças armadas. Houve grupos de voluntários que se apresentaram para cuidar das famílias dos soldados. Tudo isto contribuiu para dar coragem às forças armadas para combaterem o inimigo comum do país e salvarem o país das garras do terrorismo. Até as embaixadas estrangeiras em Colombo e a missão do Sri Lanka no estrangeiro podiam agora confiar nos meios de comunicação social da defesa como um centro de comunicação social credível. Esta foi a eficácia das comunicações estratégicas. Os meios de comunicação social anti-guerra perderam as suas audiências e as pessoas começaram a rejeitá-los. Os meios de comunicação social da defesa forneciam incidentes exactos e números sem exagero. Estes esforços permitiram também que as pessoas tomassem consciência de que os LTTE eram uma organização terrorista e não uma organização que lutava pela liberdade. A imagem dos LTTE também mudou, passando de um gigante imbatível para um grupo vulgar que fugia quando era atacado. Isso também deu muita coragem às forças armadas, conclui um antigo diretor-geral do centro nacional de comunicação social.

O centro nacional dos meios de comunicação social realizava regularmente conferências de imprensa e, sempre que ocorria um incidente na zona de combate, este era imediatamente comunicado à imprensa. Além disso, o centro de comunicação social funcionava 24 horas por dia. Com a ajuda das forças armadas, da polícia e do pessoal da força de intervenção especial (STF) ligado ao centro de comunicação social, era possível obter informações exactas à medida que as coisas aconteciam nas áreas de operação. Outro atributo importante do centro nacional dos meios de comunicação social era o facto de não dar oportunidades a indivíduos para brilharem, mas dar destaque aos soldados que estavam efetivamente na batalha. Assim, toda a gente atribuía o mérito ao Presidente, porque o Presidente conduzia o país da forma correta, afirma o antigo diretor-geral do Centro Nacional de Comunicação Social.

6.1.16 O domínio do terreno pelos militares e as operações de Forças especiais

Quando as operações militares começaram em 2006, após o encerramento do anicut de Mawilaru pelos LTTE, o exército avançou numa série de frentes e, gradualmente, os LTTE foram perdendo as zonas costeiras que estavam sob o seu domínio. Esta perda limitou a capacidade dos tigres do mar dos LTTE de levar a cabo as suas actividades e, gradualmente, a vantagem tática de que gozavam e a liberdade de movimentos começaram a diminuir. Os militares também mudaram de tática. Começaram a operar cada vez mais dentro das zonas controladas pelos LTTE, como a Patrulha de Reconhecimento de Longo Alcance (LRRP) do Exército. A SBS da Marinha também começou a atuar utilizando lanchas marítimas para penetrar nas profundezas das linhas de defesa inimigas com o objetivo de efetuar ataques e recolher informações. "No entanto, devo referir que havia unidades de elite do exército que efectuavam operações em zonas não libertadas controladas pelos LTTE. Eram as equipas LRRP que conseguiam incutir grande medo aos LTTE, principalmente aos seus líderes, e conseguiam desarticular muitas operações terroristas", afirma um antigo comandante da força aérea e do CDS sobre a eficácia destas operações das forças especiais. A combinação dos avanços do exército em várias frentes em simultâneo com as operações levadas a cabo pelas forças especiais, como a SBS da marinha, reduziu a liberdade de movimentos dos quadros dos LTTE e, em especial, a dos líderes regionais e outros líderes proeminentes. Como os LTTE não eram altamente treinados como os militares do governo, os seus êxitos deveram-se principalmente à presença dos seus líderes. O facto de os líderes dos LTTE terem perdido a liberdade de movimento afectou a eficácia da luta dos quadros dos LTTE.

A SBS também desempenhou um papel importante no conflito, trabalhando atrás das linhas inimigas e recolhendo informações importantes sobre a praia. A SBS desenvolveu estas capacidades através de um treino intenso e de anos de experiência no conflito. Um antigo oficial comandante da SBS descreve os antecedentes da SBS da seguinte forma

> A Esquadra Especial de Barcos entrou em funcionamento durante a década de 1990. Tínhamos um destacamento em Nagathevanturai, em terra firme, no lado sul da lagoa de Jaffna. Nessa altura, os LTTE só tinham uma forma de deslocar as suas tropas do continente para a península de Jaffna, ou seja, atravessando a lagoa de Jaffna. Um dos comandantes, que foi morto pelos LTTE, o Almirante Clancy Fernando, teve a ideia de criar um destacamento em Nagathevanturai e lutar contra os LTTE com pequenos barcos da marinha dentro da lagoa de Jaffna, de modo a perturbar e reduzir os movimentos das suas tropas. Para isso, criámos este destacamento e colocámos as nossas embarcações de patrulha costeira disponíveis na altura para combater na lagoa.

> Outro antigo comandante da SBS esclarece melhor o início da SBS: A necessidade de uma capacidade de operação especial na marinha era uma necessidade há muito sentida. Numa altura em que os LTTE, em pequenos grupos, atacavam destacamentos costeiros, se a marinha prosseguisse missões de infiltração secretas com base em informações, teria sido possível ter um impacto devastador nos LTTE. De facto, o falecido comandante Shanthi Bahar, nos anos oitenta, foi o primeiro a demonstrar a eficácia das operações de pequenos grupos dentro das linhas inimigas. Infelizmente, o seu falecimento travou o espírito das operações especiais na marinha até ao início dos anos noventa, altura em que os LTTE operavam livremente através da lagoa de Jaffna, infiltrando-se na península e abastecendo os seus quadros que operavam na península de Jaffna, para além de ataques ocasionais às linhas de defesa militares no perímetro da lagoa [o investigador liderou um desses pequenos grupos nos anos oitenta].

Durante este período, o SLN travou batalhas com pequenas embarcações contra os Tigres do Mar em zonas de lagoas pouco profundas no norte da península. Com a experiência adquirida nestas operações, apesar das muitas perdas sofridas pelo SLN, foram aprendidas algumas lições fundamentais sobre operações em águas pouco profundas. Uma das lições foi combater os Sea Tiger com embarcações de tamanho semelhante e não com embarcações maiores do tipo IPC, por razões óbvias; também reduzir a tripulação ao mínimo necessário para minimizar as baixas nas batalhas. Houve outras lições que levaram ao desenvolvimento do conceito de operações de pequenas embarcações durante as fases finais da guerra. Com treino e desenvolvimento gradual, a SBS tornou-se uma unidade altamente qualificada e motivada, capaz de infligir danos ao inimigo, especialmente em operações ribeirinhas e costeiras. "A SBS recebeu treino das Forças Especiais e dos Comandos do Exército e, mais tarde, desenvolveu a sua própria doutrina de treino", afirma um antigo comandante da SBS. Durante as últimas fases do conflito, as EBE puderam apoiar os grupos LRRP do exército, introduzindo-os secretamente atrás das linhas inimigas e fornecendo-lhes munições, artigos médicos e água fresca, indica um antigo comandante das EBE. A SBS conseguiu tirar partido da formação recebida do estrangeiro, combinando-a com os seus próprios métodos de formação inovadores para desenvolver as suas competências. A SBS foi utilizada para efetuar reconhecimentos clandestinos nas praias, eliminação de munições debaixo de água, infiltrações e ataques às defesas costeiras inimigas. "A SBS desenvolveu os conceitos de equipa de quatro homens e de oito homens e o seu treino era extremamente duro e a taxa de desgaste era de quase 50%", segundo um antigo comandante da SBS. Foram objeto de um reconhecimento especial no SLN e os êxitos que alcançaram tornaram-nos realmente especiais.

> Outro oficial comandante do SBS descreve o conceito do SBS como: O esquadrão transformou-se rapidamente numa força versátil capaz de efetuar operações secretas e abertas em terra e no mar. O reforço das capacidades e o treino rigoroso tornaram a força capaz de entrar clandestinamente por via aquática e até de se deslocar por via aérea, para operar nas profundezas do território controlado pelo inimigo. Esta versatilidade engloba missões especiais de pré-assalto em desembarque anfíbio e tácticas de pequenas embarcações para combater o inimigo em combates de superfície a curta distância. A SBS combateu em embarcações de flecha fortemente armadas e altamente manobráveis.

A Esquadra Especial de Barcos e a recém-formada Esquadra de Barcos de Ação Rápida (RABS) foram integradas numa direção de Forças Especiais marítimas para travar as batalhas finais contra os tigres do mar. As pequenas embarcações operadas por estas duas unidades mantiveram a primeira linha da defesa em camadas, que esteve em funcionamento até a vitória ser alcançada em 19th de maio de 2009.

6.1.17 Melhoria das Comunicações Tácticas Navais

Em 2005, a marinha identificou as comunicações como um ponto fraco que necessitava de atenção imediata. Havia zonas de sombra para as comunicações navais em áreas críticas das zonas costeiras oriental e setentrional e os navios e embarcações que operavam nessas zonas não podiam comunicar eficazmente com os seus centros de comando. Esta situação estava certamente a prejudicar a eficácia operacional do SLN. Esta situação verificava-se principalmente no que respeita às comunicações na linha de visão, como as de muito alta frequência (VHF) e ultra-alta frequência (UHF). Um antigo DGL fala sobre estes desenvolvimentos no seguinte texto:

> Durante muito tempo, tivemos uma área de comunicação cega entre Mullaitivu e Point Pedro. Em 2007, instalámos dois postes de antena de 120 metros de altura em Kallarawa e Point Pedro e estabelecemos uma comunicação contínua de norte a leste. Assim, podíamos ver a batalha em imagens de radar e ouvir comunicações contínuas. Penso que isso proporcionou uma espécie de avanço tecnológico e de vantagem ao comando.

As melhorias nas comunicações estavam ligadas aos esforços centrados na rede e houve um grande impulso nas comunicações tácticas no SLN. O Focus Group do NWNC refere no seu relatório que:

> Sendo as comunicações o ponto mais vital durante qualquer operação, o estabelecimento de uma rede de repetidores cougar e UHF em redor da ilha melhorou as comunicações navio-navio e navio-terra nas zonas confrontadas, o que garantiu uma comunicação sem problemas durante toda a operação.

O Focus Group NWNC também indica a eficácia das modificações de I&D efectuadas para melhorar as comunicações tácticas navais:

> A cobertura de comunicação estendeu-se até 70 milhas náuticas a partir de terra e foi utilizada para o movimento de Jet Liner [navio de passageiros de alta capacidade] e os sensores instalados em locais terrestres estrategicamente importantes em torno da faixa costeira ajudaram imensamente a melhorar a deteção de movimentos inimigos perto da costa e ajudaram a iniciar acções imediatas para contrariar o domínio do inimigo no mar.

Assim, as instalações de comunicação melhoradas com uma ampla cobertura de radar, juntamente com uma transferência de dados centrada na rede, ajudaram imenso o SLN a conduzir operações marítimas, quer se tratasse de patrulhamento normal ou de transferências de tropas em grande escala, e também ajudaram a manter uma vigilância contínua da zona marítima em torno do país. Isto também ajudou as operações do sistema de defesa em camadas efectuadas no mar durante as fases finais da guerra.

6.1.18 Criação da Esquadra de Lanchas de Ação Rápida (RABS)

O treino para se tornar membro da unidade de elite, SBS, foi rigoroso e difícil. Aqueles que não satisfazem os rigorosos padrões da SBS continuam a ser suficientemente bons para missões especiais no mar ou em terra. Decidiu-se formar uma outra unidade especial utilizando estes desistentes do SBS e foi-lhe dado o nome de Esquadrão de Barcos de Ação Rápida (RABS). Um antigo comandante da marinha afirma que:

> Se levarmos 200 voluntários para a SBS, acabaremos por ter 70-75 a passar pela formação completa. Todos eles eram voluntários; homens que sabiam para o que estavam a ser treinados. Uma vez que muitas pessoas não conseguiam corresponder às exigências físicas dos marinheiros ou oficiais da SBS, apesar de falharem segundo os padrões da SBS, também eram de boa qualidade. Tinham a força de vontade, a coragem e o empenhamento para combater o inimigo e fazer algo pelo país.

A SBS exigia a mais alta coragem e capacidade para ser membro dessa unidade de elite, devido à natureza das tarefas que lhes eram atribuídas, que seriam de alto risco e necessitariam de uma coordenação precisa e das competências necessárias para executar tais tarefas. Uma vez que, para o efeito, apenas seriam necessários os melhores homens possíveis, houve um grande número de pessoas que não cumpriram os elevados padrões. As RABS receberam os mesmos barcos com flechas desenvolvidos pelo SLN e utilizados pela SBS. A vantagem era que aqueles que se juntavam às RABS eram quase igualmente bem treinados, tal como o pessoal da SBS, e possuíam as competências necessárias, como o manuseamento de barcos, o treino de armas e compreendiam os caprichos das águas em que tinham de operar, nas águas costeiras e fluviais. O NWNC do Focus Group observa: "A única formação adicional necessária era para que as RABS operassem em combinação com as FACs e os IPCs". O pessoal das RABS também apresentava elevados padrões de aptidão física e de capacidade de natação. Além disso, o facto de terem optado por se juntar à SBS de elite é uma indicação de que estavam mentalmente preparados para enfrentar desafios adicionais. O Focus Group NWNC salienta que as embarcações da RABS estavam equipadas com o armamento necessário, sistemas de posicionamento global (GPS), óculos de visão nocturna (NVG), auscultadores VHF e também lhes foi dado um uniforme especial para lhes proporcionar um reconhecimento adicional. As RABS também foram colocadas em locais costeiros com capacidade de vigilância por radar, onde podiam ser destacadas para combater rapidamente os Tigres do Mar. Assim, as RABS desempenharam um papel fundamental no conceito de barco pequeno do SLN e tornaram-se uma ameaça para os Tigres do Mar, uma vez que eram capazes de desafiar os barcos dos Tigres do Mar com uma ferocidade semelhante à força que podia ser exercida pelas SBS.

6.1.19 O reforço da capacidade de transporte marítimo da SLN

Tal como salientado pelo grupo de reflexão do NWNC, o SLN desenvolveu uma capacidade limitada de transporte marítimo desde a década de 1990. Inicialmente, o SLN adquiriu algumas embarcações de desembarque mecanizado (LCM) a Singapura para apoiar o destacamento militar ao longo das zonas costeiras nas costas norte e nordeste do país. Tratou-se de uma experiência nova para o SLN, mas este dominou muito rapidamente as técnicas de manuseamento e encalhe destas LCM. Depois, na década de 1990, a SLN construiu mais dois LCMs localmente e comprou dois Landing Craft Utility (LCU) mais pequenos à República Popular da China (RPC). Em 1996, a SLN adquiriu também um Landing Ship Tank (LST) de maiores dimensões à RPC. Com estas frotas de navios de desembarque, o SLN pôde prestar apoio logístico e transportar pessoal militar para os estabelecimentos militares ao longo da costa. Um antigo comandante da marinha salienta que, depois de a estrada A9, que constituía a principal via terrestre entre o norte e o sul do país, ter sido encerrada em 1990 devido ao domínio dessa zona pelos LTTE, os 35 000 efectivos militares estacionados no norte tiveram de depender do ar e do mar para se sustentarem. Não era uma tarefa fácil. As deslocações por via aérea estavam fortemente limitadas devido à capacidade, às condições meteorológicas e à disponibilidade de aviões para a força aérea levar a cabo a tarefa. Por conseguinte, a maior parte desta tarefa coube ao SLN e a maioria das necessidades a granel foi transportada por navios mercantes fretados, principalmente a partir de Colombo, embora tenha havido uma série de ataques dos Sea Tiger contra estes navios. O SLN protegeu estes navios através do destacamento de equipas de segurança a bordo (OBST), um conceito desenvolvido e experimentado pelo SLN com grande sucesso, que está atualmente a ser utilizado para prevenir a pirataria marítima por navios mercantes que navegam na zona de alto risco (HRA) do Oceano Índico.

No entanto, o transporte das tropas que necessitavam de se deslocar em licença ou em serviço era uma tarefa importante e contínua. O SLN tinha na sua posse três pequenas embarcações rápidas de passageiros (FPC), com uma capacidade limitada de transporte de 250 pessoas cada. Em 2005, os Tigres do Mar, com as suas inovações, estavam a ficar muito mais fortes e a possibilidade de um ataque suicida bem sucedido a uma das FPC mais pequenas era um verdadeiro desafio para o SLN. O SLN estava sob grande pressão para encontrar uma solução adequada para transportar pessoal de e para o Norte. Teve de assumir um risco calculado: optar por vários navios de transporte de passageiros mais pequenos e de alta velocidade ou por um navio de alta velocidade com uma capacidade de carga muito maior. Os navios mais pequenos implicavam a realização de viagens regulares, expondo assim o navio aos ataques dos Sea Tiger, mas arriscando apenas um número mais reduzido. O navio grande significava transportar, pelo menos, mais de 3000 tropas com menor frequência. Mas se os Tigres do Mar conseguissem um ataque bem sucedido, as perdas seriam colossais e irrecuperáveis. "Finalmente, o SLN adquiriu um ferry de passageiros de alta velocidade da Indonésia e, quando o convés para veículos também era utilizado, podia transportar mais de 3500 soldados numa só viagem. Felizmente para o SLN, isto funcionou, embora a escolta dos navios para cima e para baixo tivesse de ser feita com um grande número de navios de guerra mais pequenos, e mesmo por aeronaves da força aérea", afirma um antigo comandante da marinha. Segundo um antigo Sea Tiger, Seelan, tentaram atacar este grande navio várias vezes, mas não foram bem sucedidos e foram também repreendidos pelo líder dos LTTE. Seelan diz que a velocidade do Jet Liner foi o principal problema com que se depararam ao tentar atacá-lo.

Um antigo comandante do exército e do CDS resume a eficácia e a importância do comboio naval com o Jet Liner da seguinte forma

> O Jet Liner e eles (SLN) fizeram um excelente trabalho. Eu costumava monitorizar o que se passava na costa oriental, que era a minha área. Se havia movimentos dos LTTE, eu informava a força aérea antes mesmo de a transmitir ao SLN. Eu sabia que o comboio estava

a ser transportado, todo o país estava em alerta e todos os recursos foram reunidos e mantidos em alerta para apoiar a marinha, especialmente os aviões e helicópteros para proteção, porque nessa altura, se acontecesse alguma coisa, seríamos rechaçados.

Esta declaração resume claramente a situação difícil da transferência de tropas pelo SLN utilizando o Jet Liner. No entanto, a tarefa empreendida pelo SLN foi um êxito. O SLN concentrava a maior parte dos seus recursos na realização do movimento do Jet Liner uma vez por semana e, no resto dos dias, estava livre para realizar outras tarefas navais no mar.

6.1.20 Logística de combate melhorada

O Focus Group NWNC discute o papel desempenhado pela Logística de Combate na vitória contra os Tigres do Mar. A logística é a chave para o sustento de qualquer exército, seja ele do SLN ou dos LTTE. Os logísticos navais conseguiram fornecer o equipamento e as peças sobressalentes necessárias para manter a disponibilidade operacional dos navios e embarcações, o que contribuiu para aumentar a prontidão da frota. Com todos os avanços tecnológicos, o trabalho interno de I&D e os programas internos de construção de embarcações em grande escala, a logística naval tinha um papel fundamental a desempenhar para garantir que os artigos necessários estavam disponíveis no local certo e na altura certa. A sua tarefa foi dificultada pelo facto de o transporte rodoviário para algumas áreas operacionais não estar de todo disponível e terem de depender de capacidades limitadas de transporte aéreo e marítimo. Também nalguns locais, o descarregamento dos navios era difícil devido à inexistência de cais e tiveram de improvisar métodos de descarregamento rápido. O aprovisionamento externo era outra grande área de preocupação para os operadores logísticos. "Alguns países ocidentais aplicaram embargos e a diáspora tâmil estava a fazer campanha para impedir que o SLN recebesse os fornecimentos necessários, através do seu trabalho de campanha eficaz nas capitais ocidentais. O SLN teve de encontrar fontes compatíveis e alternativas para manter a frota e as armas do SLN a funcionar com a sua capacidade máxima", conclui o NWNC do Grupo de Discussão. Devido a estes embargos, o SLN teve de improvisar berços, suportes para as armas e, nalguns casos, encontrar munições compatíveis. Alguns dos componentes tiveram de ser fabricados localmente pelo SLN e por fábricas exteriores e o departamento de logística teve de coordenar todos estes esforços. Além disso, nem sempre foi possível seguir as diretrizes de aquisição devido à natureza e à urgência das necessidades e o departamento de logística teve de regularizar os pagamentos e as aquisições, mantendo a confiança depositada pelo comando. Houve casos em que o SLN teve de desenvolver programas informáticos para fazer funcionar os sistemas adquiridos a certos países, uma vez que estes não forneciam as peças sobresselentes necessárias. Tratava-se de uma tarefa hercúlea para o sector logístico do SLN, mas a equipa esteve à altura da ocasião e cumpriu a sua missão.

6.1.21 Apoio médico eficaz e descentralizado

O grupo de discussão NWNC também reconhece o papel vital desempenhado pelo pessoal médico do SLN para vencer a guerra. Observaram que o plano médico estava integrado no plano operacional do SLN e tinha flexibilidade, adaptação proactiva e orientação para o desempenho de acordo com as necessidades do momento. O grupo de discussão NWNC salienta ainda que a melhoria dos cuidados pré-clínicos em matéria de traumatologia no campo de batalha conduziu a uma diminuição das mortes e das complicações decorrentes dos combates. O desenvolvimento da gestão avançada de traumas agudos a bordo, combinado com operações de longa distância no mar, ajudou a levar a cabo essas operações marítimas para destruir os navios-armazém dos LTTE a distâncias de milhares de milhas náuticas das bases em terra.

O NWNC do grupo de discussão também observa que a descentralização da gestão dos cuidados médicos avançados baseada em Colombo durante 2006 resultou na gestão de mais de cem vítimas de guerra no Leste. Até cirurgias ortopédicas foram efectuadas no Leste. Houve também programas de medicina preventiva conduzidos pelas equipas médicas do SLN no terreno através de programas de vacinação, o que permitiu evitar epidemias de doenças transmissíveis nas bases navais. "O pessoal médico do SLN foi também responsável pela manutenção da saúde física e mental do pessoal naval, o que resultou numa incidência de perturbações de stress pós-traumático (PTSD) muito baixa, de 01% no SLN, em comparação com mais de 10% no exército", segundo o Focus Group NW. O pessoal médico da Marinha também tratou um grande número da população tâmil que escapou do campo de batalha final em 2009, conclui o NWNC.

6.2 Resultados da análise dos dados

Esta investigação, através da recolha de dados qualitativos por meio de entrevistas aprofundadas e discussões em grupos de discussão, gerou um conjunto de dados vasto e valioso. Isto foi conseguido devido à natureza do estudo de caso e à intenção do investigador de mergulhar no mundo social e de obter ideias e percepções dos participantes na investigação. Esta "base de dados valiosa" foi analisada utilizando a teoria fundamentada e o objetivo era realizar uma verdadeira análise das transcrições. A recolha de dados e a análise decorreram em simultâneo. medida que a investigação avançava, foram necessárias mais entrevistas para cobrir áreas resultantes da análise preliminar dos dados. A ideia não era examinar primeiro as teorias da guerra naval, mas permitir que a análise dos dados apontasse para as teorias. Embora a teoria fundamentada tenha como objetivo gerar teorias, nesta investigação foram derivados mais conceitos do que a teoria. No entanto, foram acrescentados novos valores às teorias existentes.

Como Bryman salienta, "a codificação é um dos processos mais centrais da teoria fundamentada" (Bryman, 2008, 542). Todas as transcrições das entrevistas e dos grupos de discussão foram sujeitas a revisão por "codificação selectiva", tendo a guerra assimétrica como categoria central e as teorias e conceitos de controlo marítimo e arte operacional como categorias relacionadas. Foi efectuada uma codificação adicional para os conceitos de desvantagens organizacionais do SLN, desenvolvimentos dos Tigres do Mar e determinantes do sucesso na obtenção do controlo do mar pelo SLN. Durante a codificação, foram atribuídos rótulos aos códigos selecionados e adequados, que foram depois utilizados para identificar vários conceitos durante a compilação da tese. Esta codificação e rotulagem foi um sucesso, uma vez que um grande número de factores determinantes do sucesso e muitas lições foram retiradas deste estudo de caso "Guerra assimétrica no mar: O caso do Sri Lanka". A análise dos dados também provou a aplicabilidade das teorias da guerra naval mesmo a uma insurreição no mar envolvendo um ator não estatal, embora estas teorias tenham sido conceptualizadas para batalhas convencionais no mar entre marinhas. Ficou também provado que a compreensão de várias teorias e conceitos de guerra no mar é de importância crucial para qualquer marinha e que isso salvaria muitas vidas e navios no mar. A teoria fundamentada e a codificação e rotulagem ajudaram o investigador a obter o melhor resultado possível a partir da grande base de dados e também a não perder nenhuma observação ou perceção relevante feita pelos participantes na investigação.

A organização LTTE começou no final da década de 1970 como um pequeno grupo de militantes insurrectos, constituído por um pequeno número de jovens tamil descontentes. O grupo era liderado por "Prabakaran", um líder determinado e dedicado, que conseguiu transformar a organização numa força a ter em conta, especialmente no contexto do Sri Lanka. A revista Times (janeiro de 2009) fala sobre os LTTE da seguinte forma

> Os Tigres Tamil do Sri Lanka são, sem dúvida, um dos grupos terroristas mais organizados, eficazes e brutais do mundo. Inventaram o colete suicida e, de acordo com o FBI, são o único grupo terrorista que assassinou dois líderes mundiais. Os rebeldes, baseados no norte e no leste do Sri Lanka, têm vindo a empreender uma violenta ofensiva contra o governo central há mais de 20 anos.

Esta é uma afirmação muito clara do crescimento fenomenal dos LTTE enquanto grupo insurreto dominante e criador de tendências, especialmente no domínio do terrorismo marítimo. O êxito e o crescimento dos LTTE são principalmente atribuídos aos Tigres do Mar. Os Tigres do Mar foram criados com o objetivo claro de dominar o espaço oceânico, que era importante para os LTTE, sobretudo para efetuar operações logísticas, inicialmente entre a costa sul de Tamilnadu e a costa norte do Sri Lanka. Os Tigres do Mar foram também incumbidos de efetuar transferências de tropas entre as costas e a evacuação de vítimas, bem como de escapar às autoridades policiais. Os Tigres do Mar tornaram-se uma séria ameaça para o SLN no mar e, durante algum tempo, conseguiram desafiar o domínio do SLN, quer no mar quer no porto. Os Tigres do Mar foram os pioneiros na história contemporânea das tácticas dos barcos suicidas, dos sabotadores submarinos, das minas de lapas e das minas marítimas. A arma mais potente do arsenal dos Tigres do Mar era o barco suicida Tigre do Mar Negro, que pode ser comparado a um míssil anti-navio guiado por humanos, letal e que desliza sobre o mar, capaz de infligir danos substanciais às unidades SLN no mar e no porto. Os Tigres do Mar melhoraram o barco suicida com maior velocidade, proteção blindada e tecnologia furtiva e foram responsáveis pelo afundamento de mais de 20 unidades SLN. As tácticas de enxame utilizadas pelos Tigres do Mar, combinando embarcações de ataque e suicidas, criaram uma situação de quase pânico no SLN. As vitórias dos Tigres do Mar deram muita confiança aos LTTE, que as utilizaram como instrumento de propaganda para angariar fundos no estrangeiro, especialmente junto das comunidades da diáspora tamil de muitos países do mundo. Os fundos assim angariados foram utilizados para comprar material de guerra no estrangeiro.

Além disso, as vitórias dos Tigres do Mar provocaram um moral muito baixo no SLN. Em alguns casos, o SLN evadiu-se dos Tigres do Mar sem se envolver numa batalha no mar. Os Tigres do Mar conseguiram expandir a sua rede logística marítima internacional para além da zona económica exclusiva do Sri Lanka, em locais tão distantes como a Coreia do Norte. O crescimento fenomenal dos LTTE até atingirem um estatuto quase convencional é principalmente atribuído à eficácia e eficiência dos Tigres do Mar.

Enquanto os Tigres do Mar se tornavam gradualmente uma força dominante no mar, o SLN também crescia, embora de forma reactiva. Os decisores políticos do Sri Lanka não prestaram atenção suficiente ao desenvolvimento do SLN. Uma organização de capital intensivo como uma marinha não pode ser construída de um dia para o outro. São necessários anos de planeamento e preparação e um compromisso financeiro a longo prazo para desenvolver uma marinha. Sendo uma nação insular, a fronteira oceânica deveria ter sido considerada como a primeira linha de defesa, onde se poderia chegar a ameaças ou assistência externas. No entanto, os sucessivos governos não prestaram atenção ao desenvolvimento do SLN. Não havia um objetivo político a longo prazo para desenvolver o SLN. Pode afirmar-se que os decisores, tanto do governo como do SLN, não compreenderam a importância de uma estratégia marítima sólida para defender a integridade territorial do país. O crescimento do SLN deveu-se principalmente ao crescimento dos Tigres do Mar e, por conseguinte, a iniciativa foi, na maior parte do tempo, dos Tigres do Mar.

O SLN registou um desenvolvimento progressivo ao longo do conflito, embora na maioria das vezes em resposta à ameaça dos Sea Tiger. O SLN adquiriu navios e embarcações ao longo do conflito, entre os quais se destacam a FAC em 1985 e os OPV a partir de 2000. As capacidades da FAC, o equipamento de armamento e os sensores foram sendo actualizados de tempos a tempos, assim como a formação, as tácticas e o padrão de implantação para manter a negação do mar aos Tigres do Mar. A frota de OPV do SLN foi destacada para manter a vigilância para além das águas territoriais até à ZEE de 200 milhas náuticas. A frota de OPV tornou-se muito útil na destruição dos navios "armazéns flutuantes" dos LTTE. Algumas das destruições tiveram lugar a distâncias inimagináveis para uma pequena marinha como a do SLN. A destruição destes navios logísticos dos LTTE reduziu drasticamente as capacidades de combate dos LTTE e contribuiu de forma muito positiva para a grande vitória. A capacidade de transporte marítimo do SLN foi reforçada com a aquisição de um ferry de passageiros de alta velocidade com maior capacidade de carga para satisfazer a procura crescente das forças armadas na zona norte, tendo as deslocações sido efectuadas em segurança, apesar de os Tigres do Mar terem tentado várias vezes atingir esta deslocação em grande escala. Os serviços logísticos, técnicos e médicos do SLN, bem como todos os outros ramos especiais, juntaram-se ao progresso e fizeram o que deles se esperava para tornar o SLN uma marinha combatente e vencedora. A SBS desempenhou o seu papel, efectuando o reconhecimento das praias e atacando por detrás das linhas inimigas e apoiando mesmo as forças especiais de outros serviços.

Só em 2005 é que se assistiu a uma abordagem governamental abrangente para pôr termo à guerra e trazer a paz ao país. O país precisava de uma liderança visionária e forte, capaz de resistir à propaganda dos LTTE, à pressão internacional e à manutenção da ordem pública. Em 2005, a tão necessária liderança política visionária e a determinação de pôr termo ao conflito, que se arrastava há tanto tempo, foram finalmente adoptadas com um mandato do povo para pôr termo à guerra. A vontade política foi claramente visível e conseguiu sinergizar os esforços das forças armadas e de muitas outras partes interessadas na guerra contra o terrorismo dos LTTE. A liderança política do Presidente e do Secretário da Defesa foi capaz de unir todo o país num espírito de guerra e resistiu às pressões internacionais e internas para pôr termo à guerra. Pela primeira vez na história do conflito, prevaleceu um sentimento de vitória e os LTTE deixaram de ser vistos como imbatíveis. Gradualmente, o domínio dos LTTE foi-se reduzindo e os ganhos dos militares foram aumentando. O moral e a confiança das forças armadas atingiram o seu ponto mais alto e estas estavam convencidas de que era possível ganhar a guerra.

Os LTTE utilizavam embarcações suicidas em quase todas as operações que efectuavam no mar e era muito difícil defender-se dessas embarcações, pois vinham prontas a morrer. Por conseguinte, era importante e essencial impedir o lançamento de ataques e o domínio e a manutenção da vigilância costeira eram de importância primordial. O SLN implementou um domínio costeiro eficaz, combinando medidas de vigilância física e eletrónica nos últimos anos da guerra, depois de 2006. Uma rede de vigilância eletrónica em toda a ilha, combinando RADAR, câmaras e CCTV, foi instalada em locais estratégicos e ligada a uma espinha dorsal de micro-ondas. Esta informação foi disponibilizada ao Quartel-General da Marinha e a outros quartéis-generais de comando operacional. Esta imagem de operação combinada ajudou os comandantes a ver a batalha virtual em tempo real e a prestar a assistência e as direcções necessárias às unidades em batalha no mar. O SLN também utilizou algumas medidas inovadoras, como barreiras anti-mergulhadores, pequenos sonares, hidrofones, localizadores de peixe, IEDs, como cargas de intimidação, e uma variedade de pequenas embarcações para manter a vigilância dos portos 24 horas por dia, 7 dias por semana. Estas medidas, combinadas com extensões de domínio costeiro, impediram que o Mar
Os Tigres não podem lançar ataques bem sucedidos contra os portos, utilizando embarcações suicidas ou sabotadores submarinos.

As agências de informação foram colocadas sob a autoridade do Ministério da Defesa e a coordenação foi mantida ao mais alto nível para as tornar mais eficazes e eficientes e mais fiáveis. O SLN soube tirar partido desta situação e destruiu completamente a frota de navios dos LTTE que transportavam grandes quantidades de material de guerra a bordo. Os métodos de informação humana utilizados pelos serviços de informação do Estado ajudaram a manter a segurança no sul do país e os LTTE foram impedidos de lançar ataques terroristas bem sucedidos, onde estavam a perder gradualmente os esconderijos e os informadores de que outrora dispunham.

Após 2005, a SLN embarcou num sistema reforçado de vigilância costeira, que lhe proporcionou uma capacidade de vigilância marítima e costeira de longo alcance. Foram também adquiridas armas superiores com melhores sensores e sistemas de controlo de fogo. As capacidades de combate noturno e de disparo estabilizado foram melhoradas. Os projectos internos de I&D foram eficazmente utilizados para implementar ideias inovadoras, tais como a integração de armas de maior calibre e até de lançadores de foguetes nas plataformas estabilizadas existentes, o que proporcionou à SLN uma melhor capacidade de alcance e de destruição de áreas. As comunicações tácticas foram melhoradas com antenas adicionais localizadas em torno da costa e através da fixação de sensores e da ligação em rede de todos os dados para uma melhor direção e coordenação. Todos estes avanços tecnológicos ajudaram a SLN a recuperar uma vantagem competitiva sobre os LTTE.

A seleção e manutenção de uma "Grande Estratégia" não foi visível durante a maior parte do conflito por parte do governo. A partir de 2005, os dirigentes políticos adoptaram uma estratégia clara para pôr termo à guerra. Primeiro, reforçaram a força das forças armadas, depois começaram a libertar as zonas que estavam sob o controlo dos LTTE, começando pelo leste, onde os LTTE estavam mais fracos. Em seguida, a estratégia consistiu em avançar numa série de frentes, dividindo a concentração dos LTTE e mantendo uma ofensiva contínua, negando assim aos LTTE a oportunidade de se reagruparem e reorganizarem. A partir daí, a logística dos LTTE foi cortada a partir do mar, o que os deixou famintos e afectou a sua capacidade de sustentar a luta contra as forças armadas que avançavam. A estratégia aérea levou a cabo bombardeamentos precisos em instalações-chave dos LTTE e os grupos LRRP do exército instilaram uma psicose de medo entre os líderes dos LTTE, o que lhes negou a liberdade de movimento mesmo dentro do território sob o seu controlo; a estratégia marítima e naval resultou na recuperação do controlo do mar aos Tigres do Mar, ao mesmo tempo que lhes negava o mesmo. Depois, houve uma estratégia para equilibrar as preocupações internacionais e regionais. Por último, a liderança dos LTTE foi encurralada numa pequena área terrestre, tendo perdido tudo o que construíram durante quase três décadas; a partir daí, tornaram-se alvos fáceis para os militares.

A SLN era uma marinha convencional e pequena que desempenhava funções navais tradicionais. No entanto, os Tigres do Mar, embora muito mais pequenos em termos de dimensão, número e capacidades, gozavam de liberdade de ação no mar com as suas tácticas inovadoras, acções audaciosas e determinação. O SLN foi perdendo gradualmente o controlo marítimo das zonas oceânicas que interessavam aos LTTE. A maré só mudou a favor do SLN a partir de 2005, quando este mudou de tática e começou a pensar como uma força de guerrilha no mar. O SLN criou o conceito de pequenas embarcações, tendo começado a produzir um grande número de IPC e Arrow de melhor qualidade, semelhantes às embarcações Sea Tiger, e colocou-as ao longo da costa em locais estratégicos. O SLN utilizou pequenas embarcações com pessoal da SBS e da RABS, bem treinado e familiarizado com as operações de pequenas embarcações. A tática assimétrica de utilização de pequenas embarcações pelo SLN mudou o jogo em desfavor dos Tigres do Mar e o SLN conseguiu arrancar o controlo do mar aos Tigres do Mar. O conceito de defesa em camadas utilizado pelo SLN, com a utilização de pequenas embarcações numa barreira na fase final da batalha, impediu a fuga por mar dos dirigentes dos LTTE. Uma patrulha de barreira no mar é normalmente efectuada com unidades maiores. No entanto, o SLN utilizou pequenas embarcações numa barreira no mar com bons resultados.

CAPÍTULO 7

TEORIAS E PRÁTICAS; O RESULTADO

7.1 Ganhar uma guerra impossível de ganhar

O capítulo quatro da presente tese trata de vários conceitos e teorias da guerra naval. Para analisar a ascensão e queda dos Tigres do Mar LTTE e a recuperação do controlo do mar pelo SLN, que resultou na derrota dos LTTE no mar, foram utilizadas três teorias da guerra naval. A ação do SLN foi analisada em relação às teorias da guerra assimétrica, do controlo do mar e da arte operacional. A arte operacional foi considerada como a ponte entre a estratégia e a tática. Como a guerra durou um tempo considerável, era necessário descobrir a razão da vitória. Quando se olha para a guerra em retrospetiva, verifica-se que as teorias e os conceitos da arte operacional desempenharam um papel fundamental nesta grande vitória.

Os capítulos cinco e seis desta tese foram dedicados à análise das entrevistas qualitativas e das discussões dos grupos de discussão com o objetivo de encontrar respostas para as questões de investigação. O capítulo cinco discute as desvantagens organizacionais do SLN e o desenvolvimento dos Tigres do Mar. Ficou bastante claro que as desvantagens organizacionais aos níveis político, estratégico e tático levaram a que os Tigres do Mar obtivessem gradualmente um estatuto limitado de controlo do mar para levar a cabo as suas operações em apoio da sua grande estratégia. Além disso, a dedicação, a motivação e a utilização de tácticas assimétricas no mar pelos Tigres do Mar ajudaram-nos a desenvolver um estatuto militar quase convencional. O capítulo seis analisa os factores determinantes do sucesso da recuperação do controlo do mar pelo SLN. A análise dos dados qualitativos revela que houve muitas razões tangíveis e intangíveis para a reconquista do controlo do mar pelo SLN e para o desaparecimento dos Tigres do Mar no mar e a consequente perda de poder de combate dos LTTE. É agora necessário estudar a relação entre as teorias e o resultado da guerra no mar envolvendo um grupo insurreto que dominava as tácticas assimétricas no mar. Este capítulo analisará os factores determinantes do sucesso da recuperação do controlo do mar pelo SLN em relação às teorias da guerra naval.

As propostas selecionadas para esta tese pressupõem que, no período inicial do conflito, as forças navais não conseguiram estabelecer e manter o controlo do mar devido à falta de compreensão da natureza da ameaça representada pelos LTTE e à falta de compreensão dos conceitos assimétricos no mar. Partiu-se também do princípio de que a motivação, a determinação e a liderança dos LTTE resultaram na transformação dos Tigres do Mar numa força capaz de lutar contra o muito formidável SLN. O estudo também partiu do princípio de que a transformação das estratégias do SLN e a determinação e liderança políticas e militares foram componentes essenciais da grande vitória contra os Tigres do Mar. As teorias da guerra naval serão analisadas tendo em conta estas proposições, de modo a encontrar a sua ligação com os resultados da investigação.

Quando duas forças estão a combater, o resultado não depende apenas da força da força ou do poder de fogo que possuem. O êxito dependerá de muitos outros factores. As teorias e os combates de guerra estão inter-relacionados. Mas a questão é saber se se aplica primeiro a teoria ou se se luta para ganhar e depois se olha para trás e se vê como as teorias foram aplicadas. No caso da SLN, parece que lutaram muito e ganharam a batalha. Neste trabalho, o investigador tentou analisar a forma como as teorias da guerra foram aplicadas ao resultado da guerra contra os LTTE. É um facto estabelecido que os LTTE foram derrotados militarmente de forma abrangente no território do Sri Lanka. Uma das organizações de guerrilha mais organizadas e implacáveis do mundo foi derrotada pelos militares do Sri Lanka. Os contributos do SLN para derrotar os Tigres do Mar no mar e cortar completamente a linha logística dos LTTE são vistos como "contributos vitais do SLN na IV Guerra do Eelam no mar foram fundamentais para a destruição do poder militar dos LTTE em terra" (Hashim, 2013, 165). Este é um estudo de caso clássico de como uma insurreição pode ser derrotada por meios militares, contrariando a sabedoria convencional de que as insurreições devem ser tratadas por meios políticos. Este estudo de caso também constitui uma excelente oportunidade para testar as teorias de guerra naval selecionadas.

Entrar em guerra é sempre um grande mal? Por vezes, a guerra não resolve problemas? Quais são as consequências negativas de não terminar a guerra? Estas são algumas das questões que se colocam quando se olha para o conflito no Sri Lanka. Luttwak refere como uma guerra deve ser travada para se obterem resultados positivos:

> Uma verdade desagradável e muitas vezes esquecida é que, embora a guerra seja um grande mal, tem uma grande virtude: pode resolver conflitos políticos e conduzir à paz. Isto pode acontecer quando todos os beligerantes ficam exaustos ou quando um deles vence de forma decisiva. Seja como for, o essencial é que a luta continue até se chegar a uma solução. A guerra só traz a paz depois de passar uma fase culminante de violência. As esperanças de sucesso militar têm de desaparecer para que a acomodação se torne mais atractiva do que a continuação do combate (Luttwak, 1999, 1).

O conflito no Sri Lanka, que se arrastava há mais de 25 anos, chegou ao fim em maio de 2009, na sequência da derrota total dos LTTE. Os LTTE, embora tenham começado como uma força insurreta, travaram batalhas quase convencionais com infantaria, artilharia e uma capacidade blindada limitada. Os LTTE desenvolveram as suas capacidades quase convencionais explorando as profundezas do oceano em seu benefício. Como sugere Luttwak, os militares do Sri Lanka venceram de forma decisiva e destruíram os LTTE e todos os seus líderes, incluindo o líder dos LTTE, Velupillai Prabakaran. Se essa vitória não tivesse ocorrido nesse momento, o conflito ter-se-ia arrastado até à data, provocando mais mortes e sofrimentos para o povo do Sri Lanka, de ambos os lados da divisão étnica. Embora não se tratasse de uma guerra naval clássica, o oceano foi amplamente utilizado tanto pelo SLN como pelos LTTE para travar a guerra. Especialmente no caso dos LTTE, utilizaram extensivamente os oceanos para transportar armas, munições, explosivos, medicamentos, combustível e basicamente tudo o que precisavam para sustentar os esforços de guerra. Os LTTE Sea Tigers, sendo a componente marítima mais pequena e mais fraca, tiveram de inovar e experimentar para se tornarem uma ameaça potente para o formidável SLN. Os Tigres do Mar desafiaram a supremacia do SLN no mar e saíram vitoriosos, tendo por vezes infligido pesadas baixas. Puderam utilizar o oceano para levar a cabo as suas actividades de tiroteio, iludindo o SLN. Não só dispunham de capacidades de combate marítimo mais próximas da linha da costa, como também de uma frota de navios internacionais que navegavam em rotas marítimas internacionais. A adaptação é um requisito básico num conflito prolongado. Os LTTE adaptaram-se muito bem à evolução das situações e as forças armadas foram mais reactivas às ameaças colocadas pelos LTTE do que pró-activas. Este foi especialmente o caso do SLN.

7.2 A guerra assimétrica no mar e a derrota dos LTTE

A guerra entre o SLN e os LTTE no mar não foi uma guerra entre duas forças comparáveis que se defrontaram utilizando conceitos e armas convencionais. Tratou-se de uma guerra travada com recurso a diferentes tipos de armas, muitas vezes improvisadas. Por conseguinte, a guerra entre o SLN e os LTTE não se limitou a um modelo ou quadro estabelecido. Vemos aqui uma série de tácticas assimétricas e não convencionais utilizadas por ambas as partes com bons resultados. Tratava-se de uma guerra entre o povo. O combate podia ter lugar em qualquer sítio e em qualquer lugar. Não se limitava a uma determinada fronteira geográfica, mas estendia-se a todo o país, embora a maioria dos combates diretos se limitasse às províncias do norte e do leste. Nem sempre era possível distinguir os civis dos combatentes, especialmente no caso dos LTTE, que combatiam entre a população civil, mesmo no mar.

As forças armadas do Sri Lanka foram criadas como forças convencionais e não estavam imediatamente preparadas para mudar a sua forma de pensar com criatividade e engenho. A guerra contra os LTTE exigia um pensamento inovador, uma vez que os LTTE estavam sempre um passo à frente na luta. Para derrotar os formidáveis LTTE, era necessário pensar de forma diferente.

É possível constatar que a guerra assimétrica procura desestabilizar, desorientar e desencaminhar os líderes militares convencionais. As situações e condições permanecem voláteis, incertas e complexas a maior parte do tempo. Os LTTE utilizaram estas complexidades em grande medida para desenvolver as suas capacidades de combate e tornar-se uma ameaça significativa para o SLN no mar. Esta situação manteve-se durante muito tempo. Inicialmente, era uma questão de sobrevivência para os LTTE. Mas, com o êxito das suas actividades, decidiram adotar uma estratégia de luta contra o SLN, pois perceberam que este seria vulnerável a ameaças assimétricas. Enquanto o SLN não mudasse a sua forma de pensar e os seus conceitos, não estaria a ganhar. O SLN precisava de uma liderança que se adaptasse rapidamente à situação em mudança. Essa liderança estava disponível com a marinha em 2005 para transformar o SLN numa força de combate. Com a liderança política a dar a motivação e as direcções certas, a liderança do SLN mudou a sua abordagem para ganhar a guerra. Os anos de experiência de combate com os LTTE também se tornaram muito úteis para o SLN nesta altura.

O SLN começou a estudar as operações dos LTTE Sea Tiger e identificou os seus pontos fortes, compreendendo simultaneamente as suas próprias desvantagens. O SLN apercebeu-se de que, como diz um comandante reformado da marinha, "não valia a pena tratar os 'sintomas' mas sim as causas profundas".

O conceito de pequena embarcação da SLN pode ser considerado como um clássico pensamento fora da caixa para desorientar os Tigres do Mar e atacar quando estes se encontravam num estado confuso. O SLN preparou-se bem com um pensamento inovador e combinando anos de engenharia e experiência operacional para melhorar as suas próprias construções de barcos. Até essa altura, o principal objetivo do SLN era utilizar as FAC para combater os Tigres do Mar. Mas as FAC estavam a sofrer pesadas perdas e a taxa de baixas entre os oficiais que as comandavam era elevada. As FAC eram mais caras e os pequenos barcos eram muito mais baratos de construir e eram montados no estaleiro do SLN. Os pequenos barcos tornaram-se uma plataforma ideal para combater quando os confrontos se desenrolavam perto das zonas costeiras. Anteriormente, o SLN tentava manter-se afastado da faixa de 5 milhas náuticas ao largo das zonas controladas pelos LTTE. Mas com um grande número de pequenas embarcações estrategicamente posicionadas ao longo das zonas costeiras perto das áreas controladas pelos LTTE, conseguiu atrair os Tigres do Mar para a batalha. Era exatamente isto que Sun Tzu queria dizer quando afirmava "evitar quando o inimigo é forte e atraí-lo para a batalha quando se é forte". Nesta altura, o SLN gozava da superioridade numérica das pequenas embarcações. Como os LTTE estavam a ter problemas em receber artigos por mar devido à destruição dos navios-armazém, a eficiência operacional dos seus barcos começou a deteriorar-se gradualmente. Além disso, o moral dos Tigres do Mar estava em baixo e estavam a ser utilizados para combater em terra e defender-se do avanço do exército. Este facto agravou ainda mais a sua situação. Gradualmente, os Tigres do Mar foram incapazes de combater contra o SLN.

7.2.1 Os Tigres do Mar e os conceitos de tácticas assimétricas

O conflito no Sri Lanka englobou todos os aspectos da guerra assimétrica: avaliação e derrota da ameaça assimétrica, condução de operações assimétricas, compreensão da assimetria cultural e avaliação dos custos assimétricos (Buffaloe, 2006, 17). O poder dos LTTE era o povo Tamil. O seu recrutamento, os seus conhecimentos, a sua tecnologia, tudo provinha do povo Tamil. Os Tigres do Mar beneficiaram imenso com a juventude tâmil que provinha de zonas de pesca. Um antigo comandante da marinha salienta que "o facto de não ter desenvolvido uma marinha forte e de ser uma nação insular foi uma das principais razões para o crescimento substancial dos tigres do mar e para a sua capacidade de desafiar o SLN no mar".

No caso dos LTTE, inicialmente eram muito mais pequenos e mais fracos face aos formidáveis níveis de força das forças armadas do Sri Lanka. Os LTTE sabiam que as forças armadas trabalham sempre de forma simétrica e levam tempo a reagir a qualquer situação fluida. Foi esta a estratégia que os LTTE adoptaram desde o início. Não dispunham de quadros suficientes para combater e corriam o grande risco de serem capturados pelas forças armadas. A única forma de se desenvolverem era através do vigor e da determinação da direção dos LTTE.

Quando a luta armada dos LTTE começou, ninguém pensou que se tornariam uma força militante tão formidável. Quando se viram ameaçados e a sua organização corria o risco de ser destruída pelas forças armadas, começaram a atuar com vigor e tornaram-se uma força a ter em conta. Os LTTE sempre tiveram um grande objetivo: conseguir um Estado separado para os Tamil e fizeram tudo o que estava ao seu alcance para o alcançar. Esta ação tornou-se uma combinação de "golpes brilhantes", que conquistou a admiração da diáspora tamil e de alguns países ocidentais.

7.2.2 A transformação do SLN

O SLN foi desenvolvido com uma mentalidade convencional e era difícil para ele mudar e adaptar-se rapidamente à evolução da situação. O SLN concentrou toda a sua atenção no desenvolvimento e na melhoria da frota da FAC, uma vez que esta era considerada a principal plataforma de combate contra os Tigres do Mar. A FAC tinha muitas vantagens em relação às embarcações dos Tigres-marinhos. As FAC tinham melhores qualidades de manutenção no mar, maior velocidade e um melhor armamento e poder de fogo. O SLN também dispunha de portos abrigados nas costas oriental e setentrional, de onde podia lançar as FAC. Os Sea Tigers não dispunham de um único porto e tinham de recorrer a métodos improvisados de lançamento e recuperação para utilizar os seus barcos em tarefas no mar. Apesar de todas estas dificuldades, os Tigres do Mar ameaçaram o domínio das FAC do SLN, empregando tácticas assimétricas como a tática do enxame e o barco suicida. Os anos de luta, as baixas sofridas e a formação recebida do estrangeiro, bem como os estudos e avaliações efectuados pelo SLN, fizeram-no compreender que, para recuperar o controlo do mar e derrotar o poder dos Tigres do Mar, era necessário passar de uma mentalidade convencional para uma mentalidade assimétrica. O SLN começou a adotar uma abordagem assimétrica da guerra que proporcionava melhores resultados e sucesso no mar. Isto é totalmente contrário à crença normal de que o lado mais fraco é forçado a lutar contra as probabilidades. De facto, foi o lado mais forte, o SLN, que foi ameaçado pela força mais pequena dos Tigres do Mar e teve de enfrentar muitas adversidades, renovar o seu vigor e usar a inspiração para vencer, com o objetivo estratégico de derrotar os Tigres do Mar no mar. Este facto foi admirado por muitos e teve como resultado a redução das capacidades de combate dos LTTE enquanto força insurreta, que dispunham não só de uma capacidade de combate de guerrilha, mas também de uma capacidade de combate terrestre quase convencional, associada a uma força substancial no mar e a uma capacidade aérea menor. Como disse Otto Von Bismarck: "Vivemos numa época maravilhosa em que o forte é fraco por causa dos seus escrúpulos morais e o fraco torna-se forte por causa da sua audácia" (Applegate, 2001, 6). A audácia dos LTTE e dos Sea Tigers abriu-lhes o caminho para inovarem as suas próprias tácticas no mar e ameaçou o domínio de que gozava o SLN no mar. Os Sea Tigers não permitiram que o SLN descansasse, nem sequer uma vez dentro de um porto, ao levarem a cabo ataques clandestinos de sabotagem contra plataformas do SLN, mais uma vez recorrendo à audácia para atingir os seus objectivos estratégicos. Shelton escreve mais sobre aplicações assimétricas a todos os níveis da guerra:

> As abordagens assimétricas procuram geralmente um impacto psicológico importante, como o choque ou a confusão que afecta a iniciativa, a liberdade de ação ou a vontade do adversário. Os métodos assimétricos requerem uma apreciação das vulnerabilidades do adversário. As abordagens assimétricas empregam frequentemente tácticas, armas ou tecnologias inovadoras e não tradicionais, e podem ser aplicadas a todos os níveis de guerra - estratégico, operacional e tático - e em todo o espetro das operações militares (Shelton, 1999, 14).

A utilização de tácticas assimétricas pelos Tigres do Mar foi, de facto, um choque e confundiu em grande medida o SLN. O SLN demorou muito tempo a compreender que precisava de pensar de forma diferente. No entanto, a situação mudou, especialmente depois de 2006. Com anos de experiência e uma melhor compreensão das capacidades e tácticas do inimigo, o SLN transformou-se e adaptou-se bem às tácticas assimétricas.

7.2.3 Liderança bem-sucedida na SLN

A principal razão para esta mudança bem sucedida no SLN é atribuída à liderança do então Comandante. Uma liderança forte é indispensável para que o SLN passe de uma mentalidade convencional de uma década para uma estratégia vencedora. O SLN estava a perder o controlo do mar e os Tigres do Mar estavam a ganhar domínio no mar. Os LTTE conseguiam receber do outro lado do mar quase todos os abastecimentos militares para a luta contra as forças armadas. O SLN hesitava em tentar uma guerra assimétrica total contra os Tigres do Mar dos LTTE, mas quando o tentou, os resultados foram imediatos. O SLN conseguiu recuperar a iniciativa e surpreender e os Tigres do Mar começaram a perder a batalha pela supremacia no mar contra o SLN.

Durante as fases iniciais do conflito, foram os Tigres do Mar dos LTTE que introduziram muitas tácticas novas e conseguiram uma surpresa quase total contra o SLN. No entanto, com a mudança de tácticas do SLN, os Tigres do Mar foram surpreendidos e nunca conseguiram recuperar, começando gradualmente a perder a batalha no mar. Embora o SLN estivesse no lado recetor das tácticas assimétricas, conseguiu mudar a tendência e surpreendeu os Tigres do Mar em termos de fins, formas e meios. Quer se tratasse de tácticas com pequenas embarcações, da destruição de armazéns flutuantes dos LTTE a milhares de milhas náuticas de distância do país, do estabelecimento de uma patrulha de barreira no mar com a primeira camada totalmente tripulada por pequenas embarcações, o SLN conseguiu retirar a iniciativa aos Tigres do Mar dos LTTE. O SLN foi capaz de refutar a crença comum de que as tácticas assimétricas são normalmente utilizadas pela força mais pequena e mais fraca contra uma força muito mais forte, com maior sucesso.

7.2.4 A utilização de tácticas assimétricas por outros Estados

O SLN não é o único Estado a aplicar tácticas assimétricas no mar na história recente. O Irão está a utilizar tácticas assimétricas de forma muito eficaz contra as forças americanas, muito mais fortes e formidáveis, nas regiões do Golfo Pérsico e do Golfo de Omã. Robert Kaplan, escrevendo para a edição de outubro de 2008 da revista "The Atlantic", compara a situação da guerra assimétrica combinando o passado e o presente em relação ao Irão:

> O Irão está a trazer a guerra do século XXI para os mares, planeando ataques suicidas com pequenos barcos que se assemelhariam, em alguns aspectos, às missões suicidas aéreas e navais lançadas pelo Japão Imperial durante os seus últimos dias desesperados na Segunda Guerra Mundial. O Irão ameaça com uma guerra naval puramente não convencional, incluindo ataques a alvos militares dos EUA e ao tráfego marítimo internacional (Kaplan, 2008).

Este é outro exemplo clássico que mostra que as tácticas assimétricas no mar nem sempre são utilizadas por actores não estatais, mas podem ser aplicadas por Estados militarmente mais fracos contra forças militares mais fortes. No caso do Irão, estão a desafiar a maior força naval do mundo com tácticas assimétricas e têm conseguido mantê-la afastada. No caso do Irão, não escondem as suas intenções e até indicam as suas tácticas. É possível que queiram que os EUA e outras forças contra eles não interfiram no seu sistema de governação e nos assuntos do Golfo Pérsico. Até agora, o Irão tem conseguido manter à distância as forças que se lhe opõem, utilizando a fé e a motivação como um instrumento forte. De forma semelhante, os LTTE utilizaram tácticas assimétricas para compensar as fraquezas convencionais e tornaram-se uma ameaça considerável para as forças armadas. Os LTTE também utilizaram a fé na organização e foram capazes de motivar os seus quadros; um grande número deles para missões suicidas. O barco suicida dos Tigres do Mar Negro foi a arma mais potente utilizada pelos LTTE contra o SLN. Desde o barco de pesca muito básico até aos barcos suicidas feitos à medida, os Tigres do Mar Negro criaram uma grande variedade de modelos: uns maiores, outros mais pequenos, outros planos e de diferentes tamanhos e formas. Mas todos estes modelos levavam à mesma missão; a missão de cometer suicídio enquanto destruíam o alvo.

7.2.5 Resposta da SLN à crescente ameaça dos tigres-marinhos

A resposta do SLN à ameaça crescente, até cerca de 2005, consistiu em tentar adquirir plataformas capazes de atingir maior velocidade, melhores armas e sistemas de controlo de fogo, mas isso não dissuadiu os Tigres do Mar. No início, o SLN visava sempre o barco suicida em primeiro lugar, mas mais tarde passou a lutar com a embarcação de ataque, vigiando o barco suicida para o desesperar. Esta tática funcionou, pois o grupo suicida ficou nervoso e ficou sem combustível ou perdeu a direção, tornando-se vulnerável ao poder de fogo da FAC do SLN.

Os LTTE compreenderam a importância dos portos para os esforços do SLN em manter uma linha de vida para a Península do Norte através do mar. Os LTTE tentaram restringir a utilização dos portos pelo SLN quando atacaram e afundaram alguns grandes navios no porto de Kankesanthirai - que era o único porto na costa norte do Sri Lanka - restringindo assim o espaço de manobra dentro do pequeno porto. Os Tigres do Mar não puderam adotar a mesma tática no porto de Trincomalee, que é relativamente maior. No entanto, os Tigres do Mar efectuaram uma série de ataques suicidas e de sabotagem submarina contra navios da marinha atracados na zona naval do porto de Trincomalee. Mesmo nesses casos, quando os navios do SLN no porto eram atacados, o SLN concentrava-se na defesa dos molhes e das zonas circundantes onde os navios estavam atracados, o que não dissuadia eficazmente os Tigres do Mar. Os Sea Tigers provaram que as tácticas assimétricas podem ser aplicadas mesmo em meios subaquáticos com inovação e empenho. Durante a fase final da operação humanitária, os portos foram bem defendidos graças à combinação de anos de experiência e de algumas ideias inovadoras do SLN, enquanto os LTTE não conseguiram iniciar actos de sabotagem nos portos e a liberdade de operação permaneceu intacta para que o SLN pudesse levar a cabo uma ação ofensiva eficaz na zona marítima de operação.

Por volta de 2006, o SLN começou a pensar de forma diferente, embora com relutância. O SLN começou a utilizar eficazmente pequenas embarcações e tácticas como as utilizadas pelos LTTE contra eles. O SLN concentrou-se na utilização de todas as plataformas disponíveis de uma forma muito inovadora. Utilizou as plataformas de maior dimensão para perseguir os navios-armazém flutuantes dos LTTE e a FAC para patrulhar as zonas em torno da orla do mar territorial e utilizou pequenas embarcações posicionadas em vários locais vantajosos para atacar formações de tigres de mar nos litorais. A mudança de tática do SLN, que aplicou formas e meios assimétricos, teve como resultado a redução gradual da liberdade no mar de que gozavam os Tigres do Mar e o seu domínio começou a diminuir, acabando por se tornar uma força esgotada, incapaz de fazer o que o seu líder esperava que fizessem. Os tão temidos Tigres do Mar começaram a desagregar-se. O seu moral era baixo e o domínio no mar estava a diminuir muito. O estatuto de que gozavam os Tigres do Mar como a mais formidável força insurreta no mar começou a mudar e o SLN voltou a ser superior e recuperou o prestígio perdido e a eficácia de combate no mar.

7.3 Teoria do controlo do mar: SLN vs LTTE Tigres do Mar

Tal como Gompert descreve numa publicação da RAND de abril de 2013, "o poder marítimo é o produto da economia, da política, da tecnologia e da geografia: exigido pela economia, moldado pela política, possibilitado pela tecnologia e moldado pela geografia. Da economia internacional vem a necessidade de transitar nos oceanos de forma segura e previsível. Da política internacional vêm os confrontos e hostilidades que podem levar as nações a interferir no comércio marítimo de outras nações, dando origem à necessidade de marinhas" (Gompert, 2013, 21). É interessante descobrir como estes conceitos foram utilizados em combinação e em competição e conflito pelo SLN e pelo LTTE. O oceano liga o mundo e é a chave para o desenvolvimento económico da maioria dos países, incluindo o Sri Lanka. O Sri Lanca, sendo uma nação insular, é abençoado com portos de águas profundas e uma longa linha costeira de 1585 quilómetros. Os LTTE compreenderam bem o valor do mar para o seu crescimento e sustento. Sendo maioritariamente uma comunidade costeira, os quadros dos LTTE estavam mais ligados ao mar. Sobretudo na fase inicial, a maior parte deles eram pescadores e alguns deles eram contrabandistas. Conheciam o mar, as condições climatéricas, as rotas marítimas de alto mar, os pontos de fecho de ambos os lados do Estreito de Palk e dispunham de uma rede estreita com os seus homólogos de Tamil Nadu. Tinham crescido com o mar como meio de subsistência e modo de vida.

A principal função de um governo é defender e proteger a soberania do país, quer a ameaça seja externa ou interna. Para uma nação insular, a proteção de toda a linha costeira contra possíveis invasões é de primordial importância. A invasão não tem necessariamente de vir apenas de outro país, mas pode ser um ator interno que utiliza o oceano para desenvolver as suas capacidades militares e lutar contra as forças armadas do país. A costa de uma nação insular é utilizada por muitos dos seus habitantes, principalmente como atividade de subsistência. Por conseguinte, é necessário proteger as fronteiras dos agressores, bem como do seu próprio povo, que explorará a falta de regulamentação utilizando a vastidão da zona para actividades ilegais, quer se trate de contrabando de seres humanos e de armas, de drogas, de pesca ilegal, de degradação do ambiente costeiro e de poluição marinha.

O LTTE era uma organização que utilizava extensivamente o oceano à volta do Sri Lanka para se sustentar e o desenvolvimento da sua organização e a proeminência dada aos Tigres do Mar mostra a importância que a liderança do LTTE dava à utilização do mar. Como salienta Gompert, os LTTE combinaram a economia, a política, a tecnologia e a geografia para desenvolver a sua principal organização. As declarações do antigo agente ultramarino dos LTTE, KP, e do tigre do mar, Seelan, descrevem amplamente a forma como dependiam do oceano para sustentar a guerra contra as forças governamentais. O líder dos LTTE compreendeu claramente a necessidade de exercer o controlo do mar, não só nas zonas costeiras, mas também no "meio do mar". Selecionou os líderes dos Tigres do Mar, especialmente de zonas costeiras como Kittu e Soosai. Embora Gompet indicasse a geografia como um fator importante para o exercício do poder marítimo, os LTTE não dispunham sequer de um único porto na área sob o seu controlo. No início, tiveram de utilizar pequenos abrigos de pesca, mas mais tarde desenvolveram um método muito inovador e prático de utilizar berços empurrados por bulldozers e puxados por tractores para lançar e recuperar os seus barcos Sea Tiger. Este método de lançamento e recuperação dos seus barcos foi muito bem sucedido, uma vez que podiam efetuar esta operação muito rapidamente e esconder os barcos nas profundezas da selva, longe da vigilância atenta dos aviões de reconhecimento. Os LTTE beneficiaram de um crescimento fenomenal dos Sea Tigers e da sua rede de transportes marítimos internacionais e prosseguiram a guerra contra o exército com grande sucesso. Também aqui a geografia não os ajudou, mas ultrapassaram as desvantagens e chegaram mesmo a operar uma frota de navios oceânicos, tirando partido da liberdade de navegação em águas internacionais. O facto de a maior parte das baixas, cerca de 50%, como referiu um antigo CDS, ter sido causada por disparos de morteiros e artilharia dos LTTE, testemunha a eficácia das operações dos Sea Tiger, que permitiram trazer grandes remessas de equipamento de guerra, incluindo munições de grande calibre. A mobilização de fornecimentos através do oceano pode ser considerada como o principal fator que contribuiu para o crescimento dos LTTE.

O êxito dos LTTE e a liberdade de que gozavam no mar começaram a diminuir depois de 2006, quando o SLN mudou de tática e começou a utilizar tácticas assimétricas e a concentrar-se na simultaneidade dos ataques contra os LTTE. O "controlo do mar" de que gozavam os LTTE foi diminuindo e, finalmente, o SLN recuperou a supremacia total no mar e não só interrompeu o fluxo de abastecimentos aos LTTE, como destruiu completamente a sua rede logística internacional e a sua capacidade de combate.

7.3.1 Componentes do controlo do mar e a vitória do SLN

Como indicado pela Doutrina Marítima Australiana de 2010, o Controlo do Mar deve necessariamente incluir o espaço aéreo acima da superfície do mar, juntamente com a massa de água e o fundo do mar abaixo e o espetro eletromagnético. O controlo do mar engloba muitos aspectos associados ao oceano e não apenas a massa de água à superfície. Por conseguinte, também se pode argumentar que manter o controlo total do mar durante um período prolongado é praticamente impossível, mesmo para uma marinha muito poderosa como a Marinha dos EUA, uma vez que esta tem de se concentrar em muitas áreas para manter um grau completo de controlo do mar. O que é praticamente possível, portanto, é manter o controlo do mar durante um período limitado para uma área marítima limitada com o objetivo de realizar operações navais desejadas e negar o mar ao inimigo durante esse período. O conceito de controlo do mar torna-se vulnerável, especialmente quando actores não estatais que utilizam tácticas assimétricas o disputam, como é o caso em referência. Os LTTE nunca tentaram manter o controlo do mar com grandes navios de guerra, mas utilizaram pequenas embarcações, incluindo barcos de pesca comuns. A utilização de barcos suicidas Sea Tiger contra plataformas da SLN obrigou a marinha a defender-se vigorosamente contra eles. Os LTTE estavam interessados em obter o controlo do mar, especialmente quando precisavam de efetuar uma transferência logística de navio para terra. Não mantinham os seus barcos no mar para manter o controlo do mar a todo o momento. Só utilizavam os seus barcos quando era necessário efetuar uma operação. No entanto, utilizavam RADARs em terra e outros métodos de vigilância para controlar a implantação e os movimentos do SLN e lançavam ataques quando as suas operações eram ameaçadas. Pelo contrário, o SLN teve de mobilizar um grande número de navios e embarcações de diferentes classes para tentar manter o controlo do mar, uma vez que não sabia quando os Tigres do Mar realizavam as suas operações. Entretanto, os Tigres do Mar gozavam de liberdade para escolher quando lançar os seus barcos e quando efetuar transferências de navio para terra e a falta de informações navais adequadas e eficazes também desempenhou um papel fundamental no desenvolvimento dos Tigres do Mar, tal como confirmado por Seelan.

No controlo marítimo convencional, a abordagem tradicional é centrar-se nas capacidades de cada um. Mas no caso dos LTTE, como acontece com muitos actores não estatais, as capacidades nunca foram igualadas e o SLN manteve sempre a superioridade numérica. Para equilibrar as forças, os LTTE utilizaram tácticas assimétricas com grande sucesso. Por conseguinte, não havia uma competição de força contra força, mas tratava-se de tácticas e contra-tácticas, de inovações e contra-inovações. Para os LTTE, tratava-se de sobrevivência e sustento e, para o SLN, tratava-se de salvaguardar a integridade territorial do Sri Lanka. No entanto, quando os responsáveis políticos do governo não se concentravam suficientemente no desenvolvimento da marinha, os LTTE estavam determinados a fazer dos Tigres do Mar uma das suas principais unidades de combate. O líder dos LTTE prestava atenção pessoal às actividades dos Tigres do Mar e dependia fortemente do fornecimento de logística, bem como de manter o SLN afastado das zonas costeiras sob o seu domínio. Os LTTE tinham uma visão de longo prazo e uma estratégia de palco e, até cerca de 2005, a estratégia do SLN era mais reactiva do que proactiva.

Uma vez alcançado o controlo do mar, permite que as forças marítimas utilizem a zona marítima para os seus objectivos e possam gozar de liberdade de ação no mar. Foi esta a situação que prevaleceu no final do conflito. De acordo com o Seelan, os Tigres do Mar não podiam sequer lançar um barco ao mar, principalmente devido à presença da barreira de pequenas embarcações, que se encontrava muito próxima da zona da batalha final. Como o espírito de luta dos Tigres do Mar estava a diminuir gradualmente, o SLN podia agora concentrar a sua atenção na guarda de toda a zona marítima com um entusiasmo renovado. O SLN estava determinado a não permitir que a direção dos LTTE escapasse por mar. A primeira camada desta linha de defesa no mar era constituída por pequenos barcos, como os IPC e os Arrow. Trata-se de uma forma única de manter o controlo do mar através da utilização de pequenas embarcações. Normalmente, o controlo do mar seria conseguido por grandes navios, submarinos e aeronaves. Mas, neste caso, um grupo de pequenas embarcações do SLN foi eficazmente utilizado para recuperar e manter o controlo do mar.

A eficácia deste controlo marítimo de pequenas embarcações era evidente pelo facto de esta barreira ter conseguido deter mais de 900 pequenas embarcações, incluindo engodos enviados pelos LTTE. Tratou-se de uma missão de salvamento humanitário em grande escala no mar. O SLN levou a cabo esta tarefa nas condições mais difíceis, chegando mesmo a mudar de tripulação a meio do mar. Seelan, que foi o último Tigre do Mar a efetuar uma viagem da Índia para Mulaithivu, declarou que queriam fugir do mar, mas não o podiam fazer, pois conseguiam ver claramente o grande número de barcos com flechas através da selva. A conquista e a manutenção do controlo do mar por pequenas embarcações do SLN impediram a fuga dos dirigentes dos LTTE e encurralaram-nos numa pequena área em terra, uma vez que o exército avançava de diferentes direcções, concentrando-se em Mulaithivu. Os dirigentes dos LTTE ficaram vulneráveis ao ataque e todos os seus planos, incluindo o de fugir por mar, foram postos em prática, acabando por perecer na batalha. Este pode ser considerado um exercício muito inovador, económico mas eficaz de "controlo do mar" aplicado e mantido pelo SLN. Quando o Almirante Mahan afirmou que "o poder marítimo requer a capacidade de salvaguardar o próprio acesso marítimo [controlo do mar] e de impedir esse acesso por parte dos inimigos [negação do mar]" (Gompert, 2013, 22), nunca teria imaginado um controlo do mar da natureza do exercido pelo SLN na fase crucial da batalha. O facto de ter sido completamente negado aos LTTE o acesso ao mar foi comprovado pelo incidente em que o líder da família do Sea Tiger Soosai foi preso pela camada defensiva de pequenos barcos do SLN. Mesmo os outros escalões defensivos do SLN foram eficazes, ou seja, o segundo escalão com FAC, o terceiro escalão com FGB e o quarto escalão com OPV. KP, que tinha um plano para resgatar os dirigentes dos LTTE aproximando um navio de terra e, em seguida, pilotar um helicóptero para a missão de salvamento, não pôde executar o plano e disse: "O mar já está selado. Como é que eles podem escapar? Não deixaram nem um centímetro do mar [aberto]. Então como é que eles podem escapar?". Isto prova que o controlo eficaz do mar não depende apenas de grandes plataformas sofisticadas, mas da utilização do que se tem com engenho. De facto, esta foi a mesma tática utilizada pelos Tigres do Mar, exercer o controlo do mar para satisfazer os seus objectivos, o que foi bem sucedido na maioria das vezes até o SLN mudar de tática em 2006.

O principal objetivo do controlo das comunicações marítimas é utilizar o seu próprio comércio sem qualquer obstáculo e, na mesma linha, evitar que o inimigo o utilize para atingir os seus objectivos finais. No caso do conflito do Sri Lanka, o SLN conseguiu exercer bem o controlo marítimo para negar a utilização do mar ao inimigo, destruindo os navios-armazém flutuantes dos LTTE a uma distância superior a 3400 km da costa sul do Sri Lanka. O SLN, durante a maior parte da guerra, não conseguiu interromper os abastecimentos que chegavam aos LTTE, embora tenha conseguido destruir alguns dos navios de transporte de armas e arrastões. O SLN teve então de se aventurar numa zona mesmo fora da sua jurisdição, nomeadamente as águas internacionais, também muito longe do Sri Lanka, e destruir todos os restantes navios-armazém flutuantes dos LTTE em setembro e outubro de 2007. Embora a zona marítima onde os LTTE colocaram os seus navios-armazém se situasse em águas internacionais distantes, tornou-se uma zona de interesse para o SLN. O SLN precisava de obter uma situação marítima favorável nessa zona até poder destruir os navios dos LTTE. Segundo o almirante Wylie, uma vez obtido o controlo do mar, o SLN pôde explorar esse controlo e projetar o seu poder para destruir os falsos navios dos LTTE, o que levou a uma redução da eficácia de combate dos LTTE e, em última análise, ao seu desaparecimento em terra. Como disse o almirante Mahan, "se as marinhas, como todos concordam, existem para a proteção do comércio, segue-se inevitavelmente que, na guerra, devem ter como objetivo privar o inimigo desse grande recurso" (Grompert, 2013, 21). Foi exatamente isso que o SLN fez; não só ganhou o controlo do mar como negou o mesmo aos LTTE, o que constituiu uma das principais razões da grande vitória.

Outro aspeto da estratégia dos LTTE consistia em negar a liberdade das vias marítimas de comunicação às plataformas do SLN e a outros navios mercantes que efectuavam viagens pelo país. Durante o auge da guerra, a rede rodoviária que ligava o Norte e o Sul não estava disponível para o transporte de mercadorias, especialmente para a província do Norte do país. O governo teve de depender do transporte marítimo para quase todas as necessidades. Mesmo os militares que estavam estacionados na península de Jaffna tinham de depender da marinha para se sustentarem. Por isso, os LTTE desenvolveram a sua estratégia para impedir o transporte marítimo para o norte. Neste esforço, os LTTE atacaram navios mercantes, ferries de passageiros civis e, por vezes, até navios que transportavam ajuda humanitária. (A fotografia de um navio mercante sequestrado pelos LTTE consta do Anexo G) O SLN teve de utilizar a maior parte dos seus meios para manter a liberdade de comércio em todo o país e para defender os portos dos ataques dos LTTE. O SLN empregou equipas de segurança a bordo (OBST) para proteger os navios mercantes que navegavam nas zonas afectadas pelo conflito. O SLN nunca permitiu que os Tigres do Mar exercessem a sua atividade no mar controlo total, mas conseguiu prosseguir as suas missões e manteve, pelo menos, uma situação marítima favorável na maior parte do tempo.

7.3.2 Sea Denial e SLN

Outro aspeto do controlo do mar é a negação do mar. No conflito do Sri Lanka, ambos os lados estiveram envolvidos na negação do mar em determinadas fases. Durante grande parte do tempo, os LTTE tentaram impor a negação do mar em vez de tentarem manter o controlo do mar. Os Tigres do Mar mostravam a sua presença e posicionavam barcos suicidas em terra, simplesmente para impedir que o SLN se aproximasse das zonas de interesse para prosseguirem as suas actividades, quer se tratasse de transferências de navio para terra, de treino dos Tigres do Mar ou de testes e ensaios da sua própria construção de pequenas embarcações. Os LTTE aperceberam-se de que não lhes era possível manter o controlo total do mar, pois não dispunham de navios e barcos suficientes e tornavam-se vulneráveis quando estavam no mar, pois estavam expostos à vigilância marítima e aérea. Os Tigres do Mar fizeram o possível para negar certas zonas marítimas ao SLN com o mínimo de esforço, incutindo no SLN o medo de que 5 milhas náuticas de terra não fossem seguras para eles.

Os LTTE tentaram igualmente negar o mar às unidades do SLN, tentando impor bloqueios nos portos. Efectuaram ataques contra navios da marinha e navios mercantes atracados ou ancorados em portos, com o objetivo de impedir o SLN de utilizar esses portos, e conseguiram efetuar ataques de sabotagem debaixo de água, bem como ataques suicidas contra alvos navais.

7.3.3 Força no Ser e os Tigres do Mar

A força em presença é outro conceito de controlo do mar. Trata-se de uma variação do conceito de negação do mar. Este conceito descreve a forma como uma força marítima mais fraca finge ter consigo um grande número de unidades poderosas, mas não as coloca em ação. Isto mantém o inimigo na expetativa, uma vez que não consegue avaliar a natureza exacta da ameaça ou as capacidades do seu adversário. Os LTTE utilizaram este conceito para manter as unidades do SLN à distância. Levaram a cabo uma campanha de desinformação, mostrando auto-retratos mais grandiosos do que a sua própria vida para incutir medo no SLN. Os LTTE falavam também de vários tipos de ataques, de embarcações logísticas de que dispunham, de submersíveis e de outros barcos suicidas improvisados; tudo isto para impedir que o SLN efectuasse um patrulhamento eficaz nas zonas marítimas adjacentes à costa dominada por eles. Além disso, perante a ameaça de ataque dos Tigres do Mar dos LTTE aos portos, o SLN viu-se obrigado a destacar um grande número de efectivos e de meios para os proteger. Os LTTE efectuaram alguns ataques a portos, mas a maior parte das histórias de ataques iminentes nunca se concretizou.

7.3.4 Controlo do mar, guerra assimétrica no mar e ação ofensiva

O Almirante Mahan era da opinião de que a vitória só podia ser alcançada através da concentração da frota e acreditava que este era um dos princípios mais importantes da guerra marítima. O Almirante Mahan insistia que uma frota nunca deveria ser dividida e que a vitória no mar só é possível através da concentração da frota (Gough, 1988). No entanto, no caso do Sri Lanka, a vitória não podia ser alcançada através de uma batalha decisiva. Como os Tigres do Mar dos LTTE tinham desenvolvido tácticas assimétricas em vez de tácticas convencionais, não era possível concentrar-se em combater a frota dos Tigres do Mar de uma só vez. O SLN teve de prosseguir uma batalha prolongada em vários domínios e teatros, utilizando adequadamente as unidades de que dispunha. O SLN teve de manter o controlo do mar principalmente por duas razões: a primeira, a necessidade de manter a vigilância marítima dos movimentos dos Tigres do Mar e das suas actividades, e a segunda, a destruição dos seus navios de artilharia. Finalmente, após anos de evolução ao longo do conflito, o SLN conseguiu realizar estas duas tarefas; negou aos Tigres do Mar a liberdade de ação no mar e destruiu os seus armazéns flutuantes.

O Almirante Mahan refere que a principal missão de uma frota de batalha é atacar a frota inimiga. É necessário examinar como isto foi aplicado no caso do SLN. É evidente que o desenvolvimento do SLN foi, na maioria das vezes, uma resposta ao dos Sea Tigers e não uma resposta proactiva. Pode observar-se que o SLN deveria ter sido muito mais proactivo e deveria ter enfrentado os Sea Tigers no mar e impedido que a logística chegasse aos LTTE. Na maior parte do tempo do conflito, a iniciativa coube aos Tigres do Mar. Isso deu-lhes muita confiança e, gradualmente, transformaram-se numa força considerável no mar. Os LTTE desenvolveram as suas capacidades a um nível tal que o SLN teve, por vezes, de se retirar ou decidir não enfrentar os Tigres do Mar no mar. Um antigo comandante do exército e do CDS resume esta situação afirmando que "o SLN não estava a aterrorizar os terroristas no mar". Esta é uma indicação clara de que o SLN não estava a atacar suficientemente a frota inimiga. Este facto contribuiu imensamente para o crescimento sem entraves dos Tigres do Mar. Os Tigres do Mar puderam utilizar o oceano para os seus objectivos. Como sugeriu Corbett, "para o planeamento de uma campanha de guerra, deve assumir-se que o comando do mar pode existir em vários estados e graus" (Vego, 2009, 31). O SLN não foi capaz de formular planos estratégicos de guerra, uma vez que não era totalmente capaz de manter o comando do mar.

Esta situação deveu-se principalmente à falta de planeamento ofensivo, entre muitas outras razões, por parte do SLN. Na ausência de um comando efetivo do mar, não foi possível interromper os abastecimentos que chegavam às zonas controladas pelos LTTE, permitindo assim que os LTTE enfrentassem eficazmente o exército do Sri Lanka.

A situação alterou-se drasticamente após 2006. O SLN começou a enfrentar os Tigres do Mar de forma ofensiva e, a partir daí, os Tigres do Mar tornaram-se defensivos e, gradualmente, a sua capacidade de combater no mar diminuiu. Nesta altura, os anos de experiência e as lições aprendidas em batalhas reais no mar proporcionaram ao SLN um conhecimento muito mais profundo das capacidades, tácticas e vulnerabilidades dos Tigres do Mar. O SLN conseguiu destruir quase completamente a rede de transportes marítimos internacionais dos LTTE. A rede de transportes marítimos dos LTTE era a tábua de salvação para o seu sustento. Os LTTE e os Sea Tigers investiram muito e dependiam totalmente da navegação para continuar a guerra. No momento em que esta rede de abastecimento foi destruída, perderam a capacidade de prosseguir a batalha. O SLN combinou as suas experiências com os seus próprios serviços de informação melhorados e o apoio de outras agências para localizar, enfrentar e, finalmente, destruir a frota dos LTTE no mar. Este facto pode ser considerado como a grande batalha que o almirante Mahan indicou como necessária para ganhar a guerra. O SLN, mesmo sem "capacidade em águas azuis", aventurou-se por mais de 1490 milhas náuticas e desafiou a frota mercante dos LTTE que se encontrava em alto mar ao largo da Indonésia e da ilha de Cocos.

Além disso, o SLN inventou sozinho a tática dos pequenos barcos que, uma vez utilizados, confundiam realmente os Tigres do Mar. Os Tigres do Mar sempre desfrutaram da superioridade numérica contra o SLN. De repente, descobriram que a sua frota era completamente ultrapassada em número pelo SLN. Até essa altura, eram os Tigres do Mar que utilizavam tácticas assimétricas contra o SLN. O SLN utilizou então tácticas assimétricas contra os Tigres do Mar, afastando-se de uma mentalidade convencional e utilizando as tácticas dos Tigres do Mar contra eles de uma forma muito mais coordenada e eficaz. O SLN construiu um grande número de pequenas embarcações utilizando o seu próprio estaleiro de construção naval, e a velocidade com que estas pequenas embarcações foram construídas ultrapassou a compreensão de qualquer estratega. O número de confrontos com os Tigres do Mar diminuiu gradualmente e o SLN conseguiu recuperar o comando quase total do mar.

O SLN também utilizou os seus próprios projectos de Investigação e Desenvolvimento para maximizar a sua vantagem contra os Tigres do Mar. Alguns conceitos inovadores foram utilizados neste trabalho, tais como a instalação de canhões de 30 mm, lançadores de foguetes simples de 107 mm em embarcações de ataque rápido, melhorias nas capacidades de comunicação, ligação em rede de vários sensores, aumentando assim a coordenação, o moral e a eficiência de combate da frota do SLN. O SLN também utilizou métodos improvisados para reabastecer no mar e aumentou a resistência da sua frota oceânica, que foi utilizada para destruir os navios de artilharia dos LTTE. Todos estes factores contribuíram para que o SLN obtivesse o controlo do mar, negando-o aos Tigres do Mar de uma forma muito inovadora e pouco convencional. É evidente que o controlo do mar desempenhou um papel crucial no prolongamento do conflito. A recuperação do controlo do mar pelo SLN foi um ponto de viragem no conflito. Após a destruição dos navios-armazém flutuantes dos LTTE, estes nunca mais puderam travar batalhas terrestres com ferocidade e poder de fogo combinado, como costumavam fazer.

7.4 Teoria da Arte Operacional e Sucesso contra os Tigres do Mar

"A guerra é o maior assunto do Estado, a base da vida e da morte, o caminho para a sobrevivência ou para a extinção. Deve ser cuidadosamente ponderada e analisada"

Sun Tzu

Num ambiente de guerra, a teoria da "arte operacional" desempenha um papel significativo na compreensão da natureza do conflito, dos pontos fortes e fracos do inimigo, da mentalidade do adversário e no reforço das próprias capacidades contra esse inimigo. Uma componente essencial da arte operacional é a compreensão e o ataque ao "centro de gravidade" do inimigo. O Comandante Jeff Huber, da Marinha dos EUA, argumenta que o centro de gravidade está a mudar e, por isso, sugere três princípios sobre os quais o devemos analisar: Os centros de gravidade são objectivos selecionados, os centros de gravidade podem mudar em todos os níveis da guerra e os centros de gravidade podem mudar ao longo das fases da operação (Huber, 2002, 38). Na guerra, o mais importante é compreender os centros de gravidade. Esta compreensão pode dar a uma força a vantagem para ganhar a guerra. A arte operacional pode ajudar os comandantes a compreender estes centros de gravidade e a lidar com eles de forma eficaz. "A arte operacional ocupa uma posição imediata e indispensável entre a política, por um lado, e a tática, por outro. Serve de ponte e de interface entre estes dois domínios de estudo e de prática" (Vego, 2000, 1).

7.4.1 Sinergia da vontade política e militar para uma campanha bem sucedida e alguns factores-chave do OA e da vitória do SLN

Ao analisar o conflito no Sri Lanka, verifica-se que as políticas ao mais alto nível nem sempre foram favoráveis à vitória na guerra. A guerra no Sri Lanka arrastou-se durante quase três décadas e muitos líderes políticos e militares tentaram, em diversas ocasiões, acabar com a guerra. No entanto, apesar de todos estes esforços, os militares não estavam a ganhar. Em 2006, a vontade política e a vontade militar sinergizaram de uma forma que contribuiu imenso para a vitória final. Os comandantes militares estavam agora confiantes de que a determinação da liderança política inabalável estava disponível e que tinha finalmente chegado a oportunidade de travar a batalha final contra os LTTE, depois de terem esgotado todas as vias possíveis para resolver o conflito através de uma solução negociada e política.

As operações simultâneas e sucessivas são, de facto, dois factores-chave no coração da Arte Operacional. O carácter simultâneo exigiria a distribuição de forças de forma lateral mas sincronizada e o carácter sucessivo exigiria o aprofundamento do teatro de operações (Schneider, 1989). O carácter simultâneo e sucessivo da operação nunca foi o caso das forças armadas do Sri Lanka até 2006. Quando o governo decidiu lutar contra os LTTE, assegurou a realização de operações simultâneas e sucessivas. O mesmo aconteceu com a marinha. O SLN estava empenhado na destruição de navios-armazém flutuantes dos LTTE, numa guerra assimétrica com os Tigres do Mar no mar e, ao mesmo tempo, na defesa de alvos altamente vulneráveis, como os portos e algumas das principais rotas de abastecimento. Os serviços de informações navais estavam empenhados na recolha e avaliação de informações valiosas e na sua conversão em informações acionáveis. As tropas SBS da Marinha estavam empenhadas em operações atrás da linha inimiga e na recolha de informações sobre a praia. A coordenação entre as forças armadas era a mais elevada de sempre, embora houvesse algumas divergências entre os comandantes do exército e da marinha. O exército do Sri Lanka estava a avançar de várias direcções e os LTTE tinham agora de os enfrentar simultaneamente. A arte operacional estava a funcionar no seu melhor.

Como explica Vego, o fator de força é um dos principais contribuintes para a guerra. Alguns dos atributos do fator de força, como o número de efectivos, as armas, a logística, o comando, etc., podem ser avaliados. Mas há alguns elementos que só podem ser medidos de forma limitada. No entanto, "os elementos humanos de uma força, especificamente a liderança, o moral, a disciplina, a coesão das pequenas unidades, a motivação para o combate e a doutrina são, em contrapartida, extremamente difíceis de quantificar com qualquer grau de confiança" (Vego, 2000, 59). Após 2006, ocorreram grandes mudanças para melhorar estes factores de força não mensuráveis. A grande estratégia era clara. Havia um objetivo claro: erradicar o terrorismo do país. A força das forças armadas foi aumentada, foram lançadas investidas militares simultâneas em várias frentes, a comunidade internacional e os principais actores regionais, como a Índia, foram envolvidos e mantidos informados. A libertação gradual das zonas que estavam sob o controlo dos LTTE foi tendo lugar e o moral das forças armadas atingiu o seu ponto mais alto.

7.4.2 A estratégia, a arte operacional e a liderança

Um antigo comandante da FAF confirma a importância de ter uma grande estratégia clara: "Antes de 2006, tínhamos muitos confrontos, estávamos a ganhar incidentes e confrontos isolados. Mas estávamos a perder na estratégia global". A grande estratégia do governo traduziu-se na estratégia militar e, no caso do SLN, no desenvolvimento de uma estratégia marítima abrangente, que visava recuperar o controlo do mar e negá-lo aos Tigres do Mar. Esta estratégia permitiu destruir com êxito a rede logística dos LTTE e reduzir a capacidade dos Tigres do Mar de lutarem no mar em apoio da grande estratégia dos LTTE.

Além disso, foi possível fundir as estratégias terrestre, marítima e aérea como parte da Grande Estratégia para ganhar a guerra contra o terrorismo. O resultado foi levar a luta até aos LTTE e negar-lhes a iniciativa de lançar ataques, tornando-os defensivos e, por conseguinte, vulneráveis aos avanços militares. O SLN alterou especialmente a tática e negou a liberdade do oceano aos Tigres do Mar, não só impedindo a logística dos LTTE necessária para lutar contra o exército que avançava, mas também impedindo a fuga dos dirigentes dos LTTE por mar, tornando-os assim um alvo fácil para a ofensiva militar. O SLN desenvolveu as suas capacidades e tácticas com uma estratégia clara para identificar os aspectos mais críticos do êxito dos Tigres do Mar e utilizou as mesmas tácticas para os derrotar no mar. Uma vez que o governo tinha uma estratégia clara, esta traduziu-se numa doutrina clara como uma componente muito importante e não mensurável da arte operacional e as mudanças foram evidentes.

Outra componente não mensurável da arte operacional é a liderança. É evidente que a liderança naval esteve no seu melhor e em sintonia com a liderança política. A liderança do SLN foi capaz de liderar a partir da frente e de motivar a marinha a lutar como uma unidade coesa, com um objetivo muito claro, ou seja, derrotar os Tigres do Mar no mar. Esta liderança contribuiu grandemente para derrotar os Tigres do Mar e para o subsequente desaparecimento dos LTTE como força de combate. A arte operacional sugere que os líderes devem ser criativos e inovadores para aplicarem os conceitos da arte operacional com bons resultados. A liderança naval durante a fase final do conflito, após 2006, foi muito inovadora e esteve sempre disposta a aceitar propostas inovadoras e a experimentar novos conceitos. A maior parte dos projectos de investigação e desenvolvimento, realizados por eles próprios e utilizando os conhecimentos de peritos em domínios relevantes, ajudaram o SLN a ganhar vantagem sobre os LTTE. O SLN experimentou a instalação de armas de maior calibre, lançadores de foguetes de múltiplos canos, normalmente utilizados em terra, produziu um grande número de pequenas embarcações, melhorou as comunicações tácticas e desenvolveu conceitos centrados na rede para obter informações pormenorizadas sobre o quadro tático; tudo isto contribuiu para perturbar, confundir e, finalmente, derrotar os Tigres do Mar. É possível constatar que o comandante naval tinha desenvolvido um grande conhecimento sobre as capacidades e limitações dos Tigres do Mar e explorou-as em benefício da marinha.

O moral de toda a marinha foi elevado a um novo nível e o SLN estava pronto a lutar para alcançar a vitória e não apenas para enfrentar os Tigres do Mar. Foi também salientado que, por vezes, o comandante recorreu a ameaças para conseguir o objetivo. Essa tática também funcionou. Na hora mais crucial para o país e na fase mais decisiva da guerra, o SLN teve a sorte de ter uma liderança muito eficaz, que transformou toda a marinha para lutar como uma unidade coesa, com um moral elevado e um bom espírito de luta e de equipa.

O facto de o SLN se afastar de uma mentalidade convencional típica e adotar tácticas assimétricas fez pender a balança a seu favor. A aplicação da arte operacional pode ser vista como a ferramenta secreta que transformou o SLN numa instituição vencedora e se tornou pró-ativa. O estudo, a análise e a compreensão da guerra ajudaram o SLN a conceber a estratégia e as tácticas necessárias para derrotar os Tigres do Mar no mar.

Como sugere a arte operacional, o elemento humano da força é o fator mais importante numa vitória de guerra. Durante as fases finais da guerra, quase todo o país se uniu nos esforços para derrotar os LTTE. A população apoiou as forças armadas, sobretudo graças aos esforços de comunicação estratégica. A nova política de comunicação social do Governo ajudou a sensibilizar o público em geral e os analistas militares. Os meios de comunicação social de defesa tornaram-se um grande sucesso e amplamente acedidos. Esta campanha de comunicação estratégica tornou-se um enorme sucesso e o pessoal das forças armadas passou a ser considerado e tratado como herói de guerra. As bênçãos do país estavam com as forças armadas para acabar com a guerra e libertar o país. As forças armadas estiveram à altura da ocasião e aceitaram o desafio.

7.4.3 Liberdade de ação para a SLN, fator tempo e derrota dos Sea Tigers no mar

Descrevendo melhor os conceitos de arte operacional, Vego afirma que:

> A arte da guerra a todos os níveis consiste em obter e manter a liberdade de ação - a capacidade de tomar decisões múltiplas e diversas, de importância crítica, para atingir os objectivos militares atribuídos. Isto consegue-se limitando ou, se possível, negando completamente a capacidade de ação do inimigo, mantendo as opções em aberto para atingir os objectivos militares atribuídos. O termo factores operacionais refere-se a factores de espaço, tempo e força num determinado teatro de operações (Vego, 2000, 29).

Durante a maior parte do conflito, o SLN não gozou de liberdade de ação, pois estava a responder às ameaças dos Tigres do Mar. Eram os Tigres do Mar que gozavam de liberdade de ação, pois podiam escolher o local e o momento de atacar o SLN e não vice-versa. Quando o SLN mudou a sua estratégia e tática, especialmente depois de 2006, começou a gozar de liberdade de ação. Pouco a pouco, os Tigres do Mar foram perdendo a sua liberdade de ação à medida que o SLN a ganhava e a utilizava para derrotar os Tigres do Mar. O SLN começou a exercer muitas opções com o objetivo de destruir as capacidades dos Sea Tigers. Os factores operacionais de espaço, tempo e força foram explorados pelo SLN em seu próprio benefício. Os Tigres do Mar estavam a perder o controlo do mar, quer se tratasse de transferências logísticas ou de ataques a alvos navais e outros.

Os LTTE encontravam-se numa situação muito difícil depois de o SLN ter atacado os carregamentos de armas e de ter utilizado pequenas embarcações nas operações contra os Tigres do Mar. Pela primeira vez na história do conflito, exceto no período inicial, o SLN gozava de liberdade de ação e podia exercer eficazmente o controlo e a negação do mar. Esta situação ajudou o SLN a atingir os seus objectivos militares e a contribuir para o êxito da grande estratégia.

A arte operacional também indica que "quanto mais o atacante avança no território controlado pelo defensor, mais ele priva o defensor dos meios de conduzir a guerra, que pode então usar em seu próprio benefício" (Vego, 2000, 36). Como o SLN era reativo à maioria das ameaças dos Tigres do Mar, estes gozavam de grande liberdade nas zonas marítimas do seu interesse. A estratégia do SLN consistia em manter-se afastado das zonas costeiras sob controlo dos LTTE e tentava atacar os Tigres do Mar quando estes se aventuravam em alto mar. Foram os Tigres do Mar que tiveram a iniciativa e forçaram o SLN a adotar uma postura defensiva. No entanto, quando o SLN começou a passar à ofensiva e a desafiar o controlo dos Tigres do Mar, estes deixaram de ter liberdade de ação e viram-se obrigados a proteger-se contra as operações do SLN no mar.

Pode argumentar-se que o fator tempo não foi devidamente tido em conta durante o prolongado conflito, uma vez que este já durava há quase três décadas. No entanto, depois de 2006, o ritmo das operações das forças armadas aumentou e estas passaram a ser simultâneas, o que obrigou os LTTE a defenderem-se permanentemente das forças governamentais em muitas frentes diferentes. Anteriormente, na maior parte das ocasiões, eram os LTTE que mantinham o impulso e as forças governamentais não tinham a vantagem do tempo. Quando o exército estava a avançar, o SLN estava à altura da ocasião, destacando continuamente embarcações navais e equipamento de vigilância naval para acompanhar esse avanço. Durante a fase final das operações, o SLN assegurou-se de que os portos estavam bem protegidos, o que era importante, uma vez que as forças armadas e o Governo dependiam dos portos para manter a linha logística das unidades de combate e da população civil do Norte. Este facto também deu ao SLN a liberdade de operar no mar para enfrentar os Tigres do Mar. Outro desenvolvimento importante que ajudou o SLN a utilizar o fator tempo em seu benefício foi o desenvolvimento e a instalação de uma rede de vigilância eletrónica à escala da ilha.

Esta rede de vigilância eletrónica ajudou o SLN a ver o quadro tático da maioria dos cenários de batalha no mar. Ajudava também o SLN a vigiar e a dominar as zonas costeiras e, especialmente, a atuar perante uma ameaça em desenvolvimento e a fornecer reforços à frota no mar, sempre que necessário. Ajudou também os comandantes a coordenar várias unidades e instalações em terra para lutar contra os Tigres do Mar. Esta rede funcionava como um instrumento para avisar as unidades da frota sobre as ameaças em desenvolvimento, para que pudessem tomar as medidas de combate adequadas. A vantagem do fator tempo estava agora ao dispor do SLN, o que contribuiu imensamente para a derrota dos Tigres do Mar no mar, especialmente nos litorais.

7.4.4 Legitimidade e guerra justa

Vego diz que "para as forças armadas como um todo, e para os serviços individuais, a motivação para o combate é significativamente afetada por vários outros factores, nomeadamente o carácter da guerra, a justiça da causa, a legitimidade da guerra, a ideologia, o patriotismo e um sentido de honra nacional" (Vego, 2000, 70). Sendo os LTTE um ator não estatal e tendo apenas um líder em todo o seu percurso, utilizaram estes critérios de forma eficaz para manter os seus quadros motivados para o combate, sendo muito difícil aplicar o mesmo às forças armadas. Depois de 2006, esta situação mudou, especialmente com a liderança política a dar confiança às forças armadas de que o terrorismo dos LTTE devia ser derrotado e que não havia volta a dar, independentemente da pressão exercida. Além disso, a campanha de comunicação estratégica levada a cabo pelo governo conferiu um sentido de legitimidade à guerra. A guerra contra os LTTE era vista como uma "guerra justa" e essencial para salvar o país das garras do terrorismo. Durante a maior parte do conflito, foi possível constatar que os LTTE utilizaram de forma muito inteligente a comunicação estratégica, recorrendo às novas tendências na partilha de informações para vencer a batalha ideológica contra as forças armadas. A nova política de comunicação social e a campanha do governo, após 2006, conseguiram sensibilizar o público em geral e os analistas militares para a natureza da guerra e, em especial, para as atrocidades cometidas pelos LTTE. Este facto uniu quase todo o país numa atitude de guerra e a derrota dos LTTE foi vista como a única forma de pôr fim ao conflito.

7.4.5 Tecnologia da Informação para o Comando e Controlo de Combate e Eficácia

Vego descreve os desenvolvimentos registados nas tecnologias da informação e a sua utilização no espaço de batalha:

> Os enormes avanços na tecnologia da informação nos últimos anos elevaram a informação como um elo comum entre os factores Espaço, Tempo e Força. Alguns teóricos e profissionais militares vão ainda mais longe e afirmam que a informação surgiu como o quarto fator, para além dos três factores operacionais tradicionais (Vego, 2000, 95).

O SLN foi muito eficaz na criação de capacidades centradas na rede para desenvolver o quadro tático e utilizá-lo eficazmente para derrotar os Tigres do Mar. O SLN não utilizou o equipamento mais caro e mais recente, mas sim o que já possuía com as inovações necessárias e através de tentativa e erro. Antes da fase final do conflito, o SLN dependia muito dos procedimentos básicos de comunicação de voz para obter informações relevantes dos comandantes de teatro e transmitir todas as instruções à frota através do mesmo procedimento. Este processo era moroso e suscetível de ser controlado e interferido pelo inimigo, bem como pelas condições atmosféricas. A utilização reforçada da tecnologia da informação ajudou o SLN a manter as suas comunicações tácticas com a transferência de dados em tempo real entre as unidades da frota e o quartel-general. O quadro tático estava agora disponível para o comandante da marinha e para os comandantes de área, que podiam fornecer as direcções, orientações e apoio necessários às unidades da frota no mar. Também ajudou a marinha a obter apoio do exército e da força aérea e a partilhar informações valiosas em tempo real com outras forças. Para além da utilização do espaço eletrónico através da tecnologia da informação para as suas próprias operações, o SLN podia utilizá-lo para controlar as transmissões dos LTTE e obter informações valiosas sobre as operações iminentes do grupo. Isto deu ao SLN o tempo de alerta necessário para se organizar e enfrentar as manobras dos LTTE. Os serviços de informações navais utilizaram este recurso de forma muito eficaz e contribuíram para a vitória de forma substancial. A utilização eficaz da tecnologia da informação ajudou o SLN a ter um comando e um controlo muito eficazes, o que se traduziu numa efectiva unidade de esforços.

Durante a fase final do conflito, o SLN conseguiu não só ter um comando e um controlo efectivos, mas também perturbar o comando e o controlo dos Tigres do Mar. Um exemplo perfeito foi a forma como o SLN lançou a operação de destruição dos armazéns flutuantes dos LTTE. A frota mercante dos LTTE foi apanhada de surpresa quando a frota do SLN se aproximou e os desafiou. Por um lado, os LTTE nunca imaginaram que o SLN tentaria atingi-los a uma distância tão grande da costa do Sri Lanka e, por outro, o SLN manteve o mais alto nível de secretismo durante toda a operação. O desenvolvimento da recolha de informações e a sua avaliação em informações acionáveis foi efectuado com recurso à tecnologia. É claro que o avanço do exército do Sri Lanka em muitas frentes causou também muitas perturbações no comando e controlo dos LTTE.

7.4.6 Análise Operacional, Conceção Operacional e Operacional Planeamento

"A arte operacional e a conceção de operações estabelecem uma ponte entre a estratégia e a tática. A conceção operacional alarga a visão da arte operacional com uma metodologia criativa que ajuda os comandantes e os estados-maiores a compreender a natureza do ambiente da operação, o problema que enfrentam e as possíveis soluções gerais para o problema" (Planners hand book for operational design, 2011, iii-1). Seguir estes passos garantirá que os recursos militares podem ser aplicados de forma eficaz e económica para atingir os objectivos. O SLN experimentou uma combinação perfeita destes três aspetos durante a fase final do conflito. Os esforços do SLN não foram ad-hoc, mas sim baseados num planeamento cuidadoso, que foi o resultado de uma análise e de uma conceção cuidadosas. A SLN combinou toda a experiência adquirida desde o início do conflito, no princípio da década de 1980, o que só foi possível porque os quadros superiores da SLN tinham aderido ou estavam na SLN desde essa altura. Este grupo de oficiais superiores encontrava-se ao nível de comandante de área ou dirigia os respectivos departamentos durante as fases finais do conflito. Conseguiam compreender muito rapidamente o processo de análise e conceção e elaborar um planeamento eficaz para derrotar os Tigres do Mar. O domínio do terreno pelas forças armadas governamentais, em especial o domínio das zonas costeiras pelo SLN, fez com que os LTTE e os Tigres do Mar perdessem as facilidades de que antes dispunham para lançar ataques contra o SLN. A utilização eficaz das unidades especiais do SLN, como as SBS e as RABS, e o recurso a tácticas assimétricas tornaram-se uma verdadeira ameaça para os Tigres do Mar. As actividades combinadas dos avanços do exército em muitas frentes, a campanha aérea eficaz e os esforços do SLN fizeram com que a ordem da batalha se inclinasse a favor do SLN. A principal contribuição do SLN, através de uma análise crucial, de uma conceção adequada e de um planeamento meticuloso, foi a destruição das linhas logísticas dos LTTE. Nenhuma guerra pode continuar sem que a logística chegue às tropas que estão a combater. O SLN foi capaz de identificar os centros de gravidade dos LTTE e concentrou-se em atacá-los, tendo finalmente conseguido paralisar a rede logística dos LTTE. O exército do Sri Lanca podia agora avançar muito mais facilmente sem recear as barragens de morteiros e artilharia inimiga. Foi um exemplo perfeito de esforços conjuntos de todas as forças armadas em batalha contra um inimigo comum e com um objetivo comum. Os objectivos estratégicos foram convertidos em atividade tática através da utilização de conceitos de arte operacional. As acções tácticas tornaram-se os blocos de construção a partir dos quais os objectivos estratégicos podiam ser alcançados. As acções tácticas tornaram-se úteis, uma vez que foram realizadas de acordo com uma conceção e um plano.

Sun Tzu falava sempre em atacar a estratégia do inimigo. O SLN demorou muito tempo a compreender a estratégia dos LTTE, que consistia em utilizar o oceano para desenvolver as suas capacidades militares e mantê-las a um nível desejado, de modo a constituírem uma ameaça potente para as forças governamentais. O SLN estava a concentrar-se apenas no espaço de batalha imediato e a tentar defender-se nessa área. Ao contrário dos LTTE, as plataformas do SLN tornaram-se vulneráveis às inovações dos Sea Tiger e sofreram pesadas baixas no mar. Os êxitos do SLN só surgiram depois de terem começado a atacar a principal estratégia dos LTTE, ou seja, a sua rede de abastecimento no estrangeiro. O SLN deixou de se concentrar apenas na tentativa de derrotar o inimigo no mar e passou a concentrar-se no corte da sua logística. O SLN desenvolveu informações e capacidades para procurar os armazéns flutuantes dos LTTE a milhares de quilómetros da costa do Sri Lanka e foi bem sucedido. Tratou-se de um ataque claro à estratégia dos LTTE. Foi um duro golpe para a tão falada operação de contrabando de armas dos LTTE. A ação do SLN fez com que os LTTE não recebessem armas, munições, cartuchos de artilharia e outros materiais de guerra para utilizar contra o exército que avançava de várias direcções. O ataque do exército tornou-se muito mais fácil, uma vez que deixou de estar sujeito a fogo indireto pesado por parte dos LTTE. Este facto alterou todo o cenário da batalha e resultou na derrota dos formidáveis LTTE.

7.5 Culminação; Teoria e Prática

O manual dos planeadores para a conceção operacional indica a importância da teoria na guerra militar, referindo Henry E. Eccles Military Concepts and Philosophy: "Com demasiada frequência, a importância crítica da teoria militar não é bem compreendida ou é completamente ignorada por muitos oficiais. Uma razão para isso é a sua aparente falta de conhecimento e compreensão da relação entre a teoria e a prática e o verdadeiro objetivo da teoria militar. Muitos oficiais também desprezam a teoria porque enfatizam demasiado a importância da tecnologia." (Planners Hand Book for Operational Design, 2011, ii 1).

As forças militares, quando utilizadas em combate, resultam na morte ou na destruição de coisas. A força militar pode ser utilizada por actores estatais ou não estatais. O pessoal das forças armadas é constituído por profissionais com formação em ciências militares e domínios conexos. Ganham experiência à medida que evoluem nas suas carreiras. Espera-se que os militares compreendam o contexto em que têm de aplicar a força e a quantidade de força para atingir os objectivos. Quando duas forças estão a combater, o resultado não depende apenas da força da força ou do poder de fogo que possuem.

As teorias da guerra foram formuladas por historiadores militares, académicos e oficiais superiores das forças armadas. Algumas destas teorias foram testadas e comprovadas durante gerações. Logicamente, os comandantes militares de topo deveriam estudar estes conceitos teóricos e aplicá-los ao combate. Contudo, muitas vezes, os militares limitam-se a combater sem olhar para as teorias e baseando as suas decisões na experiência. Consta que o líder dos LTTE foi influenciado pelo visionamento de filmes ocidentais, o que equivale basicamente a aprender a arte da guerra.

No conflito do Sri Lanka, é um facto conhecido que o LTTE, que se tornou uma organização terrorista mortífera e uma das mais implacáveis do mundo, dominou as tácticas assimétricas e tornou-se uma verdadeira ameaça para as forças armadas do país. O SLN, fundado e criado com uma mentalidade militar convencional, mostrou-se relutante em mudar de tática e lutou com os Sea Tigers durante algumas décadas sem grande sucesso. Pelo contrário, os Tigres do Mar passaram de uma pequena unidade a ser considerados uma referência no domínio do terrorismo marítimo. Foram pioneiros em muitas tácticas assimétricas no mar, como os barcos suicidas, os sabotadores submarinos suicidas, os submersíveis, as minas e outras formas de dispositivos explosivos improvisados transportados pela água (WIED). Conseguiram ameaçar o domínio do nível de forças muito mais forte do SLN com grande sucesso. A maré só mudou a favor do SLN quando este começou a pensar, a atuar e a organizar-se de forma diferente, tendo compreendido as capacidades e as fraquezas dos Tigres do Mar.

Na guerra assimétrica, é o lado mais fraco que normalmente é forçado a lutar contra as probabilidades. Mas, neste conflito, o SLN, sendo o lado muito mais forte, foi forçado a adotar tácticas assimétricas para lutar com os Tigres do Mar. Esta ação foi, de facto, um golpe brilhante para o SLN. O resultado foi a redução da eficácia de combate dos Tigres do Mar. O choque e a confusão associados à guerra assimétrica foram aplicados aos Tigres do Mar. A partir daí, os Tigres do Mar perderam a iniciativa e a liberdade de ação de que tinham gozado anteriormente.

A forte liderança naval conseguiu mudar a mentalidade convencional de décadas do SLN e, gradualmente, este começou a recuperar o controlo do mar. Até cerca de 2006, os Tigres do Mar conseguiram utilizar o oceano para promover a sua causa. No entanto, com a mudança de tácticas, o SLN conseguiu surpreender os Tigres do Mar e estes nunca mais conseguiram recuperar. O SLN nunca se deixou abater, apesar de ter sofrido pesadas perdas nas mãos dos Tigres do Mar. Mas a perda de logística e as operações de pequenas embarcações do SLN fizeram com que os Tigres do Mar perdessem o domínio no mar. O SLN recuperou então a supremacia no mar.

O SLN, especialmente depois de 2006, tentou vários conceitos assimétricos e novos para ganhar e manter o controlo do mar e negar o mesmo aos Tigres do Mar. O SLN chegou mesmo a utilizar pequenas embarcações para exercer o controlo do mar. A barreira das pequenas embarcações durante a fase final da guerra impediu a fuga dos dirigentes dos LTTE através do oceano. Durante o período anterior, o SLN carecia de uma liderança política e militar eficaz e de planeamento ofensivo. Este facto foi aproveitado pelos Tigres do Mar para aumentar a sua força e alcance. No entanto, o SLN evoluiu com o passar do tempo e conseguiu levar a guerra até aos Tigres do Mar. Gradualmente, os encontros dos Tigres do Mar no mar foram diminuindo. O SLN utilizou a inovação e o engenho combinados com anos de experiência para recuperar o controlo do mar e negar o mesmo ao inimigo. Este foi o ponto de viragem da guerra.

A teoria da arte operacional é considerada como a ponte entre a política, por um lado, e a tática, por outro. Uma componente essencial da arte operacional é a compreensão dos centros de gravidade. O SLN identificou corretamente o centro de gravidade dos LTTE como a sua rede logística internacional através do oceano. Depois de 2006, a vontade política e militar sinérgica estava disponível como nunca antes. A guerra arrastou-se por quase três décadas e muitos líderes políticos e militares tentaram terminá-la com pouco sucesso. Só depois de 2006, a sinergia de esforços foi claramente vista e sentida. Esta sinergia traduziu-se numa estratégia para vencer a guerra e até mesmo na diminuição das taxas nas forças armadas e numa forte vontade de acabar com a guerra. Graças a esta sinergia, dois factores-chave da arte operacional, as operações simultâneas e sucessivas, foram levadas a cabo em terra e no mar. Os LTTE não conseguiram fazer face a este novo impulso de ação ofensiva e acabaram por se desmoronar.

A grande estratégia do governo e dos militares era clara: a guerra tinha de acabar. Havia um estado final claro. A força das forças armadas foi aumentada; o elemento humano foi tido em devida consideração. O objetivo era erradicar o terrorismo do Sri Lanka. As estratégias terrestre, aérea e marítima estavam ligadas à grande estratégia. Todo o país estava unido nos esforços de guerra. Considerou-se que se tratava de uma "guerra justa" que tinha de ser ganha para preservar a integridade territorial do país. A luta foi levada até aos LTTE. O SLN manteve a ofensiva no mar. O SLN superou a "cegueira marítima" dos dirigentes e do povo mostrando o que estava a fazer no mar para derrotar os Tigres do Mar. A iniciativa e a liberdade de ação estavam agora nas mãos do SLN.

Como ditado pela arte operacional, a análise, a conceção e o planeamento da operação estavam no seu melhor em todos os níveis do SLN após 2006. A liderança sénior do SLN ao nível do comandante de área e do diretor-geral tinha passado toda a sua carreira naval na guerra. Por conseguinte, foram capazes de compreender os acontecimentos que se desenrolavam e apresentaram soluções para derrotar o inimigo no mar. O SLN estava a ganhar o controlo do mar e os Tigres do Mar estavam a perder a sua capacidade de utilizar o oceano para sustentar o poder de combate dos LTTE.

Dado que o conflito se prolongou durante muito tempo e que os LTTE se tornaram cada vez mais fortes, chegando mesmo a ameaçar o domínio do SLN no mar, pode concluir-se que o SLN não estava a ganhar a batalha. O SLN evoluiu ao longo da guerra e, por fim, chegou ao topo e derrotou os poderosos Sea Tigers no mar. Quando esta investigação faz uma retrospetiva analítica dos acontecimentos, é evidente que o SLN não compreendeu totalmente as perspectivas das teorias da guerra assimétrica no mar, do controlo do mar e da arte operacional durante muito tempo. Só depois de 2006 é que o SLN mudou a sua forma de pensar e planear e conseguiu derrotar os poderosos Tigres do Mar no mar. O SLN foi visto a seguir vários conceitos teóricos e a fazer as coisas certas, mesmo sem saber que o estava a fazer.

CAPÍTULO 8

O FIM DE UMA LONGA BATALHA NO MAR; CONCLUSÕES, LIÇÕES APRENDIDAS E RECOMENDAÇÕES

8.1 Prelúdio

Mahnken e Mailo afirmam que: "Aqueles que não aprendem as lições do passado estão condenados a repeti-las" (Mahnken, Maiolo, 2011, 34). O conflito no Sri Lanka foi um conflito prolongado que causou um grande número de vítimas e a quase destruição do país. O LTTE, que começou por ser um pequeno grupo de jovens tâmeis descontentes da península de Jaffna, tornou-se uma força a ter em conta e lutou contra as forças governamentais durante quase três décadas. O líder dos LTTE tinha uma visão e uma estratégia a longo prazo e compreendia perfeitamente o potencial do oceano para o seu crescimento e sustento. Os LTTE registaram um crescimento fenomenal entre os anos 70 e 2005. A revista Times referiu-se aos LTTE como "sem dúvida, um dos grupos terroristas mais organizados, eficazes e brutais do mundo" (Time, 2009). Os LTTE tornaram-se um grupo de insurreição dominante e um criador de tendências, especialmente no domínio do terrorismo marítimo. O sucesso e o crescimento dos LTTE podem ser atribuídos, entre muitas outras razões, ao sucesso alcançado pela sua ala naval, os Sea Tigers. Os Tigres do Mar tornaram-se uma séria ameaça ao domínio do SLN no mar. Conseguiram usufruir da liberdade do oceano e de uma situação marítima favorável para si próprios, tornando assim a tarefa do SLN extremamente difícil. Os Tigres do Mar inventaram e foram os pioneiros na história contemporânea do barco suicida, dos quadros suicidas femininos, dos sabotadores suicidas submarinos, das minas improvisadas de lapas e das minas marítimas. Os Tigres do Mar desenvolveram tácticas de enxameação; um grande número de pequenas embarcações de ataque e barcos suicidas em grupo atacando as FACs do SLN, ganhando superioridade numérica e de poder de fogo, tendo sido responsáveis pela destruição de mais de 20 FACs. A arma mais potente dos Tigres do Mar era o "barco suicida". Durante o período do conflito, os Tigres do Mar conceberam e desenvolveram barcos suicidas de diferentes modelos, tamanhos e velocidades. Os Tigres do Mar melhoraram o barco suicida com maior velocidade, tecnologia furtiva e proteção blindada. Utilizaram um programa interno de conceção e construção de barcos para produzir um grande número de barcos suicidas. A abordagem inovadora dos Tigres do Mar confundiu o SLN e criou um efeito desmoralizador. Pelo contrário, o êxito dos Tigres do Mar deu-lhes confiança e coragem e permitiu-lhes utilizá-lo como instrumento de propaganda para aumentar o recrutamento e a angariação de fundos, especialmente junto das comunidades da diáspora tamil que vivem no estrangeiro. Os fundos assim angariados foram utilizados pelos LTTE para adquirir o tão necessário equipamento de guerra nos mercados estrangeiros e transportá-lo para as zonas costeiras que estavam sob o seu controlo. A frota oceânica dos LTTE era constituída por 12 a 15 navios, tendo-se tornado o único grupo terrorista a operar uma frota de navios oceânicos no mundo. Estes navios operavam em águas internacionais e utilizavam portos comerciais de diferentes países. Durante a última parte do conflito, os LTTE dependiam quase totalmente da sua frota de navios, não só para sustentar as suas operações militares, mas também para a sua vida quotidiana.

Clausewitz, escrevendo sobre uma passagem em "*Sobre a Guerra*", insiste que; "o primeiro, o supremo, o mais abrangente ato de julgamento que o estadista e o comandante têm de fazer é estabelecer... o tipo de guerra em que estão a embarcar; não a confundindo com, nem tentando transformá-la em, algo que seja estranho à sua natureza. Esta é a mais importante de todas as primeiras questões estratégicas e a mais abrangente" (Mahnken, Maiolo, 2011, 34). Será que o SLN compreendia a natureza da guerra em que se estava a meter contra os Tigres do Mar? Terá sido devido a uma cegueira voluntária ou à falta de compreensão dos conceitos? Como é que os Tigres do Mar se tornaram numa força tão formidável? Enquanto os Tigres do Mar se tornavam gradualmente uma força dominante no mar, o SLN também crescia, embora de forma reactiva. Os decisores políticos do Sri Lanka não prestaram atenção suficiente ao desenvolvimento do SLN. Uma organização de capital intensivo como uma marinha não pode ser construída de um dia para o outro. São necessários anos de planeamento e preparação e um compromisso financeiro a longo prazo para desenvolver uma marinha. Sendo uma nação insular, a fronteira oceânica deveria ter sido considerada como a primeira linha de defesa onde se poderia chegar a ameaças ou assistência externas. No entanto, os sucessivos governos não prestaram atenção ao desenvolvimento do SLN. Não havia um objetivo político a longo prazo para desenvolver o SLN. Pode afirmar-se que os decisores, tanto do governo como do SLN, não compreenderam a importância de uma estratégia marítima sólida para defender a integridade territorial do país. Pode constatar-se que o crescimento do SLN se deveu principalmente ao crescimento dos Tigres do Mar e que, por conseguinte, a iniciativa esteve, na maior parte do tempo, nas mãos dos Tigres do Mar.

Este capítulo de conclusão revisita as questões de investigação e os objectivos de investigação, de modo a verificar se as questões de investigação foram respondidas e os objectivos alcançados. Este capítulo incluirá a conclusão do estudo de caso, incorporando as teorias da guerra naval utilizadas para esta investigação; ou seja, as teorias da guerra assimétrica, do controlo do mar e da arte operacional e as suas aplicações no resultado da guerra. Será incluído um resumo dos inconvenientes organizacionais do SLN nos aspectos políticos, estratégicos e tácticos e também o desenvolvimento dos Sea Tigers. Os factores determinantes do sucesso da conquista do controlo do mar pelo SLN e os ensinamentos retirados do modelo de investigação exploratória serão o ponto alto da investigação e serão incluídos. As limitações do estudo e as propostas iniciais utilizadas para a investigação e os resultados da investigação serão os pontos seguintes. Este capítulo será concluído com sugestões de perspectivas de investigação futura baseadas neste estudo de caso.

8.2 As questões e os objectivos da investigação

Esta investigação tinha como objetivo encontrar respostas para algumas questões importantes relativas ao crescimento fenomenal dos Tigres do Mar em relação ao SLN e, finalmente, à vitória do SLN. As questões de investigação colocadas no início foram as seguintes

8.2.1 Questões de investigação

As questões de investigação que se seguem foram formuladas para desvendar o problema de investigação:

e. Quais são as desvantagens organizacionais do SLN num ambiente convencional contra a ascensão dos Tigres do Mar dos LTTE utilizando conceitos não convencionais (assimétricos)?

f. Como é que os LTTE exploraram o oceano para se transformarem numa força militar quase "convencional" e continuarem a lutar contra o Governo do Sri Lanka durante quase três décadas?

g. Quais são os factores que influenciaram o SLN a passar de uma abordagem convencional para uma abordagem assimétrica que minimizou os fracassos e assegurou os sucessos da fórmula de vitória na guerra?

h. Como é que os conceitos e teorias como o "Controlo do Mar", a "Guerra Assimétrica" e a "Arte Operacional" contribuíram para a transformação da estratégia convencional do SLN e para o desaparecimento final dos Tigres do Mar?

8.2.2 Objectivos da investigação

O principal objetivo da investigação era formular um resultado de investigação exploratória para combater a guerra assimétrica no mar, tirando lições importantes do SLN. Para atingir este objetivo, foram também focados os seguintes objectivos secundários

e. Examinar os inconvenientes organizacionais da aplicação do SL Navy no âmbito de uma mentalidade de guerra naval convencional.

f. Investigar e avaliar a forma como os Tigres do Mar LTTE exploraram os oceanos em seu proveito.

g. Identificar os factores determinantes do sucesso na obtenção do controlo do mar.

h. Investigar os conceitos e teorias da guerra naval em relação ao contexto do Sri Lanka.

8.3 O estudo de caso

O modelo de investigação exploratória foi adaptado a esta investigação. Este foi tomado como um estudo de caso. Neste estudo de caso, foram selecionadas duas organizações: o SLN e os LTTE Sea Tigers. A recolha de dados baseou-se no método de investigação qualitativa e em observações participantes e entrevistas não estruturadas. O objetivo era realizar uma análise intensiva e pormenorizada dos vários factores que favoreceram a transformação dos Sea Tigers numa força dominante, enquanto ator não estatal, e a reconquista da supremacia pelo SLN, embora após um período prolongado. O estudo de caso foi desenvolvido cuidadosamente, com vista a garantir a fiabilidade da recolha de dados e a validade dos resultados da investigação. Bryman descreve isto como um "projeto comparativo", e continua a explicar: "a conceção comparativa implica o estudo de dois casos contrastantes utilizando métodos mais ou menos idênticos" (Bryman, 2008, 58). O investigador tentou compreender os fenómenos sociais, no que diz respeito à ascensão e ao desaparecimento dos Tigres do Mar em relação ao declínio e à ascensão do SLN. Este estudo de caso tem um elemento "longitudinal", uma vez que a investigação se centrou em muitas conjunturas, durante um período prolongado. O investigador tinha uma vantagem distinta, uma vez que passou a maior parte da sua carreira naval, de 1978 a 2009, envolvido no conflito, em vários níveis de antiguidade e capacidade, e testemunhou a evolução e a resolução do conflito no mar. Embora o SLN vs Sea Tiers tenha sido um estudo de caso que teve lugar no Sri Lanka e arredores, terá validade externa, uma vez que muitos países se tornaram atualmente vulneráveis ao terrorismo marítimo. Por conseguinte, os ensinamentos retirados deste estudo de caso podem ser "generalizáveis" e seriam úteis para os decisores políticos e para os profissionais da segurança marítima.

8.4 As teorias da guerra naval e o caso do Sri Lanka

Para esta investigação, foram utilizadas três teorias bem desenvolvidas da guerra naval para compreender melhor as circunstâncias em que os dois casos comparativos evoluíram. As teorias utilizadas para esta investigação foram: teoria da guerra assimétrica, teoria do controlo do mar e teoria da arte operacional.

8.4.1 A guerra assimétrica e os Tigres do Mar

A guerra assimétrica é vista como um conflito que se desvia da norma. É também uma abordagem indireta para afetar um contra-equilíbrio de forças. No caso do conflito no Sri Lanka, existia uma enorme assimetria entre o SLN e os Sea Tigers em termos de efectivos, equipamento e instalações. No entanto, recorrendo a tácticas e armas assimétricas, os LTTE conseguiram colmatar essa diferença e, a partir daí, tornaram-se uma ameaça significativa para a liberdade marítima do SLN. Os LTTE aperceberam-se desde muito cedo que, para conseguirem atingir o seu objetivo final, que era um Estado separado para os Tamil no Sri Lanka, tinham de explorar o oceano. Inicialmente, os Tigres do Mar dispunham apenas de barcos de pesca de fibra de vidro vulgares com poucas armas básicas. Quando os Tigres do Mar efectuaram movimentos marítimos entre a costa norte do Sri Lanka e a costa sul de Tamil Nadu, para transferir os seus quadros de e para bases de treino em Tamil Nadu, o SLN fez bem em adquirir FACs. O FAC era uma plataforma muito superior no mar, com melhor estabilidade, maior velocidade e um poder de fogo impressionante, quando comparado com o que os Tigres do Mar operavam nessa altura. Os Tigres do Mar foram capazes de desenvolver as suas tácticas com grande motivação e com base na ideologia separatista, para contrariar a ameaça representada pelos FAC do SLN. Conseguiram maximizar a sua vantagem através de tácticas assimétricas, associadas a barcos suicidas, que foram a arma mais mortífera no mar durante este conflito. Também combinaram bem as tácticas de enxameação. Gradualmente, os Tigres do Mar conseguiram minimizar a vantagem de que gozava o SLN no mar e foram capazes de infligir perdas de FACs e um elevado número de baixas nos encontros no mar. O SLN concentrou-se no desenvolvimento da frota de FAC, claramente com uma falta de compreensão da potencialidade da ameaça. Os Tigres do Mar não só utilizaram tácticas assimétricas inovadoras no mar contra a FAC do SLN, como também exploraram todo o domínio marítimo para aumentar a capacidade de combate terrestre dos LTTE. Utilizaram a sua frota oceânica para obter a tão necessária logística de combate através do oceano. Os Tigres do Mar combinaram a sua coragem inabalável para desafiar a superioridade do SLN com grande sucesso. Foi preciso muito tempo para que o SLN compreendesse que, para recuperar o controlo do mar e a supremacia marítima e derrotar os Tigres do Mar, também teria de adaptar tácticas assimétricas. A mentalidade convencional do SLN estava a mudar e estavam prontos para experimentar tácticas assimétricas contra os formidáveis Tigres do Mar. O SLN desenvolveu muitas capacidades, recorrendo a anos de experiência adquirida nos combates com os Tigres do Mar, embora sem grande sucesso. O conceito de barco pequeno lançado pelo SLN foi uma contra-medida perfeita para as tácticas de enxameamento dos Tigres do Mar e para a ameaça dos barcos suicidas.

8.4.2 O controlo do mar e o SLN

O controlo do mar implica a capacidade de uma marinha utilizar a zona marítima para os seus próprios fins, negando-a aos adversários. O controlo do mar é considerado a prerrogativa e a principal função de uma marinha. Também no caso do SLN, era essa a sua principal tarefa. O SLN, que foi construído num quadro convencional, como qualquer outra marinha do mundo, tentava manter o controlo do mar através de plataformas e tácticas convencionais. Os Tigres do Mar, que começaram por ser uma pequena força insurreta no mar, eram capazes de desafiar o controlo do mar de que gozava o SLN e de utilizar o oceano para os seus fins. Os Tigres do Mar não estavam interessados em manter o controlo do mar por períodos prolongados. Durante o período inicial, os Tigres do Mar contentavam-se em conseguir uma situação marítima favorável para levar a cabo as suas actividades. Basicamente, era para receber as suas remessas logísticas, transportar e evacuar quadros e baixas em combate e, posteriormente, tentaram negar certas zonas marítimas ao SLN. Os Tigres do Mar eram responsáveis não só por atacar os navios e embarcações do SLN no mar, mas também os navios mercantes que navegavam nas águas do norte e do leste do país. Também atacaram navios em portos, incluindo o principal porto comercial de Colombo, muito longe da sua área de atuação. Como o controlo do mar envolve não só a superfície da água, mas também o espaço aéreo acima da água e a coluna de água abaixo, os Tigres do Mar tentaram, com grande sucesso, atingir os navios do SLN também debaixo de água. Utilizaram submersíveis, sabotadores submarinos e minas de lapas. Os LTTE estavam a desenvolver um grande programa de construção de submarinos, o que se tornou evidente pela quantidade de submarinos recuperados pelas forças armadas após o fim do conflito. Os LTTE adquiriram experiência com aviões ligeiros e teriam provavelmente utilizado o seu limitado poder aéreo contra o SLN, se o conflito tivesse continuado.

O SLN tentou manter um controlo efetivo do mar com diferentes graus de sucesso. O SLN declarou, por vezes, zonas exclusivas, zonas de vigilância, áreas proibidas e até restrições à pesca, com o objetivo de reduzir a ameaça dos Tigres do Mar. No entanto, os Tigres do Mar conseguiram utilizar o oceano para os seus objectivos. É de salientar que a manutenção de um controlo marítimo eficaz tem implicações em terra. Neste caso, os militares do Sri Lanka tiveram de travar batalhas quase convencionais com os LTTE em terra devido à falta de eficácia no mar. O SLN estava a tentar arduamente manter o controlo do mar em torno de toda a ilha e proteger os portos. No entanto, os Tigres do Mar conseguiram prosseguir as suas actividades de apoio à capacidade de combate dos LTTE. Só depois de o SLN ter começado a pensar, a agir e a organizar-se de forma diferente, e de ter alterado as suas tácticas convencionais e adaptado tácticas assimétricas, é que a maré começou a mudar, agora a seu favor. O SLN estava agora em posição de compreender os centros de gravidade dos Tigres do Mar e os efeitos positivos dos Tigres do Mar na batalha terrestre. Combinando anos de experiência de combate com os Tigres do Mar, o SLN pôde utilizar as suas plataformas e tácticas assimétricas, o que confundiu os Tigres do Mar e fez com que o SLN recuperasse o controlo do mar. Gradualmente, os Tigres do Mar, outrora os mais dominantes, tornaram-se uma força gasta, incapaz de efetuar as suas operações logísticas e de lutar eficazmente com o SLN no mar. Esta situação levou a uma melhoria da capacidade de combate dos LTTE em terra e acabou por preparar o caminho para a aniquilação total do seu poder de combate às mãos das forças armadas governamentais.

8.4.3 A arte operacional e a morte dos Tigres do Mar

A arte operacional é o emprego de forças militares para obter objectivos estratégicos e/ou operacionais através da conceção, organização, integração e condução de campanhas, grandes operações e batalhas. Os recursos navais, por si só, não serão capazes de vencer uma guerra no mar, mas a forma como esses recursos são empregues determinará o resultado da guerra. A arte operacional combina a estratégia e a tática para determinar o resultado da guerra. O SLN dominou este conceito no final do conflito, numa fase crucial da guerra. O SLN foi capaz de compreender os centros de gravidade dos Tigres do Mar e as tácticas por eles utilizadas para operarem com êxito no mar para os seus objectivos. A compreensão e a aplicação dos conceitos de arte operacional podem ser atribuídas ao êxito do SLN no mar e ao consequente desaparecimento dos Tigres do Mar. A arte operacional foi o instrumento secreto que fez pender o resultado das batalhas marítimas a favor do SLN. Os factores tempo, espaço e força foram determinantes para vencer a guerra no mar, mas a forma como o conceito de arte operacional foi aplicado neste conflito foi a chave do sucesso do SLN.

8.5 Desvantagens organizacionais do SLN

Os LTTE conduziram uma campanha de insurreição com tácticas terroristas contra as forças armadas durante quase três décadas. O facto de os LTTE, de um pequeno grupo, se terem transformado numa força militar quase convencional não pode ser ignorado. Como é que um grupo tão pequeno, no final dos anos 70, se transformou numa força poderosa em meados dos anos 2000? Quais foram as desvantagens do SLN que permitiram que os Sea Tigers ganhassem força e plataformas durante o período do conflito? É óbvio que o SLN tem de ter alguns inconvenientes que levaram a um crescimento sem precedentes dos Tigres do Mar. Esta investigação centrou-se na identificação desses inconvenientes e na sua avaliação aos níveis político, estratégico e tático.

Os inconvenientes a nível político revelados nesta investigação são os seguintes

a. Não desenvolvimento de uma marinha forte e aumento da força do SLN b. Ausência de liderança política e de determinação política para pôr termo à guerra c. Falta de informações eficazes e de coordenação das informações d. Corrupção e falta de avaliações adequadas nos concursos

e. Não avaliação das capacidades das Forças Armadas

f. Não aplicação da tecnologia moderna

g. Não desenvolver/adquirir uma capacidade aérea integral

As desvantagens de nível estratégico observadas neste estudo são enumeradas a seguir;

a. Falta de uma grande estratégia
b. Necessidade de compreender os conceitos de guerra assimétrica utilizados pelos LTTE Sea Tigers
c. Falta de coordenação entre as Forças Armadas
d. Escassez de comunicações estratégicas
e. Lacunas na proteção marítima
f. Deficiências no domínio das zonas em redor das instalações militares

Os inconvenientes tácticos revelados nesta investigação são os seguintes

a. Falta de coordenação entre as forças armadas a nível tático
b. Necessidade de comunicações navais corretas e seguras
c. A necessidade de funcionários competentes como líderes de recursos humanos
d. Escassez de capacidade de combate noturno
e. Subutilização das forças especiais

8.6 O desenvolvimento dos tigres do mar

Os LTTE compreenderam que, para combater as forças armadas em terra, precisavam de desenvolver linhas de comunicação marítimas. O mar foi amplamente utilizado pelos Tigres do Mar para promover a causa dos LTTE. Inicialmente, os Tigres do Mar operavam através do Estreito de Palk e, com a experiência adquirida nestes movimentos, aventuraram-se nas profundezas do oceano, mesmo a milhares de milhas náuticas da costa. Operavam uma frota de navios mercantes em alto mar, em águas internacionais. Os Tigres do Mar tornaram-se assim o cordão umbilical dos LTTE. Os resultados da investigação indicam as seguintes razões que contribuíram para o crescimento dos Tigres do Mar

a. Utilização de tácticas assimétricas pelos Tigres do Mar e emprego de barcos suicidas
b. Tácticas de enxameação dos Tigres do Mar
c. Ataques contra navios da marinha e navios mercantes no porto
d. Desenvolvimento da capacidade de transporte marítimo dos LTTE; os Tigres do Mar e a frota marítima internacional
e. A exploração da situação política no país pelos LTTE
f. Construção de barcos indígenas dos Tigres Marinhos
g. Utilização efectiva do Acordo de Cessar-Fogo (CFA) pelos LTTE

8.7 Determinantes do sucesso da conquista do controlo do mar pelo SLN

Desde a sua criação, o SLN era uma marinha cerimonial e destinava-se a combater apenas situações de segurança interna e a desempenhar algumas funções básicas no mar. O SLN concentrou-se no desenvolvimento das suas capacidades em várias fases da sua história. A presente investigação identificou os seguintes domínios atribuídos à vitória sobre os Tigres do Mar

a. Desenvolvimento do SLN
b. A liderança política, a determinação e a sinergia da vontade política e militar
c. O desenvolvimento de uma grande estratégia
d. Adaptação de tácticas assimétricas
e. Liderança revigorante da SLN
f. A destruição dos navios-armazém flutuantes dos LTTE
g. Desenvolvimento de uma capacidade centrada na rede
h. Reforço da proteção marítima com defesas costeiras, segurança portuária e sistemas de defesa submarina
i. O conceito de pequena embarcação e as operações do SLN
j. O desenvolvimento de uma informação eficaz e da coordenação da informação
k. Minimizar a corrupção e as avaliações nos contratos públicos
l. Avaliação das capacidades das forças armadas
m. A aplicação das tecnologias modernas e os trabalhos de investigação e desenvolvimento (I&D) efectuados pela SLN
h. Reforço da coordenação entre as forças armadas
o. Utilização eficaz das comunicações estratégicas
p. O domínio do terreno pelos militares e as operações das Forças Especiais
q. Melhoria das Comunicações Tácticas Navais
r. Criação da Esquadra de Lanchas de Ação Rápida (RABS)
s. O reforço da capacidade de transporte marítimo da SLN
t. Logística de combate melhorada
u. Apoio médico descentralizado eficaz

8.8 A investigação exploratória e as lições aprendidas com o conflito no mar

O conflito no Sri Lanka entre o SLN e os Tigres do Mar pode ser considerado um caso único de importância e influência de um ator não estatal violento no mar. Este conflito expõe um vasto espetro de actividades que podem constituir uma ameaça para qualquer marinha ou guarda costeira. O paradigma de segurança tradicional, em que os Estados lutam com outro Estado no mar, já não é dominante na cena internacional. Atualmente, os Estados preferem resolver os litígios explorando formas políticas, diplomáticas e outras formas pacíficas, em vez de tentarem entrar em combate no mar. Os actores não estatais estão agora a ameaçar a ordem internacional no mar. Os grupos armados com ideologias extremistas podem constituir uma verdadeira ameaça no mar. [st]O século XXI registou um aumento de grupos armados violentos que utilizam o oceano para promover as suas causas.

[st]O mundo assistiu aos efeitos da pirataria e dos assaltos à mão armada no Corno de África e no Oceano Índico ocidental, mesmo no século XXI. Este foi um exemplo clássico de como os actores não estatais podem influenciar até as questões mundiais. Muitas marinhas poderosas têm de enviar os seus navios

de guerra para se protegerem contra os piratas e os navios mercantes têm de levar a bordo equipas de segurança armadas para protegerem os seus navios de serem pirateados e feitos reféns. Um pequeno grupo de piratas somalis levou o mundo a pedir um resgate com as suas tácticas no mar. O ataque de Mumbai em 2008 é outro exemplo recente do efeito de grupos armados violentos que utilizam o oceano. Neste caso, os terroristas tomaram sob a sua influência a capital comercial da Índia, que tem a maior marinha do Oceano Índico, durante alguns dias. O ataque ao USS Cole, um dos navios de guerra mais sofisticados da época, no porto de Eden, em 2000, é outro incidente que demonstra a eficácia dos actores armados não estatais. Estes incidentes mostram as capacidades potenciais dos actores não estatais no mar. Dado que o mundo depende fortemente do comércio marítimo para o transporte de mercadorias e de energia, a proteção marítima adquiriu uma elevada prioridade nas agendas de muitas nações. O mundo assiste atualmente a um ressurgimento de grupos armados no mar, tanto no Golfo da Guiné como no Estreito de Malaca. Os intervenientes não estatais têm sido responsáveis por uma vasta gama de actos de terrorismo marítimo e de criminalidade, como o tráfico de armas, o tráfico de estupefacientes, o contrabando de seres humanos, a pirataria e os ataques marítimos contra navios mercantes e outros alvos marítimos. Os LTTE Sea Tigers ganharam proeminência como a organização terrorista mais violenta e eficaz no mar no período contemporâneo. Os Tigres do Mar foram responsáveis pelo terrorismo marítimo em grande escala e por actividades criminosas no mar. Constituíam, de facto, uma ameaça não só para o Sri Lanka, mas para toda a região. Os Tigres do Mar foram pioneiros em muitas tácticas novas no mar e foram considerados como um criador de tendências no terrorismo marítimo. Os Tigres do Mar inventaram e aperfeiçoaram o barco suicida, os quadros suicidas femininos, as minas de lapas, os sabotadores suicidas submarinos e até operaram frotas de navios oceânicos em águas internacionais.

O oceano é considerado um espaço não governado devido à sua vastidão. Não está bem regulamentado como a terra e não é possível policiar eficazmente uma área tão grande da superfície terrestre. A aplicação de mecanismos de regulação e do direito internacional do mar é uma tarefa muito difícil no mar. Existem outros regimes jurídicos que regem o oceano, como o direito do Estado de bandeira, o direito do Estado costeiro ou os tratados. No entanto, a aplicação do direito é uma tarefa extremamente difícil no mar. Por conseguinte, as marinhas, as guardas costeiras e outras agências de segurança marítima consideram quase impossível manter a santidade no mar. Existe um grande número de navios mercantes, arrastões de pesca e embarcações de recreio que operam no mar, provenientes de muitas nacionalidades e de muitas empresas de diferentes países, o que dificulta ainda mais os esforços de regulamentação no mar. Este vazio na lei e na ordem no mar favorece as actividades de actores não estatais armados e violentos, como os Tigres do Mar, que utilizam o oceano para os seus fins, ameaçando assim a segurança de muitas nações.

Os Tigres do Mar não só utilizaram o oceano para várias actividades ilegais, como também se tornaram uma séria ameaça para o SLN e para toda a região, uma vez que atacaram e sequestraram até navios mercantes que se encontravam em trânsito inocente. Os Tigres do Mar exploraram as lacunas do sistema internacional e conseguiram adquirir grandes quantidades de material de guerra, utilizando o sistema comercial internacional de portos e vias marítimas para armazenar e, finalmente, transferir os artigos para as zonas sob o seu controlo. Os Tigres do Mar desrespeitaram as leis marítimas internacionais, o certificado de utilizador final e vários regimes de segurança. Se um pequeno grupo como os LTTE foi capaz de o fazer, existe a possibilidade de qualquer outro grupo fazer o mesmo.

Uma vez que se trata de um estudo de caso único, as lições aprendidas também podem ser únicas. Embora não haja duas situações iguais, há muitos paralelos que podem ser retirados deste caso. Estas lições podem ser muito valiosas para qualquer marinha, guarda costeira, que enfrente uma situação semelhante atualmente ou que possa vir a enfrentar no futuro. Os principais ensinamentos retirados desta investigação são os seguintes

8.8.1 A necessidade de desenvolver uma estratégia marítima global

A estratégia estabelece a ligação entre os objectivos políticos e os meios militares e uma combinação de ambos é essencial para ganhar uma guerra ou para progredir como país.

Uma ilha ou um Estado litoral deve desenvolver uma estratégia marítima global que tenha em consideração os factores que favorecem o poder marítimo, as aspirações da população e os objectivos do país. Esta estratégia marítima deve igualmente incluir um elemento de avaliação dos riscos, a fim de identificar as ameaças marítimas actuais e prováveis para atingir os objectivos estratégicos. Os ministérios e outras agências com interesses no mar devem ser informados da estratégia marítima do país. A estratégia marítima deve fazer parte da grande estratégia do país e deve servir para desenvolver uma doutrina marítima que deve então levar ao desenvolvimento de políticas de segurança marítima.

8.8.2 Compreender as ameaças no domínio marítimo e empenhar-se Recursos para reforçar a proteção marítima

A maioria dos governos não compreende o potencial ou as ameaças que podem emanar do domínio marítimo. Este facto deve-se à "cegueira marítima" das pessoas. Ninguém consegue realmente ver o que está a acontecer no mar e, por conseguinte, há falta de sensibilização para o oceano. Se um país é um Estado insular ou um litoral, a importância de proteger o domínio marítimo é de extrema importância. Os grupos armados podem afetar a segurança marítima de forma significativa, especialmente quando o espaço oceânico não é governado adequadamente. Mesmo quando não existe qualquer ameaça no mar, o espaço marítimo deve ser monitorizado e a vigilância deve ser efectuada através da utilização de todas as agências disponíveis, como a marinha, a guarda costeira, as unidades de polícia marítima e as agências de proteção das fronteiras. Mesmo os organismos não militares, como as unidades de investigação oceânica, os navios de pesca, as unidades de exploração e as actividades de lazer no mar, podem ser utilizados para manter a vigilância de forma indireta. Deveria existir uma autoridade competente para coordenar todas estas agências e esforços e também para estudar e prever possíveis ameaças ao domínio marítimo. Ninguém deve ter a sensação de que o espaço marítimo é livre de fazer o que quer que seja, uma vez que não está bem regulamentado e policiado. As legislações nacionais devem ser adoptadas e actualizadas sempre que necessário. O paradigma da proteção marítima deve incluir todos os portos, vias navegáveis e acessos ao oceano, tais como fozes de rios, baías e enseadas, a fim de garantir a liberdade e a segurança do comércio marítimo. É igualmente necessário controlar a linha costeira para impedir a sua utilização para actividades ilegais, promovendo simultaneamente a sua utilização pacífica e legítima. O Sri Lanka pagou caro o facto de não ter prestado atenção suficiente à segurança marítima durante muito tempo. Quando foi dada a atenção necessária, os resultados positivos foram iminentes e tangíveis.

8.8.3 Desenvolver a cooperação regional para a proteção do transporte marítimo

Uma vez que o domínio marítimo abrange as fronteiras nacionais e os limites internacionais de outros países, a necessidade de criar um esforço conjunto no domínio da segurança marítima regional é muito importante. Deve haver um esforço regional, multilateral e de colaboração no domínio da segurança marítima. Ao contrário do que acontece em terra, uma ameaça pode facilmente propagar-se a outro país por via marítima. Deveria haver uma boa ligação entre as agências envolvidas no mar, a nível diplomático, político e mesmo tático. O conflito no Sri Lanka não se teria arrastado durante tanto tempo se houvesse uma melhor cooperação regional. Deveria haver uma abordagem regional da segurança marítima para travar a ameaça do terrorismo e da criminalidade marítima. Embora não exista uma base ideológica comum entre os vários grupos armados, pode haver transferência de tecnologia para obter ganhos financeiros. Além disso, um grupo violento de um país pode copiar as inovações e as tácticas utilizadas por outro grupo terrorista. O grande sucesso alcançado pelos Tigres do Mar pode influenciar outros grupos a aventurarem-se no oceano e a constituírem uma ameaça à integridade territorial do seu país-alvo.

8.8.4 Compreender as teorias e os conceitos da guerra naval

Clausewitz, escrevendo sobre uma passagem *"sobre a guerra"*, insiste que: "o primeiro, o supremo, o mais abrangente ato de julgamento que o estadista e o comandante têm de fazer é estabelecer... o tipo de guerra em que estão a embarcar; nem confundir com ela, nem tentar transformá-la em algo que é estranho à sua natureza. Esta é a primeira de todas as questões estratégicas e a mais abrangente" (Mahnken e Maiolo, 2011, 34). Parece que o SLN demorou muito tempo a fazer juízos sobre a natureza da guerra que estava a travar. Muitas lições podem ser retiradas de experiências e acontecimentos passados. Mas o SLN demorou muito tempo a evoluir na guerra, depois de sofrer baixas, perdas e quase perder a guerra. As teorias e os conceitos da guerra naval evoluíram ao longo da história com base em batalhas reais no mar e nas suas implicações em terra. Estas teorias são uma combinação de experiências práticas e de lições aprendidas em várias batalhas e acções e da análise destes acontecimentos por académicos e profissionais da Marinha. Estas teorias foram testadas e registadas em várias revistas académicas, livros e outras publicações. Os líderes navais precisam de compreender os elementos exactos que podem absorver das teorias baseadas nas experiências de outras pessoas. Bismarck observou que: "Os tolos dizem que aprendem com a experiência. Eu prefiro aproveitar a experiência dos outros" (Mahnken e Maiolo, 2011, 36). O SLN tentou aprender com a sua própria experiência e é claro que o fez, mas a um custo muito mais elevado. Sun Tzu disse que: "a guerra é um assunto de importância vital para o Estado; a província da vida e da morte; o caminho para a sobrevivência ou a ruína" (Mahnken, Maiolo, 2011, 53). O SLN não se apercebeu da necessidade de estudar a guerra, tirando exemplos de outras situações, até bastante tarde na guerra. Quando esta investigação analisou os resultados da guerra e os determinantes do sucesso do SLN contra os Tigres do Mar, foi claramente evidente que as teorias e conceitos de guerra assimétrica, controlo do mar e arte operacional foram aplicados durante a fase final do conflito, após 2006. Mesmo assim, não foi a compreensão das teorias, mas sim a experiência prática dos combates de longa duração com os Tigres do Mar que se tornou o fator determinante. Pode presumir-se com segurança que, se estes conceitos teóricos tivessem sido estudados e compreendidos mais cedo, os resultados teriam surgido muito mais cedo ou os Tigres do Mar não se teriam tornado a força potente que se tornaram no mar. Se os conceitos e teorias tivessem sido aplicados muito mais cedo, o custo da guerra teria sido muito menor.

8.8.5 Desenvolver as capacidades navais de uma forma sistemática e proactiva

Como salienta Rexrode: "Uma marinha é uma instituição de base tecnológica e de capital intensivo que não se transforma rapidamente, mesmo perante a necessidade de mudanças rápidas na geopolítica e na estratégia" (Rexrode, 2004, 5). Uma marinha não pode ser desenvolvida de um dia para o outro. São necessários anos de planeamento, avaliações, consideração dos requisitos de pessoal e um processo de construção ou aquisição das plataformas, sensores e armas necessários. Depois, é também necessário desenvolver estratégias, doutrinas e tácticas para utilizar esta força contra uma possível ameaça. No caso do Sri Lanka, os sucessivos governos não prestaram atenção suficiente ao desenvolvimento de uma marinha mais forte. Tratando-se de uma nação insular, situada numa posição geográfica vantajosa entre as rotas marítimas mais movimentadas, esta deveria ter sido uma prioridade. No entanto, a maior parte dos desenvolvimentos no SLN foram uma resposta à ameaça representada pelos Tigres do Mar e não uma abordagem pró-ativa. O resultado foi que o SLN perdeu a iniciativa de que outrora gozava no mar, embora fosse o legítimo guardião do mar. As tecnologias estão a mudar muito rapidamente no mundo moderno. Pode ser praticamente difícil para uma marinha manter-se actualizada com todas as últimas invenções. Mas, na medida do possível, a tecnologia moderna deve ser absorvida pelas plataformas navais, uma vez que estas podem proporcionar uma vantagem tática sobre o inimigo. Atualmente, estão disponíveis no mundo muitos artigos tecnológicos de "dupla utilização". As marinhas podem beneficiar da incorporação destes elementos nas suas plataformas. A investigação e o desenvolvimento devem ser um domínio fundamental para qualquer marinha. A inovação e a improvisação são o caminho a seguir.

Além disso, as capacidades navais devem ser avaliadas e apreciadas periodicamente por painéis profissionais, que compreendem a estratégia marítima e têm uma melhor visão do quadro naval. Ao avaliar as plataformas ou o equipamento para a marinha, deve ser dada a devida atenção à compatibilidade com outros serviços, de modo a assegurar o apoio mútuo e a reduzir a interferência mútua. As aeronaves integrais embarcadas podem ser utilizadas para desempenhar muitas das funções desempenhadas pelas plataformas de superfície. As aeronaves integrais podem ser consideradas como multiplicadores de força. A marinha compreende o domínio marítimo muito melhor do que qualquer outro serviço, uma vez que vive, trabalha e descansa no ambiente marítimo. Por conseguinte, deve ser atribuída à marinha a responsabilidade pela vigilância marítima.

8.8.6 Liderança

A liderança desempenha um papel crucial numa marinha para levar os homens de guerra a combater, para manter a primeira linha de defesa de uma nação insular. Os chefes navais não nascem simplesmente, mas evoluem ao longo de anos de experiência e de exposição a várias acções de formação, cursos, seminários, conferências, workshops e auto-aprendizagem. O chefe naval deve ser também um intelectual. Deve ser capaz de fazer investigação no seu domínio profissional e apresentar as suas conclusões para benefício da marinha. Os chefes navais devem compreender as políticas e as diretrizes da liderança política e trabalhar em harmonia, prestando aconselhamento profissional sempre que necessário. Devem compreender as necessidades básicas do pessoal naval e os instrumentos necessários para o motivar a desempenhar as suas tarefas com um espírito de equipa positivo. A liderança é importante a todos os níveis e não apenas ao nível superior. Os chefes subordinados devem ser capazes de cumprir as expectativas dos seus superiores. A seleção de oficiais para liderar o pessoal naval deve ser feita cuidadosamente e as suas promoções e nomeações devem ser feitas de acordo com critérios testados pelo tempo. A bravura deve ser tida em devida conta, especialmente em cenários de guerra. Os chefes navais devem ser bons estrategas e tácticos para compreenderem as várias situações e orientarem a sua equipa de subordinados na realização das tarefas. Os chefes navais devem também ser receptivos a novas ideias e estar dispostos a pô-las em prática se tal for considerado adequado.

8.8.7 Desenvolvimento de uma inteligência eficaz

Em situações de guerra, especialmente em conflitos que envolvem actores não estatais, uma boa inteligência é essencial para vencer o adversário. A inteligência estratégica e tática é imprescindível para uma marinha que luta no mar. É preciso conhecer o inimigo, as suas capacidades e vulnerabilidades. Isto só pode ser obtido através de boas informações. Para uma marinha, apenas a inteligência local pode não ser suficiente. Pode ser necessário ter acesso a informações fora do próprio país. Se se dispuser de boas informações, é possível poupar muito dinheiro e esforços e minimizar as baixas. Convém lembrar que uma boa informação pode vir até de fontes inesperadas e basta manter uma mente recetiva para ver isso.

8.8.8 Minimizar a corrupção nos contratos públicos militares

Os traficantes de armas estão à espera que haja uma guerra, pois só então poderão vender o seu material. Estarão dispostos a gastar muito para conseguir um negócio. A marinha pode ser vítima de alguns destes negociantes de armas sem escrúpulos, comprometendo assim a eficácia de combate da força. Os processos de aquisição da Marinha devem ser efectuados com muito cuidado, de modo a manter a integridade da força e a obter o que é absolutamente necessário e não o que os traficantes de armas estão a tentar vender. Devem ser desenvolvidos, testados e aplicados rigorosamente procedimentos corretos. Na medida do possível, as compras ou aquisições deverão ser efectuadas numa base de governo a governo. Deverão também ser feitas tentativas para obter economia de esforços. A qualidade nunca deve ser comprometida, uma vez que não pode haver um segundo classificado na guerra, mas apenas um vencedor.

8.8.9 Utilização de comunicações estratégicas

Uma comunicação estratégica bem estruturada pode levar a mensagem correta às massas e também aos públicos-alvo necessários. Existe uma "cegueira do mar" generalizada entre as pessoas, incluindo os responsáveis políticos e decisores, no que respeita às questões marítimas, uma vez que geralmente não vêem o mar. Trata-se de um fenómeno que ocorre em todo o mundo. A marinha deve esforçar-se por mostrar ao público o papel útil que desempenha no mar através de meios de comunicação estratégicos e aproveitar o seu apoio para o desenvolvimento da marinha.

8.9 Utilização da investigação exploratória

O *dicionário de negócios* online define a investigação exploratória como "Investigação de um problema ou de uma situação que fornece informações ao investigador. A investigação destina-se a fornecer pormenores quando existe uma pequena quantidade de informação. Pode utilizar uma variedade de métodos, como estudos experimentais, entrevistas, discussões de grupo, experiências ou outras tácticas com o objetivo de obter informações". A rede de metodologia de investigação descreve a investigação exploratória como aquela que "pretende apenas explorar as questões de investigação e não pretende oferecer soluções finais e conclusivas para os problemas existentes". Verificou-se que, no início desta investigação, apenas existia uma pequena quantidade de informação disponível na literatura académica, uma vez que nenhum outro investigador tinha realizado um estudo exaustivo sobre os aspectos navais da vitória na guerra no Sri Lanka. O investigador recorreu a entrevistas qualitativas aprofundadas e abertas de amostras selecionadas de pessoal-chave que esteve envolvido na guerra em fases cruciais e a discussões em grupos de reflexão, a fim de obter informações esclarecedoras sobre as razões subjacentes à vitória do SLN contra os Tigres do Mar no mar.

Uma das fases mais importantes e extensas deste estudo foi o período de recolha de dados. Nesta fase, o investigador tentou encontrar respostas para as questões de investigação. Esta investigação não procurou fornecer provas conclusivas, mas teve como objetivo compreender o problema. O investigador estava disposto a mudar a sua direção em resultado de novas percepções e opiniões. O tema da investigação foi explorado com diferentes níveis de profundidade. Prevê-se que se trate de uma investigação inicial e espera-se que, no futuro, seja realizada uma investigação mais conclusiva, centrada em pormenor em vários aspectos destacados na análise dos dados. O investigador tinha uma ideia de como a guerra contra os Tigres do Mar foi ganha. Também observou muitos aspectos da vitória. No entanto, esforçou-se por compreender as várias razões da vitória e explorá-las com as teorias existentes sobre guerra assimétrica, controlo do mar e arte operacional através das perspectivas e ideias de outras pessoas. Estas teorias existem há muito tempo e vários comandantes navais e académicos examinaram-nas em diferentes cenários. O objetivo desta investigação é determinar a aplicabilidade de vários conceitos destas teorias à guerra do SLN contra os Tigres do Mar. É um facto estabelecido que os Tigres do Mar se tornaram uma força a ter em conta, com várias tácticas assimétricas inovadoras, e desafiaram o papel tradicional do SLN: o controlo do mar. No entanto, o SLN conseguiu finalmente recuperar a iniciativa e desferiu um rude golpe nas operações dos Tigres do Mar, o que contribuiu efetivamente para a derrota dos LTTE.

O investigador ficou plenamente satisfeito com o método "exploratório" escolhido para esta investigação, uma vez que lhe deu a liberdade suficiente para obter dados e análises que lhe permitiram chegar a conclusões satisfatórias. O resultado da investigação foi a identificação dos "factores determinantes do sucesso da conquista do controlo do mar pelo SLN" e das "lições aprendidas" com este conflito. Com base no método exploratório utilizado, o investigador considera que esta investigação respondeu com êxito às questões de investigação e alcançou os objectivos de investigação definidos no início da investigação. Esta investigação não descobriu nenhuma teoria nova, mas redefiniu e acrescentou valor e significado às teorias existentes da guerra naval utilizadas para analisar os resultados da investigação; teorias da guerra assimétrica, do controlo do mar e da arte operacional. As conclusões contribuirão, sem dúvida, para o conhecimento e serão de grande interesse para a atual e futura geração de oficiais da Marinha, decisores políticos/consultores no domínio da segurança marítima, profissionais da segurança marítima, académicos interessados em prosseguir os estudos no domínio da segurança marítima e qualquer pessoa interessada em estudar o conflito no mar no Sri Lanka: o SLN contra os Sea Tigers.

8.10 Limitações do estudo

[th]O conflito prolongado no Sri Lanka terminou em 19 de maio de 2009, quando as forças governamentais derrotaram de forma abrangente a capacidade de combate dos LTTE. Foi, de facto, uma grande vitória obtida graças ao esforço combinado de todas as forças armadas e de toda a abordagem governamental e com o apoio das massas. Foram tomadas muitas decisões na parte final do conflito, algumas das quais poderão não ter sido devidamente registadas com a devida justificação. Este facto constitui uma limitação significativa para a compreensão da lógica e dos fundamentos destas decisões, que contribuíram para a vitória final. A investigação depende de documentos desclassificados e não classificados, de experiências pessoais e individuais, para determinar a eficácia de tais decisões. A maior parte dos principais líderes militares estão agora reformados e pode ser difícil obter entrevistas exaustivas com eles. Um estudo do conflito não estará completo se não obtiver o contributo dos principais líderes militares dos LTTE. No entanto, a maior parte dos dirigentes do Sea Tiger morreu na fase final da batalha, pelo que não é possível estudar os seus objectivos, a sua visão, as suas tácticas e a forma como exerciam o comando e o controlo. Além disso, não foi realizada qualquer investigação académica especialmente sobre o aspeto marítimo da guerra, razão pela qual este estudo recolheu informações e pormenores operacionais de todas as fontes disponíveis. Transformar a experiência de guerra num contexto assimétrico num esforço académico é algo de novo, especialmente no contexto marítimo do Sri Lanka e, por isso, havia uma escassez de trabalhos académicos e livros investigados e publicados nesta área. Além disso, a indisponibilidade de recursos de bibliotecas, bases de dados e repositórios de experiências únicas em muitos aspectos foi outro desafio para o investigador.

8.11 Proposições utilizadas e resultados da investigação

No início desta investigação, não foi desenvolvida uma hipótese, uma vez que se trataria de uma investigação de carácter exploratório. Assim, foram utilizadas as três proposições seguintes para efeitos da investigação.

d. O estudo parte do princípio de que, no período inicial da guerra, as forças navais não foram capazes de dissuadir os LTTE no mar e não conseguiram estabelecer o controlo dos mares devido a uma falta de compreensão dos atributos da guerra marítima
e. A determinação, a liderança e a motivação levaram a organização LTTE a transformar-se de uma força de combate rudimentar numa força de combate com capacidades quase convencionais
f. A liderança, a determinação e a transformação das estratégias foram os factores que influenciaram o SLN a passar de uma abordagem convencional para uma abordagem assimétrica que minimizou os fracassos e assegurou os êxitos da fórmula de vitória na guerra

Os resultados da investigação comprovaram as proposições assumidas. As desvantagens políticas, estratégicas e tácticas do governo e do SLN indicam claramente o que faltou na abordagem do conflito por parte do SLN e como foi possível aos Tigres do Mar explorarem a situação para promoverem a sua causa. A investigação provou que a determinação, a liderança e a capacidade de inovação ajudaram os Tigres do Mar a transformarem-se numa força potente no mar. Os Tigres do Mar ajudaram os LTTE a adquirir capacidades quase convencionais e foram um dos principais factores de sucesso da organização LTTE. A utilização de tácticas assimétricas pelos Tigres do Mar poderia desafiar com êxito a supremacia do SLN no mar. O facto de os Tigres do Mar terem conseguido ameaçar o nível de forças convencionais muito superior do SLN é uma indicação clara da sua evolução de uma força de combate rudimentar para um dos intervenientes não estatais mais bem sucedidos no mar. Tendo aprendido as lições da forma mais difícil, a marinha do SLN conseguiu finalmente recuperar o controlo do mar perdido e derrotar os Tigres do Mar no mar. A liderança e a determinação políticas e a liderança naval inovadora são consideradas dois dos factores determinantes mais importantes do êxito do SLN. A mudança de abordagem de uma mentalidade meramente convencional para tácticas assimétricas para combater a assimetria no mar ajudou o SLN a mudar a maré a seu favor. Os factores determinantes do êxito do SLN indicam claramente que atributos como a liderança, a utilização de tácticas assimétricas, o conceito de pequenas embarcações e a destruição de navios-armazém são algumas das áreas-chave que atacaram o centro de gravidade dos LTTE e dos Tigres do Mar. Isto garantiu o êxito e minimizou os fracassos do SLN. Os resultados da investigação provam claramente que as variáveis utilizadas nas propostas estavam corretas e tiveram uma influência direta no resultado da guerra no mar.

8.12 Perspectivas de investigação futura

Acredita-se que esta investigação constitui também um esforço único na compreensão de vários aspectos do prolongado conflito no mar entre o SLN e os Tigres do Mar. Trata-se de um caso clássico em que um ator não estatal ameaçou uma marinha legítima pelo controlo do mar. Trata-se de um caso em que um ator não estatal utilizou tácticas assimétricas no mar para desafiar com êxito a supremacia de uma marinha. Trata-se também de um caso em que este ator não estatal beneficiou mesmo de ligações internacionais para promover a sua causa. Este conflito durou quase três décadas e os Tigres do Mar registaram um crescimento fenomenal, passando de um pequeno grupo de jovens com barcos de fibra de vidro para um estatuto quase de marinha, e desempenharam muitas tarefas que são da competência de uma marinha. Por conseguinte, esta investigação abrange uma vasta área e muitos aspectos da natureza do conflito no mar. Tendo em conta a utilidade para as futuras forças navais, com base nos resultados da investigação, existem algumas áreas em que poderia ser efectuada mais investigação, com base no mesmo estudo de caso. Estes domínios são os sugeridos a seguir:

a. Guerra assimétrica no mar e actores não estatais
b. Utilização de tácticas assimétricas para combater as tácticas assimétricas no mar
c. Terrorismo suicida no mar e os Tigres do Mar
d. Liderança naval e guerra assimétrica no mar
e. Inovações, improvisações e guerra assimétrica no mar
f. Necessidade de uma estratégia marítima global para uma nação insular
g. Desenvolvimento indígena dos Tigres do Mar LTTE
h. A rede internacional de financiamento e de contrabando de armas dos LTTE

8.13 Culminação

A ascensão fenomenal dos Tigres do Mar LTTE é um exemplo clássico de como um ator não estatal, utilizando tácticas assimétricas, pode tornar-se uma ameaça séria para uma marinha estabelecida. Os Sea Tigers demonstraram o potencial de exploração no mar por grupos armados violentos. A ascensão dos LTTE pode ser atribuída principalmente ao desenvolvimento dos Sea Tigers. No entanto, aprendendo com a experiência, o SLN conseguiu ultrapassar as tácticas de terror no mar e recuperar o controlo do mar, que é o direito legítimo de uma marinha. São vários os factores que explicam o êxito do SLN. O SLN foi capaz de compreender as estratégias dos Tigres do Mar e retomou a guerra contra eles. A vitória do SLN deveu-se a uma forte liderança política e naval, com a firme determinação de pôr termo ao prolongado conflito no mar. Tendo evoluído ao longo do conflito, o SLN actuou com profissionalismo e atacou o centro de gravidade dos LTTE: a sua rede logística internacional, que era a linha de vida dos formidáveis LTTE. Quando a logística foi cortada, os LTTE tornaram-se vulneráveis e perderam a eficácia do combate. Esta investigação é um esforço para descobrir que lições podem ser retiradas das desvantagens e do sucesso da Marinha do Sri Lanka no mar. No mundo contemporâneo, os actores não estatais estão a ter uma influência mais substancial no domínio da segurança global e, consequentemente, a sua influência também no domínio marítimo. As lições aprendidas com a experiência do Sri Lanka podem ser valiosas para qualquer pessoa interessada em compreender a natureza das ameaças que podem emanar do oceano, especialmente de natureza assimétrica.

Referências

Abuza, Z. (2005) *Balik-Terrorism: The Return of the Abu Sayyaf.* Disponível em: http://www.strategicstudiesinstitute.army.mil/pdffiles/PUB625.pdf [Acedido em: 14th fevereiro de 2014].

Abuza, Z. (2003) "Funding Terrorism in Southeast Asia: The Financial Network of al Qaeda and Jemaah Islamiyah", *NBR Analysis*, Vol. 14, No. 5, Seattle: The National Bureau of Asian Research.

Acharaya, A. (2008) "Terrorist Groups with Maritime Terrorist Capabilities" in V.R. Raghavan e W. Lawrence Prabhakar (eds), *Maritime Security in the Indian Ocean Region.* Tata McGraw-Hill, Nova Deli.

Addison, VG e Dominy, D. (2010) "Got Sea Control". *Revista Proceedings*, Vol 136/3/1.285.

Ajai, S. (2008) "Mumbai: The Uneducable Indian". *South Asia Intelligence Review*, Vol. 7, No. 21.

Amador, F.V.G. (1959) 'The Explanation and Conservation of the Resources of the Sea'. Revisto por Roberts, H.L, *Foreign Affairs*, edição de outubro.

Amin, M & Naseer, R. (2011) 'Balance of Power: A Theoretical explanation and Its Relevance in Contemporary Era" (Uma explicação teórica e a sua relevância na era contemporânea). *Berkeley Journal of Social Sciences* Vol. 1, No. 10.

Ancker 111, C.J. e Burke, M.D. (2003) 'Doctrine for Asymmetric Warfare'. *Military Revisão*. julho - agosto. Disponível em: http://www.au.af.mil/au/awc/awcgate/milreview/ancker.pdf [Acedido; 7th fevereiro de 2014].

Anderson, L & Bennett, N. (2003) *Developing educational leadership: using evidence for policy and practice.* Sociedade Britânica de Gestão e Administração da Educação, Londres, SAGE.

Applegate, M. (2001) *Preparing for Asymmetry: As seen Through the lens of joint Vision 2020.* Instituto de Estudos Estratégicos do Exército dos EUA, setembro.

Atkinson, G. (2012) "Abu Sayyaf: The Father of the Swordsman A review of the rise of Islamic insurgency in the southern Philippines". *Perspective*, Disponível em: https://www.americansecurityproject.org/wp-content/uploads/2012/03/Abu-Sayyaf-The- Father-of-the-Swordsman.pdf [Acedido: 14th F ebruary 2014].

Relatório da Comissão Pública Australiana (2007)

Doutrina Marítima Australiana, (2010) *RAN Doctrine 1-2010.* (segunda edição).
Bacharach, S.B. (1989) 'Organizational theories: some criteria for evaluation', *Academy of Gestão*. Revista 14. No 4, outubro, Disponível em:

http://www.iacmr.org/Conferences/WS2011/Submission XM/Participant/Readings/Lecture 5B JiaLin/Bacharach%20(1998)%20Organizational%20Theories%20-%20Some%20Criteria%20for%20Evaluation-5b.pdf [Acedido em: 14th janeiro de 2014].

Badsey, S. (2011) *An Overview of the Falklands War: Politics, Strategy and Operations.* Disponível em: http://www.nids.go.jp/publication/senshi/pdf/201303/10.pdf. [Acedido em: 14 de fevereiro de 2014].

Bandarage, A. (2009) *The Separatist Conflict in Sri Lanka: terrorism, ethnicity, political economy.* Author Choice Press, Bloomington, IN, EUA.

Barnett, R.W. (2003) *Asymmetrical warfare - Today's challenges to US military power.* Brassey', Washington D.C.

Benn, M, Weinstein, M & Foard N (eds), 2006, *A critical Introduction to social research.* SAGE publishers.

Bartoli, A. e Coleman, P.T. (2003) *Dealing with Extremists. Beyond Intractability.*

Disponível em: http//www.beyondintractability.org/essay/dealing-extremist. [Acedido: 7th janeiro 2014].

Bateman, S, Bergin, A, Tsamenyi, M, Woolner, D. (2006) "Integrated Maritime Enforcement and Compliance in Australia". *Towards Principled Oceans Governance - Australian and Canadian approaches and challenges (Para uma governação dos oceanos baseada em princípios - abordagens e desafios australianos e canadianos*). Rothwell, D. &VanderZwaag, D, (eds), Abingdon: Routledge.

Bateman, S. (2006) "Assessing the Threat of Maritime Terrorism: Issues for the Asia- Pacific Region". *University of Wollongong, Faculty of law papers*, Disponível em: http://www.ro.uow.edu.au>iha>papers>285 [Acedido em: 7th fevereiro 2014]

Baylis,J. e Wirtz, J.J. (2013) 'Strategy in the contemporary world: Strategy after 9/11". *Strategy in the Contemporary World*, Oxford University Press.

Beehner, L. (2010) "What Sri Lanka can teach us about COIN". *Small wars Journal*. 27th agosto.

Bhardwaj, A. (2002) "Maritime Aspects of Sri Lankan Conflict" (Aspectos marítimos do conflito no Sri Lanka*). Journal of Indian Ocean Studies*, Volume. 8, No. 3.

Blaikie, N. (1993) *Approaches to Social Enquiry*. Polity Press, Cambridge.

Blank, S.J. (2003) *Rethinking Asymmetric Threats*. Estudos de Segurança do Exército dos EUA, setembro, Carlisle, PA.

Bonagiunta, E. (2010) Maritime *terrorism*. Disponível em; http://www.mercury.ethz.ch/serviceengine/files/ISN/.../Maritime+terrorism.pdf [Consultado em: 7th fevereiro de 2014].

Boulder, C. Rienner, l. (1994) *Seeking Security and Development: The Impact of Military Spending and Arms Transfers*. Graham,N (ed), Lynne Rienner Publishers.

Breen,M. e Geltzer, J.A. (2011) 'Asymmetric Strategy as strategies of the Strong'. *Parâmetros*. primavera.

Brodie, B. (2011) Mahnken, T.G. e Maiolo (eds). *Strategy as a Science. Strategic Studies: A Reader*. Routledge, Nova Iorque/Londres.

Brown, J. Collins, A. & Duguid, P. (1989) *Situated Cognition and the Culture of Learning*. Investigador em Educação.

Bruce, H. (2006) *Inside Terrorism*. Nova Iorque: Columbia UP.

Bryman, A. (2008) *Social research methods*. Oxford University Press. Nova Iorque

Bryman, A. (1989) *Research methods and organizations*. Routledge, Londres.

Bryman, A. (1988) *Quantity and quality in social research*. Routledge, Londres.

Buffaloe, D.L. (2006) 'Defining Asymmetric Warfare'. *The Land Warfare Papers*, n.º 58, setembro, The Institute of Land Warfare Association of the US Army.

Buky, M.C. (2008) *Quandaries in Maritime Terrorism Policy*. Conferência da Associação Australiana de Estudos Políticos, Brisbane, Austrália.

Buky, M. (2007) "Maritime Terrorism: The Threat from Small Vessels". *Maritime Studies*, Número 157, novembro/dezembro.

Bunge, M. (1967) *Scientific Research 1: The Search for System*. Springer-Verlag, Nova Iorque.

Burns, R.H. (2005) 'Terrorism in the Early 21st Century Maritime Domain', em Joshua Ho e Catherine Zara Raymond, (eds), *The Best of Times, The Worst of Times: Maritime Security in the Asia-Pacific*, World

Scientific, Singapura.

Burns, SN & Grove, S.K. (2003) *Understanding nursing research.* 3rd edition, Philadelphia, Saunders.

Diretório de Empresas.com. Disponível em: http://www.busmessdictionary.com/defimtion/exploratory-researeh.html, Acedido: [15th março 2013].

Callaway, J. (2014) "The Operational Art of Air Sea Battle". *Centro de Estudos Internacionais Proteção Marítima.* Disponível em: http://cimsec.cor/operational-art-air-sea-battle/1193 [Acedido em: 6th fevereiro de 2015].

Caron, D.D, Oral, N (2014) *Navigating Straits: Challenges for International Law*, Koninklijke Brill Leiden, Países Baixos

Carr, J. (2009) *Inside Cyber Warfare: Mapping the Cyber Underworld.* O'Reilly Media. Sebastopol, C.A.

Chalk, P. (2008), "The Maritime Dimension of International Security: Terrorism, Piracy, and Challenges for the United States". *RAND Corporation*, Disponível em: http://www.rand.org/pubs/monographs/2008/RAND MG697.pdf, [Acedido em 14th fevereiro 2014].

Chalk, P. (1999) "The Tamil Tiger Insurgency in Sri Lanka", em Abdul Musa. (ed), *Over a Barrel: Light Weapons and Human Rights in the Commonwealth*, Commonwealth Human Rights.

Chalk, P. (1996) *West European Terrorism and Counter-Terrorism: The Evolving Dynamic.* Nova Iorque: St. Martin's Press.

Chandraprema, C.A. (2012) *Gota's War: The Crushing of Tamil Tiger Terrorism in Sri Lanka.* Fundação Ranjan Wijeratne, Colombo.

Collins, A. (2007) *Contemporary Security Studies.* Oxford University Press, Oxford.

Collis, J.H.R. (2003) *Business Research -A Practical Guide for Undergraduates and Postgraduate.* Palgrave Macmillan.

Resumo da Iniciativa para a Segurança dos Contentores (2011). Disponível em: http://www.cbp.gov/sites/default/files/documents/csi brochure 2011 3.pdf [Acedido em: 14 de fevereiro de 2014].

Corbett, J.S. (1988) *Some Principles of Maritime Strategy. Com introdução e notas de Grove, Brasseys. E.J.* Defense Publications, Grã-Bretanha.

Corbett, J.S. (1918) *Some Principles of Maritime Strategy.* Longmans, Green and Co, Londres.

Cordesman, A.H. (2014) "The Iranian Sea-Air-Missile Threat to Gulf shipping". *Um relatório sobre a Cátedra Burke em Estratégia.* Centro de Estudos Estratégicos e Internacionais. fevereiro. Nova Iorque, Londres.

Cordesman, A.H. (2002) *Terrorism, Asymmetric, Warfare and weapons of mass destructions; defending the US homeland.* CSIS, Washington, DC.
Cozens, P & Mossop, J. (2005) *Capacity Buildingfor Maritime Security Cooperation in the Asia-Pacific.* Centro de Estudos Estratégicos: Nova Zelândia, Universidade Victoria de Wellington.

Creswell, J.W. (2002) *Research Design: Qualitative, Quantitative, and Mixed Methods Approaches.* Fourth Edition, SAGE publications, New Delhi.

Creswell, J.W. (2002) *Educational research: planning, conducting, and evaluating quantitative and qualitative approaches to research.* Quarta edição, Pearson, Boston.

Crotty M. (1998) *The foundation of social research: meaning and perspective in the research process.* Publicações SAGE. Nova Deli.

Crotty, J.R. (1998) "Se a concorrência no mercado financeiro é tão intensa, porque é que os lucros das empresas financeiras são tão elevados? Reflections on the current golden age of finance". *Documento de trabalho n.º 134*, Instituto de Investigação em Economia Política, Universidade de Massachusetts, Amherst, MA.

Crowl, P.A. (1986) "Alfred Thayer Mahan: The Naval Historian". in Paret, P.(ed) *makers of Modern Strategy, From Machiavelli to the Nuclear Age*, university Press, Princeton, NJ.

Curtis, V.J. (2012) *A scientific Look at Operational Art.* Disponível em: http://www.army- armee.forces. gc.ca/assets/ARMY Internet/docs/en/canadian-army-journal/volume- 14/CAJ Vol14.3 07 e.pdf [Acedido: 14 de janeiro de 2014].

Denzin, N.K. e Lincoln, Y.S. (2005) *The SAGE Handbook of Qualitative Research.* Publicações SAGE. Nova Deli.

Davis, A. (2000) *Tracking Tigers in Phuket A secret Tamil guerrilla base embrasses Banguecoque*. Disponível em: http://cgi.cnn.com/ASIANOW/asiaweek/magazine/2000/0616/nat.security. [Acedido em: 15th fevereiro de 2014].

David, M & Sutton, C. (2004) *Social research: the basics*. SAGE, Thousand Oaks, CA.

Department of Energy/ National Nuclear Security Administration (2010) Washington, EUA.

Dictionary.com Unabridged. Definição Unconventional Warfare. Disponível em: http://dictionary.reference.com/browse/unconventioanl [Acedido em: 6th fevereiro 2015].

Dissanayaka, T.D.S.A. (2004) *War or Peace in Sri Lanka.* Popular Prakasan, Mumbai.

Doyle, M. (1996) 'Liberal Legacies, and Foreign Affairs'. in Lynn, S., Brown, J.M. e Miller,S. (eds), *Debating the Democratic Peace*, Cambridge, MIT.

Duffy, T & Jonassen, D. (1992) 'Constructivism: New Implications for Instructional Technology'. Em Duffy, T. & Jonassen, D. (eds) *Constructivism and the Technology of Instruction: A Conversation.* Nova Jersey, EUA: Lawrence Erlbaum Associates, Inc.

Durham, R.W. (1998) "Operational Art in the Conduct of Naval Operations". *Uma monografia do Comandante Richard W Durham*, Escola de Estudos Militares Avançados do Colégio de Comando e Estado-Maior do Exército dos EUA, Kansas. Disponível em: http://www.dtic.mil/cgi-bin/getTRDoc?AD=ADA340139 . [Acedido em: 6th fevereiro 2015].

Easterby-Smith, M, Thorpe, R. & Lowe, A. (2002) *Management Research: An Introduction.* SAGE Publications, Londres.

Easterby-Smith, M, Thrope, R & Lowe, A. (1991) *Management Research -An introduction.* SAGE, Londres.

Eliot and Associate (2005) *Guidelines for Conducling a Focus Group.* Disponível em: https://assessment.trinity.duke.edu/documents/How to Conduct a Focus Group.pdf , [Acedido: 10th março 2015].

Emory, W & Cooper, D.R. (1991) *Business research melhods.* Irwin Homewood, IL.

Epstein, R.M. (1992) *Napoleon's last Victory: 1809 and the Emergence of Modern War.* Escola de Comando e Estado-Maior do Exército dos EUA, Leavenworth, Kansas.

Evans, G. (2012) *Falkland war-UK and argenline naval power lhen and now.* Disponível em http ://www.naval-technology.com/ features/featurefalklands -war-uk-navy- argentina [Acedido: 16th julho 2015].

Fair, C. (2005) "Diaspora Involvement in Insurgencies: Insights from the Khalistan and Tamil Eelam Movements". *Nalionalism and Elhnic Polilics.*

FAO Corporate Document Repository, *Definilion of Policy.* Disponível em:

https://www.fao.org/wairdocs/ilri/x5547eos.htm [Acedido: 21st junho 2015].

Farrel, R. (2007) "Maritime terrorism: focusing on the probable". *Naval War College Review*, Volume 60, Número 3.

Feldt, L, Roell, P & Thiele, R.D. (2013) 'Security - Maritime Perspectives for a Comprehensive Approach'. *Série de Escalas ISPSW: Focus on Defence and International Securily.* Issue no222.Aprl. Disponível em: http://www.mercury.ethz.ch/serviceengine/files.../222 Feldt Thiele.pdf [Acedido em: 15 de julho].

Fish, T. (2009) "Sri Lanka Learns to Counter Sea Tiger's Swarm Tactics" [Sri Lanka aprende a combater as tácticas de enxame dos Tigres do Mar]. *Jane's Navy International*, março.

Fitzsimmons, S. (2007) *Evalualing lhe Maslers of Slralegy: A comparalive Analysis of Clausewilz, Sun Tzu, Mahan and Corbell*, Vol 7-27, Departamento de Ciência Política, Universidade de Calgary.

Friedman, G. & Friedman, M. (1998) *The Fulure of War: Power, Technology and American World Dominance in lhe Twenly-Firsl Cenlury*. St Martin's Griffin, Nova Iorque, NY.

Galula, D. (1964) *Counlerinsurgency Warfare: Theory and Praclice,* Westport, Greenwood

Ganguly, S. (2008), "Delhi's Three Fatal Flaws". *Newsweek*. Vol. 152. Issue. 23. 13).

Gat, A. (1989), *The origins of military thought: from the Enlightenment to Clausewitz.* Oxford University press, oxford.

Geis, J. (2008) *The Strength of Weakness: Why the Weak Win in Asymmetric Warfare?* Conferência Nacional Anual da MPSA, Palmer House, Chicago, IL.

Goldstein, L.J. & Zhukov, Y.M. (2004) 'A Tale of Two Fleets: A Russian Perspective on the 1973 Naval Standoff in the Mediterranean". *Naval War College Review 57*, no. 2, Disponível em; htpp: //www.usnwc.edu/press, [Acedido em: 14th fevereiro 2014].

Gompert, D.C. (2013) *Sea Power and American Interests in the Western Pacific.* RAND Corporation, Santa Mónica, CA. Disponível em: htpp://www.rand.org/pubs/research_reports/pr151. [Acedido em: 14th fevereiro 2014].

Gordon, S. (1991) *The History and Philosophy of Social Science*. Routledge, Londres.

Gough, B.M. (1988) 'Maritime Strategy: The Legacies of Mahan and Corbett as Philosophers of Sea Power". *RUSI Journal*, inverno.

Gray, D.E. (2004) *Doing research in the real world.* Publicações SAGE. Londres.

Greco, J. (1999), *Agent Reliabilism*: ***Perspectivas filosóficas 13, Epistemologia***. James Tomberlin (ed), Atascadero, CA: Ridgeview.

Grange, D.L. (2000) 'Asymmetric Warfare: old methods, new concerns'. *National strategy forum review,* Winter.

Greenberg, M.D. e Chalk, P. Willis, H.W. Khilko & Ortiz, D.S. (2006) *Maritime Terrorism; Risk and Liability.* Disponível em: http://www.rand.org/multi/ctrmp.html [Acedido: 7th fevereiro 2014].

Griffith, S.B. (1971) *Sun Tzu; The Art of War.* Oxford University Press, Londres.

Griffith, S.B. (1963) *Introduction and Appendices to Sun Tsu's Art of War*. Oxford University Press, Londres.

Gunaratna, R. (2008) *The Threat to the Maritime Domain: Quão real é a ameaça terrorista?* Disponível em:
http://www.jeffnorwitz.com/SiteAssets/book-chapters/07%20The%20Threat%20to%20the%20Maritime%20Domain.pdf [Acedido: 7th

fevereiro de 2014].

Gunaratna, R. (2001) "The Asymmetric Threat from Maritime Terrorism" (A ameaça assimétrica do terrorismo marítimo). *Jane's Navy International*, Vol. 106, no. 8.

Gunaratna, R. e Jerard, J. e Nasir, S.M. (2013) *Countering Extremism and Building Social Resilience through Community Engagement.* Imperial College Press. Imperial College Press, Londres.

Gurpreet, S.K. (2007) "Maritime Terrorism off the Arabian Peninsula. A Post-Limburg Security Assessment", in N.S. Sisodia, Ashok K. Behuria, *West Asia in Turmoil, Implications for Global Security,* Academic Foundation, New Delhi.

Hanfling, O. (1983) "Logical positivism", *The British Journal for the Philosophy of Science.* Vol. 34, n.º 3, Oxford University Press.

Hanle, D.J. (1989) *Terrorism the Newest face of Warfare.* Brasseys, International Defence Publications, Nova Iorque.

Hattendorf, J.T. (ed) (1991), *Mahan on Naval Strategy: Selections from the Writings of Rear Admiral Alfred Thayer Mahan [Selecções dos escritos do Contra-Almirante Alfred Thayer Mahan*]. Naval Institute Press, Annapolis.MD.

Hettiarachchi, M. (2013) "Sri Lanka's Rehabilitation program; A new frontier in counter terrorism and counter insurgency". (ed) Miklouçic M. *Prism*, Vol 4 no 2.

Henning, E. (2004) *Finding your way in qualitative research.* Pretória.

Hiatt, J.F. (1986) 'Spirituality, medicine, and healing'. *Southern Medical Journal.*

Hirschheim, R. (1985) *Information systems epistemology: Uma perspetiva histórica.*
Disponível em:
http://areadocenti.eco.unicas.it/virili/TerracinaRW/Kit/HirschheimISEpistemology.pdf [Acedido em: 7 de fevereiro de 2015].

Hollaway, I. (2005) *Qualitative Research in Health Care.* Mcgrow Hill Education, Open University Press, Reino Unido.

Hong, N. (2012) *UNCLOS and Ocean dispute settlement law and politics in the South China Sea.* Routledge, Londres/Nova Iorque.

Howard, M e Paret, P. (eds) (1976) *Carl Van Clausewitz: On war,* Princeton University Press, Princeton.

Huber, J. (2000) "You can't Defy the Laws of Gravity" (Não se pode desafiar as leis da gravidade). *Actas.* agosto.
Hughes, Jr. W.P. (2000) *Fleet Tactics and Coastal Combat.* Naval Institute Press, Annapolis, Maryland.

Hunt, S.D. (1993) *Objectiving* 'Marketing Theory and Research'. *Journal of Marketing*, Vol. 57, Issue 2.

Hunt, S.D. (1991) *Modern Marketing Theory: Critical Issues in the Philosophy of Marketing Science.* Southwestern Publishing, Cincinnati, OH.

Huston, J.A. (1957) *The use ofHistory.* US: Military Review.

Organização Marítima Internacional, Maritime *Security Manual: Orientações para instalações portuárias, portos e navios.* (2011)

Código ISPS. (2003) "Organização Marítima Internacional, Londres
Relatório da Comissão Jain, Disponível em: http://www.india-today. com/jain/vol7/chap25.html, [Acedido em: 15 de fevereiro de 2014].

Jalaldeen, R. (2009), "Combined Operation Conducted by the Forces Brought Victory" [Operação

Combinada Conduzida pelas Forças Trouxe a Vitória].
Notícias diárias. 3rd junho.

Jenkins, B. e Cordes, B. e Gardela,K. e Petty, G. (1986), 'A Chronology of Terrorist Attacks and Other Criminal Actions Against Maritime Targets'. Em Parritt, B.A.H. (ed), *Violence at Sea: A Review of Terrorism, Acts of War, and Piracy, and Countermeasures to Prevent Terrorism*, International Chamber of Commerce Publications. Paris.

John, P. (2008) *Sri Lanka Navy's Modernization.* Disponível em: http://www.globalsecurity.org/military/world/sri-lanka/navy-modernization.htm, [Acedido em: 12th janeiro de 2014].

John W, Soren P, Sharma A, Bhattacharjee J, Chakrabarti KD, Salman A, Verma N. (2009) *Mumbai attacks: Responses and Lessons.* August.

Johnson, G.J.P. (2002), (eds), *Research Methods for Managers.* Publicações SAGE.

Joint Publication 1-02 Ammended, (2013), Departamento de Defesa dos EUA.

Jonassen, D.H. (1991) 'Objetivismo vs construtivismo: Precisamos de um novo paradigma filosófico? *Educational Technology Research & Development*, Vol 39, No 3. Disponível em: http://link.springer.eom/article/10.1007%2FBF02296434#page-1 [Acedido: 7th fevereiro 2014].

Jones, P. (1993), *Studying Society: Sociological Theories and Research Practices.* Londres, Collins Educational.

Joshua, S.D. (2005), *International Relations.* (6th Edition) Peking University Press. Pequim.
Joshua, S. (2004) "Future Trends in Worldwide Maritime Terrorism". *The Quarterly Journal*, Vol 111, No 1, março.

Kalyanaraman, S. (2012) 'Thinking about CT in India's National Strategy'. in:
Venkatshamy, K. e George, P. 9eds) *Grand Strategy for India.* 2020 and Beyond. Publicações IDSA, Pentagon Security International, Nova Deli.

Kaplan, R.D. (2008) 'Asymmetry at Sea: war with Iran in the Gulf Could be like'. *O Atlantic Dispatch*, outubro. Disponível em: http://www.theatlantic.com/magazine/archive/2008/10/asymmetry-at-sae/307093 [Acedido em: 6th fevereiro de 2015].

Khurana, G.S. (2006), "Shaping Security in India's Maritime East: Role of Andaman and Nicobar". *Strategic Analysis.* [e-journal] 30(1), Disponível em:http://www.isda.in/publications , [Acedido: em 20 de março de 2014].

Klein, N. (2011) "Maritime Security and the Law of the Sea", *Oxford Monographs in International Law*, Oxford; Nova Iorque: Oxford University Press.

Klein, N. (2004) "Corbett in Orbit: Um modelo marítimo para a teoria estratégica do espaço". *Naval War College Review.* Disponível em: http://www.au.af.mil/au/awc/awcgate/navy/art5-w04.pdf [Acedido em: 14 de janeiro de 2014].

Klingaman, J.J. (2004) *Teaching the Operational Art using Reflective Practice.* Escola de Comando e Estado-Maior do Exército dos EUA.

Kumar, R. (1996) *Research Methodology: A Step-by Step Guide for Beginners.* Longman Australia.

Layder, D. (1993), *New strategies in social research.* Cambridge: polity.

Levy, J.S. (1989), "Domestic Politics in War", em Rotberg, R.I. e Rabb, T.K. (eds), *The Origin and Prevention of Major Wars,* Nova Iorque, Cambridge University Press.

Levin, DM (1988), *A abertura da visão: Nihilism and the postmodern Situation*. Londres, Routledge.

Liang, Q. e Xiangsui, W. (1999) *Unrestricted Warfare*. Traduzido por Foreign Broadcast information Service (FIBS), PLA literature and Arts Publishing, Pequim

Lincoln, Y.S. & Guba, E.G. (1985), *Naturalistic inquiry*. Newbury Park, CA: SAGE.

Lindstrom, F. (2002) *Asymmetric warfare and Challenges for International Humanitarian Law*. Tese de Mestrado em Direito Internacional Público, Departamento de Direito da Universidade de Uppsala, outono

Livezy, W. (1981) *Mahan on Sea Power*. University of Oklahoma Press, Oklahoma, OK.

Lorenz, A.J. (2007), "Al Qaeda's Maritime Threat". *Institute of Counter Terrorism*, Disponível em: http://www.maritimeterrorism.com/2007/04/15/al-qaeda%E2%80%99s- maritime-threat, [Acedido em: 20th fevereiro 2014].

Luttwark, E. (1999) "Give war a chance". *Revista Foreign Affairs*, julho/agosto. Conselho de Relações Exteriores.

Mack, A. (1975), *Why Big Nations Lose Small Wars: The Politics of Asymmetric Conflict*. World Politics.

Mahan, A.T. (1911) *Naval Strategy: Compared and Contrasted with the Principles and Prática de Operações Militares em Terra*. Disponível em: https://archive.Org/stream/navalstrategyco00mahagoog#page/n6/mode/2up [Acedido: 18th julho 2015]

Mahnken, T.G. e Maiolo, J.A. (2011) *Strategic Studies- A Reader*. Routledge, Nova Iorque Malhotra, N.K. e Birks,D.F. (2000), *Marketing Research - An Applied Approach*. FT Prentice Hall.

Mallik, A. (2004), *Technology and security in the 21st Century; a demand side perspective*. Instituto Internacional de Investigação para a Paz, Universidade de Oxford.

Manwaring, M.G. (2006) 'The Asymmetrical 21st Century Security Reality'. In: (ed) Devezas, T.C. *Kandratieft Waves, Warfare and World Security*. Vol. 5. Série Segurança através da Ciência da NATO. Amesterdão.

Marshall, A. (1997), "Principles of economics". *Great Minds Series*, Prometheus Books, Amherst, NY.

Marsh, D & Furlong, E. (2002) 'Ontology and Epistemology in Political Science' in Marsh, David and Stoker, Gerry (eds.). *Theory and Methods in Political Science*, 2nd edition, Basingstoke: Palgrave.

Martin, M.N. (2006), "Maritime Threat: Tactics and Technology of the Sea Tigers". *Jane's Intelligence Review, 1*.

Masadeh .M.A. (2012) "Focus Group Review and Practices". *Revista Internacional de Applied Science and Technology*, Vol. 2. No. 10, December, Disponível em: http://www.ijastnet.com/joumals/Vol 2 No 10 December 2012/9.pdf [Acedido em: 18th julho 2015].

Massie, R.K. (1991) *Dreadnought: Britain, Germany, and the Coming of the Great War*. Nova Iorque: Ballantine.
Mayer, C. (2005) *Acesso e identidade são pontos-chave*. Lloyd's List. 30th setembro de 2005.

McCuen, R.M. (1996) "The elements of academic research". *American Society of Civil Engineers*, Disponível em: http://cedb.asce.org/cgi/WWWdisplay.cgi?103205 [Acedido em: 7th fevereiro de 2015].

McElroy, (2008) "Mumbai Attacks: Os governos estrangeiros criticam a reação da Índia". *The Daily Telegraph* (Reino Unido). 28th November.

Mckenzie, K.F. Jr. (2001) "The Rise of Asymmetric Threats: Priorities for defence Planning". *Quadrennial Defence Review*, Instituto de Estudos Estratégicos Nacionais, Washington. Disponível em: http://kms2.isn.ethz.ch/serviceengine/Files/ESDP/101010/ichaptersection- singledocument/101f39d5-6580-

4e66-a186-840ee9897/en/chap03.pdf. [Acedido em: 7 de junho de 2015].

Metz, S. e Johnson 11, D. (2001) *In Asymmetry and US Military Strategy: Definition, Background, and Strategic Concepts*. janeiro, Instituto de Estudos Estratégicos do Exército dos EUA, Carlisle, PA.

Merriam-Webster on line Dictionary. Disponível em: htpp://www.meririam-webster.com/dictionary/policy. [Acedido em: 13th fevereiro 2015]

Mejia, M. (2003) "Maritime Gerrymandering: Dilemas na definição de pirataria, terrorismo e outros actos de violência marítima". *Portal de investigação, Journal of international commercial law*. 11/2003; 2 (2)153.175.

Menefee (1999) *A Model National Law on Acts of Piracy or Maritime Violence*. Disponível em: http://www.virginia.edu/cns/pdf/menafee-publications.pdf [Acedido: 15th julho 2015].

Menning, B.W. (1977) *An Operator/planners introduction to Operational Art*. Colégio de Comando e Estado-Maior do Exército dos EUA, Fort Leavenworth, Kansas.

Mets, S. e Johnson 11, D.V. (2001) *Asymmetry and US Military Strategy: Definition, Background and Strategic Concepts*. Instituto de Estudos Estratégicos do Colégio de Guerra do Exército. Diane Publishing.

Miles, M.B. (1979) 'Qualitative Data as an attractive Nuisance'. *Administrative Science Quarterly*, 24; 590-601.

Ministério da Defesa, *British Army doctrine Publications-Operations*, Reino Unido.

Mitchell, C.L. (2007) *Countering Maritime Terrorism in the Caribbean Sea and the Atlantic Ocean: Implications of Possible Maritime Terrorism in the Caribbean*. Tese de Mestrado, Faculdade de Comando e Estado-Maior do Exército dos EUA, Fort Leavenworth, Kansas.

Moran,D. (2007) "The Maritime Governance System", em Andrew T.H. Tan, ed, *The Politics of Maritime Power: A Survey*, Routledge, Londres, 2007.

Morrisey, E.L. (2010) *Lessons from the Past: Power Transitions and the Future of U.S. Relações com a China*. Tese de Mestrado, Universidade de George Town, disponível em: https://repository.library.georgetown.edu/handle/10822/553544 [Acedido em: 12th junho 2014].

Mouton, J & Marais, H.C. (1996) *Conceitos básicos de metodologia das ciências sociais*. Pretória, HSRC Publishers.

Mullen, P & Bartee, J. (2002) 'Put a SWAT Team on Every Ship'. *Actas do Instituto Naval dos EUA*. dezembro.

Muni S.D. (2006) *Responding to Terrorism: an overview. Responding to terrorism in South Asia*. (ed) Muni, S.D., Centro Regional de Estudos Estratégicos, Colombo: Manohar.

Murphy, M.N. (2009) *Small Boats, Weak States, Dirty Money: Piracy and Maritime Terrorism in the Modern World [Pirataria e Terrorismo Marítimo no Mundo Moderno*]. Nova Iorque: Columbia UP.

Naveh, S. (1998) *In Pursuit of Military Excellence: A evolução da Teoria Operacional*. maio, Frank Cass, Portland, OR.

Naukowe,Z. (2009) *A Substância da Arte Operacional Naval*. Zielinski, M. (ed),Akademia, Marynarki Wojennej.

Nelson, E.S. (2012) "Maritime Terrorism and Piracy: Existing and Potential Threats" (Ameaças actuais e potenciais).
Global Security Studies, Volume 3, Número 1.

Nincic, D.K. (2012) *Maritime Terrorism: How Real is the Threat?* Disponível em: www.fairobserver.com/region/north.../maritime-terrorism-how-real-threat/ [Acedido: 25th Fev 2014]

Nunes, M.B. & McPherson, M. (2003) *Construtivismo vs. Objetivismo: Onde está a diferença para os Designers de Ambientes de e-Learning?* Departamento de Estudos de Informação, Universidade de Sheffield.

Odgaard, L. (2007), *The Balance of Power in Asia Pacific Security: US-China Policies on Regional Order.* Taylor and Francis, Nova Iorque.

Organski, AFK & Kugler, J. (1981) *The War Ledger.* University of Chicago Press.

Owyang, J. (2013) "A diferença entre estratégia e tática". *Matrix, Estratégia Web.* Disponível em: http://www.web-strategist.com/blog/2013/01/14/the-differencebetween- strategy and-tactics [Acedido em: 13th fevereiro de 2015].

Oxford Dictionaries. Disponível em: htpp://www.oxforddictionaries.com/definition/English. [Acedido em: 13th fevereiro 2015].

Parashar, S (2007) *Maritime Counter Terrorism: A Pan-Asian perspective.* Pearson Education India.

Parikh, S (2008) *Mumbai Attacks Highlight Shortcomings in Indian Terror Response.* Corporação RAND. Disponível em: http://www.rand.org/content/dam/rand/pubs/occasional papers/2009/RAND OP249.pdf [Acedido em: 14th janeiro de 2014].

Paul, T.V. (1994) *Asymmetric Conflicts: War Initiation by Weaker Powers.* Cambridge University Press, Nova Iorque.

Paul, T.V. (ed.) (2004) *Balance of Power Theory and Practice in 21st Century.* Stanford University Press, Califórnia.

Peiris, G.H. (2002) "Secessionist War and Terrorism in Sri Lanka", em Gill, K.P.S. e Ajai Sahni, A. (eds) *The Global Threat of Terror: Ideological, Material and Political Linkages*, Nova Deli, Bulwark Books.

Peter, B. (2009) "The Challenges of Modern Piracy", em *Modern Piracy and Maritime Terrorism: The Challenge of Piracy for the 21st Century*, Haberfeld, M.R. e Dubuque, A.V.H. Hunt, K. (eds).

Piatt, W.E.(1999) *What is Operational Art?* Escola de Estudos Militares Avançados, Colégio de Comando e Estado-Maior do Exército dos EUA, Fort Leavenworth, Kansas.

Piddock, C.R. (2009) *The Need for Conventional Warfare as the U.S. Military addresses the Environment & Threats of the 21st Century.* Tese de Mestrado, Corpo de Fuzileiros Navais dos EUA, Faculdade de Comando e Estado-Maior, Virgínia.

Planners Handbook for Operational Design (2011) Estado-Maior Conjunto J-7, Joint Coalition warfighting, Suffolk, Virgínia

Glossário de Geografia Política, Disponível em: http://www.umsl.edu/naumannj/geog%202001%20glossaries/political%20geographyh/pollt icall%20geography%20glossary.doc, [Acedido em: 15th fevereiro de 2014].

Poole, MS & Van De Ven, A.H. (1989) 'Using paradox to build management and organizational theories'. *Academy of Management Review*, Vol.14, No4.

Potgieter, T.D, (2012) *Maritime Security in the Indian Ocean: Strategic Setting and Features.* Institute for Security Studies Paper, August, No 236, Disponível em: https://www.issafrica.org/uploads/Paper236.pdf , [Acedido: 15th março 2014]

Potter, EB & Nimitz, W. (1960) *Sea Power: A Naval History.* Upper Saddle River, N.J.: Prentice-Hall

Povlock, P.A. (2011) 'A Guerilla War at Sea: The Sri Lankan Civil War". Small wars journal, setembro

Pozo, F., Dymock, A., Feldt, L., Hebrard, P. & Monteforte, F.S. (2010) 'Maritime Surveillance in Support of CSDP'. *Relatório final da equipa Wise Pen para o Conselho Diretivo da AED.*

Prashar, S. (2012), *Maritime Counter Terrorism: A Pan Asian perspective.* Pearson Education, Índia.

Pratt, A.N. (2011) 'Terrorism Evolution: Yesterday, Today and Forever", em *Toward a Grand Strategy against Terrorism*, Harmon, C.C. e Pratt, A.N. e Gorka, S.L.V. (eds) Mc Grow Hill, Nova Iorque.

Pugh, J. (2005), 'Democratic Peace Theory: A Review and Evaluation". *Documento de trabalho do CEMPROC serious in peace, conflict and development*, Disponível em: http://www.academia.edu/2409260/Democratic Peace Theory AReview and Evaluation [Acedido; 15th julho 2015].

Rabassa, A, Blackwill, R.D, Chalk, P, Cragin, K, Fair, C.C, Jakson, B.A, Jenkins, B.M, Jones, S.G, Shestak, N & Tellis A.J. (2009), *The Lessons of Mumbai.* RAND Corporation, Disponível em: http://www.rand.org/content/dam/rand/pubs/occasional papers/2009/RAND OP249.pdf [Acedido em: 7th fevereiro de 2015].

Rahman, C. (2009) *Concepts of Maritime Security; A strategic Perspective on alternative visons for good order and security at sea, with policy implications for New Zealand.*
Universidade de Wollongong, Disponível em; http://ro.uow.edu.au/lawpapers/85/ [Acedido: 15th julho 2015].

Rao, S.P. (2008) *How India Fumbled Response to Mumbai Attack.* Disponível em: www.rand.org/content/dam/rand/pubs/occasional.../RAND OP249.pdf [Acedido em: 14th janeiro 2014].

Remenyi, D, Williams, B, Money, A & Swartz, E (1998) 'Doing Research in Business and Management'. *An Introduction to Process and Method*, SAGE, Londres.

Reynolds, P.D. (1971) *A Primer in Theory Construction.* Bobbs-Merrill Educational Publishing, IN.

Rede de Metodologia de Investigação. Disponível em: http://research-methodology.net/ Acessado: 12th março de 2013.

Rescher, N. (2003) *Epistemologia: An Introduction to the Theory of Knowledge.* Imprensa da Universidade Estatal de Nova Iorque.

Review of Maritime Transport (2013) Conferência das Nações Unidas sobre Comércio e Desenvolvimento (UNCTAD).

Rexrode, T. (2004) *Building Corbett's navy: Os princípios da Estratégia Marítima e as Funções da Marinha na Política Naval.* Tese de mestrado, Faculdade de Comando e Estado-Maior do Corpo de Fuzileiros Navais dos EUA, Quantico, Virgínia.

Richardson, M. (2008) *Fighting Maritime Terrorism.* Disponível em:<http://www.atimes.com/atimes/front page/ff16Aa02.html>, [Acedido em 11th abril 2014].

Richardson, M n.d, (2006) *Maritime-related Terrorism: Al Qaeda, Hezbollah, What Next from the International Jihadist Network?* Instituto de Estudos Asiáticos, Singapura.

Rolls, M. (2011) *Maritime Security in the Asian Region: A New Zealand Perspective.*
Asiático: NZ Foundation, IDSA, Nova Deli Disponível em: http://staging.asianz.org.nz/sites/asianz.org.nz/files/Mark%20Rolls Maritime%20Security %20in%20Asia%20New%20Zealand%20Perspective IDSA%20Presentation.pdf [Acedido em: 7th fevereiro de 2015].

Rubel, R.C. (2010) "Talking About Sea Control". *Escola de Guerra Naval*, outono, Vol 63, No.4.

Russet, B. (1996) "The Fact of Democratic Peace", em Sean Lynn, Jones Michael Brown e Steven Miller. (eds), *Debating the Democratic Peace*, Cambridge, MIT.

Sakhuja, V. (2010) "Security threats and challenges to maritime supply chains". *Fórum de Segurança Marítima e Desarmamento.* Instituto das Nações Unidas para a Investigação sobre o Desarmamento, Genebra.

Sakhuja, V. (2006) *The dynamics of LTTE's commercial maritime infrastructure*. Observer Research Foundation, Nova Deli.

Sakuja, V. (2006) "Are the LTTE Sea Tigers getting Impatient" (Os Tigres do Mar LTTE estão a ficar impacientes). *Sociedade para o Estudo de Peace and Conflict [e-journal] 61*, Disponível em: http://www.sspconline.Org/art:icle details.asp, [Acedido em 12 de agosto de 2012].

Sakhuja, V. (2006) *Asymmetric warfare and low intensity Maritime Operations (Guerra assimétrica e operações marítimas de baixa intensidade): Desafios para a marinha indiana*. Documento da Observer Research Foundation. New Delhi.

Saunders, M, Lewis, P. & Thornhill, A. (2007) *Research methods for business students*. 4th edition, London: Prentice Hall.

Saunders, M, Lewis, P, & Thornhill, A. (2003), *Research methods for business students*. Harlow: Pearson Education.

Sawyer, R.D (1994). *Sun Tzu art of War, traduzido,* Barnes and Nobel Books. Westview Press, Boulder. CO

Schwandt, T. (1997) *Qualitative Inquiry: Um dicionário de termos*. Sage: Londres

Scott, R. (2015) 'Fighting fire with fire: Guided Rockets take on small Boats". *IHS Jane's Revista Internacional de Defesa*. Vol 48, junho, Surrey UK.

Schneider, J.J. (1991) *A Teoria da Arte Operacional e a Bigorna de Vulcano.* Exército dos EUA Escola de Comando e Estado-Maior, Fort Leavenworth, Kansas.

Schneider, J.J. (1988) *The Loss marble and the origins of the Operational Art*. Parâmetros, março.

Schneider, J.J. (1988) *The Theory of Operational Art.* Escola de Comando e Estado-Maior do Exército dos EUA, Fort Leavenworth, Kansas.

Serene, C.P.H. (2008) "Maritime security; Possibility for terrorism and cchallenges for melhoria". *[e-journal] 32 (2),* Disponível em: <http://www.mindef.gov.sg/imindef/publications/journal/2006>, [Acedido em: 20 de outubro de 2012].

Sekaran, U & Bougie, R. (2010) *Research methods for business*. Choudry press, Delhi.

Shapio, D. (1996) "The Insignificance of the Liberal Peace", em Sean Lynn-Jones Michael Brown, e Steven Miller, eds., *Debating the Democratic Peace*, Cambridge: MIT Press.

Shelton, H.H. (1999) *Joint Strategic Review,* The Joint Staff, Washington DC

Livro Branco do Ministério dos Assuntos Internos de Singapura, (2013)

Soares, M. (1998) 'The Ocean...Our Future'. *The Report of the Independent World Commission on the Oceans*, Cambridge University Press, Cambridge.

Somini, S. (2009) "Dossier Gives Details of Mumbai Attacks" [Dossiê fornece pormenores sobre os ataques de Bombaim]. *The New York Times.*

Solomon, T.J. (2007) "Feeding the Tiger: How Sri Lankan Insurgents Fund the War" [Alimentando o Tigre: Como os Insurgentes do Sri Lanka Financiam a Guerra]. *Jane's Intelligence Review*. agosto.

Sookhdeo, P. (2011) "Terrorism Evolution: Yesterday, Today and Forever", em *Toward a Grand Strategy against Terrorism*, Harmon, C.C e Pratt, A.N. e Gorka, S.L.V (eds) Mc Grow Hill, Nova Iorque.

Marinha da África do Sul, (2006) *Conceitos estratégicos marítimos gerais.* Disponível em: http://www.navy.mil.za/sangp100/sangp100 ch03.pdf [Acedido em: 17 de julho de 2015].

Sprague, M. (2011) *Martial strategies for the successful Fighter, Lessons in the Art of war.* Turtle Publishing, Singapura.

Sridhar, R. (2004) Maritime *Terrorism; Capabilities of the Sea Tigers of Sri Lanka (Terrorismo Marítimo; Capacidades dos Tigres do Mar do Sri Lanka).*
Disponível em: http:// orfonline.org/ cms/ export/orfonline/documents/report/Maritime/ltte.pdf [Acedido em: 14th janeiro 2015]

Stepanova, E.K. (2008) "Terrorism in Asymmetrical conflict, Ideological and structural aspects". *Ideological patterns of terrorism: radical nationalism*, SIPRI Research report no 23, Oxford University press.

Stokes, M. (2009) "China's Evolving Conventional Strategic Strike Capability: The Antiship Ballistic Missile Challenge to U.S. Maritime Operations in the Western Pacific and Beyond". *Instituto Projeto 2049.* Disponível em: http://project2049.net/documents/chinese- anti-ship-ballistic-missiles-asbm.pdf [Acedido em: 15th julho 2015].

Straus,A. e Corbin,J.M. (1988) *Basics of Qualitative Research: Techniques and procedures for developing Grounded theory.* Thousand Oaks, Sage, Califórnia.

Suder, G.G.S. (2006) *corporate strategies under international terrorism and adversity.* Edwards Elgar Publishing Limited, Glos, Reino Unido.

Sutherland, K eds, (1991) 'Researching Business Markets' - *A Handbook of Business-to- Business Marketing Research.* Kogan Page Ltd.

Tammen, R.L. et al (2000) *Power Transitions: Strategies for the 21st Century.* Nova Iorque, Seven Bridges Press.

Thayer, A. (2012) "Efforts to Ensure Maritime Security", em Sam Bateman, *Solving the Wicked Problems of Maritime Security, Contemporary Southeast Asia*, Vol.33, No.1, abril de 2011.

Tardi, L. e Knoll, D.L. (2014) 'Could Asymmetric Warfare sink the US Navy'. *The National Interest*, maio. Disponível em: http://nationalinterest.org/blog/the-buzz/could- asymmetric-warfare-sink%E2%80%9D-the-us-navy-10540 [Acedido em: 6th fevereiro 2015].

The Economist. (2009) "Velupillai Prabakaran, comandante dos Tigres Tamil, morreu a 18 de maio emth com 54 anos". 21st maio.

O Dicionário Livre por Farlex. "Guerra de Comando e Controlo". Disponível em: http://www.Thefreedictionary.com/command+and+control+warfare. [Acedido em: 5th maio 2015].

Till, G. (2004) *Sea Power: A Guide for the Twenty-first Century.* Frank Cass, Londres.

Till, G. (2009) *Sea Power: A Guide for the Twenty first Century.* Frank Cass, London *Times Magazine*, janeiro, (2009), Vol.173. No 2

Toft, I.A. (2001) 'How the Weak Win Wars: A theory of Asymmetric Conflict'.
Segurança Internacional, Vol 26, No 1, verão

Tomes, R.R. (2004) 'Relearning Counterinsurgency Warfare'. *Parameters*, primavera.
Disponível
em: http://strategicstudiesinstitute.army.mil/pubs/parametrs/article/04spring/tomes.pdf [Acedido em: 7th fevereiro de 2015].

Torjam, S. (2005) *What is Policy?* The Caledon Institute of Social Policy, setembro, Ontário.

Tow W.T., Thakur R.C. e Hyun I.T. (2000), *Asia's Emerging Regional Order: Reconciling Traditional and Human Security*. UN University Press, Tóquio.

Trapp, K.N. (2011) 'State responsibility for international terrorism'. *Oxford Scholarship on line*, Disponível em: http://www.oxfordscholarship.com/view/10.1093/acprof:oso/9780199592999.001.0001/acp rof-9780199592999 [Acedido em: 7th fevereiro de 2014].

Trelawny, C. (2007) *IMO maritime security policy Background paper*. Organização Marítima Internacional. Londres.

Truss, W. (2005) *Discurso proferido no almoço da Shipping Australia Limited na OMI World Dia do Mar*. Disponível em: http://www.ministers.dotars.gov.au/wtr/speeches/2005/WS12_2005.htm. [Acedido em: 25th março de 2014].

Turner, S 1974, "Missions of the U.S. Navy" (Missões da Marinha dos EUA). *Naval War College Review*, Vol. XXVI, No. 5.

Uhlig, F. (1994) *How navies fight 1775-1991? Naval* Institute Press, Annapolis.

Urbanski, J., Morgas, W. e Miesikowski, M. (2009) "The present and expected changes in maritime safety, security and defence functions". *Marine Navigation and Safety of Sea Transportation*. Taylor & Francis Group, Londres.

Ensaios no Reino Unido. novembro de 2013. *Ensaio de Economia de Gestão e Operações Marítimas*. [online]. Disponível em: http://www.ukessays.com/essays/economics/maritime-operations- and-management-economics-essay.php?cref=1 [Acedido em: 5 de agosto de 2015].

Departamento de Defesa dos EUA. (2008) *Publicação Conjunta 1-02: Departamento de Defesa Dictionary of Military and Associated Terms,* Disponível em: http://www.dtic.mil/doctrine /jel / new pubs / jpl 02.pdf. [Acedido em: 15th fevereiro 2014].

Definição de controlo marítimo do Departamento de Defesa dos EUA. Disponível em: http://militarvfactorv.com/dictionarv/military-terms-defmed.asp?term id=4734. [Acedido em: 5th maio 2015].

US Department of Defence Definition of Unconventional Warfare (2005) Disponível em: http://www.thefreedictionarv.com/uncnventional+warfare [Acedido em: 6th fevereiro de 2015].

Administração Nacional de Segurança Nuclear do Departamento de Energia dos EUA (DOE/NNSA), 2010. Disponível em: http://nnsa.energy. gov/ aboutus/ourprograms/nonproliferation/programoffices/international materialprotectionandcooperation/-5 [Acedido em: 20th fevereiro de 2014].

US National Strategy for Maritime Security (2005) Disponível em: https://www.ise.gov/.../0509%20National%20Strategy%20Maritime%Security%.pdf. [Acedido em: 20th fevereiro de 2014].

Uyangoda, J. (2010) *Writing research proposals in the social sciences and humanities; a theoretical and practical guide.* Associação dos Cientistas Sociais, Colombo.

Nações Unidas (2011) *Report of the Secretary Generals Panel of Experts on Accountability in Sri Lanka.* Disponível em: htpp://ww.securitycouncilreport.org/un- documents/SriLanka.[Acedido em: 21st junho 2015].

Vego, M. (2009 a) *Naval Classical Thinkers and Operation Art*. Escola de Guerra Naval. Conjunto

Departamento de Operações Militares. Disponível em: https:// www.usnwc.edu/getattchment/85c80b [Acedido: 6th fevereiro de 2015.

Vego,M. (2009 b) *Operational Warfare at Sea: Theory and Practice*. Série Inteligência Artificial, Routledge, Nova Iorque.

Vego,.M. (2007) 'Dangerous Waters: Ignorar a arte operacional no mar pode arruinar a estratégia marítima dos EUA". *Revista das Forças Armadas.* Disponível em:

http://armedforcesjournal.com/dangerouswaters-ignoring-operational-art-at-sea-could- doom-u-s-maritime-strategy/ [Acedido em: 7th fevereiro de 2015].

Vego, M. (2000) 'On Operational Art'. *Operational Warfare.* Escola de Guerra Naval dos EUA-1014, Rhode Island.

Venkatshamy, K. e George, P. (2012) "Grand Strategy for India: 2020 and Beyond". *Instituto de Defesa e Análises*, Pentágono Internacional de Segurança, Nova Deli.

Vijayasiri, R. (1999) *A Critical Analysis of the Sri Lankan Government's Counterinsurgency Campaign.* Tese de mestrado para o Colégio de Comando e Estado-Maior do Exército dos EUA, Fort Leavenworth, Kansas. Disponível em:
http://www.dtic.mil/dtic/tr/fulltext/u2/a367729.pdf [Acedido em: 7th fevereiro de 2015].

Voort, M. e O'Brien, K.A. (2003) *Sea Security Improving the security of the global seacontainer shipping system.* RAND Europa. Disponível em:
http://www.rand.org/content/dam/rand/pubs/monograph reports/2005/MR1695.pdf [Consultado em: 7th fevereiro de 2014].

Vrey, F. (2013) "Asymmetric Threat at Sea: a perspective on three cases". *Forsvarsakdemiet,* Colégio Real de Defesa Dinamarquês, Dinamarca, janeiro.

Wacker, J.G. (1998) 'A definition of theory: research guidelines for different theorybuilding research methods in operations management'. *Journal of Operations Management* , Department of Management, Iowa State University, Ames, IA 50011-2065, EUA.

Wallace, C. n.d., (2004)'The Security of the Marine Environment'. in Cozens, *New Zealand's Maritime Environment and Security.*

Whitaker, B (2002), 'Tanker blast was work of terrorists' (A explosão do petroleiro foi obra de terroristas). *Guardian*: Disponível em: http://www.guardian.co.uk/world/2002/oct/17/yemen.france#history-link-box, [Acedido em: 20th fevereiro 2014].

Casa Branca, (2005) *A Cooperative Strategy for 21st Century Sea power - The National Strategy for Maritime Security.* setembro de 2005.

William, T.J. (2003) 'Strategic Leader Readiness and Competencies for Asymmetric warfare'. *Parâmetros.* Sommer. Vol. 33, n.º 2.

Wylie, J.C. (1989) *Military strategy: Uma teoria geral do controlo do poder.* Naval Institute Press, Annapolis.

Yunay, N. (2012) *A ideologia do ódio: Uma entrevista com Niza Yanay.* Al-Jazeera, 14th novembro. Disponível em: http//www.aljazeera.com/indepth/opinion/2012. [Acedido em: 7th junho 2015]

Yoshihara, T. e Holmes, J.R. (2012) "Let's Just say it: Air Sea Battle in East Asia is about China". *Actas.* abril. Vol 138/4/1310.

Zielinsk 1, M. (2009) A *substância da Arte Operacional Naval.* Akademia Marynarki Wojennej. Disponível em: http://yadda.icm.edu.pl/yadda/element/bwmeta1.element.baztech-article-BWM4-0027- 0006/c/httpwww amw gdynia pllibraryfilezeszytynaukowe2009zielmskim.pdf [Acedido em: 17th julho de 2015].

Anexo A - Delimitação de um Estado separado (Eeelam), tal como exigido pelos LTTE

Source:- S. RAJARATNAM SCHOOL OF INTERNATIONAL STUDIES
A Graduate School of Nanyang Technological University

Anexo B - Rotas de navegação internacional dos LTTE

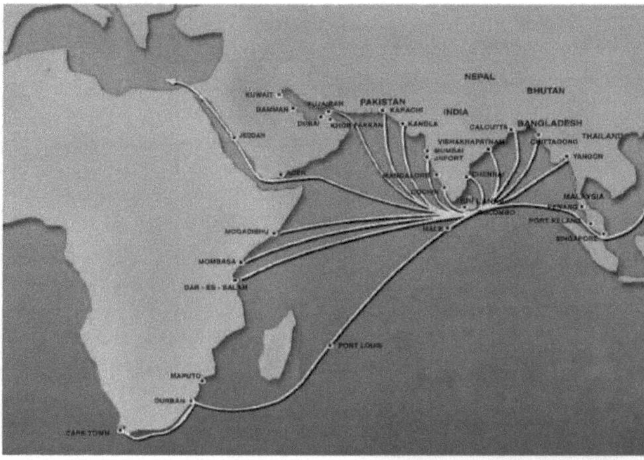

Source:- S. RAJARATNAM SCHOOL OF INTERNATIONAL STUDIES
A Graduate School of Nanyang Technological University

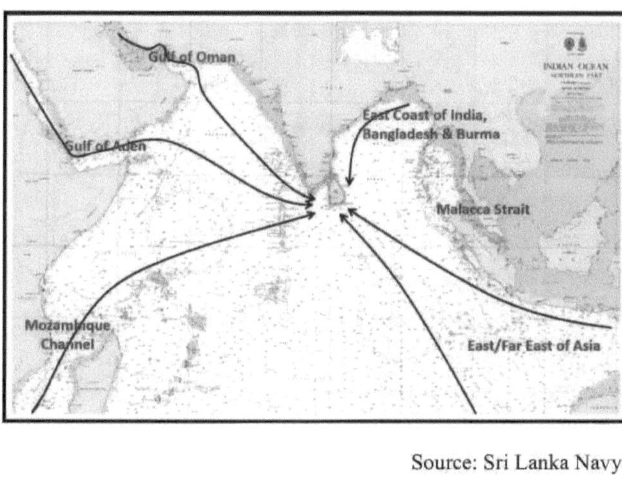

Source: Sri Lanka Navy

Anexo C - Modelo de carta e de questionário para as entrevistas

ENTREVISTA PARA UM DEBATE ACADÉMICO

1. Gostaria de informar respeitosamente que estou atualmente a fazer o meu MPhil/Phd na KDU e que selecionei a tese sobre o tema "Um modelo exploratório para combater a guerra assimétrica no mar; o caso da Marinha do Sri Lanka". Nesta busca académica, o que pretendo alcançar é apresentar um modelo teórico baseado no Controlo do Mar, na Arte Operacional e nos Factores Contributivos, para criar uma fórmula vencedora para a guerra assimétrica no mar, com base na experiência de derrotar os LTTE no mar, que contribuiu imensamente para a Grande Vitória.

2. Devo reconhecer que é um dos mais elegíveis para ser entrevistado, tendo em conta a sua vasta experiência, especialmente como Diretor-Geral de Eletricidade e Eletrónica. A sua ilustre carreira assistiu à transformação da Marinha do Sri Lanka de uma mentalidade convencional para levar a luta até à porta do inimigo, de uma forma não convencional muito singular. O questionário anexo, que resumi em linhas gerais, apoia a sua preparação para a entrevista. Os temas do quadro em que espero sinceramente a sua contribuição são os seguintes

   a. A Marinha tem estado envolvida em guerras assimétricas há mais de 2 % de décadas e há claramente alguns episódios limitados no tempo, nomeadamente: o período até finais de 2005, o período entre 2006 e 2009. Neste contexto, de acordo com a sua experiência, que componentes críticos foram atribuídos à fórmula vencedora?

   b. Sabe que, numa altura crucial, a marinha do Sri Lanka derrotou de forma abrangente os LTTE no mar, que desafiaram a autoridade do Estado. Como comenta os esforços da Marinha do Sri Lanka para relacionar a prática com a teoria e derrotar o inimigo que alguns pensavam ser invisível?

3. Assim sendo, peço a gentileza de indicar uma data e hora convenientes para nos encontrarmos consigo para realizar a entrevista. A vossa cooperação e assistência neste sentido serão muito apreciadas, por favor.

Obrigado.

Com os melhores cumprimentos,

Anexo: Questionário para o programa MPhil/PhD.

Questionário para o programa MPhil/PhD.

Candidato : Vice-Almirante Jayanath Colombage, Comandante da Marinha Tópico: Um modelo exploratório para combater a guerra assimétrica no mar: o caso da Marinha do Sri Lanka.

A marinha do Sri Lanka, tendo sido treinada e alinhada com a mentalidade naval convencional, mostrou-se reactiva ao enfrentar o desenvolvimento das actividades dos Tigres do Mar dos LTTE no mar, utilizando conceitos assimétricos. A incapacidade de contra-atacar de forma decisiva perante situações altamente dinâmicas e fluidas fez com que a marinha tivesse dificuldades em manter o controlo do mar. No entanto, na parte final, os anos de evolução, liderança, inovação, engenho e mudanças organizacionais ajudaram a marinha a aprender com o passado, a ajustar-se e a enfrentar o inimigo de forma proactiva e a recuperar o controlo do mar, o que resultou no declínio dos Tigres do Mar.

Dados pessoais:

01. Qual é o seu nome, a sua posição/estatuto atual?
02. Qual é o seu país, serviço, ramo de serviço?
03. Qual é o seu ramo e a sua especialização?
04. Qual é o seu dever/tarefa atual?

Perguntas da entrevista qualitativa

01. O que sabes sobre o conflito no Sri Lanka?
02. Desempenhou um papel importante durante o conflito no Sri Lanka?
03. Qual é a sua impressão sobre os progressos dos Tigres do Mar dos LTTE? Na sua opinião, como é que os LTTE beneficiaram da exploração do oceano para desenvolver capacidades quase convencionais no mar?
04. Como vê a eficácia da Marinha do Sri Lanka (SLN) na fase inicial (anos 70-80) do conflito?
05. Como vê a evolução da SLN nos anos 90 e 2000?
06. Como vê o envolvimento da SLN após 2005?
07. Quais são, na sua opinião, os principais contributos do SLN para exercer efetivamente o controlo do mar e, finalmente, derrotar os LTTE no mar?

08. Como considera que a eficácia dos seguintes domínios específicos contribuiu para a vitória contra os LTTE Sea Tigers?

    a. Destruição dos armazéns flutuantes dos LTTE
    b. Defesa em camadas durante as fases finais do conflito
    c. Desenvolvimento de uma imagem de operação combinada para a vigilância do domínio marítimo

09. Como vê o papel da contribuição dos serviços de informações navais na luta contra os Tigres do Mar?
10. Como é que vê o papel da SBS durante o conflito?
11. Qual é a sua opinião sobre o conceito do SLN de operações com pequenas embarcações durante as fases finais da guerra?
12. Qual é o papel da liderança no SLN que contribuiu para o êxito da luta contra a LTTE no mar?
13. Como vê a experiência do SLN na guerra assimétrica no mar?
14. Quais são os factores que influenciaram o SLN a passar de uma abordagem convencional para uma abordagem assimétrica que minimizou os fracassos e assegurou os sucessos da fórmula de vitória na guerra?
15. Que papel desempenhou a cooperação internacional/regional/bilateral na luta contra as capacidades marítimas dos LTTE?
16. Como é que vê a liderança política e a determinação como factores que contribuem para a fórmula vencedora?
17. Como é que vê a localização estratégica do Sri Lanka no Oceano Índico?

18. Como vê a ligação entre o domínio marítimo e a segurança nacional de uma ilha?
nação?

19. Há mais alguma observação que queira fazer?

Abreviaturas

LTTE - Tigres de Libertação do Eelam Tamil
SBS - Esquadra Especial de Barcos
SLN- Marinha do Sri Lanka

Anexo D - Modelo de carta para as discussões dos grupos de reflexão

Quartel General da Marinha SLN.

011Colombo 01.

Ver Distribuição16th maio de 2013

DEBATES EM GRUPOS DE DISCUSSÃO

Referência: Ofício n.º SLN.011 do Comandante da Marinha, datado de
20th dezembro de 2012.

1. Após a conclusão bem sucedida dos mini-simpósios em cada Área Naval, conforme acima referido, e também após o acompanhamento da iniciativa Toast Masters nas Áreas Navais, foi decidido reforçar ainda mais o esforço para melhorar o nível académico dos oficiais da Marinha.

2. A etapa seguinte da iniciativa é designada por "Grupo de discussão". O grupo de discussão é definido como **"um grupo demograficamente diversificado** de pessoas reunidas para participar numa **discussão orientada** sobre um **determinado assunto"**. Trata-se, em termos simples, de uma sessão de "Brain Storming" que documentará os pensamentos e as expressões de uma forma lógica. Espera-se que o Focus Group efectue uma pesquisa ou estudo preliminar antes de se envolver na discussão.

3. Por conseguinte, cada Autoridade Regional deve convocar um conjunto **demograficamente diversificado** de funcionários da respectiva área com algum nível de experiência durante o período anterior a maio de 2009, dar-lhes um **prazo para se envolverem numa investigação/estudo preliminar** e realizarem um debate de grupo de discussão num fórum onde outros funcionários possam testemunhar o evento.

4. O processo dos debates do grupo de discussão necessita de um moderador (um oficial mais graduado e experiente do que os membros do grupo de discussão, que irá gerir os debates) e de um gravador (que irá compilar os pontos salientes do debate para o relatório) e o resultado do processo deve ser apresentado ao Comandante da Marinha como um relatório do debate do grupo de discussão até 30th de junho de 2013.

5. A hipótese para a discussão do grupo de discussão é anexada a esta carta com um conjunto de diretrizes para facilitar a compreensão. Cada Autoridade Regional deve ter interesse pessoal no lançamento desta iniciativa e estimular o grupo de discussão a analisar criticamente a hipótese apresentada.

6. Reconhecer.

JSK COLOMBAGE, RSP, VSV, USP, rcds, psc

Torno Almirante

COMANDANTE DA MARINHA

Anexo: Hipótese para a discussão em grupo de foco.

Distribuição: Todas as Autoridades Regionais.

Comandante, NMA (o CN&MA deve realizar um programa separado em Nav East envolvendo o JNSC e outros oficiais adequados da NMA e apresentar um relatório separado)

ANEXO A

CARTA DO COMANDANTE DA MARINHA

NO. SLN.011 DE 16TH MAIO 2013

Hipótese

1. O exercício gradual do controlo do mar pelos LTTE na ***fase inicial da guerra*** para o transporte de armas e munições ilegais, de quadros para treino e de operações de combate através do Estreito de Palk e no mar ajudou a organização a transformar-se num nível militar convencional substancial que ameaçou a integridade territorial e a soberania do Sri Lanka durante quase três décadas.

2. A perda gradual do controlo do mar pelos LTTE em resultado das operações da marinha do Sri Lanca, especialmente após 2006, na ***fase final da guerra,*** enfraqueceu a capacidade dos LTTE de continuarem a travar a guerra e resultou na sua morte, às mãos das forças militares governamentais.

Diretrizes para a formulação do grupo de discussão

3. A hipótese acima pode ser pesquisada/estudada nos seguintes pontos de discussão e levantada pelos membros do grupo de discussão. Para simplificar a gestão da discussão, sugere-se que seja atribuído a cada membro um ou mais dos seguintes tópicos para investigação/estudo e, durante a discussão, o grupo pode expressar as suas opiniões individuais sobre esses pontos, enriquecendo os pensamentos e as deliberações.

Pontos a ter em conta na hipótese

a. Os progressos dos Tigres do Mar LTTE
b. Como é que os LTTE beneficiaram da exploração do oceano em seu proveito?
c. Eficácia da Marinha do Sri Lanka (SLN) na fase inicial (anos 70-80) do conflito
d. A evolução do SLN nos anos 1990 - 2000
e. A participação da SLN após 2005
f. Principais contributos do SLN para derrotar os LTTE no mar
g. A eficácia dos seguintes domínios contribuiu para a vitória contra os LTTE Sea Tigers
    1) Destruição dos armazéns flutuantes dos LTTE e perturbação da logística dos LTTE
    2) Defesa em camadas durante a fase final do conflito.
h. O papel dos serviços de informação na contribuição do SLN para a luta contra os Tigres do Mar
i. O papel da SBS durante o conflito
j. O conceito SLN de operações de pequenas embarcações durante as fases finais da guerra
k. Os projectos de I & D realizados pela SLN
l. Logística de combate
m. A experiência do SLN na luta contra a guerra assimétrica no mar
n. A localização estratégica do Sri Lanka no Oceano Índico e as implicações para a segurança regional 4. *Por exemplo, o grupo de discussão pode incluir oficiais de vários ramos, com experiência/duração de serviço variável, exposição em cursos estrangeiros, diferentes capacidades intelectuais e género.* No entanto, aquando da apresentação do relatório de discussão do grupo de reflexão, devem ser indicados os seguintes pormenores relativos aos membros do grupo de reflexão

a. Nome, posto, número de licença, idade no ramo, experiência/duração do serviço, habilitações académicas (por exemplo, mestrado, diploma, etc.), serviço em áreas operacionais.
b. Temas objeto de investigação/estudo por membros individuais.

Orientações para a realização do debate do grupo de discussão

5. O debate deve ser conduzido como uma mesa redonda em que o público possa ouvir claramente a deliberação. O moderador deve assegurar que cada membro participante disponha do seu tempo e da participação de todos na mesa redonda. A qualidade das deliberações depende diretamente da expressão clara

dos pensamentos e da apresentação de factos e números. A Autoridade Regional pode expressar os seus pontos de vista após a conclusão da Discussão do Grupo Focal, depois de o moderador resumir as deliberações. Sempre que necessário, a discussão pode ser apoiada por alguns diapositivos nos multimédia, mas não se deve limitar a apresentações em power-point.

Estado final

6. Espera-se compilar todos os relatórios de discussão dos grupos de discussão num único documento como material de investigação para utilização das bibliotecas navais. Por conseguinte, para garantir a uniformidade, o relatório deve adotar o seguinte formato aquando da sua apresentação;

a. Capítulo 1: Introdução e composição do grupo de discussão (com os pormenores indicados no parágrafo anterior)
b. Capítulo 2: Abordagem do debate; calendário, locais de deliberação, local e instalações utilizados para o debate final do grupo de discussão
c. Capítulo 3: Deliberações
d. Capítulo 4: Resumo pelo moderador
e. Capítulo 5: Observações do AA
f. Capítulo 6: Reacções e outros comentários

Anexo E - Diversos tipos de engenhos EXPLOSIVOS aquáticos utilizados pelos LTTE no mar
Tigres

MINAS DO MAR

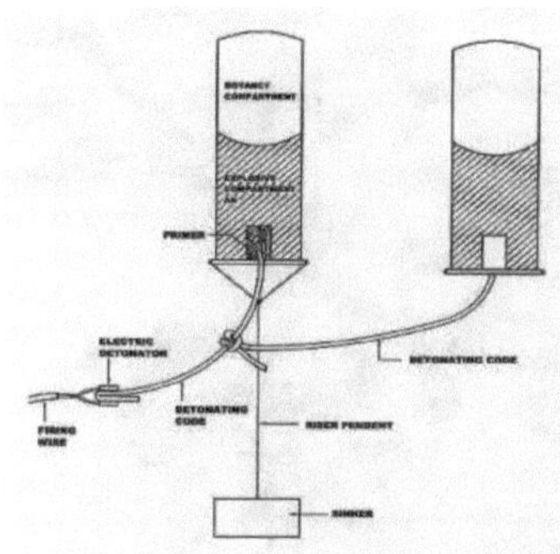

- Peso total - 22 Kg
- Peso explosivo da carga principal - 15 kg
- Tipo de explosivo da carga principal - ANFO
- Tipo de explosivo do iniciador - TNT
- Sistema de ativação de fusíveis (elétrico) - Controlo
- Material da carroçaria - Fibra de vidro

Minas marítimas do tipo amarrado controladas por fio encontradas no ano de 1989

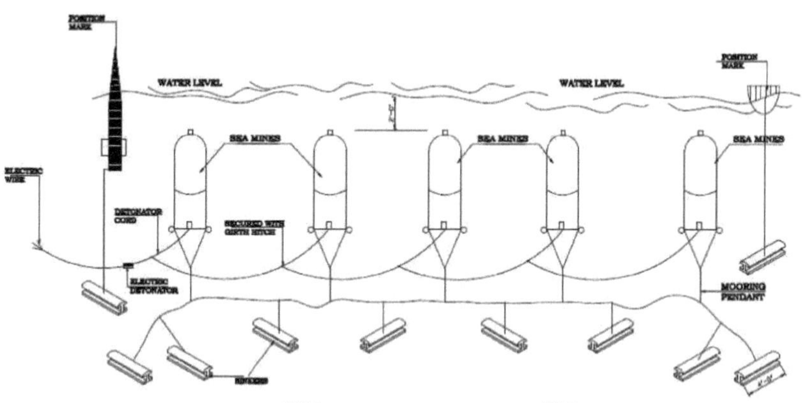

Instalação de minas marítimas com controlo de fio do tipo ancorado

Fonte: Marinha do Sri Lanka

Tipo amarrado Mina de contacto

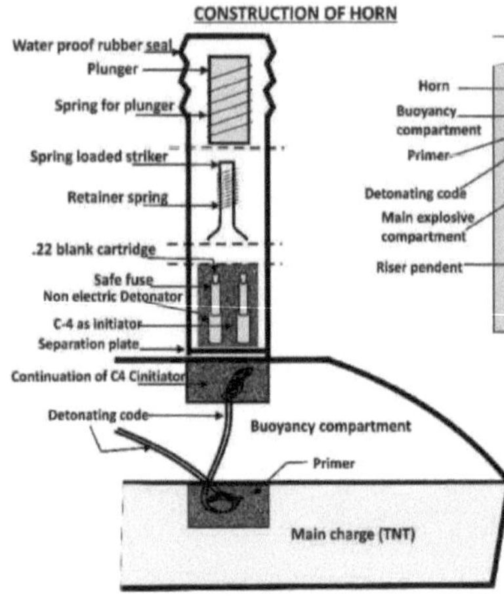

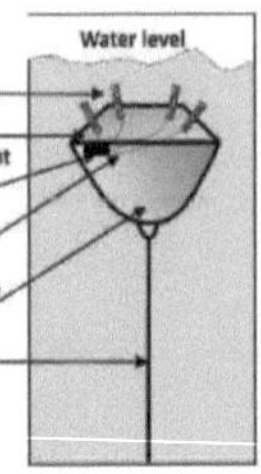

- Peso total - 48 kg
- Peso explosivo da carga principal - 25 kg
- Tipo de explosivo da carga principal - TNT/ANFO fundido
- Tipo de explosivo do iniciador - C-4
- Sistema de ativação de fusíveis (mecânico) - Impacto
- Material da carroçaria - Alumínio fundido e aço

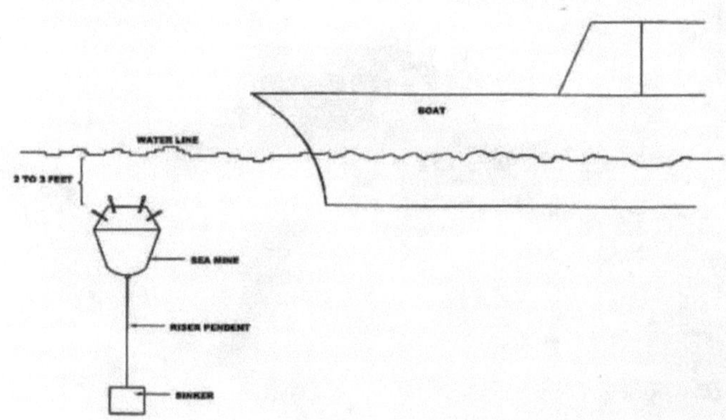

Disposição de colocação da mina marítima de contacto do tipo ancorado

Fonte: Marinha do Sri Lanka

Caraterísticas da mina de contacto de tipo ancorado iniciada eletricamente

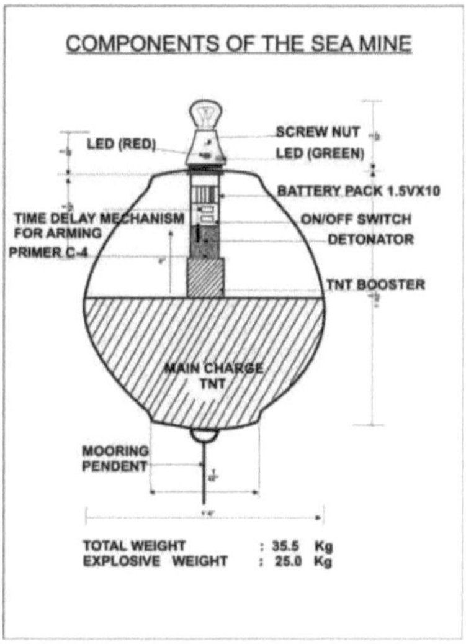

- Peso total - 35 ,5 kg
- Peso explosivo da carga principal - 25 kg
- Tipo de explosivo da carga principal - TNT fundido
- Tipo de explosivo do propulsor-TNT e C- 4
- Tipo de explosivo do iniciador-C-4
- Sistema de ativação de fusíveis - Impacto (detonação eléctrica)
- Material do corpo - fibra de vidro

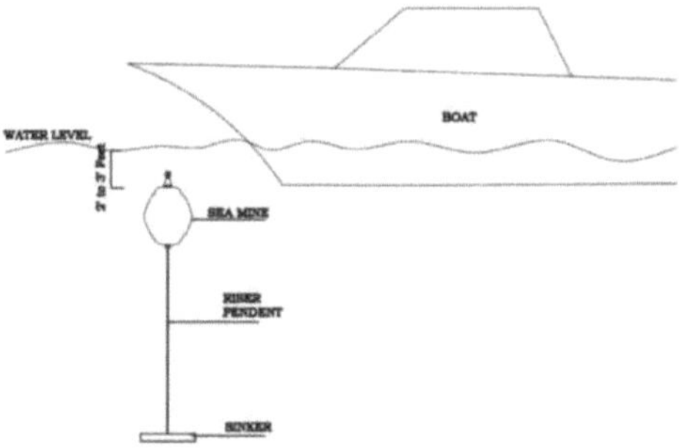

Fonte: Marinha do Sri Lanka

Mina subterrânea

Explosão de uma mina terrestre

- Peso total - 45 kg
- Peso explosivo da carga principal - 30 kg
- Tipo de explosivo da carga principal - TNT fundido
- Tipo de explosivo do iniciador - C-4
- Sistema de ativação de fusíveis (mecânico) - Impacto
- Material do corpo - FIBRA DE VIDRO

Mina Limpet

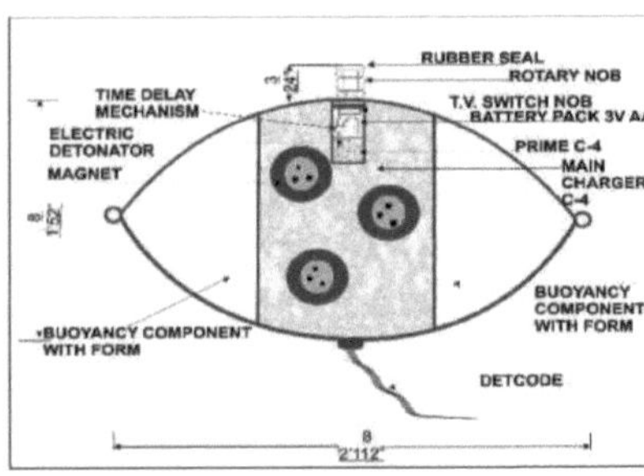

- Peso da unidade completa - 25,15 kg
- Ímanes (cada 500 g) x3- 1,50 Kg
- Força de retenção de todos os ímanes juntos - 25 kg
- Tipo de explosivos - C- 4
- Peso explosivo - 15 kg
- Ativação do fusível - Atraso do sistema de pressão e tempo
- Material da carroçaria - Fibra de vidro

Fonte: Marinha do Sri Lanka

Mina flutuante (Mina de garrafa)

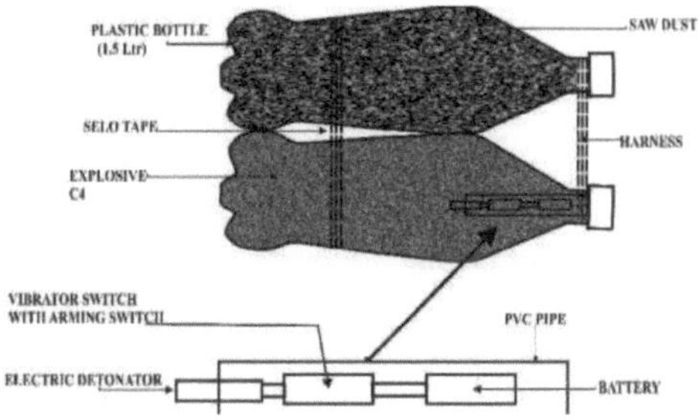

- Peso total - 3,5 kg
- Peso explosivo da carga principal - 2,75 kg
- Tipo de explosivo da carga principal - C-4
- Primário - Não
- Sistema de ativação do fusível (mecânico) - Vibração
- Material do corpo - Plástico

Carga explosiva usada por mergulhadores suicidas

- Peso total - 35,5 kg
- Peso explosivo da carga principal - 25 kg
- Tipo de explosivo da carga principal - TNT fundido
- Tipo de explosivo do iniciador - C-4
- Sistema de ativação de fusíveis (mecânico) - Impacto
- Material da carroçaria - Fibra de vidro

Carga explosiva utilizada por mergulhadores suicidas - Versão melhorada

- Peso total - 35 kg
- Peso explosivo da carga principal - 25 kg
- Tipo de explosivo da carga principal - TNT
- Tipo de explosivo do iniciador-C-4
- Sistema de ativação do fusível (mecânico) - Impacto
- Material do corpo - Fibra de vidro

Fonte: Marinha do Sri Lanka

Anexo F - Vários tipos de barcos Sea Tiger construídos pelos LTTE

Barcos de logística

Barco logístico tipo Miraj

Comprimento	-	45'
Largura	-	18'
Velocidade	-	38 nós (com carga 18 nós)
Cor	-	camuflagem
Motores	-	4 x 250 CV OBM
Arma	-	02 x 0,50mm
Tripulação	-	07
Comunicação	-	01 x aparelho de mão 01 x VHF
Radar	-	01 Anritsu
GPS	-	01 Furuno
Bússola	-	01
Capacidade de carga	-	06 toneladas

Barco logístico do tipo Kumudan Dovra

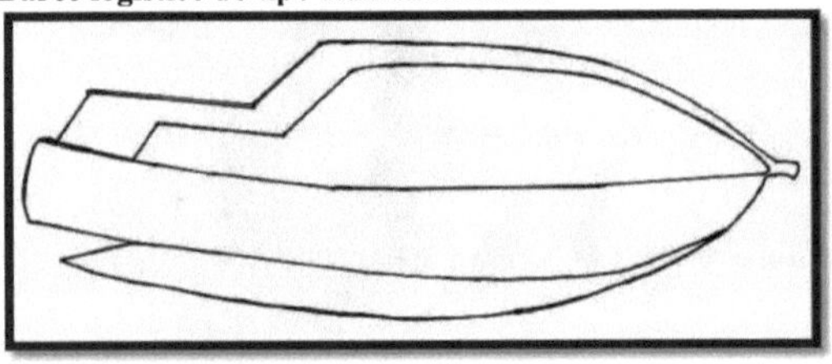

Comprimento-36 '
Largura-10 '
Velocidade-30 nós
Cor - preto e verde
Motores-2 x200 HP OBM
Armas-01 x RPG 01 xLMG armas ligeiras
Pessoal-06
Comunicação-VHFSource : Sri LankaNavy

Barco logístico do tipo Kuruvi

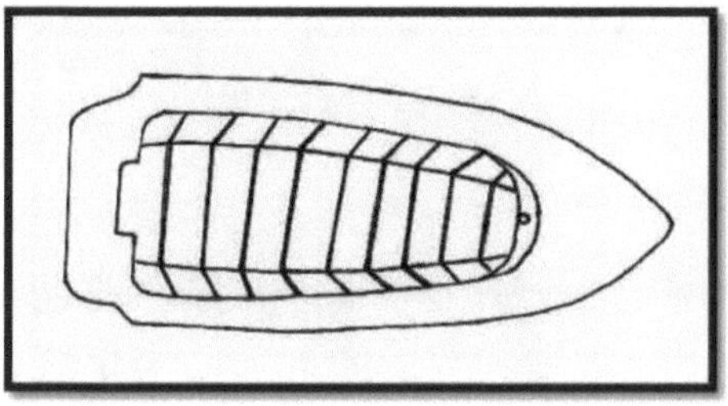

Comprimen - 18'
Largura - 9'
Velocidade - 35 nós
Cor - Camuflagem
Motores - 1 X 200 HP OBM

Barco logístico blindado

Comprimento-30 '
Armas-01x .50"
02 x RPGS
Motores-02 x 250 HP
02 x 150 CV

Fonte: Marinha do Sri Lanka

Barco de logística do tipo duplicação de ar

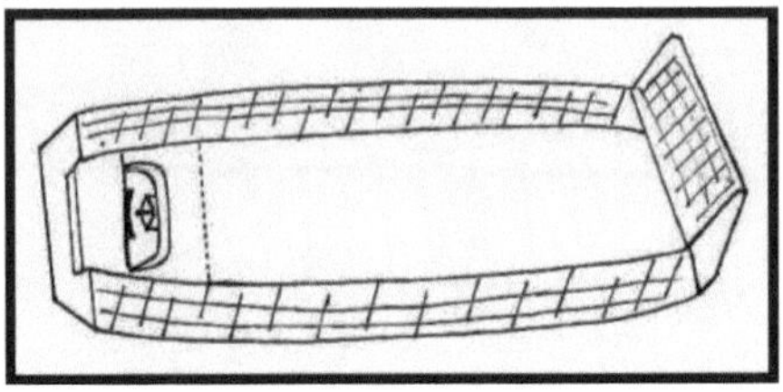

Comprimento	-	42'
Largura	-	16'
Velocidade	-	30 nós
Cor	-	CAMUFLADO E BRANCO
Motores	-	02 X 200 HP OBM
Comunicação	-	VHF
Pessoal	-	04

Transporte de armas ligeiras. Utilizado para o transporte de veículos dos navios para terra.

Thirikka Logistic & Person Move Tipo de barco

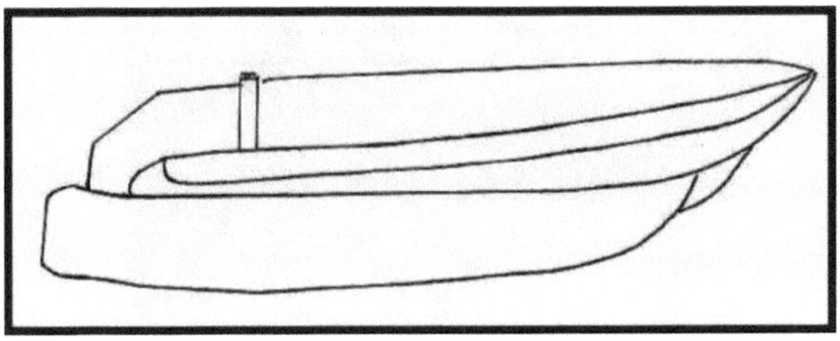

Compriment	-	30'
Largura	-	9' ^"
Velocidade	-	35 nós
Cor	-	Camuflagem e preto
Motores	-	2 X 200 CV
Pessoal	-	12
Arma	-	20 mm / .50 mm Arma à frente e atrás. Armas ligeiras

Fonte: Marinha do Sri Lanka

Artesanato de ataque

Embarcação de ataque do tipo Vella

Comprimento	-	48'
Largura	-	18'
Velocidade	-	38 nós
Cor	-	CAMOUFLAGE
Motores	-	5 X 250 HP OBMS
Armas	-	01 X 14,5 mm 04 X 0,50 mm 01 X GPMG 01 X LMG 01 X RPG
Pessoal	-	12
Comunicação	-	01 X HF (MODELO 707) X VHF (TITANIC)
Radares	-	01 ANRITSU 01 AVELCO
GPS	-	01 FURUNO
Bússola	-	01 SILVA

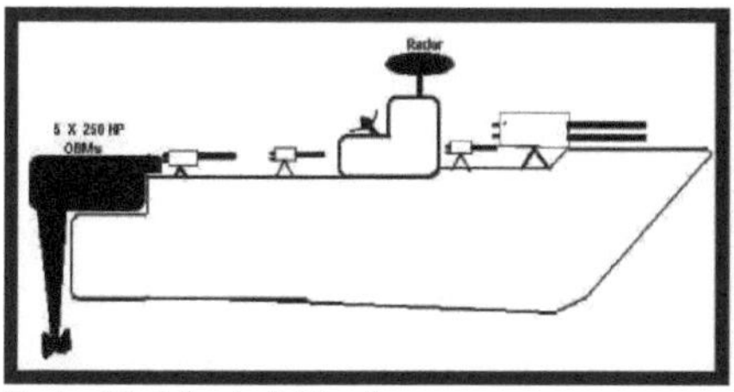

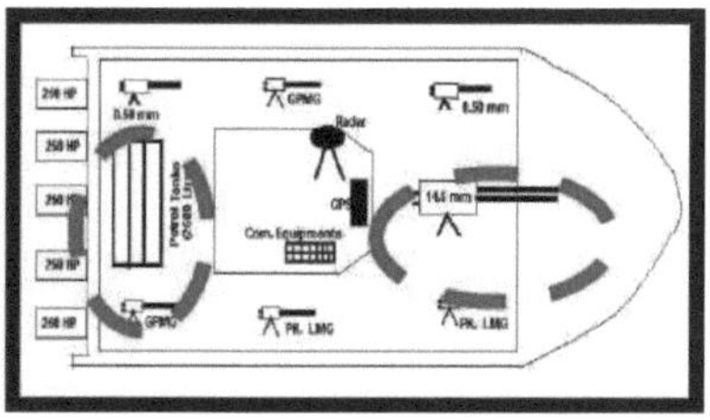

Fonte: Marinha do Sri Lanka

Embarcação de ataque do tipo Sudai

Comprimento	-	48'
Largura	-	16'
Velocidade	-	40-42 nós
Cor	-	Camuflagem
Motores	-	5 X 250 HP OBMS
Armas	-	01 X 23mm 02 X 0,50mm 02 X GPMG 02 X LMG 01 X RPG
Pessoal	-	12 - 13
Comunicação	-	01 X HF (modelo 707) 01 X VHF (Titanic) 01 X Conjunto de mão
Radares	-	01 ANRITSU 01 AVELCO
GPS	-	01 FURUNO
Bússola	-	01 SILVA

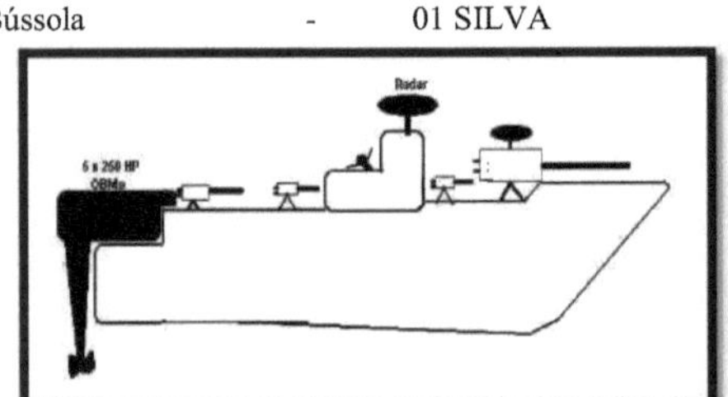

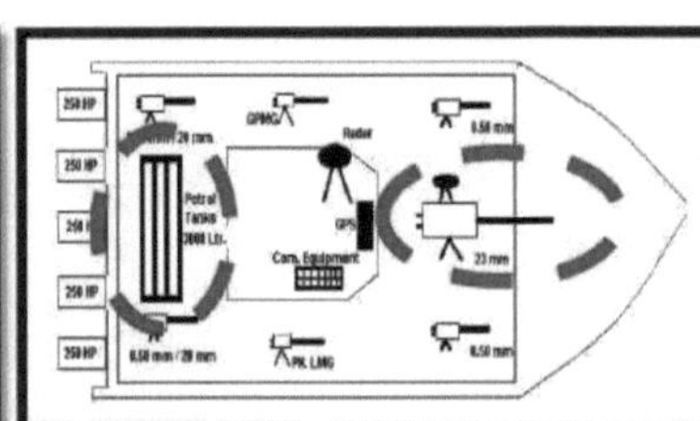

Fonte: Marinha do Sri Lanka

Prisanth Tipo Embarcação de ataque

Comprimento	-	55'
Largura	-	18'
Velocidade	-	35 - 40 nós
Motores	-	4 X 250 HP OBMS
Armas	-	01 X 37mm, 01 X 23mm, 01 X 14,5mm, 04 X 0,50mm 01 X RPG 02 X LMG
Pessoal	-	16 - 17
Comunicação	-	01 X HF 02 X VHF
Radares	-	01 Furuno 01 Avelco
GPS	-	01 Furuno
Bússola	-	01 Silve

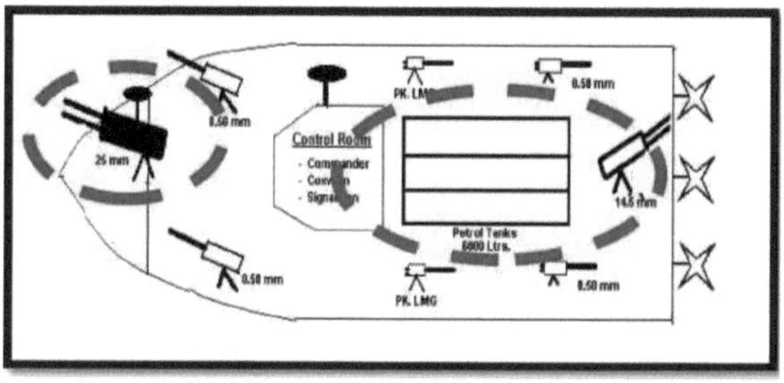

Fonte: Marinha do Sri Lanka

Embarcação de ataque do tipo Madan

Comprimento	-	70'
Largura	-	18'
Velocidade	-	40 nós
Cor	-	CAMOUFLAGE
Motores	-	Motores internos 03 x Hélice
Armas	-	01 x 25mm, 01 x 14,5mm, 04 x 0,50mm 01 x RPG 02 x LMG
Pessoal	-	16 - 17
Comunicação	-	01 x HF 02 x VHF
Radares	-	01 Furuno, 01 Avelco
GPS	-	01 Furuno
Bússola	-	01

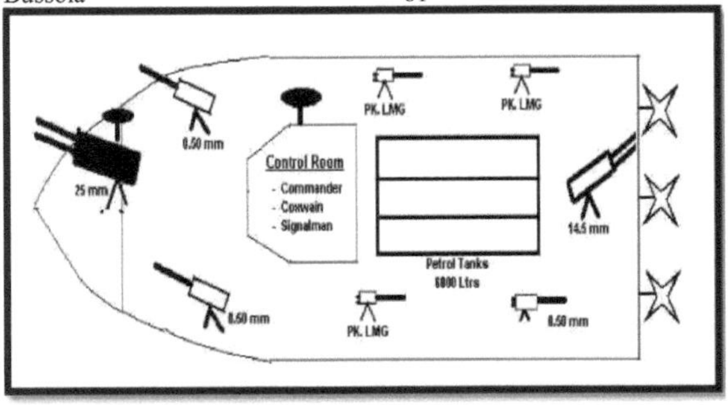

Fonte: Marinha do Sri Lanka

Embarcação de ataque do tipo caça

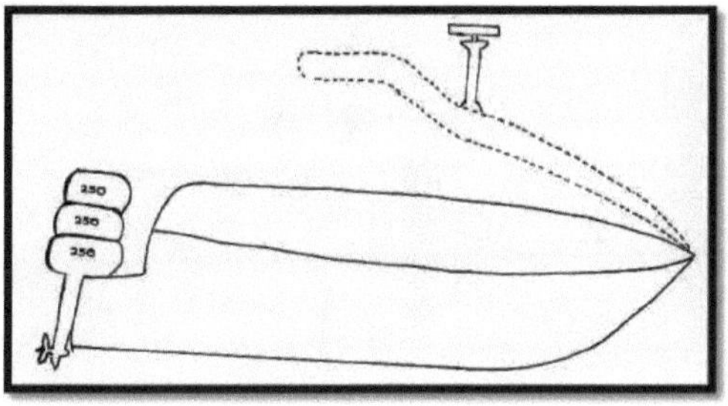

Comprimento	-	39'
Largura	-	11'
Cor	-	ASH
Motores	-	3 X 250 CV OBM
Pessoal	-	06

Radar modelo disco instalado. Destina-se a ser utilizado para transferências no meio do mar. Ainda em fase de construção.

Embarcação de ataque do tipo Sahada

Velocidade	-	40 nós
Pessoal	-	10
Cor	-	Branco e camuflado
Motores	-	4 X 200 CV OBM
Arma	-	50 mm, 20 mm, LMG. 01 X RPG com 10 cartuchos Armas ligeiras.
Comunicação	-	VHF (Conjunto de mão) VHF (Conjunto fixo)
Radar	-	Modelo de disco

GPS instalado.

Fonte: Marinha do Sri Lanka

Modelo de embarcação de ataque a jato de água

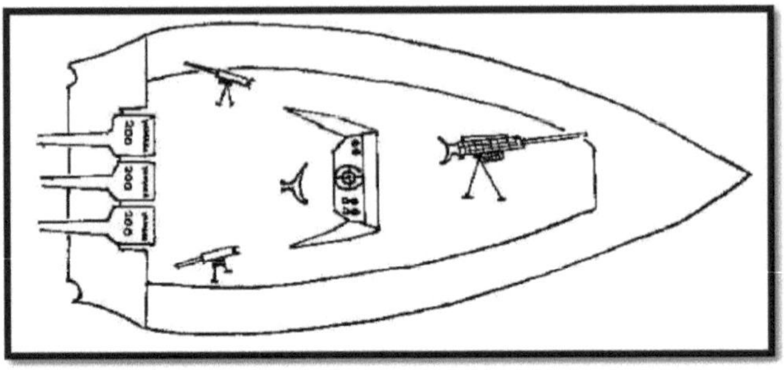

Comprimento	-	42'
Largura	-	12'
Velocidade	-	35 nós
Cor	-	Camuflagem
Motores	-	3 X 200 CV OBM
Arma	-	01 X 20 mm (Frente) 01 X 50 mm (Traseira) 01 X RPG com 10 cartuchos 01 X LMG
Pessoal	-	14
Comunicação	-	VHF
Radar	-	Modelo de disco

Fonte: Marinha do Sri Lanka

Artesanato Suicida

Embarcação suicida do tipo Vella

Comprimento	-	32'
Largura	-	12'
Velocidade	-	40 nós
Cor	-	Camuflagem
Motores	-	3 X 250 HP OBMS
Arma	-	01 X LMG
Tripulação	-	03
Comunicação	-	01 X Conjunto de mãos
		01 X VHF
Radar	-	01 Avelco
GPS	-	01 Furuno
Bússola	-	01
Mina de Claymore	-	Claymore grande

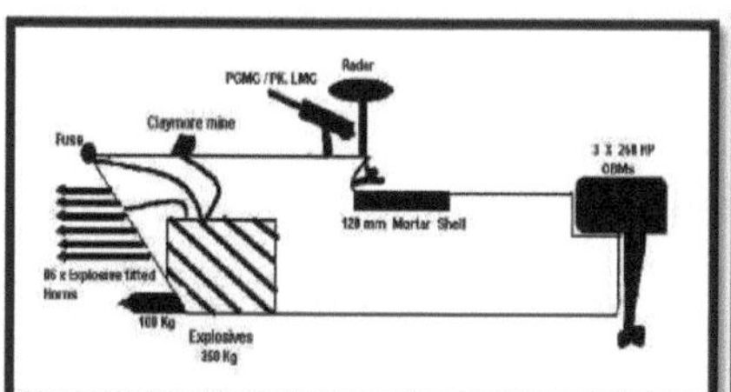

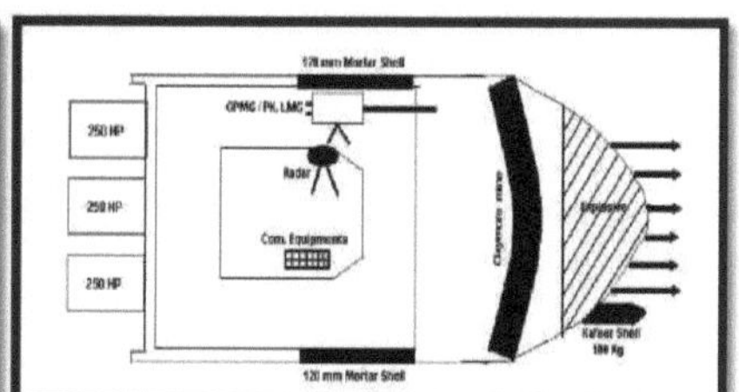

Fonte: Marinha do Sri Lanka

Embarcação Suicida do Tipo Furtivo

Comprimento	-	18'
Largura	-	10'
Velocidade	-	36 nós
Cor	-	Camuflagem
Motor	-	1 X 250 HP OBMS
Arma	-	01 X LMG
Tripulação	-	01 / 02
Comunicação	-	01 X Conjunto de mãos
Radar	-	01
GPS	-	01 Conjunto de mãos
Bússola	-	01

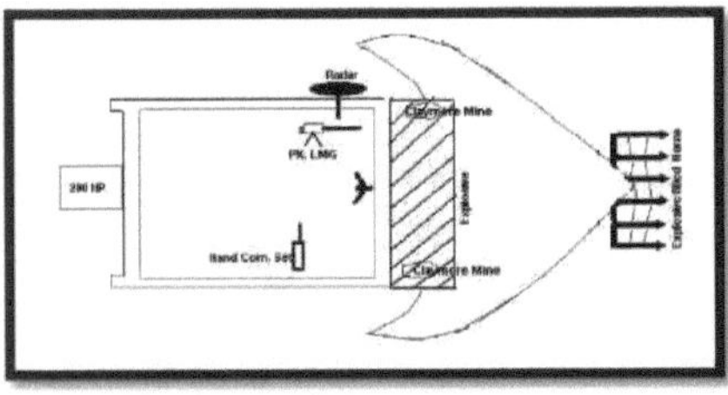

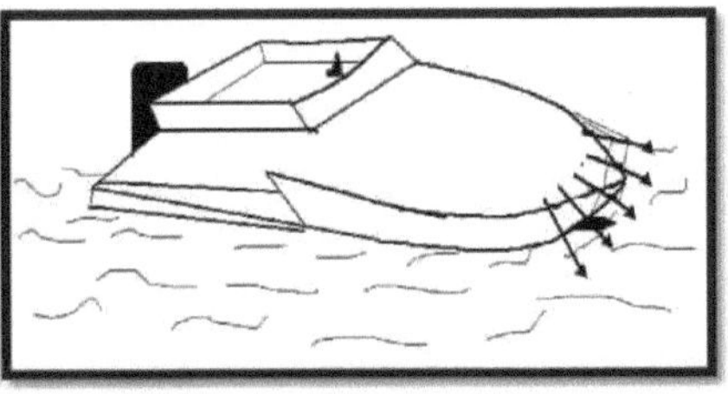

Fonte: Marinha do Sri Lanka

Kutti Miraj Tipos de embarcações suicidas

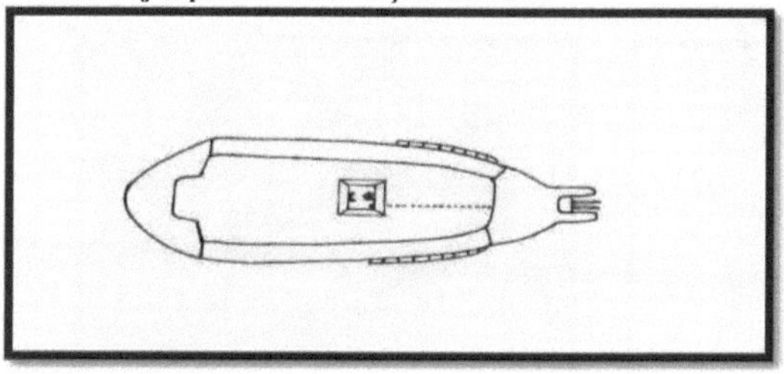

Comprimento	-	16' & 26'
Largura	-	7 % & 09'
Velocidade	-	30 nós
Cor	-	Camuflagem
Motores	-	01 X 200 HP OBM
Pessoal	-	02
Armas	-	01 X T 81, 01 X LMG, armas ligeiras
Comunicação	-	VHF
Nome do código	-	IDIYAN

Modelo de tubo

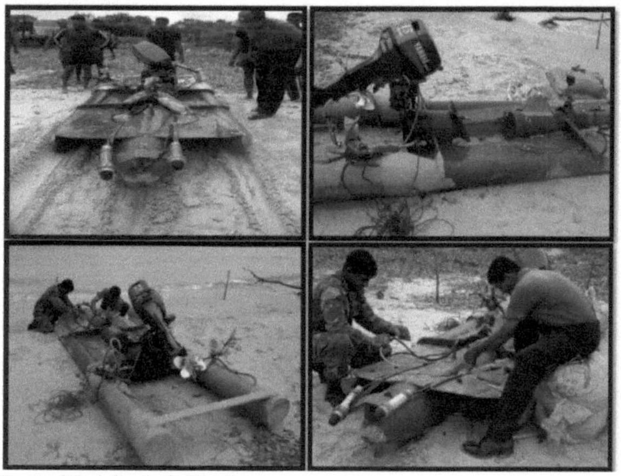

Fonte: Marinha do Sri Lanka

Embarcação suicida do tipo Super Sonic

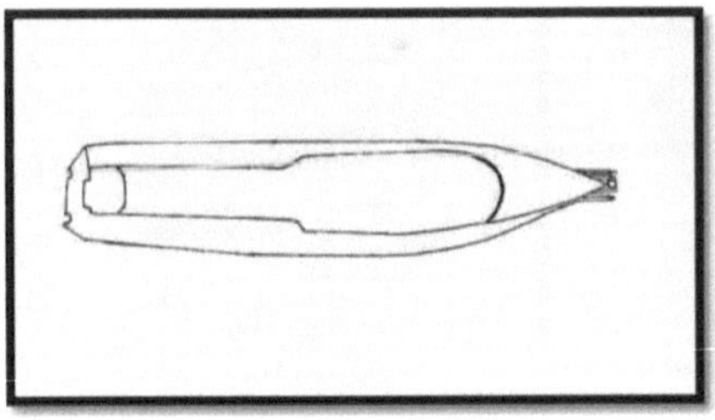

Comprimento	-	35' e 26' (2 tipos)
Largura	-	11' & 9 /$^{1}_{2}$ '
Velocidade	-	30 nós
Cor	-	Camuflagem
Motores	-	01 X 200 HP OBM
Arma	-	Armas ligeiras
Pessoal	-	02 OU 04

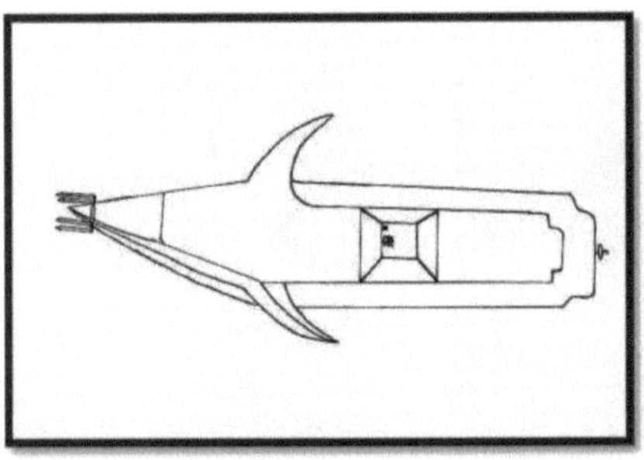

Artesanato de Suicídio do Tipo Kaffir

Comprimento	-	30' e 26' (2 tipos)
Largura	-	9^' & 7 ^'
Velocidade	-	35 nós
Cor	-	Camuflagem
OBM	-	01 X 200 CV
Pessoal	-	02 ou 04
Arma	-	01 X LMG Armas ligeiras
Comunicação	-	VHF

Fonte: Marinha do Sri Lanka

Tipos de artesanato improvisado do tigre-marinho

Utilização de barcos de pesca normais de fibra de vidro para contrabando de armas e explosivos nos litorais

Utilização de barcos de pesca de fibra de vidro comuns, carregados de explosivos, para efetuar ataques suicidas nos litorais

Fonte: Marinha do Sri Lanka

Utilização de FGD equipados com armas de médio calibre para transferir material bélico

Fonte: Marinha do Sri Lanka

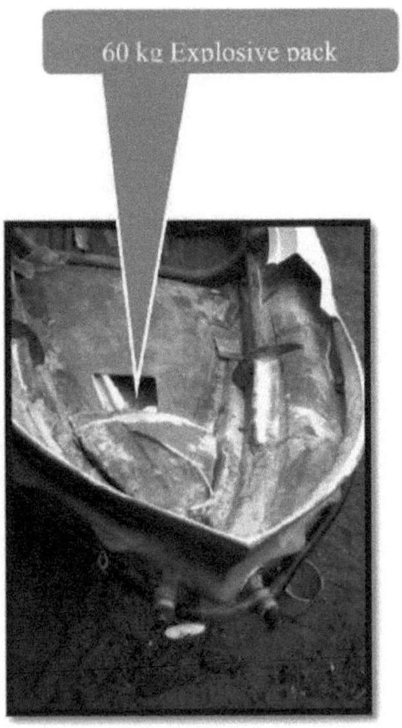

Este navio foi detido pela guarda costeira da Costa Rica que transportava um carregamento de heroína para os EUA em 26TH Nov 2006.

Um suspeito dos LTTE também foi apresentado no navio aquando do apresamento a meio do mar.

Utilização de engenhos improvisados (Torpedo Humano), muitas vezes repletos de explosivos, para atacar instalações portuárias.

Fonte: Marinha do Sri Lanka

Utilização de plataformas improvisadas para abordar alvos de forma furtiva

Fonte: Marinha do Sri Lanka

Anexo G - Destruição dos navios do armazém logístico dos LTTE em 2007 pelo SLN

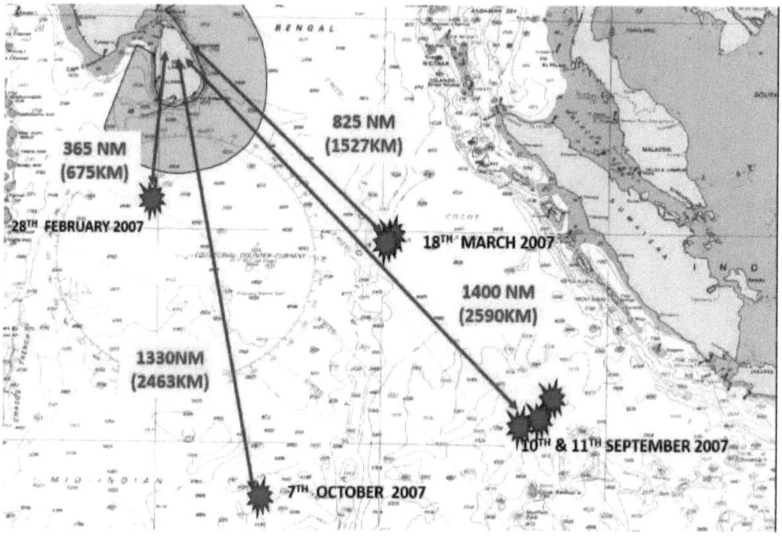

Fonte: Marinha do Sri Lanka

Anexo H - Alguns dos navios dos LTTE destruídos pelo SLN

Navios de transporte de armas dos LTTE (armazéns flutuantes) destruídos pelo SLN

MV Kyoi

MV Seiyoo

Fonte: Marinha do Sri Lanka

MV Seishian

MV Manyoshi

Fonte: Marinha do Sri Lanka

Um dos navios dos LTTE afunda-se depois de ter sido atacado pelo SLN

Fonte: http://www.lankaweb.com/news/items07/120907-1.html [Acedido em: 19th julho]

MV Matshushima

O último navio dos LTTE, MV Matsushima, que foi destruído pelo SLN em 7th de outubro de 2007

Fonte: http://www.defence.lk/new.asp?fname=20071007 08 [Acedido em: 19th Jult2015]

Anexo I - Redução da utilização de armas indirectas pelos LTTE de julho de 2006 a outubro de 2007

(Note-se a destruição dos navios dos LTTE e as reduções)

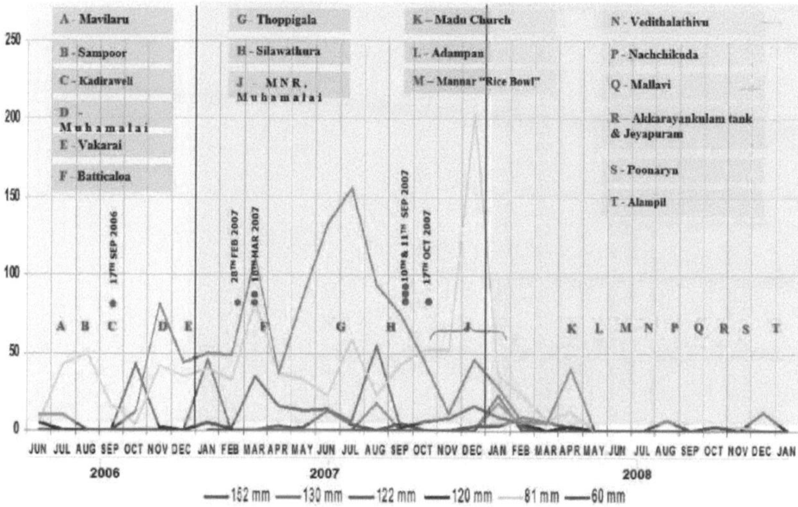

Fonte: Marinha do Sri Lanka

Anexo J - Um dos navios dos LTTE capturados pelo SLN

O navio "MV Princess Christina", propriedade dos Tigres de Libertação do Tamil Eelam (LTTE), está exposto no porto de Gall para ser visto pelo público.

Fonte: http://www.colombopage.com/archive 091ZDec1261904718CH.html

MIX
Papier aus verantwortungsvollen Quellen
Paper from responsible sources
FSC® C105338

Printed by Books on Demand GmbH, Norderstedt / Germany